ARQUITETURA DA DESTRUIÇÃO

BERNARDO MELLO FRANCO

ARQUITETURA DA DESTRUIÇÃO

Um diário da era Bolsonaro, do palanque à condenação

1ª reimpressão

autêntica

EDITORAS RESPONSÁVEIS
Rejane Dias
Cecília Martins

REVISÃO
Luiza Cordiviola

CAPA
Diogo Droschi
(Sobre imagem de Gabriela Biló/Folhapress)

DIAGRAMAÇÃO
Guilherme Fagundes

Dados Internacionais de Catalogação na Publicação (CIP)
(Câmara Brasileira do Livro, SP, Brasil)

Franco, Bernardo Mello
Arquitetura da destruição : um diário da era Bolsonaro, do palanque à condenação / Bernardo Mello Franco. -- 1. ed.; 1. reimp. -- Belo Horizonte, MG : Autêntica Editora, 2025.

ISBN 978-65-5928-635-5

1. Bolsonaro, Jair Messias, 1955- 2. Brasil - Política e governo - 2019-2022 3. Extremistas de direita 4. Presidentes - Brasil 5. História - Brasil 6. Jornalismo político 7. Brasil - Crônicas I. Título.

25-300297.0 CDD-320.981

Índices para catálogo sistemático:
1. Brasil : Política e governo 320.981

Cibele Maria Dias - Bibliotecária - CRB-8/9427

GRUPO **AUTÊNTICA**

Belo Horizonte
Rua Carlos Turner, 420
Silveira . 31140-520
Belo Horizonte . MG
Tel.: (55 31) 3465 4500

São Paulo
Av. Paulista, 2.073, Conjunto Nacional
Horsa I . Salas 404-406 . Bela Vista
01311-940 . São Paulo . SP
Tel.: (55 11) 3034 4468

www.grupoautentica.com.br
SAC: atendimentoleitor@grupoautentica.com.br

Introdução 7

Capitão em campanha 9

Bolsonarismo no poder 39

Aliado do vírus 105

Reeleição ou golpe 207

Derrota e conspiração 257

A revolução dos manés 275

No banco dos réus 329

Introdução

Em 8 de janeiro de 2023, uma multidão em verde e amarelo marchou na direção da Praça dos Três Poderes, em Brasília. Era um domingo de sol, mas a turma não estava a passeio. Queria forçar um golpe para derrubar o governo, destituir a cúpula do Judiciário e devolver o comando do país a Jair Bolsonaro.

Os extremistas derrubaram grades, quebraram vidraças e invadiram o Congresso Nacional. Em menos de uma hora, também ocupariam o Supremo Tribunal Federal e o Palácio do Planalto.

Os radicais destruíram tudo o que viram pela frente. Estilhaçaram janelas, picharam paredes, vandalizaram móveis e obras de arte. Mais que depredar patrimônio público, a tropa queria destruir a democracia brasileira. O objetivo era impor o caos e forçar um retorno ao passado autoritário. Desta vez, sob as ordens de um capitão.

O ataque aos símbolos da República foi o ato final de uma longa ofensiva contra o Estado de Direito. Ela teve início cinco anos antes, quando um deputado de extrema direita começou a seduzir eleitores desiludidos com o sistema político.

Bolsonaro nunca escondeu o que pensava. Defensor da ditadura militar, sempre desprezou os direitos humanos, o meio ambiente, a liberdade de imprensa. Em sete mandatos, notabilizou-se por insultar mulheres, negros, indígenas e homossexuais. Usou a tribuna para defender torturadores, milicianos e pistoleiros de aluguel.

Ao longo de três décadas, esse perfil o manteve no baixo clero da Câmara. Em 2018, pavimentou seu caminho para a Presidência.

Eleito para governar o país, Bolsonaro deixou claro que não iria mudar. Ao tomar posse, prometeu "restabelecer a ordem" e voltou a descrever os adversários como inimigos da pátria.

Antes de completar três meses no cargo, o novo presidente ofereceu uma síntese de seu projeto. Em visita aos Estados Unidos, disse não ter a ambição de "construir coisas para o nosso povo". "Nós temos é que desconstruir muita coisa", explicou.

A prática foi coerente com o discurso. No poder, ele buscou demolir os órgãos de controle, as políticas públicas e os mecanismos de participação social. Militarizou o governo, tentou sufocar a oposição e investiu contra a imprensa, a cultura e as universidades. Quando contrariado, incitou seguidores a atacarem o Legislativo e o Judiciário.

A chegada da pandemia agravaria o pesadelo. Assombrados por um vírus letal, os brasileiros foram obrigados a conviver com um líder que afrontava a ciência, sabotava as medidas sanitárias e mostrava desdém pelas famílias enlutadas.

"Chega de frescura e de mimimi. Vão ficar chorando até quando?", ironizou Bolsonaro quando o Brasil registrava quase 2 mil mortes por dia. Até o fim de seu governo, o país perderia quase 700 mil vidas para a doença e o negacionismo.

Abatida pela tragédia, a sociedade começou a reagir. Com a popularidade em queda, o capitão perdeu apoio no *establishment* político e na elite econômica, que haviam ajudado a elegê-lo.

Isolado, ele radicalizou os ataques à Justiça e às urnas eletrônicas. Fabricou crises em série e avisou que só deixaria o poder preso ou morto.

Em 2022, Bolsonaro se tornou o primeiro presidente brasileiro a disputar e perder a reeleição. Inconformado, ele se recusou a admitir a derrota e passou a conspirar contra a posse do sucessor. Seus ataques à urna eletrônica foram o combustível da intentona golpista.

A democracia brasileira balançou, mas resistiu. Em setembro de 2025, o Supremo condenou o ex-presidente a 27 anos e 3 meses de prisão. O julgamento rompeu a tradição nacional de perdoar civis e militares que atentam contra a legalidade.

Este livro reúne textos escritos para o jornal *O Globo* enquanto a História acontecia e o país era empurrado até a beira do abismo. A leitura das colunas mostra que o projeto do golpe estava claro desde o início. Não viu quem não quis.

Capitão em campanha

Bolsonaro sem retoques[1]

10/10/2017

Jair Bolsonaro desembarcou nos Estados Unidos para divulgar sua candidatura a presidente. Em segundo lugar nas pesquisas, o deputado tenta suavizar o discurso para parecer menos radical. É um bom momento para ouvir o que ele dizia antes de sonhar com o Planalto.

Em 1999, o capitão reformado expôs suas ideias no programa "Câmera Aberta", na Bandeirantes. Em 35 minutos, defendeu a ditadura e a tortura, pregou o fechamento do Congresso e disse que o Brasil precisava de uma guerra civil, mesmo que isso provocasse a morte de inocentes.

A entrevista mostra um Bolsonaro sem retoques. À vontade, ele se gaba de sonegar impostos e estimula os telespectadores a fazerem o mesmo. "Conselho meu e eu faço. Eu sonego tudo que for possível", afirma. Depois, diz que a democracia é uma "porcaria" e conta o que faria se chegasse ao poder: "Daria golpe no mesmo dia. Não funciona".

O deputado afirma que Chico Lopes, ex-presidente do Banco Central, merecia ser torturado em pleno Senado. "Dá porrada no Chico Lopes. Eu até sou favorável [a que] a CPI, no caso do Chico Lopes, tivesse pau de arara lá. Ele merecia isso: pau de arara. Funciona. Eu sou favorável à tortura."

Mais adiante, Bolsonaro defende o fuzilamento do presidente Fernando Henrique e revela desprezo pelas eleições diretas: "Através do voto, você não vai mudar nada neste país. Nada, absolutamente nada. Você só vai mudar, infelizmente, quando nós partirmos para uma guerra civil aqui dentro. E fazendo um trabalho que o regime militar não fez. Matando 30 mil, e começando por FHC".

---

1 Este texto foi publicado na *Folha de S.Paulo*, onde o autor assinou coluna diária até janeiro de 2018.

O apresentador Jair Marchesini ainda ensaia conter o deputado. Ele insiste: "Matando. Se vai morrer alguns inocentes, tudo bem. Tudo quanto é guerra, morre inocente".

Bolsonaro não era um jovem desavisado ao dar essas declarações, que podem ser vistas no YouTube. Tinha 44 anos e exercia o terceiro mandato de deputado – hoje está no sétimo. Era filiado ao PPB (atual PP), o partido de Paulo Maluf.

*

Os militares no poder

01/03/2018

Em outros tempos, quem quisesse entender o poder no Brasil precisava ter à mão o *Almanaque do Exército*. A publicação está voltando a revelar sua utilidade nestes meses finais do governo Michel Temer.

Desde o fim da ditadura, os militares não ostentavam tanta força em Brasília. Eles ganharam espaço na Esplanada e estão dando as cartas na intervenção federal no Rio. Em poucos dias, oficiais passaram a ocupar o lugar de políticos no noticiário e no Diário Oficial.

O precursor da tropa foi o general Braga Netto, novo governador de fato do Rio.[2] Ele instalou um colega, o general Richard Nunes, no cargo de secretário de Segurança. Agora os dois mandam mais que Luiz Fernando Pezão, eleito para governar o estado com 4,3 milhões de votos.

Na segunda-feira, Temer entregou o Ministério da Defesa, que sempre esteve em mãos civis, ao general Silva e Luna. Ontem foi a vez de o general Santos Cruz ser promovido a número dois do novíssimo Ministério da Segurança Pública.

O ex-presidente Fernando Henrique Cardoso ofereceu uma explicação para o fenômeno: "Governos, sobretudo quando não são fortes, apelam para os militares". Faz sentido, mas é preciso observar outras novidades no front verde-oliva.

Ontem o Exército organizou uma despedida para o general Hamilton Mourão, que ficou famoso ao defender um novo golpe militar no Brasil. Ele passou à reserva sob aplausos do comandante da Força, que fez questão de elogiá-lo no Twitter.

---

[2] Em 16 de fevereiro, Temer decretou intervenção federal na segurança do Rio. O general Braga Netto foi nomeado interventor, com plenos poderes sobre as polícias civil e militar.

"Todos te agradecemos, amigo Mourão, os exemplos de camaradagem, disciplina intelectual e liderança pelo exemplo", escreveu o general Villas Bôas. Na cerimônia, Mourão chamou de "herói" o coronel Brilhante Ustra, um dos mais notórios torturadores da ditadura.

Mais tarde, o general disse à revista *piauí* que vai lançar candidatos fardados às eleições de outubro. Ele promete pedir votos para o capitão Jair Bolsonaro, outro defensor do regime autoritário.

Ao entregar mais poder aos militares, Temer tenta reconquistar o eleitorado mais à direita. É uma estratégia arriscada, como mostram vários exemplos na história brasileira. Ontem o general Mourão afirmou que o presidente precisa ser "expurgado da vida pública".

*

A extrema direita sai do armário

08/03/2018

Uma mistura de culto evangélico e programa policial de TV. Assim foi o ato que selou ontem a filiação de Jair Bolsonaro ao PSL. O presidenciável defendeu a liberação das armas e prometeu combater "vagabundos" e "marginais". Ele temperou o discurso com menções a Deus e à "família brasileira".

O deputado encarregou Magno Malta, dublê de senador e cantor gospel, de puxar uma corrente de oração. Em seguida, investiu no culto à própria personalidade. "Eu sou o Messias. Jair Messias Bolsonaro", disse, para delírio dos seguidores que lotavam um dos plenários da Câmara.

O capitão reformado incitou o sentimento nacionalista da plateia. "Vamos voltar a ter orgulho da nossa bandeira", prometeu. "Mito! Mito! Mito!", responderam os aliados, em coro. "Só tem uma maneira de esta bandeira ficar vermelha: com o meu sangue", emendou Bolsonaro.

"A violência se combate com energia, e, se for necessário, com mais violência", prosseguiu o pré-candidato. Ele prometeu pedir votos para os colegas da bancada da bala, que se acotovelavam a seu redor. "Quem sabe teremos aqui a bancada da metralhadora", gracejou.

Dizendo-se defensor da família, o deputado afirmou que a homossexualidade "não é normal". "Um pai prefere chegar em casa e ver o filho com o braço quebrado no futebol, e não brincando de boneca", discursou. "Casamento é entre homem e mulher, e ponto final", continuou, apesar de o STF já ter reconhecido a união estável de pessoas do mesmo sexo.

Em outra passagem, Bolsonaro prometeu varrer os partidos de esquerda do Congresso. "Quem reza dessa cartilha de esquerda não merece conviver com os bens da democracia e do capitalismo", disse. "Nós temos que alijá-los", acrescentou.

Deputado há 27 anos, o presidenciável se apresentou como promessa de renovação na política. Ele ainda citou Donald Trump como "exemplo para nós seguirmos" e atacou a imprensa, a quem acusou de "conivente com a corrupção".

Antes de ouvir o líder, Magno Malta se ofereceu para o cargo de vice em sua chapa. Ex-aliado de Lula e Dilma Rousseff, ele evitou lembrar o passado ao lado dos petistas. "Agora você é extrema direita. Isso não ofende, não", disse, olhando para Bolsonaro. "Extrema direita é o que nós somos", concluiu.

*

STF julga Lula com baioneta no pescoço

05/04/2018

No julgamento do mensalão, um ministro disse que o Supremo votaria "com a faca no pescoço". Ontem o tribunal se viu sob a mira da baioneta. Ela foi apontada pelo comandante do Exército, Eduardo Villas Bôas.

Na véspera de outro julgamento importante, o general tentou emparedar a Corte. Não precisou de tanques. Sacou o celular e disparou dois tuítes. Em 436 caracteres, disse "à Nação" que apoiava o sentimento "de todos os cidadãos de bem de repúdio à impunidade". Acrescentou que o Exército se manteria "atento às suas missões institucionais".

As mensagens foram a senha para uma noite de alta tensão em Brasília. Políticos, advogados e juízes trocaram ligações e mensagens nervosas. Tentavam entender se o país estava diante de uma ameaça de golpe militar, 33 anos depois de reconquistar a democracia.

Não se sabe se Villas Bôas iria tão longe, mas o comunicado alvoroçou a caserna. "Tenho a espada ao lado, a sela equipada, o cavalo trabalhado e aguardo suas ordens!", empolgou-se o general Paulo Chagas. Alguns dias antes, ele celebrava o aniversário da quartelada de 1964 – em suas palavras, uma "revolução democrática".

O deputado Jair Bolsonaro também vibrou. "Estamos juntos General Villas Boas", escreveu, torturando a legalidade e as regras de pontuação. O capitão é outro nostálgico da ditadura. Na ausência de Lula, ele lidera a corrida presidencial.

A agitação dos coturnos elevou a pressão sobre o Supremo na véspera de um julgamento crucial para a eleição. Os ministros tentaram disfarçar o incômodo com a baioneta. Só o decano Celso de Mello ousou contestar o general, quando a sessão já se encaminhava para o fim.

Como esperado, a decisão ficou nas mãos de Rosa Weber. Ela frustrou a defesa e negou o habeas corpus ao ex-presidente. Disse que seguia a atual jurisprudência da Corte, e não as suas convicções pessoais.[3]

O resultado seguiu o roteiro desenhado por uma autoridade sem Twitter: a ministra Cármen Lúcia. Contrariando os veteranos da Corte, ela passou o caso de Lula à frente de duas ações genéricas que questionam as prisões em segunda instância. Sem a manobra da presidente do Supremo, o voto de Rosa seria outro, e o petista não estaria a caminho da cadeia.

*

Bolsonaro e a fuga de cérebros

22/05/2018

"Se eu fosse rei de Roraima, em 20 anos teria a economia próxima à do Japão" Assim Jair Bolsonaro começou o discurso de ontem na Associação Comercial do Rio de Janeiro. Cerca de 300 empresários pagaram entre R$ 180 e R$ 220 para ouvi-lo. O ingresso dava direito a almoço, com opções de carne, massa e bacalhau.

"Nada pode ser feito lá", reclamou o deputado, referindo-se à terra que elege Romero Jucá. Ele não explicou a mágica que igualaria o estado de menor PIB do Brasil ao terceiro país mais rico do mundo. No entanto, aproveitou para atacar os alvos de sempre: índios, ambientalistas, quilombolas.

Para Bolsonaro, o problema da Amazônia não é o desmatamento, e sim a proteção da floresta. De olho no voto ruralista, ele prometeu frear a criação de reservas e rebaixar o Ministério do Meio Ambiente, que passaria a ser subordinado à Agricultura. "A questão ambiental dá pra driblar. É ter um ministro que seja patriota", afirmou.

O capitão acusou a ONU de tramar a criação de "novos países" em território brasileiro. Em seguida, abandonou o tom nacionalista e defendeu parcerias com os Estados Unidos para explorar as riquezas da floresta.

---

3 Por 6 votos a 5, o STF negou habeas corpus preventivo ao ex-presidente Lula, investigado pela Lava Jato. Ele seria preso três dias depois do julgamento.

"Estive duas vezes com autoridades americanas", disse. E quem seriam seus interlocutores no governo Trump? "Sem entrar em detalhes", despistou.

Depois da viagem amazônica, Bolsonaro engrenou o discurso radical que o impulsionou nas pesquisas. Prometeu combater a violência "com mais violência ainda". Ameaçou reprimir ocupações com "chumbo". Chamou os sem-terra de "marginais" e "terroristas". Afirmou que pretende invadir o Ministério da Educação "com um lança-chamas, para tirar tudo que é simpatizante do Paulo Freire de lá".

O deputado defendeu mudanças na lei para dificultar a punição de policiais acusados de homicídio. "Matar um vagabundo com um tiro ou 20 tem que ser a mesma coisa", disse. Ele discursava a poucos metros da Candelária, palco da chacina que matou oito crianças e adolescentes em 1993.

Bolsonaro estava acompanhado por Paulo Guedes, seu favorito para o Ministério da Fazenda. Chegou a apresentar o economista como namorado, "heteramente falando". "Nossos cérebros estão fora do Brasil. Aqui não é um terreno fértil", comentou. Pela animação da plateia, o capitão deve ter alguma razão.

*

Malafaia em campanha

26/06/2018

Protagonista de baixarias em eleições passadas, Silas Malafaia começou cedo em 2018. Ele gravou vídeo em que chama Marina Silva de "dissimulada" e diz que ela "envergonha os evangélicos" por defender um plebiscito sobre o aborto.

O pastor não falha: vai pedir votos para Jair Bolsonaro, que defende a tortura e a pena de morte.

*

O Supremo de Bolsonaro

03/07/2018

Jair Bolsonaro quer aumentar o número de vagas no Supremo Tribunal Federal. Pretende aumentar o número de ministros de 11 para 21. Com isso, teria maioria na Corte caso seja eleito presidente.

A ideia é inspirada no AI-2, baixado pela ditadura militar em 1965. Na versão original, o texto também extinguiu os partidos, acabou com as eleições diretas e autorizou a ditadura a cassar os direitos políticos de qualquer brasileiro por dez anos.

*

Bolsonaro bate continência para o PIB

05/07/2018

Há 28 anos, Jair Bolsonaro é pago para elaborar leis e fiscalizar o Orçamento. O deputado está prestes a concluir o sétimo mandato, mas ainda não encontrou tempo para estudar o básico sobre contas públicas. É o que ele mesmo tem repetido quando comparece a sabatinas com os presidenciáveis.

"Sou capitão do Exército, sou artilheiro. Mas de economia... eu não estudei economia", disse ontem, em encontro promovido pela Confederação Nacional da Indústria. "Será que nós temos que entender de tudo?", questionou.

Enquanto os adversários apresentavam ideias para resolver o desequilíbrio fiscal, Bolsonaro tentava desconversar. "Quem botou o Brasil nessa situação, se não foram os economistas?", disse. Em seguida, ele pareceu mudar de ideia. Pediu que as perguntas da plateia fossem encaminhadas ao economista Paulo Guedes, que o apoia: "A pessoa adequada é ele, não eu".

O presidenciável adotou a mesma tática para fugir de uma questão sobre educação. "Não quero falar daquilo que não domino", escapuliu. "Quem tem competência pra tudo? Se nós temos de nos socorrer da esposa para administrar uma casa, quanto mais para administrar um país."

Apesar de admitir que não entende de economia, Bolsonaro não vacila ao dizer que tomará o lado dos patrões em disputas com empregados. "Tem que fazer valer a vontade dos senhores", disse, diante da plateia de empresários. "A grande mídia tem que parar de ver os senhores como bandidos. Ser patrão no Brasil é ser bandido", continuou, sob aplausos.

O candidato acrescentou que, se for eleito, os trabalhadores terão que decidir entre ter "menos direitos e emprego ou todos os direitos e nenhum emprego". O capitão já havia batido continência para o PIB na terça-feira. Em encontro com empresários em São Paulo, ele se comprometeu a manter as reformas do governo Temer e a ampliar as privatizações.

Embora se esforce para vestir a farda de liberal, o deputado ainda tropeça no histórico de defesa das corporações. Na sabatina de ontem, ele disse que os militares merecem se aposentar mais cedo e defendeu que alguns políticos acumulem vencimentos acima do limite constitucional. "Quem tem aposentadoria, dá um extrateto, se for o caso", afirmou.

*

A arma do capitão

01/08/2018

As escolas induzem as criancinhas ao homossexualismo. Os portugueses não pisavam na África no tempo da escravidão. A urna eletrônica é mais suscetível a fraudes do que o voto impresso. Não houve golpe militar no Brasil em 1964.

O deputado Jair Bolsonaro despejou seu repertório de mistificações no *Roda Viva* de segunda-feira. Muito do que ele disse não resiste a uma checagem básica, mas seu eleitorado parece não se importar. O programa registrou, de longe, a maior audiência da série com os presidenciáveis.

Bolsonaro não tenta desviar do estereótipo do milico brucutu. Ao contrário: seu discurso é claramente treinado para reforçá-lo. A principal arma do capitão é a polêmica. Quanto mais barulho, melhor. Foi assim que ele chegou à liderança das pesquisas nos cenários sem o ex-presidente Lula.

O candidato captou o espírito das redes sociais. Declarações bombásticas geram mais curtidas do que argumentos. Radicalizar nos temas morais é mais atraente que formular programas de governo. Quando o eleitor está furioso, quem fala mais alto tende a vencer a disputa por atenção. Foi a receita da vitória de Donald Trump nos Estados Unidos.

A chave do sucesso é se descolar dos outros políticos. O deputado está no sétimo mandato consecutivo em Brasília, mas tem conseguido emplacar a imagem de que é diferente de tudo o que está aí. Não foi à toa que ele chegou a se dizer "meio maluco" durante a entrevista.

No centro da roda, Bolsonaro jogou em casa ao discursar contra defensores de direitos humanos, sem-terra, quilombolas e outras minorias. Ficou menos à vontade ao ser cobrado a apresentar propostas concretas para temas como saúde e economia.

Num de seus piores momentos, embananou-se quando a jornalista Maria Cristina Fernandes quis saber o que ele faria para reduzir a mortalidade infantil. A resposta mostrou que o preparo do capitão está muito aquém da sua capacidade de gerar memes.[4] Os rivais devem pensar nisso se quiserem desconstruí-lo.

*

---

[4] Numa resposta confusa, Bolsonaro não soube apontar as principais causas da mortalidade infantil no país. "Tem um mar de problemas, né? Tem que ver a questão do passado daquela pessoa, sanitário dela… tem um montão de coisas, alimentação da mãe, um montão de coisas."

PowerPoint eleitoral

15/08/2018

O presidenciável Jair Bolsonaro registrou um programa de governo no TSE. Ou quase. O material entregue pelo capitão lembra uma apresentação escolar feita no PowerPoint. Perto dele, o procurador Deltan Dallagnol parece um ás do design.[5]

A exemplo do candidato, o programa berra com o eleitor. Usa nada menos que 59 pontos de exclamação. Para gritar ainda mais alto, apela às maiúsculas. Bolsonaro promete defender a FAMÍLIA. Em seguida, exalta a PROPRIEDADE. Faltou a TRADIÇÃO para completar o trinômio da TFP.[6] Sem dúvida, um lapso.

As obsessões do presidenciável estão por toda parte. As Forças Armadas aparecem seis vezes. São exaltadas como "espinha dorsal da nação" e "último obstáculo para o socialismo". A esquerda é citada outras dez vezes, ao lado de termos como "doutrinação ideológica" e "gramscismo". Curiosamente, o programa não menciona a direita. Outra questão para tratar no divã.

No capítulo da segurança, Bolsonaro repete o discurso da bancada da bala. Propõe soluções populistas, como liberar a venda de armas e reduzir a maioridade penal para 16 anos – o que provavelmente levaria os chefes do crime a recrutar soldados ainda mais jovens.

O programa usa números falsos, defasados ou de fontes duvidosas para sustentar a tese do prende-e-arrebenta. Segundo o 16º Anuário Brasileiro de Segurança Pública, divulgado na semana passada, o número de policiais mortos caiu de 386 para 367 entre 2016 e 2017. O levantamento usa dados oficiais das secretarias de Segurança.

Segundo o PowerPoint de Bolsonaro, o contingente de policiais mortos teria aumentado no mesmo período. Ele cita números de uma tal Ordem dos Policiais do Brasil (OPB). "A fonte devem ser grupos de WhatsApp", diz Renato Sérgio de Lima, diretor do Fórum Brasileiro de Segurança Pública (FBSP).

---

5 Em 2016, Deltan Dallagnol acusou Lula com um gráfico rudimentar, em que 14 balões apontavam para o nome do petista. Nove anos depois, o procurador foi condenado a indenizar o ex-presidente por danos morais.

6 Conhecida como TFP, a Sociedade Brasileira de Defesa da Tradição Família e Propriedade foi criada na década de 1960 por católicos de extrema direita. Notabilizou-se por apoiar o golpe e a ditadura militar.

O capitão também alega que a violência cresce mais em estados governados por partidos de esquerda. A tese é ilustrada por um mapa vermelho, decorado com a foice e o martelo. Para o diretor do FBSP, o discurso não faz sentido algum. "O problema real é a chegada do Primeiro Comando da Capital (PCC), que agravou a luta entre facções criminosas."

*

Uma eleição fora dos trilhos

07/09/2018

O ataque a Jair Bolsonaro é o episódio mais lamentável de uma eleição que saiu dos trilhos. A violência ronda a campanha desde março, quando dois tiros atingiram a caravana do ex-presidente Lula no Paraná. Ontem o candidato que lidera as pesquisas foi vítima de uma facada em Juiz de Fora[7].

O atentado contra Bolsonaro é inaceitável. Numa democracia, as divergências devem ser resolvidas no debate de ideias e no voto. O discurso radical do deputado não justifica o uso da força contra ele.

A facada pode mudar os rumos da eleição. Com o impedimento de Lula, Bolsonaro virou líder da corrida presidencial. No entanto, pesquisas telefônicas que circulam nas campanhas indicavam que ele começava a cair. O desgaste era atribuído ao intenso bombardeio na propaganda de Geraldo Alckmin.

Agora, os comerciais que criticavam o capitão serão retirados do ar. A comoção com o ataque também deve ter consequências eleitorais. Elas serão medidas na próxima rodada de pesquisas, que Ibope e Datafolha vão divulgar depois do feriadão.

Em março, Alckmin desdenhou do atentado contra a caravana lulista e disse que os petistas estariam "colhendo o que plantaram". Bolsonaro sugeriu, sem provas, que o ataque a tiros teria sido armado.

Ontem ninguém repetiu o erro de culpar a vítima. Os principais candidatos condenaram a intolerância e desejaram pronto restabelecimento ao deputado. É o mínimo que se espera numa disputa civilizada.

Hoje, os presidenciáveis devem se recolher em respeito a Bolsonaro, que se recupera da cirurgia a que foi submetido. É um bom momento para

---

7 Bolsonaro foi esfaqueado durante ato de campanha em Juiz de Fora (MG). O agressor, Adélio Bispo de Oliveira, seria considerado inimputável por transtorno mental.

que todos pensem no que podem fazer para esfriar os ânimos e evitar novos atos de violência na campanha.

*

Dividendos da facada

09/09/2018

Madrugada de sexta-feira, entrada da Santa Casa de Juiz de Fora. Cercado de câmeras e microfones, o deputado Flávio Bolsonaro é questionado sobre o estado de saúde do pai. Ele responde em cinco segundos e emenda uma mensagem política: "Vocês acabaram de eleger o presidente. Vai ser no primeiro turno".

Passado o susto, a campanha do PSL parece viver um momento de euforia. O atentado a Jair Bolsonaro abriu uma nova fase na corrida ao Planalto. No cálculo frio da política, já ficou claro que o ataque renderá dividendos eleitorais ao capitão.

O presidenciável era criticado por abusar de gestos agressivos e declarações irresponsáveis, como "invadiu, é chumbo" e "vamos fuzilar a petralhada". Agora, o candidato que prega a violência virou vítima da violência. Na hipótese mais conservadora, a metamorfose tende a reduzir seu índice de rejeição.

Bolsonaro também ganhou uma trégua dos adversários. Os comerciais que desgastavam sua imagem já sumiram do ar. Os marqueteiros não tiveram escolha. Atacar um candidato hospitalizado significaria desferir uma facada na própria campanha.

O atentado ainda resolve outro problema do capitão. Filiado a uma sigla nanica, Bolsonaro surfava nas redes sociais, mas sofria com a subexposição na TV. Tinha direito a uma pequena fração da propaganda obrigatória, além do registro de sua agenda nos telejornais. Desde quinta-feira, ele domina o noticiário. Seus oito segundos se multiplicaram em horas de cobertura jornalística.

Embora tudo indique que o agressor é um desequilibrado que pensava agir por ordem divina, os bolsonaristas não se constrangeram em dar tom político ao episódio. "Eu não acho, eu tenho certeza: o autor do atentado é do PT", acusou o vice Hamilton Mourão, sem apresentar qualquer prova. "Se querem usar a violência, os profissionais da violência somos nós", emendou o general.

O pastor Silas Malafaia, veterano em baixarias eleitorais, divulgou boatos na mesma linha. "O criminoso que tentou matar Bolsonaro é militante do PT e assessora a campanha de Dilma ao Senado", afirmou. Dupla mentira: o criminoso esteve filiado a outra sigla, o PSOL, que também não tem responsabilidade pela agressão.

O atentado aumenta a tensão de uma campanha que já estava radicalizada. Os rivais de Bolsonaro reagiram no tom adequado, solidarizando-se com a vítima e condenando a violência. Ele ensaiou moderar o discurso, mas emite sinais contraditórios. Ontem posou no hospital fazendo o gesto de atirar.

Enquanto se recupera, o capitão deve ser representado pelos filhos e pelo general Mourão. Na noite de sexta, o vice mostrou que está alinhado ao companheiro de chapa. Em entrevista à GloboNews, ele chamou um torturador da ditadura de "herói" e admitiu a hipótese de um golpe militar em caso de "anarquia generalizada". O oficial mencionou a figura do "autogolpe", expediente usado por presidentes autoritários em repúblicas bananeiras.

Que ninguém se engane: depois do atentado, o bolsonarismo continuará a ser o que já era. Só que com mais chances de chegar ao poder.

*

Bolsonaro questiona sistema que o elegeu

18/09/2018

Jair Bolsonaro voltou a fazer campanha do leito do hospital. Num vídeo transmitido na internet, ele chorou e lançou suspeitas sobre a urna eletrônica. Em tom conspiratório, alegou que haveria um complô em curso para evitar sua eleição.

"A grande preocupação realmente não é perder no voto, é perder na fraude", disse, sem apresentar qualquer indício de manipulação. Ele criticou os institutos de pesquisa, o PT, a Procuradoria-Geral da República e o Supremo Tribunal Federal, que já barrou duas tentativas de retorno ao voto impresso.

O discurso de Bolsonaro pode convencer seus seguidores mais fanáticos, mas tropeça na lógica. O Brasil adotou o voto eletrônico há 22 anos. Desde então, o deputado conquistou cinco mandatos consecutivos. Ao questionar a lisura da urna, ele põe em dúvida o sistema que sempre o elegeu.

O capitão também sugeriu uma conspiração entre o PT e o Tribunal Superior Eleitoral. Outra tese sem pé nem cabeça. A Corte acaba de frustrar o partido ao sepultar a candidatura do ex-presidente Lula. A decisão obrigou o petismo a substituir o líder das pesquisas por um aliado que aparecia em quinto lugar.

Esta não é a primeira vez que um presidenciável questiona a urna eletrônica. Dias depois da derrota em 2014, o senador Aécio Neves pediu ao TSE uma auditoria no sistema de votação. Um ano depois, o PSDB reconheceu que não havia indício de fraude. A ação do tucano era choro de perdedor.

Bolsonaro inovou ao questionar a urna antes da votação. O discurso sugere que ele já começou a buscar uma desculpa para justificar seu eventual fracasso no segundo turno. É uma atitude irresponsável, porque estimula uma revolta dos eleitores vencidos contra os vencedores.

A estabilidade da democracia depende do respeito aos resultados. Quem vence governa, quem perde vai para a oposição. Ao questionar o sistema, o capitão volta a se comportar como o dono da bola. O jogo só vale quando ele ganha.

*

Moedas diferentes

23/09/2018

No programa eleitoral de quinta-feira, Geraldo Alckmin disse que o bolsonarismo e o PT são "dois lados da mesma moeda: a do radicalismo". O tucano tem motivos para estar aflito, mas o discurso soa como puro desespero. Para quem considera a democracia um valor absoluto, é fácil notar que as moedas são diferentes.

Jair Bolsonaro nunca escondeu que não faz parte deste time. Deputado há sete mandatos, ele se notabilizou por elogiar a ditadura, exaltar torturadores, defender o fechamento do Congresso e pregar o fuzilamento de adversários. Na votação do impeachment, homenageou um militar condenado por sequestro e tortura de presos políticos.

O discurso do presidenciável falsifica o passado, mas o pior é ouvi-lo falar do futuro. Ao longo da campanha, ele e seu vice têm dado vários sinais de que, se eleitos, não respeitarão as regras do jogo democrático.

Bolsonaro já propôs ampliar de 11 para 21 o número de ministros do Supremo Tribunal Federal. A ideia é inspirada no regime de 1964, que cassou três juízes e instalou mais cinco cadeiras para encher a Corte de amigos. Hugo Chávez repetiu a manobra na Venezuela ao inflar o Tribunal Supremo, que tinha 20 juízes e passou a ter 32. Nos dois casos, o objetivo foi o mesmo: fabricar uma maioria artificial para submeter o Judiciário ao governo.

O general Hamilton Mourão defendeu que o presidente da República tenha poderes para dar um "autogolpe" com apoio das Forças Armadas.

Segundo o militar, isso ocorreria em caso de "anarquia generalizada, em que não há mais respeito pela autoridade". Quem decidiria a hora de baixar uma nova ditadura? O próprio Bolsonaro, é claro.

O vice do capitão também sugeriu que a Constituição seja substituída por uma nova, que "não precisa ser feita por eleitos pelo povo". Ao promulgar a Carta de 1988, Ulysses Guimarães afirmou que "traidor da Constituição é traidor da pátria". O general Mourão deve se considerar um patriota, mas sua ideia equivale a rasgar a lei maior do país.

Agora o economista Paulo Guedes pôs na mesa outra proposta tóxica. Em nome da "governabilidade", o guru de Bolsonaro quer dar superpoderes aos partidos, eliminando a possibilidade de divergência nas bancadas. Ele também defende uma redução drástica no número de legendas, o que provavelmente confinaria a oposição numa só sigla – outra solução adotada pelos golpistas de 1964.

É possível argumentar que o PT não merece ganhar a Presidência como prêmio por mau comportamento. O partido se lambuzou na corrupção e foi responsável pela crise econômica. Agora tenta fingir que não tem culpa pela recessão deixada por Dilma Rousseff.

Outra coisa é forçar o discurso de que o petismo representa uma ameaça à democracia. Em 13 anos no Planalto, o partido cometeu muitos erros, mas nunca ofereceu risco às instituições. A tese de que o PT e Bolsonaro seriam "dois extremos" só ajuda a normalizar o autoritarismo do capitão.

*

Ameaça à democracia

30/09/2018

Foi-se o tempo em que as democracias só tombavam sob a mira de tanques e baionetas. No século passado, golpes clássicos derrubaram governos eleitos em quase toda a América Latina. Agora a ameaça não depende mais do uso da força. "O retrocesso democrático hoje começa nas urnas", afirmam os cientistas políticos Steven Levitsky e Daniel Ziblatt em *Como as democracias morrem*.

Os professores de Harvard mostram como líderes eleitos podem conduzir seus países ao autoritarismo. O livro foi escrito sob o impacto da vitória de Donald Trump nos Estados Unidos. No entanto, é impossível atravessá-lo sem pensar na encruzilhada do Brasil em 2018.

"Demagogos extremistas surgem de tempos em tempos em todas as sociedades, mesmo em democracias saudáveis", escrevem os autores. O desafio, dizem, é evitar que eles explorem os sentimentos de ódio e ressentimento para chegar ao poder.

A decisão não é só do eleitor. Para ascender, os outsiders buscam se aliar ao *establishment*. Foi assim que Alberto Fujimori e Hugo Chávez abriram caminho para subverter as instituições no Peru e na Venezuela. "Em cada caso, as elites acreditaram que o convite para exercer o poder conteria o outsider, levando a uma restauração do controle pelos políticos estabelecidos. Contudo, seus planos saíram pela culatra", afirma o livro.

Num recuo na História, os autores lembram que Hitler e Mussolini também chegaram ao poder sem apelar à força. Na Alemanha dos anos 1930, líderes experientes pensaram que poderiam domar o chefe do Partido Nazista, um populista de discurso radical. Num ambiente de revolta contra a política tradicional, ele encantava multidões com um penteado exótico e a promessa de restaurar a ordem e combater o comunismo. Qualquer semelhança...

Levitsky e Ziblatt listam quatro sinais de alerta para identificar um aspirante a ditador: "Devemos nos preocupar quando políticos: 1) rejeitam, em palavras ou ações, as regras democráticas do jogo; 2) negam a legitimidade de oponentes; 3) toleram e encorajam a violência; 4) dão indicações de disposição para restringir liberdades civis de oponentes, inclusive a mídia".

O líder das pesquisas no Brasil gabarita o teste, mas há quem pense que ele não oferece risco à democracia. Segundo essa visão, Congresso e Judiciário seriam capazes de conter um presidente autoritário, mesmo que ele demonstre desprezo pela Constituição e pelos adversários políticos.

"Isso é um erro histórico semelhante ao cometido pelos conservadores alemães em 1932", escreveu Levitsky, em artigo na *Folha de S.Paulo*. "Para justificar seu apoio a um autoritário, muita gente diz que Bolsonaro talvez não seja tão ruim", observou. Segundo o professor, esse argumento se baseia em três ideias enganosas: "Ele não fará o que diz", "Ele é incompetente demais para ameaçar a democracia" e "Somos capazes de controlá-lo".

"Apoiar um candidato autoritário é um jogo perigoso que raramente termina bem", avisou Levitsky. O texto foi publicado na sexta-feira. No mesmo dia, o capitão ressurgiu na TV com uma ameaça: "Não aceito um resultado eleitoral diferente da minha eleição".

*

A eleição da incerteza

07/10/2018

O Brasil chega à oitava eleição presidencial desde o fim da ditadura militar. Nenhuma foi marcada por tanta incerteza. Nenhuma projetou tanta dúvida sobre o futuro da democracia no país.

É difícil traçar paralelos com qualquer disputa anterior. O candidato que começou na frente foi preso e impedido de concorrer. O candidato que o substituiu na liderança levou uma facada na barriga. A campanha sumiu das ruas. Passou a ser comandada da cadeia e do hospital.

A polarização entre PT e PSDB, que deu o tom das últimas seis eleições, ficou pelo caminho. Depois de quatro derrotas seguidas, os tucanos perderam o controle sobre o voto conservador. Foram trocados por um outsider de extrema direita, que se filiou a uma legenda de aluguel no limite do prazo legal.

O horário eleitoral na TV, que inflacionava as negociações entre os partidos, virou mercadoria obsoleta. Quem conseguiu mais de cinco minutos de propaganda empacou nas pesquisas. Quem ficou com apenas oito segundos disparou na frente.

A discussão política migrou para a tela do celular. Notícias e boatos passaram a se confundir na terra sem lei do WhatsApp. O TSE anunciou uma força-tarefa para combater as fake news. Ficou só na promessa. Às vésperas da eleição, a boataria se espalhava à vontade pelas redes.

A máquina do governo também deixou de importar. O candidato oficial do Planalto teve desempenho de nanico. O presidente mais impopular da História foi esquecido por candidatos e eleitores. Não serviu nem como saco de pancadas, como José Sarney em 1989.[8]

O país chegou à eleição na bancarrota. Pelas contas do IBGE, 27 milhões de trabalhadores estão desempregados ou subutilizados. Mesmo assim, a economia não foi o principal tema da campanha. O debate se deslocou para o campo moral e para os costumes.

O capitão soube surfar a onda conservadora. Com discurso moralista, prometeu combater a corrupção, reprimir o crime e restaurar a ordem. Aliou-se às igrejas evangélicas, aos ruralistas e à bancada da bala. Herdou o comando da tropa de Eduardo Cunha, que chefiou o impeachment e acabou na cadeia.

---

[8] O então presidente Michel Temer não quis concorrer à reeleição em 2018. Seu candidato oficial, Henrique Meirelles (MDB), receberia 1% dos votos.

A imprensa internacional tenta entender como um candidato com ideias autoritárias, que exalta a tortura e já defendeu o fuzilamento de adversários, foi capaz de chegar tão longe. Por aqui, o fenômeno é retratado como mera reação ao PT, que foi varrido do poder depois de vencer as últimas quatro eleições.

O petismo paga o preço pelo fiasco do governo Dilma. Turbinada pela recessão e pelos escândalos, a rejeição ao partido se tornou uma muralha. Com Lula preso em Curitiba, a sigla esperou até a última hora para lançar o substituto Fernando Haddad. Foi uma escolha arriscada, que pode apresentar uma conta alta hoje à noite.

Blindado pela facada e sem comparecer a debates, Jair Bolsonaro chega ao dia da eleição com chance de vencer no primeiro turno. Não é o desfecho mais provável, mas a previsibilidade tem passado longe em 2018.

*

O tsunami que varreu o país

08/10/2018

Não foi só uma onda. Um tsunami conservador varreu o país nas eleições de ontem. O presidenciável da extrema direita, Jair Bolsonaro, chegou perto de vencer no primeiro turno. Arrastou uma legião de militares, policiais e pastores para o Congresso, onde o nanico PSL passa a ser uma força relevante.

O discurso radical de Bolsonaro seduziu eleitores com medo da violência e raiva da política. Ele prometeu defender a família, combater a corrupção e distribuir armas para o "homem de bem". Conseguiu emplacar a ideia de que representa o novo, apesar dos sete mandatos como deputado federal.

O capitão vestiu a farda de antagonista do PT. Mas sua primeira vítima foi o PSDB, que teve o pior resultado desde 1989. Depois de governar São Paulo quatro vezes, Geraldo Alckmin ficou com menos de 5% dos votos. Agora os tucanos correm o risco de virar uma espécie política em extinção.

Ferido pela prisão do seu maior líder e pelo impeachment, o PT encolheu. O partido venceu em apenas nove estados, oito deles no Nordeste. Ainda amargou derrotas históricas, como a da ex-presidente Dilma Rousseff, que não conseguiu se eleger senadora em Minas Gerais.

Fernando Haddad chega ao segundo turno em desvantagem. Terá o desafio de formar uma frente ampla, além da esquerda e da terceira via de Ciro Gomes. Precisará se vender como fiador da democracia, ameaçada pelo discurso autoritário do capitão.

O segundo turno dará uma chance ao eleitor para refletir melhor sobre tudo o que está em jogo. A agressividade da campanha tende a aumentar ainda mais. No entanto, Bolsonaro será obrigado a se expor ao contraditório e apresentar ideias além das frases de efeito.

Foi uma eleição moldada pela Lava Jato. A operação prestou bom serviço ao combater a corrupção, mas exagerou no ativismo e desorganizou o sistema político, a exemplo do que ocorreu na Itália com a Mãos Limpas. Lá, o resultado foi o populismo clownesco de Silvio Berlusconi. Por aqui, vem sendo Bolsonaro.

*

Apologia do extermínio

14/10/2018

Como seria a política de segurança de um governo Bolsonaro? O deputado já deixou pistas em seus discursos na Câmara. Em agosto de 2003, ele usou a tribuna para elogiar um grupo de extermínio que aterrorizava a Bahia. Acrescentou que o esquadrão da morte teria seu apoio se resolvesse migrar para o Rio.

"Enquanto o Estado não tiver coragem de adotar a pena de morte, o crime de extermínio, no meu entender, será muito bem-vindo. Se não houver espaço para ele na Bahia, pode ir para o Rio de Janeiro. Se depender de mim, terão todo o meu apoio", afirmou.

O capitão pregou a adoção de uma "rígida política de controle da natalidade". Sem isso, seria "baboseira" investir em escolas e hospitais públicos. "Chega de vaselina, de baboseira, de falar em educação, em saúde, porque essa não é a nossa realidade primeira", disse.

Dois meses depois do discurso, o mecânico Gérson Jesus Bispo foi assassinado por denunciar a atuação do esquadrão da morte a uma missão da ONU. Ele acusava policiais militares de torturarem e matarem seu irmão.

Em dezembro de 2008, Bolsonaro elogiou a atuação das milícias no Rio. Ele criticou o relatório da CPI da Assembleia Legislativa que apurou a atuação dos grupos paramilitares. A comissão pediu o indiciamento de policiais, bombeiros e políticos que dominavam favelas. A investigação mostrou que eles lucravam com a cobrança de taxas, a oferta de serviços clandestinos e a venda de apoio político.

"Querem atacar o miliciano, que passou a ser o símbolo da maldade e pior do que os traficantes. Existe miliciano que não tem nada a ver com gatonet, com venda de gás. Como ele ganha R$ 850 por mês, que é quanto ganha um soldado da PM ou do bombeiro, e tem a sua própria arma, ele organiza a segurança na sua comunidade. Nada a ver com milícia ou exploração de gatonet, venda de gás ou transporte alternativo", disse o deputado.

A defesa das milícias não ficou no passado de Bolsonaro. Em fevereiro deste ano, já como candidato ao Planalto, ele elogiou os grupos paramilitares em entrevista à rádio Jovem Pan.

"Tem gente que é favorável à milícia, que é a maneira que eles têm de se ver livres da violência. Naquela região onde a milícia é paga, não tem violência", afirmou.

O discurso do candidato é desmentido pelos fatos. Investigações da Polícia Civil e do Ministério Público mostram que os grupos paramilitares adotaram práticas do tráfico de drogas. Quem tenta resistir à extorsão é vítima de ameaças, torturas e execuções. Cerca de dois milhões de moradores da Região Metropolitana do Rio já vivem sob o domínio das milícias.

*

Comboios à tabela

14/10/2018

Quando Mussolini chegou ao poder, os trens italianos passaram a sair no horário. Em Portugal, o poeta Fernando Pessoa comentou a novidade: "A obra principal do fascismo é o aperfeiçoamento e organização do sistema ferroviário. Os comboios agora andam bem e chegam sempre à tabela. Por exemplo, você vive em Milão; seu pai vive em Roma. Os fascistas matam seu pai, mas você tem a certeza que, metendo-se no comboio, chega a tempo para o enterro".

*

O cheiro do fascismo

23/10/2018

A ameaça foi explícita. "Se quiser fechar o STF, você sabe o que faz? Você não manda nem um jipe. Você manda um soldado e um cabo", disse o deputado Eduardo Bolsonaro. "Se você prender um ministro do STF, você acha que vai ter uma manifestação popular a favor dos ministros?", acrescentou.

O ministro Celso de Mello, integrante mais antigo do tribunal, classificou a fala como "inconsequente e golpista". O ex-presidente Fernando Henrique

Cardoso afirmou que as declarações de Bolsonaro, o filho, "cruzaram a linha" e "merecem repúdio dos democratas". "Cheiram a fascismo", concluiu.

Quando foi que o bolsonarismo cruzou a linha? Em três décadas na política, o patriarca do clã nunca exibiu qualquer apreço pela democracia. Bem ao contrário. Sua carreira pode ser resumida como um persistente esforço para desacreditá-la.

O capitão dedicou sete mandatos de deputado à exaltação da ditadura e do arbítrio. Já pregou o fuzilamento de adversários políticos e o fechamento do Congresso. Desmereceu o voto popular e defendeu a esterilização de brasileiros pobres.

Ofendeu mulheres, negros, imigrantes, homossexuais. Foi denunciado por racismo e incitação ao estupro. Salvou-se dos processos graças ao mesmo STF que seu filho ameaçou fechar. Deve o favor à tolerância dos ministros, que preferiram não levá-lo a sério, e ao escudo da imunidade parlamentar.

Numa eleição marcada por ineditismos, Bolsonaro passou de azarão a favorito. Fez juras ao liberalismo econômico, que sempre combateu, e conquistou o apoio do *establishment* e do mercado financeiro, cujo candidato preferencial não decolou.

Ele também se aproveitou de uma sequência de erros do PT, que insistiu na candidatura de um ex-presidente preso, torpedeou outras alternativas em seu campo político e esperou para lançar um substituto a três semanas do primeiro turno.

Há uma operação na praça para atenuar os riscos de um governo Bolsonaro. Suas repetidas ameaças à democracia, à imprensa e aos adversários seriam apenas arroubos retóricos. Podem ser – mas, como ensinou seu filho deputado, será preciso "pagar para ver".

No domingo, o capitão elevou o tom em discurso para apoiadores. Prometeu uma ampla "faxina" e anunciou tempos difíceis para quem ousar fazer oposição. "Ou vão para fora, ou vão para a cadeia. Esses marginais vermelhos serão banidos de nossa pátria", disse. "Será uma limpeza nunca vista", acrescentou.

O cheiro está no ar, mas há quem prefira tapar o nariz.

*

Um alerta do que vem por aí

28/10/2018

A democracia brasileira enfrentará uma prova de fogo se as urnas confirmarem o favoritismo de Jair Bolsonaro. O capitão reformado fez carreira exaltando a ditadura militar, um regime que amordaçou a imprensa e perseguiu opositores. Agora seus impulsos liberticidas vão testar a resistência das instituições e da Constituição de 1988.

Nos últimos dias, quem teme uma escalada autoritária ganhou novos motivos para se preocupar. Ao menos 20 universidades públicas foram alvo de operações da polícia e de fiscais eleitorais. A pretexto de coibir a propaganda irregular, as batidas suspenderam aulas, impediram a realização de debates e apreenderam faixas e cartazes.

O caso da Universidade Federal Fluminense resume os abusos da ofensiva. Uma juíza determinou a retirada de uma faixa laranja com a inscrição "Direito UFF Antifascista", sem referência a partidos ou candidatos. Acrescentou que a polícia deveria prender o diretor da Faculdade de Direito em caso de descumprimento da ordem.

Em Minas Gerais, uma juíza ordenou a retirada de uma nota publicada no site da Universidade Federal de São João del-Rei. O texto censurado também não citava o nome de nenhum candidato. Era um manifesto "a favor dos princípios democráticos e contra a violência nas eleições".

Em Mato Grosso do Sul, policiais federais entraram no campus da Universidade Federal da Grande Dourados para impedir uma aula pública com o tema "Esmagar o fascismo". Os agentes fotografaram e coletaram nomes de estudantes que organizavam a atividade. A ação foi autorizada por um juiz eleitoral que milita contra o PT nas redes.

As batidas nas universidades servem como um alerta do que pode vir por aí. Bolsonaro ainda não vestiu a faixa e já surgem autoridades ansiosas para restabelecer a censura. Dessa vez, houve reação da Procuradoria-Geral da República e do Supremo Tribunal Federal.

Na noite de sexta, a procuradora Raquel Dodge pediu a suspensão das ações nas universidades. Apontou ofensa a princípios fundamentais, como os "direitos de crítica, de protesto e de discordância decorrentes da livre manifestação do pensamento, assim como a liberdade de expressão".

A ministra Cármen Lúcia aceitou o pedido e concedeu a liminar. "Sem liberdade de manifestação, a escolha é inexistente. O que é para ser opção, transforma-se em simulacro de alternativa. O processo eleitoral transforma-se em enquadramento eleitoral, próprio das ditaduras", afirmou.

Ela acrescentou que as batidas afrontaram o princípio da autonomia universitária. "Pensamento único é para ditadores. Verdade absoluta é para tiranos. A democracia é plural em sua essência. E é esse princípio que assegura a igualdade de direitos individuais", escreveu a ministra.

O episódio pode ter sido um ensaio para futuros choques entre o Executivo e o Judiciário. No domingo passado, Bolsonaro sugeriu um retorno aos anos de chumbo. "Ou vão para fora, ou vão para cadeia", disse, referindo-se a opositores. Ontem ele voltou a abrandar o tom no Twitter. Prometeu "obediência à Constituição".

*

O baixo clero sobe a rampa

29/10/2018

Na primeira aparição como presidente eleito, Jair Bolsonaro fechou os olhos, baixou a cabeça e fez silêncio para ouvir a palavra de Magno Malta. De camiseta amarela e relógio de ouro no pulso, o dublê de senador e cantor gospel festejou a vitória de "um cristão verdadeiro, um patriota". "Os tentáculos da esquerda jamais seriam arrancados sem a mão de Deus", celebrou.

O tom de pregação também marcou o discurso de Bolsonaro. Ele começou citando uma passagem bíblica: "Conhecereis a verdade, e a verdade vos libertará". Depois agradeceu as orações de eleitores e definiu sua chegada à Presidência como "uma missão de Deus".

Foram sinalizações claras ao eleitorado evangélico, que impulsionou sua vitória. No Ibope de sábado, ele ostentava 27 pontos de vantagem nesse segmento religioso. Entre os católicos, Fernando Haddad aparecia dois pontos à frente.

Sete dias depois de ameaçar os opositores com a cadeia ou o exílio, o presidente eleito tentou se reapresentar como conciliador. No discurso lido, prometeu um governo "defensor da Constituição, da democracia e da liberdade". "Não é a palavra vã de um homem. É um juramento a Deus", disse.

Em outro momento, ele afagou as Forças Armadas com uma homenagem ao comandante da tropa na Guerra do Paraguai. "Não sou Caxias, mas sigo o exemplo deste grande herói brasileiro. Vamos pacificar o Brasil", afirmou.

Antes de surgir diante das câmeras, Bolsonaro saudou os seguidores em seu ambiente favorito: as redes sociais. Mais à vontade, definiu seus eleitores como "integrantes de um grande exército que sabia para onde o Brasil estava marchando e clamava por mudanças".

Na fala de improviso, o presidente eleito voltou a soar como o candidato em campanha. Atacou a "grande mídia", prometeu combater o "comunismo" e acenou aos velhos companheiros do Congresso. "Todos os nossos compromissos serão cumpridos com as variadas bancadas", prometeu.

A frase é uma senha de que Bolsonaro encampará as agendas dos ruralistas, da frente evangélica e da bancada da bala. O capitão construiu sua carreira no chamado baixo clero, esnobado por seguidos governos. Agora a turma vai subir a rampa do Planalto ao seu lado.

*

Sinais trocados

30/10/2018

Jair Bolsonaro deu sinais trocados no primeiro dia como presidente eleito. Em entrevistas a quatro emissoras de TV, ele repetiu promessas de moderação e respeito às leis e à democracia. Ao mesmo tempo, renovou ameaças a opositores e a jornais que o criticarem no exercício do poder.

No Jornal Nacional, o capitão se disse "totalmente favorável à liberdade de imprensa". Pouco depois, ameaçou usar verbas públicas para punir veículos. A intenção é sufocar financeiramente quem publicar reportagens que o desagradem.

Ele fez ataques à *Folha de S.Paulo*, que revelou a existência de uma funcionária fantasma em seu gabinete. Não explicou, porém, por que demitiu a assessora. Ela foi flagrada vendendo açaí em Angra dos Reis durante o horário de expediente.

Na Band, Bolsonaro disse que não fará nada para "esmagar a oposição". Na mesma entrevista, esmagou a História ao dizer que o regime militar não foi uma ditadura. Ele também tentou relativizar a censura a jornais e revistas. Disse que a prática foi pontual, embora a presença de censores nas redações tenha sido permanente a partir de 1968.

O presidente eleito afirmou no JN que tratará a Constituição como "nossa Bíblia aqui na terra". Em seguida, reforçou ameaças a adversários políticos. Questionado sobre a promessa de expurgar "marginais vermelhos", deixou claro que se dirigia à futura oposição. "Logicamente estava me referindo à cúpula do PT e à cúpula do PSOL", sentenciou.

Bolsonaro se disse vítima de fake news, mas voltou a espalhar notícias falsas que usou na campanha. Ele acusou o candidato derrotado Fernando Haddad de ter produzido um "kit gay" que atentaria contra "a inocência das crianças". O site *Fato ou Fake* esclareceu que o material era dirigido a educadores, não a alunos, e nem chegou a ser distribuído.

O ministro Carlos Horbach, do TSE, proibiu o PSL de explorar a história no horário eleitoral. Ele afirmou que a propaganda do presidente eleito "gerava desinformação", com "prejuízo ao debate público".

*

Um bolsonarista na casa de Rio Branco

14/11/2018

O novo presidente terá um chanceler à sua imagem e semelhança. O futuro ministro Ernesto Araújo não é apenas um bolsonarista de carteirinha. Ele também emula o chefe no discurso contra o "globalismo", a "ideologia de gênero" e o "marxismo cultural".

O ideário do novo chefe do Itamaraty pode ser consultado no blog Metapolítica 17. A página é dedicada a uma militância fervorosa a favor do capitão e contra o PT. Ele se refere à sigla como "Partido Terrorista". Em tom imodesto, diz que pretende "ajudar o Brasil e o mundo a se libertarem da ideologia globalista".

"Se o PT ganhar, vai extinguir todas as luzes da decência e da liberdade", escreveu a uma semana da eleição. Ele acusou os petistas de tramarem um "regime de partido único, ditatorial, [...] um governo que controlará sua vida a partir da educação pré-escolar, que administrará sua família, que controlará o que você pensa e diz".

O futuro chanceler também ecoa Bolsonaro na pregação contra a China, maior parceira comercial do Brasil. Ele sugere que é preciso resistir à "China maoísta que dominará o mundo". O discurso parece levemente fora de época. A potência asiática começou a abandonar o maoísmo em 1978, com as reformas de Deng Xiaoping.

Em outro post, o embaixador que nunca chefiou uma embaixada repete clichês da direita hidrófoba. Diz que o socialismo "perverte o milagre da concepção com a ideologia do aborto, perverte o sexo com a ideologia de gênero e o feminismo" e "perverte a fé cristã".

O anti-intelectualismo também desponta nos textos de Araújo. Para ele, "o povo é muito mais são e sábio do que a classe instruída". As crianças brasileiras receberiam uma "educação cínica e antipatriótica onde se ensina uma História sem heróis e onde professores submarxistas tentam criar pequenos militantes".

Num artigo mais extenso, publicado em 2017 na revista *Cadernos de Política Exterior*, o diplomata ostenta admiração por Donald Trump. Compara o presidente americano a Reagan e Churchill e sustenta, sem ironia, que ele pode "salvar o Ocidente". Ao que tudo indica, o Itamaraty está prestes a entrar num novo período de alinhamento automático à Casa Branca.

*

A viagem do chanceler

28/11/2018

O novo chanceler está irritado. Ernesto Araújo não gostou das críticas à sua escolha para o Itamaraty. Nessa ele tem razão. Em geral, as reações foram de preocupação e espanto. Fora da bolha bolsonarista, ninguém esperava ver um militante da *alt-right*[9] no comando da política externa brasileira.

As críticas deveriam ter convencido o futuro ministro a moderar o tom. Ele escolheu o caminho oposto. Em artigo na *Gazeta do Povo*, voltou a se apresentar como um cruzado contra "pautas abortistas e anticristãs". Também atacou o "alarmismo climático", como se os estudos sobre o aquecimento global fossem meros boatos de WhatsApp.

Araújo se aproximou do mundo real ao comentar a repercussão da sua escolha. "Alguns jornalistas estão escandalizados, alguns colegas diplomatas estão revoltados", constatou. Depois voltou a orbitar o seu mundo particular, no qual o "marxismo cultural" estaria por trás de uma trama "para que as pessoas não nasçam".

Dirigindo-se a um interlocutor imaginário, o novo chanceler julgou necessário informar que não precisa de uma camisa de força. "Quando me posiciono, por exemplo, contra a ideologia de gênero, contra o materialismo, contra o cerceamento da liberdade de pensar e falar, você me chama de maluco", queixou-se.

Depois ele retomou a pregação contra as Nações Unidas, que o Brasil ajudou a fundar depois da tragédia da Segunda Guerra Mundial. "No idioma da ONU, é impossível traduzir palavras como amor, fé e patriotismo", escreveu.

Enquanto Araújo defende ideias exóticas e bajula o novo chefe, prometendo se guiar por sua "mão firme e confiante", cresce a sensação de que o Itamaraty pode ter papel decorativo em sua gestão.

---

9 *Alt-right*, ou "direita alternativa", é um movimento de extrema direita associado ao supremacismo branco e à aversão a imigrantes. Seus integrantes impulsionaram a primeira eleição de Donald Trump em 2016.

Ontem o deputado Eduardo Bolsonaro assumiu funções de chanceler e anunciou um regime de metas comerciais para os embaixadores. Os que "não trouxerem resultado", disse, serão removidos de seus postos.

Em visita a Washington, o filho do presidente desfilou com um boné em que se lia a inscrição "Trump 2020". A turma ainda não subiu a rampa do Planalto e já quer decidir o próximo ocupante da Casa Branca.

*

A aula de Rosa

11/12/2018

Jair Bolsonaro recebeu o diploma de presidente no Dia Mundial dos Direitos Humanos. A ministra Rosa Weber aproveitou a data para cobrar respeito às liberdades, às minorias e ao direito sagrado de discordar do governo.

A presidente do TSE começou com um aviso: o pleito ocorreu com "absoluta segurança e total lisura". Foi o primeiro recado a Bolsonaro, que passou meses lançando suspeitas sobre a urna eletrônica.

A ministra celebrou o 70º aniversário da Declaração Universal dos Direitos Humanos. "Em país de tantas desigualdades como o nosso, refletir sobre as declarações de direitos não constitui mero exercício teórico, mas necessidade inadiável que a todos se impõe, governantes ou governados", disse.

Ela julgou necessário lembrar que a democracia não se resume à realização de eleições a cada quatro anos: "É, também, exercício constante de diálogo e de tolerância, de mútua compreensão das diferenças, de sopesamento pacífico de ideias distintas, até mesmo antagônicas, sem que a vontade da maioria, cuja legitimidade não se contesta, busque suprimir ou abafar a opinião dos grupos minoritários".

Rosa ressaltou que proteger os direitos humanos não é uma escolha, e sim uma obrigação dos governantes. "Isso resulta claro não só dos deveres assumidos perante a comunidade internacional, mas sobretudo pelo que a própria Constituição determina", ensinou.

Deputados do PSL reclamaram da aula pública, o que só demonstra que acusaram o golpe. A ministra disse o que disse porque Bolsonaro apelou ao discurso contra os direitos humanos para ganhar votos. No segundo turno, ele chegou a chamar seus adversários políticos de "marginais vermelhos". "Ou vão para fora, ou vão para cadeia", ameaçou.

Na solenidade de ontem, o presidente eleito mudou o tom. Com o diploma nas mãos, ele reconheceu que as eleições foram "livres e justas" e prometeu governar para todos, "sem distinção de origem racial, raça, sexo, cor, idade ou religião".

Que assim seja.

*

A sessão do esquecimento

14/12/2018

Apenas 11 deputados apareceram no plenário da Câmara, ontem de manhã, para lembrar os 50 anos do AI-5. Estavam em menor número que os 20 cartazes com retratos de vítimas da ditadura. Um deles homenageava o ex-deputado Rubens Paiva, que teve o mandato cassado e foi morto num quartel do Exército.

Embora o painel eletrônico marcasse a presença de quase 300 parlamentares, a maioria já estava longe de Brasília quando a sessão começou. O presidente Rodrigo Maia ficou na cidade, mas não saiu da residência oficial. Ele nasceu no Chile porque o pai foi perseguido pelos militares e precisou se exilar fora do país.

"Seria inadmissível a Câmara dos Deputados do Brasil deixar este 13 de dezembro passar sem uma sessão de memória, de repúdio ao arbítrio e de alerta aos tempos sombrios que sempre nos ameaçam", disse o deputado Chico Alencar, que presidiu a sessão.

O tom de alerta também marcou a fala de Ronaldo Lessa. "Agora, em 2018, vivemos um clima de disputa e intolerância muito tóxico. Devemos nos lembrar das lições do passado e precisamos evitar cometer os mesmos erros. Precisamos construir pontes", conclamou. Ele embargou a voz ao lembrar dois amigos mortos pelos órgãos de repressão.

O deputado Tadeu Alencar disse que o Brasil vive um momento desafiador, "em que sentimos claramente o assanhamento das forças que se identificam com esse período tenebroso da História brasileira". Não deu nomes aos bois, e nem precisava.

Em dezembro de 2008, outro deputado usou os microfones da Câmara para comemorar o 40º aniversário do ato. "Ocupo esta tribuna, com muita honra, para defender o AI-5", anunciou, sem corar.

"Eu louvo o AI-5 porque, pela segunda vez, colocou um freio naqueles da esquerda", prosseguiu o orador. Ele expôs uma visão particular da História, na qual os militares teriam lançado o país nas trevas "para conter o terror" e evitar "um processo de comunização".

O deputado que exaltou a ditadura ainda recebe salário da Câmara, mas não apareceu na sessão de ontem. Daqui a 18 dias, ele receberá a faixa presidencial.

*

Bolsonaro precisa descer do palanque

01/01/2019

Na véspera da posse, Jair Bolsonaro se lembrou de falar sobre educação. Pelo Twitter, ele disse que o Brasil está nas "piores condições" dos rankings mundiais de aprendizagem. O novo presidente acertou no problema, mas errou na solução. Em vez de propor medidas concretas, prometeu "combater o lixo marxista que se instalou nas instituições de ensino".

Bolsonaro apostou na radicalização ideológica para se eleger. A estratégia deu certo, e a onda conservadora o empurrou até a rampa do Planalto. Hoje se abre uma nova etapa na História. O capitão assinará o termo de posse, receberá a faixa e terá que descer do palanque para governar.

Pelo visto, não será uma mudança simples. Nos dois meses de transição, o novo presidente se manteve em clima de campanha permanente. Ameaçou retaliar adversários políticos, reforçou ataques à imprensa e esbravejou contra inimigos imaginários, como a "ideologia de gênero" e o "globalismo".

Na primeira visita ao Congresso depois da vitória, ele repetiu com os dedos o gesto de atirar. No front internacional, acirrou a tensão com países amigos e se aproximou de líderes de extrema direita, como o húngaro Viktor Orbán e o israelense Benjamin Netanyahu, que vieram de longe para assistir à posse. Donald Trump também foi cortejado, mas preferiu jogar golfe em seu resort na Flórida. Para representá-lo, despachou o secretário Mike Pompeo.

A retórica agressiva pode ajudar Bolsonaro a manter a claque animada por algum tempo. A longo prazo, os desafios serão mais complexos. O novo presidente antecipou as cobranças ao fixar metas para os cem dias inaugurais da sua gestão. Será o primeiro marco para comparar as promessas com a vida real.

Hoje Bolsonaro terá uma nova chance para moderar o tom e abandonar a fantasia de candidato antissistema. Ele falará duas vezes, no Congresso e no parlatório do Planalto. Depois de uma campanha com poucas propostas concretas, os discursos devem dar pistas do que nos aguarda nos próximos quatro anos. Mesmo assim, ainda será preciso esperar para ver.

Bolsonarismo no poder

E o capitão não desceu do palanque

02/01/2019

Ao discursar no Congresso, Jair Bolsonaro falou em "unir o povo", "preservar nossa democracia" e governar "sem discriminação ou divisão". A promessa de moderação durou pouco. Duas horas depois, ele já retomava o tom agressivo que marcou a sua escalada até o Planalto.

Com a faixa no peito, o novo presidente voltou a se pintar para a guerra. Bradou contra o fantasma do socialismo e descreveu seus rivais políticos como inimigos da pátria, da ordem e da família. Em seguida, prometeu "acabar com a ideologia que defende bandidos", sugerindo que fará vista grossa para a violência policial.

Finalmente, insinuou que recorreria às armas para impedir que a esquerda volte a disputar o poder. "Essa é a nossa bandeira, que jamais será vermelha. Só será vermelha se for preciso o nosso sangue para mantê-la verde e amarela", radicalizou. Faltou pouco para repetir as ameaças de "fuzilar a petralhada" e mandar os adversários para a "ponta da praia".

Num momento que pedia distensionamento, Bolsonaro insistiu na tática da divisão. Confundiu o parlatório, onde presidentes falam à nação, com o palanque, onde candidatos atiçam seus seguidores. Adotou um tom eficiente para manter a tropa mobilizada, mas impróprio para quem terá que governar para todos os brasileiros.

O discurso bélico sugere que a promessa de costurar um "pacto nacional", recitada no Congresso, não passou de um palavrório sem substância. Só pode falar em pacto quem está disposto a negociar. E só pode negociar quem está disposto a fazer concessões.

Nesse ponto, Bolsonaro parece ter companhia. Ao boicotar a cerimônia de posse, o PT reforçou os rótulos de intransigente e mau perdedor.

O partido tem motivos para não gostar do novo presidente, mas precisa reconhecer que ele chegou lá porque recebeu mais votos.

Brigar com o resultado das urnas não parece ser uma estratégia inteligente. A não ser que os petistas já tenham se conformado com a ideia de que o capitão reinará por "muito tempo", como já previu o ex-ministro José Dirceu.

*

Uma nova era de culto à personalidade

03/01/2019

As palavras e os gestos não deixam dúvida: Brasília embarcou numa nova era[10] de culto à personalidade do presidente. No primeiro dia útil do governo, ministros e assessores pareciam disputar um campeonato de bajulação. "O mito brasileiro tem nome: Jair Messias Bolsonaro", desmanchou-se Onyx Lorenzoni, novo titular da Casa Civil.

Em solenidade no Planalto, o ministro interrompeu o próprio discurso para pedir uma salva de palmas ao chefe. Sem constrangimento, descreveu o capitão reformado como "o homem que trouxe de volta a esperança verde e amarela". "Bolsonaro foi chamado por Deus e escolhido pelo povo", exaltou.

O ministro Gustavo Bebianno, novo secretário-geral da Presidência, referiu-se ao presidente como "nosso comandante". Ele é civil, mas fez questão de prestar continência diante das câmeras. Onyx e Bebianno imitaram Bolsonaro ao ouvir o hino nacional com a mão no peito, à moda americana. Os generais Augusto Heleno e Santos Cruz, que também assumiram pastas na cerimônia, dispensaram a patriotada.

Os ministros que se despediram do poder com Michel Temer também se esforçaram para agradar o novo inquilino do Planalto. O pastor e deputado Ronaldo Fonseca, que deixou a Secretaria-Geral, disse que Bolsonaro chegou à Presidência "ungido por Deus".

Carlos Marun, que ganhou fama como cão de guarda de Eduardo Cunha, afirmou que o novo presidente sente um "inarredável e intenso amor pelo Brasil". Recém-nomeado para o conselho de Itaipu Binacional,

---

[10] Ao assumir o Ministério da Família, da Mulher e dos Direitos Humanos, a pastora Damares Alves anunciou: "Atenção, atenção: é uma nova era no Brasil! Menino veste azul, e menina veste rosa". A expressão "nova era" seria adotada por bolsonaristas para se referir ao novo governo.

com salário de R$ 27 mil para participar de uma reunião a cada dois meses, ele ainda incluiu a família no culto ao capitão. "Minha esposa veio de verde-oliva", disse, sem corar.

*

Samba do diplomata doido

03/01/2019

A posse de Ernesto Araújo foi o samba do diplomata doido. Em discurso, o novo chanceler misturou referências a Renato Russo, Tarcísio Meira, Raul Seixas e um seguidor anônimo no Twitter. Recitou um trecho da Bíblia em grego e uma versão de Ave Maria em tupi.

Diante de olhares espantados, exaltou o ideólogo Olavo de Carvalho e mandou os funcionários do Ministério das Relações Exteriores lerem "menos *New York Times* e mais José de Alencar". Repetiu a cantilena contra o "globalismo", avisou que "não tem medo de sofrer" e prometeu "libertar a política externa e o Itamaraty".

Num governo que terá a pastora Damares Alves como ministra, o novo chanceler consegue chamar a atenção pelo exotismo. Uma façanha.

*

O governo contra o clero

13/02/2019

A Igreja Católica não deve se intimidar com a ofensiva do Planalto contra a sua atuação na Amazônia. O ministro Augusto Heleno fez críticas a um seminário convocado pelo papa Francisco para discutir os problemas da região. Em vez de calar os bispos, aumentou a insatisfação do clero com o governo.

O jornal *O Estado de S. Paulo* revelou que relatórios da Abin descrevem a CNBB como "potencial opositora". O general Heleno se referiu ao Sínodo da Amazônia como "interferência em assunto interno do Brasil". Acrescentou que pretende "neutralizar" o evento religioso.

O bispo do Marajó, dom Evaristo Spengler, afirma que não cabe ao governo monitorar os debates da Igreja. Ele diz que o clero já suspeitou da presença de arapongas numa assembleia em Marabá. "Isso é um retrocesso que só vimos na ditadura militar", protesta.

Dom Evaristo esclarece que o papa anunciou o seminário em 2017, muito antes da eleição de Jair Bolsonaro. Ele diz que a Igreja "não é neutra", o que não significa que tenha partido. "A Igreja está do lado dos mais fracos, dos mais pobres, dos ribeirinhos e dos indígenas", afirma.

Para o religioso, o discurso do governo esconde interesses econômicos. "Estão incentivando um modelo predatório de desenvolvimento, que extrai as riquezas da floresta e deixa a população na pobreza", critica. "Querem construir hidrelétricas, abrir rodovias e permitir o avanço do agronegócio e das mineradoras."

Desde a campanha, Bolsonaro trata ONGs e ambientalistas como inimigos. Ele acusa as entidades de atentarem contra a soberania nacional e planejarem a "internacionalização" da Amazônia. A pregação tem eco no núcleo militar do governo. "Isso é uma fantasia para justificar a exploração predatória da floresta. Estamos no tempo das fake news", rebate dom Evaristo.

Na segunda-feira, o ministro do Meio Ambiente aumentou a tensão com a Igreja ao ofender a memória de Chico Mendes, assassinado em 1988. Segundo Ricardo Salles, o líder seringueiro usava a luta ambiental para "se beneficiar". A declaração revoltou a ala progressista do clero. "Querem desqualificar quem defende os povos da Amazônia", afirma o bispo do Marajó.

*

A lição do decano

15/02/2019

Celso de Mello foi o único ministro do Supremo a protestar quando o então comandante do Exército, general Villas Bôas, disparou um tuíte para emparedar o tribunal no ano passado. Ontem o decano voltou a mostrar por que a sua voz é fundamental para afirmar a independência da Corte.

Celso é relator de uma das ações que pedem a criminalização da homofobia. A maioria dos países desenvolvidos tem leis para combater os crimes de ódio contra homossexuais. O novo governo pressiona o Judiciário e o Congresso para manter o Brasil fora do clube.

Na quarta-feira, o presidente disparou dois tuítes sobre o julgamento. Ele elogiou a sustentação do advogado-geral da União, que falou em "estabilidade" e "pacificação social" ao discursar contra as ações. Os ministros entenderam o recado: se a Corte contrariar o Planalto, voltará à mira das falanges governistas.

As posições de Jair Bolsonaro sobre o tema são conhecidas. "Sou homofóbico, sim, com muito orgulho", informou, num vídeo gravado em 2013. Em outra entrevista, ele disse preferir que um filho "morra num acidente do que apareça com um bigodudo por aí".

Esse tipo de declaração já foi tido como um suicídio político. Hoje em dia, rende votos e curtidas nas redes sociais. A intolerância virou ativo para candidatos que surfaram a onda conservadora em 2018. Agora a turma também quer enquadrar o Supremo. Alguns ministros já indicaram que aceitaram a tutela.

Ontem o decano deixou claro que não está neste grupo. Ele transformou seu voto em libelo contra o avanço do obscurantismo. Lembrou que a Constituição protege os direitos das minorias, atacadas por porta-vozes de "doutrinas fundamentalistas".

Celso disse saber que será "mantido no índex dos cultores da intolerância, cujas mentes sombrias que rejeitam o pensamento crítico". Mesmo assim, defendeu que é preciso afirmar a "função contramajoritária" do Supremo – ou seja, sua independência em relação às patrulhas ideológicas e ao tribunal do Facebook.

O ministro se aposentará no fim de 2020, ao completar 75 anos. Fará falta à Corte e ao país.

*

Ufanismo de almanaque

26/02/2019

O ministro da Educação, Ricardo Vélez Rodríguez, orientou os diretores de escolas a filmarem os alunos perfilados diante da bandeira e ao som do hino nacional. O comunicado é típico de ditaduras, e não só pelo ufanismo de almanaque.

Vélez enviou uma carta a ser lida para alunos, professores e funcionários no primeiro dia do ano letivo. O texto começa com uma exclamação patriótica ("Brasileiros!") e termina com o slogan de campanha do presidente Jair Bolsonaro ("Brasil acima de tudo, Deus acima de todos"). Entre uma coisa e outra, exalta a chegada do "Brasil dos novos tempos", numa aparente alusão à posse do chefe.

A circular insta os diretores a filmarem as crianças e enviarem os vídeos para o gabinete do ministro. Só faltou dizer que as escolas que descumprirem a ordem ficarão de recuperação – ou receberão menos verbas federais no ano que vem.

Prócer da ala olavista do governo, Vélez já havia deixado claro que confunde as tarefas de Estado com a militância ideológica. Em vez de mirar as deficiências do ensino básico, tem desperdiçado tempo com discursos contra a suposta influência do "globalismo" e do "marxismo cultural" sobre os professores.

O ministro é um crítico da "doutrinação", mas sua circular representa exatamente o que ele diz combater: a tentativa de despejar conteúdo chapa-branca pela goela dos alunos. Não chega a ser uma ideia original.

Depois do golpe de 1964, que Vélez já definiu como uma data "para comemorar", os militares estimularam o culto à bandeira e a pregação ufanista nas escolas. Chegaram a impor a disciplina Educação Moral e Cívica, outra patriotada que o ministro quer ressuscitar.

Antes disso, o Estado Novo obrigou os estudantes a reverenciarem o chefe do governo e os símbolos nacionais. Na cartilha *Getúlio Vargas, o amigo das crianças*, editada pelo Departamento de Imprensa e Propaganda, o presidente dizia que "é preciso plasmar na cera virgem que é a alma da criança a alma da própria pátria".

É assim que pensam as ditaduras, sejam elas de esquerda ou de direita.

*

Discurso impróprio

28/02/2019

Jair Bolsonaro passou um mês sem falar em solenidades oficiais. Era melhor que tivesse continuado em silêncio. Na posse do novo diretor de Itaipu, o presidente exaltou o ditador paraguaio Alfredo Stroessner. Chamou-o de "estadista" e "homem de visão".

A História mostra que os predicados do general eram outros. Depois de liderar um golpe militar, ele passou 35 anos no poder. Comandou um regime corrupto e sanguinário, responsável por múltiplos crimes contra a humanidade.

De acordo com estimativas oficiais, a ditadura paraguaia torturou mais de 18 mil pessoas entre 1954 e 1989. A Comissão da Verdade e Justiça do país contabilizou 59 mortos e 336 desaparecidos.

O relatório final do órgão afirma que Stroessner montou um regime de "caráter totalitário", voltado para o "controle total do Estado e da sociedade". Seu governo foi implacável. "Perseguiu, eliminou, excluiu, extirpou e aniquilou todo foco, tentativa ou projeto de oposição", registra o documento.

O general não se limitou a chefiar a repressão política. Ele permitiu e estimulou o contrabando. Fez do comércio ilegal de cigarros, bebidas e eletrônicos uma marca registrada do Paraguai.

Stroessner também usou o poder para enriquecer. O juiz Arnaldo Fleitas, que tentou extraditá-lo, estimou sua fortuna em US$ 500 milhões. Parte do dinheiro ficou escondida em contas secretas na Suíça. O general obteve asilo político no Brasil e morreu no país, sem responder por seus crimes.

Em 2016, o Departamento de Memória Histórica e Reparação revelou outra face obscura do ditador. Ele foi acusado de patrocinar um esquema de exploração sexual de crianças. Segundo as investigações, o regime mantinha uma espécie de harém com meninas de 10 a 15 anos, que eram raptadas no interior para servi-lo.

A simpatia por ditadores não é uma novidade na carreira de Bolsonaro. A diferença é que ele deixou de ser apenas um deputado de posições radicais. Ao assumir a Presidência, passou a representar o país. Seus elogios a Stroessner rebaixam o Brasil e o cargo que ocupa.

*

Democracia não é favor

08/03/2019

O presidente Jair Bolsonaro disse ontem que "democracia e liberdade só existem quando a sua respectiva Força Armada assim o quer". A frase revela uma incompreensão do papel dos militares e da Constituição, que ele prometeu cumprir ao tomar posse.

A democracia não é um favor que os militares prestam aos civis. A palavra vem do grego *demokratia*, a união de *demos* (povo) e *kratia* (poder). Se tiver dúvidas, o presidente pode consultar o artigo 1º da Constituição. Diz o parágrafo único: "Todo o poder emana do povo, que o exerce por meio de representantes eleitos ou diretamente". Isso significa que o poder só é legítimo se tiver como origem a vontade popular, expressa pelo voto.

Os integrantes das três Forças participam do processo quando vão às urnas. O voto de um fardado não vale mais nem menos do que o voto de um paisano.

A afirmação de que o poder emana do povo está em todas as Constituições brasileiras desde 1934. Não foi inventada aqui. Aparece, com poucas variações, nas Cartas de todos os países democráticos. A Constituição da França faz questão de reforçá-la. Afirma que o princípio da República é ser o "governo do povo, pelo povo e para o povo".

A Carta brasileira também é clara sobre as atribuições das Forças Armadas. O artigo 142 diz que elas "são instituições nacionais permanentes e regulares, organizadas com base na hierarquia e na disciplina, sob a autoridade suprema do presidente da República". E não o contrário.

Como já virou rotina, militares que ocupam altos postos no governo tentaram consertar a fala presidencial. O vice Hamilton Mourão afirmou que Bolsonaro foi "mal interpretado". O ministro Augusto Heleno alegou que "tentaram distorcer" o que ele disse.

A explicação poderia colar se Bolsonaro tivesse um histórico de defesa da democracia e de repúdio a regimes autoritários, como a ditadura de 1964. Os dois generais sabem que não é bem assim.

*

A desconstrução como projeto

19/03/2019

Em 1964, o militar Juracy Magalhães foi nomeado embaixador em Washington e cunhou uma frase famosa: "O que é bom para os Estados Unidos é bom para o Brasil". A máxima da ditadura voltou à moda em Brasília. Agora foi levada a Washington por Jair Bolsonaro.

Ontem o presidente se desmanchou em elogios aos anfitriões. "Hoje os senhores têm um presidente que é amigo dos Estados Unidos, que admira este país maravilhoso", disse. Ele estendeu as juras de amor a Donald Trump. "Queremos um Brasil grande, assim como Trump quer uma América grande."

O ministro Paulo Guedes acrescentou um testemunho pessoal. "O presidente ama os americanos, eu também. Adoro jeans, Coca-Cola, Disneylândia", festejou. Faltou citar o Pateta, que parece inspirar uma ala expressiva do novo governo.

A bajulação não se limitou aos discursos. O Planalto aceitou abrir a Base de Alcântara, antigo sonho de consumo dos EUA. Mais cedo, liberou os turistas americanos da exigência de visto. O Brasil abriu mão da reciprocidade, um princípio básico da diplomacia.

Dois dias antes, o deputado Eduardo Bolsonaro se referiu aos brasileiros que vivem nos EUA sem visto de permanência como "vergonha nossa". Ao ofender os imigrantes, usava um boné que reproduz, em versão tupiniquim, o slogan eleitoral de Trump.

O país pode e deve reforçar laços com os EUA, mas os gestos de Bolsonaro sugerem uma atitude de subserviência, não de parceria. "É preciso ter foco no interesse nacional, não no de outros países", criticou Geraldo Alckmin, um tucano insuspeito de esquerdismo.

Em Washington, o presidente voltou a mostrar que a ideologia fala mais alto que o pragmatismo em sua política externa. "Nosso Brasil caminhava para o socialismo, para o comunismo", delirou no jantar de domingo. Ele propôs um brinde a Olavo de Carvalho, ideólogo da ultradireita nativa, e ofereceu uma síntese de seu projeto. "O Brasil não é um terreno aberto onde nós pretendemos construir coisas para o nosso povo. Nós temos é que desconstruir muita coisa", afirmou. A oposição não conseguiria resumir melhor.

*

Bolsonaro agora quer brigar com a História

27/03/2019

Jair Bolsonaro não se contenta em fabricar crises no presente. Ele também quer brigar com o passado, como indica a ordem para que os militares comemorem os 55 anos do golpe de 1964.

O porta-voz do Planalto, Otávio do Rêgo Barros, tentou justificar a iniciativa. "O presidente não considera o 31 de março de 1964 um golpe militar", disse. É constrangedor que o general precise explicar uma divergência do chefe com os livros de História.

A data festejada por Bolsonaro marca o aniversário de um típico golpe de Estado. Com tanques nas ruas, os militares derrubaram um presidente legítimo e mergulharam o país num regime de exceção.

A ditadura fechou o Congresso, censurou a imprensa e perseguiu opositores. Deixou um saldo de 434 mortos e desaparecidos, além de milhares de torturados e exilados. São fatos do passado, que devem ser lembrados para que não se repitam.

Em países que enfrentaram seus fantasmas, exaltar ditaduras é crime e pode dar cadeia. Por aqui, escolheu-se contemporizar com personagens que cultuam o autoritarismo. Um deles acaba de assumir a Presidência pela via democrática que insiste em desprezar.

Ao celebrar o golpe, Bolsonaro mantém o figurino radical que marcou sua atuação parlamentar. O problema é que agora ele representa o país, não uma franja do eleitorado fluminense. Além de desrespeitar as vítimas da ditadura, suas declarações comprometem a imagem do Brasil no exterior.

Foi o que ocorreu na semana passada, quando ele foi a Santiago em viagem oficial. Houve fortes protestos, e os presidentes da Câmara e do

Senado do Chile se recusaram a encontrá-lo. Reclamaram de seus elogios públicos ao general Augusto Pinochet, chefe de uma ditadura que matou mais de três mil pessoas.

No domingo, o presidente Sebastián Piñera afirmou que as declarações de Bolsonaro sobre o tema são "tremendamente infelizes". O chileno ensina que um governante de direita não precisa defender regimes que sufocaram as liberdades em nome de ideais conservadores.

*

Pior para os fatos

03/04/2019

Jair Bolsonaro cultiva uma relação peculiar com a realidade. Ele não admite contestação, mesmo quando é desmentido com argumentos irrefutáveis. Se os fatos o contrariam, pior para os fatos.

Na segunda-feira, o presidente atacou o IBGE. Motivo: o instituto revelou que o desemprego voltou a subir. Em vez de encarar o problema, Bolsonaro reclamou da estatística. "Parecem índices que são feitos para enganar a população", esbravejou.

A pesquisa seguiu parâmetros internacionais, mas foi descartada por não confirmar a propaganda. "Fui muito criticado e volto a repetir: não interessam as críticas. Eu tenho que falar a verdade", prosseguiu o capitão. Ele deu as declarações numa data sugestiva: 1º de abril.

Ontem Bolsonaro resolveu esticar o Dia da Mentira. Em Israel, embarcou no delírio do chanceler Ernesto Araújo e disse que o nazismo foi uma ideologia de esquerda. "Não há dúvida, né? Partido Socialista... Como é que é? Partido Nacional-Socialista da Alemanha."

O presidente despejou o besteirol em visita ao Yad Vashem, museu que lembra as vítimas do Holocausto. A instituição informa aos visitantes que o nazismo foi uma das expressões do "crescimento de grupos radicais de direita na Alemanha". Se não leu os livros escolares, Bolsonaro poderia ter consultado as plaquinhas.

É consenso entre historiadores que o nazismo foi um movimento de extrema direita. O primeiro campo de concentração, em Dachau, foi inaugurado com o envio de comunistas e socialistas. Só depois recebeu judeus, ciganos e homossexuais.

A insistência em negar os fatos tem espantado a comunidade internacional. "Nunca ouvi uma voz séria na Alemanha argumentando que o nazismo foi um movimento de esquerda", disse em setembro o embaixador alemão no Brasil, Georg Witschel.

Na semana passada, a emissora pública Deutsche Welle resumiu a falsa polêmica com sete palavras: "O absurdo virou discurso oficial em Brasília". A Alemanha zela pela verdade histórica para que seu passado sombrio não se repita. Quando o Planalto exalta golpes e ditaduras, o Brasil toma o caminho oposto.

*

Cem dias sem glórias

07/04/2019

Na sexta-feira, Jair Bolsonaro refletiu em voz alta sobre os primeiros meses no poder. "Desculpem as caneladas. Não nasci para ser presidente, nasci para ser militar", disse. Diante de uma plateia de servidores, ele emendou outra inconfidência: "Eu às vezes pergunto, olho para Deus e falo: 'Meu Deus, o que é que eu fiz para merecer isso?' É só problema!".

Se Ele for mesmo brasileiro, já deve ter se cansado de ouvir essa pergunta nos últimos tempos.

Bolsonaro está prestes a completar cem dias no Planalto. Ainda é cedo para julgar o governo, mas já ficou claro que o capitão não estava preparado para o cargo.

O presidente passou os últimos 28 anos no Congresso, quase o dobro dos 15 que viveu nos quartéis. Dedicou sete mandatos à fabricação de polêmicas e à busca incessante pelo confronto. A vocação para a guerra o ajudou a se eleger, mas tem se revelado um obstáculo para governar.

Até aqui, o capitão já abriu fogo contra adversários reais e imaginários. Bradou contra o socialismo, atacou países vizinhos, ofendeu parceiros comerciais e brigou com políticos que se dispunham a apoiá-lo.

Um deles foi o presidente da Câmara, que revidou as provocações com derrotas amargas para o governo. Num dos capítulos do bate-boca, ele disse que Bolsonaro "está brincando de presidir o Brasil". Não é o único a fazer o diagnóstico.

Além de manter o tom belicoso da campanha, o presidente permitiu que a Esplanada virasse um parque de diversões da extrema direita. Nos episódios mais caricatos da disneylândia olavista, a ministra das Mulheres disse que as meninas deveriam vestir rosa e o ministro das Relações Exteriores prometeu libertar o Itamaraty do "marxismo cultural". No mais perigoso, o ministro da Educação ameaçou mudar os livros didáticos para exaltar o golpe de 1964.

O Planalto dá aval às maluquices quando o presidente reverencia um guru desbocado e a Secretaria de Comunicação divulga vídeo apócrifo com elogios à ditadura.

As confusões da largada produziram um desgaste precoce no governo. A popularidade do presidente despencou 15 pontos, e o mercado financeiro começou a trocar a euforia pela cautela. As previsões para o PIB deste ano caem há cinco semanas seguidas, de acordo com o boletim Focus do Banco Central. Na edição passada, o índice estreou abaixo dos 2%. O relatório é anterior ao tchtchucagate,[11] que expôs o pavio curto do ministro Paulo Guedes e a falta de articulação para defendê-lo na Câmara.

*

A marcha do obscurantismo

28/04/2019

Num intervalo de dois dias, Jair Bolsonaro censurou uma campanha publicitária, fez novas declarações homofóbicas e ameaçou cortar vagas em cursos de ciências humanas. As três ações mostram que o presidente está determinado a radicalizar na agenda ideológica. Mesmo quando é alertado para os efeitos negativos na economia e na imagem do país no exterior.

Bolsonaro interferiu no Banco do Brasil para vetar uma propaganda com foco em diversidade. A campanha proibida não tinha conteúdo político. O que incomodou o presidente foi a presença de jovens tatuados, rapazes de cabelo comprido e uma atriz transexual. Tipos comuns nas ruas do país, que o BB e seus concorrentes privados desejam atrair como correntistas.

O vídeo custou R$ 17 milhões e estava no ar havia duas semanas. Além de jogar o trabalho no lixo e derrubar um diretor do banco, Bolsonaro determinou a censura prévia a toda a publicidade do governo, informou o repórter Gabriel Mascarenhas na coluna de Lauro Jardim. O próximo passo pode ser a recriação do DIP, o finado Departamento de Imprensa e Propaganda.

---

[11] Em audiência na Câmara, Paulo Guedes bateu boca com o deputado Zeca Dirceu (PT-PR). O petista disse que o ministro da Economia seria “tigrão” com aposentados e “tchutchuca” com a “turma mais privilegiada”. “Tchutchuca é a mãe, tchutchuca é a avó”, exaltou-se Guedes, antes de deixar a sessão.

Em café com jornalistas, o presidente renovou seu estoque de declarações preconceituosas. Referindo-se ao turismo internacional, disse: "Quem quiser vir aqui fazer sexo com uma mulher, fique à vontade. Agora, não pode ficar conhecido como paraíso do mundo gay aqui dentro".

A fala é irresponsável em vários sentidos. Reforça a discriminação e estimula o turismo sexual, ao sugerir que as brasileiras são mercadoria à venda. Além disso, prejudica um setor que gera emprego e traz dólares ao Brasil.

Na sexta, Bolsonaro anunciou o plano de "descentralizar investimento em faculdades de filosofia e sociologia (humanas)" e "focar em áreas que gerem retorno imediato ao contribuinte, como: veterinária, engenharia e medicina".

O presidente endossou as palavras do ministro Abraham Weintraub, para quem os filhos de agricultores não podem sonhar com um diploma de Antropologia. Antes de assumir o cargo, ele havia afirmado que os comunistas controlam os bancos, os jornais e as grandes empresas. Seria o caso de dar risada se o autor da frase não estivesse à frente de uma área estratégica para o país.

A ameaça às faculdades também se enquadra na guerra cultural que Bolsonaro insiste em travar, usando o governo como arma e os brasileiros como cobaias. O presidente vê as universidades públicas como antros de subversivos. Numa simplificação grosseira, divide o meio acadêmico entre cursos profissionalizantes e escolinhas de doutrinação esquerdista. É uma visão obtusa, que ignora a necessidade de investir em conhecimento e a autonomia universitária, assegurada pela Constituição.

A cruzada do capitão vai muito além da defesa de ideias retrógradas. O objetivo é asfixiar quem não concorda com seus valores e não se encaixa em seu modelo de família. Há poucos dias, o deputado Eduardo Bolsonaro foi a Budapeste tirar fotos com o premiê Viktor Orbán, um dos autocratas que inspiram o clã presidencial. Para saber onde a nossa marcha obscurantista pode dar, vale ler sobre o governo de extrema direita da Hungria.

*

O ministro e as senhoras de 1964

02/05/2019

O novo ministro da Educação, Abraham Weintraub, quer banir os livros de Paulo Freire e reprimir a "balbúrdia" nas universidades. O discurso não é exatamente novo. Já estava na boca das senhoras católicas que bradavam contra o comunismo em 1964.

Em entrevista ao jornal *O Estado de S. Paulo*, o ministro olavete descreveu as universidades como locais de "bagunça" e "arruaça". Ele também protestou contra a suposta presença de "gente pelada", como se os campi fossem praias de nudismo.

A imaginação de Weintraub parece ser fértil. A das ativistas católicas também era. A exemplo do ministro, elas acreditavam que os comunistas estavam em toda parte. Atrás da banca de jornal, no ponto de ônibus, debaixo da cama ou dentro do guarda-roupa, como ironizava o cronista Stanislaw Ponte Preta.

Em Belo Horizonte, as senhoras se uniram na Liga da Mulher Democrata (Limde). De rosário em punho, promoveram passeatas a favor do golpe militar e elegeram a Universidade Federal de Minas Gerais como alvo número um. Suas peripécias estão no livro *Campus UFMG*, que a historiadora Heloisa Starling lança no dia 11.

Em abril de 1964, a Limde intimou o Ministério da Educação a intervir na UFMG para garantir "o afastamento definitivo de professores, livros e funcionários comunistas do convívio com os estudantes".

Pouco depois, as ativistas reivindicaram a imediata proibição, em todo o país, do método Paulo Freire. Para elas, a técnica do educador para combater o analfabetismo era perigosa e subversiva.

Em 1965, a Limde organizou um abaixo-assinado pela "extinção da carreira de sociólogo". O manifesto afirmava que era preciso evitar a formação de "agitadores comunistas". Os sociólogos só conseguiriam habilitação formal em 1980, no fim da ditadura.

As senhoras mineiras eram ousadas. Um dia, indignadas com a realização de um encontro sindical em BH, reuniram a imprensa e prometeram deitar na pista do Aeroporto da Pampulha para impedir a aterrissagem de aviões.

Fica a dica para o ministro Weintraub.

*

Os rejeitados no poder

05/05/2019

Devoto da seita olavista, o chanceler Ernesto Araújo prometeu pautar a política externa pela "fé cristã". Na sexta-feira, ele revelou uma leitura peculiar do Evangelho. Em discurso para novos diplomatas, o ministro comparou Jair Bolsonaro a Jesus Cristo. Citando o Novo Testamento, descreveu o presidente como um rejeitado que virou "pedra angular" do "novo Brasil".

"A pedra que os órgãos de imprensa rejeitaram, que a mídia rejeitou, a pedra que os intelectuais rejeitaram, a pedra que tantos artistas rejeitaram, a pedra que tantos autoproclamados especialistas rejeitaram, essa pedra tornou-se a pedra angular do edifício, o edifício do novo Brasil", exaltou.

O tema da rejeição não aparece só nas palavras do chanceler. Ao se lançar candidato, Bolsonaro disse ser um "patinho feio" na política. "Não sou um patinho feio. Sou um patinho horroroso", corrigiu-se, quando já liderava as pesquisas. Em outra ocasião, ele se apresentou como um "ilustre desconhecido do baixo clero".

A descrição era correta, mas também continha um cálculo eleitoral. Ao se vender como um outsider indesejado, o presidenciável buscava a simpatia do eleitor que se sente rejeitado pelo sistema. Bolsonaro apostou no ressentimento, uma receita que tem ajudado a eleger populistas de direita em todo o mundo.

No poder, o sentimento de rejeição costuma produzir ações de vingança. É o que se vê no governo atual, que transformou a revanche em política de Estado. Intelectuais, artistas e professores estão na mira do bolsonarismo. Viraram alvo de ameaças, perseguições e cortes de verba.

A Cultura já havia perdido o ministério. Agora ficou sem sua principal fonte de receita. A mutilação da Lei Rouanet, demonizada pelo Planalto, põe em risco a sobrevivência de grupos teatrais e instituições de arte. O governo não disfarça o objetivo. Quer retaliar a classe artística, majoritariamente contrária aos valores do presidente.

No Itamaraty, Araújo instalou um clima de caça às bruxas. Demitiu um embaixador que criticou o seu guru[12] e despachou desafetos para países distantes. Três ex-chanceleres foram deslocados para postos de segunda classe. O recado foi claro: quem não rezar pela cartilha bolsonarista vai para a geladeira.

Na Educação, a arma de revanche é a asfixia financeira. O ministro Abraham Weintraub, que se dizia perseguido por "comunistas" na Unifesp, resolveu descontar em todo o ensino superior. Anunciou um corte de 30% nas universidades, que, segundo ele, promoveriam "balbúrdia" e "eventos ridículos". Alertado para o risco de processo, ele estendeu a tesoura a todas as federais.

No governo dos rejeitados, o mau exemplo vem de cima. Desde a posse, Bolsonaro estimula a guerra ideológica contra inimigos reais e imaginários.

---

[12] O embaixador Paulo Roberto de Almeida foi exonerado da presidência do Instituto de Pesquisas de Relações Internacionais (Ipri) após fazer críticas a Olavo de Carvalho.

Já censurou propaganda de banco, atacou a imprensa e incitou sua milícia virtual contra adversários.

A valentia só não é a mesma quando a ameaça vem de fora. Na sexta, ele cancelou uma viagem a Nova York para fugir de protestos. O jantar marcado para homenageá-lo já havia mudado de lugar duas vezes, e ao menos três empresas desistiram de patrocinar os comes e bebes.

*

O fantasma de Jânio

19/05/2019

Na sexta-feira, 10, Jair Bolsonaro surpreendeu a plateia com um aviso: "Talvez venha um tsunami na semana que vem". O presidente não deu explicações, mas acionou o alerta de crise em Brasília. Três dias depois, a onda se ergueu no mar. A Justiça do Rio quebrou os sigilos do primeiro-filho, Flávio, e de outras 85 pessoas ligadas ao clã.

A investigação começou no gabinete do Zero Um, que foi alçado de deputado estadual a senador. Não se sabe onde terminará, e nem se o presidente acabará entre os afogados.

Até aqui, o Ministério Público já afirmou que o escritório parlamentar de Flávio abrigava uma "organização criminosa", com "clara divisão de tarefas" para desviar dinheiro público.

A ponta mais visível do esquema é a "rachadinha", o truque de embolsar parte dos salários de assessores. Os dados bancários poderão esclarecer outas suspeitas, como a conexão da família presidencial com as milícias.

O faz-tudo Fabrício Queiroz continua sumido. Foram dele os cheques que abasteceram a conta da primeira-dama com R$ 24 mil. Se não bastassem as transferências para Michelle, o presidente fez questão de trazer o foco do inquérito para si.

"Querem me atingir, venham para cima de mim", desafiou. Ele reclamou de "esculacho", mas não explicou a evolução patrimonial do herdeiro. No mesmo dia, recitou a palavra "impeachment", que ainda não estava na boca dos adversários.

O tsunami não foi a única onda gigante da semana. Na quarta, protestos pela educação se espalharam pelo país. O presidente chamou os manifestantes de "imbecis", o que deve engrossar novos atos contra o governo.

Na sexta, Bolsonaro divulgou um texto apócrifo, afirmando que o país "é ingovernável" sem os "conchavos" que ele se recusaria a fazer. "Que poder tem, de fato, tem o presidente do Brasil?", questiona a mensagem.

O texto descreve Bolsonaro como refém das "corporações", entre elas o Congresso, a Justiça e até as Forças Armadas. No fim, traça um cenário de "ruptura institucional irreversível, com desfecho imprevisível" e recomenda a venda de ativos brasileiros.

O tom apocalíptico lembra a carta-renúncia de Jânio Quadros, outro presidente que chegou ao poder com discurso messiânico. Na campanha, ele brandia uma vassoura com a promessa de limpar a "bandalheira" da política. No poder, perdeu-se em atitudes e medidas excêntricas, como a proibição da briga de galo e do maiô de duas peças.

Em agosto de 1961, Jânio escreveu que desejou "um Brasil para os brasileiros", mas foi "esmagado" por "forças terríveis". A renúncia, sete meses depois da posse, foi uma tentativa frustrada de emparedar o Congresso. "Imaginei que o povo iria às ruas, seguido dos militares, e que seria chamado de volta. Deu tudo errado", ele confessaria ao neto, três décadas depois.

Bolsonaro já imitou o antecessor nas cruzadas conservadoras. Censurou a propaganda de um banco público porque não gostou dos figurantes e ofendeu homossexuais ao dizer que o país dispensa o "turismo gay" porque "nós temos famílias".

Ao flertar com a radicalização, o presidente sugere que o fantasma de Jânio continuará a nos assombrar.

*

Aposta na radicalização

21/05/2019

Jair Bolsonaro quer confronto. Ontem ele afirmou que a classe política é o "grande problema" do país. Seus aliados organizam marchas a favor do governo para o próximo domingo. A julgar pelas convocações, a ideia é incitar as massas contra o Congresso e o Supremo.

A aposta na radicalização está clara. Resta saber se terá os efeitos desejados. A popularidade do presidente não é mais a mesma. Além disso, setores que o apoiaram na campanha têm se distanciado, com medo de uma guinada autoritária.

O presidente da comissão da reforma da Previdência, Marcelo Ramos, diz estar certo de que Bolsonaro arma uma "cilada". "O problema dele não é com o Congresso nem com o centrão. É com a democracia e com as instituições", acusa.

"O desapreço do presidente pela democracia não é um fato novo. É marca de toda a trajetória dele", prossegue o deputado. "Pensei que a grandeza do cargo fosse colocá-lo à altura de ocupá-lo, mas isso não aconteceu."

Filiado ao PR, Ramos aponta incoerência nas declarações presidenciais. "É surreal que alguém que vive da política há 28 anos, que botou a família inteira na política, agora diga que a política não presta", critica.

"Parece que ele quer transformar o Brasil numa Venezuela, com protestos todo dia, contra e a favor do governo. O presidente quer dividir a sociedade em dois lados, quando a maioria está no meio", acrescenta.

O deputado lembra que os parlamentares acusados de conspirar contra a vontade das urnas também foram eleitos pelo povo. Nas contas dele, o Planalto está longe de ter os votos necessários para aprovar a reforma.

"O governo tem 54 votos do PSL, se eles não estiverem brigando. Com mais oito do Novo, chega a 62. Para mexer na Constituição, vai precisar de 308", observa.

A radicalização presidencial tem produzido situações inusitadas. A deputada Janaína Paschoal, por exemplo, passou a soar como uma moderada. No fim de semana, a doutora tentou convencer os bolsonaristas a desistir das passeatas. "Não tem sentido quem está com o poder convocar manifestações! Raciocinem! Eu só peço o básico!", apelou.

É possível que tenha pedido demais.

*

O coro dos contentes

28/05/2019

A economia está parada, a popularidade do presidente despencou e o desemprego continua a subir. Um governo com esses resultados ainda é capaz de mobilizar eleitores para defendê-lo? É, sim, pelo que se viu nas manifestações de domingo.

O estímulo aos protestos a favor foi uma aposta arriscada. Jair Bolsonaro quis demonstrar força e emparedar o Congresso e o Supremo, que ele enxerga como obstáculos ao poder presidencial.

A primeira meta foi cumprida. Apesar das dissidências na direita, as marchas provaram que ainda há muita gente disposta a sair de casa para reverenciar o "Mito". A segunda é mais questionável. Ao atacar o presidente da Câmara e os deputados do centrão, o bolsonarismo hostilizou personagens que decidirão o sucesso ou o fracasso das reformas.

Rodrigo Maia substituiu o ex-presidente Lula como alvo número um das passeatas. No Rio, ganhou até um boneco inflável para chamar de seu. O "pixuleco" usava camisa do Botafogo com logotipo da Odebrecht e escondia notas de dólar nos bolsos e sapatos. Nas costas, era rotulado como "Nhonho", "Judas" e "171".

Os ataques ao deputado não parecem uma tática inteligente. O presidente da Câmara é quem organiza a pauta de votações e decide se aceita ou não eventuais pedidos de impeachment. Bolsonaro deveria ter aprendido essa na época em que frequentava o gabinete de Eduardo Cunha.

Homenageado com um boneco que o comparava ao Super-Homem, Sergio Moro definiu as marchas como "festa da democracia". "Sem pautas autoritárias", sentenciou no Twitter. O ministro não circulou por Copacabana, onde faixas exibiam dizeres como "Os partidos políticos no Brasil são facções criminosas" e "Trabalho para sustentar vermes e parasitas dos três Poderes".

Em Curitiba, a passeata bolsonarista produziu um instantâneo do nosso tempo. Vestidos de verde e amarelo, manifestantes subiram as escadarias da Universidade Federal do Paraná e arrancaram uma faixa onde se liam quatro palavras: "Em defesa da educação". Foram aplaudidos.

*

Simpatia é quase amor

31/05/2019

Jair Bolsonaro costuma usar metáforas amorosas para falar de suas relações políticas. O presidente já disse ter um "casamento hétero" com Paulo Guedes. Depois, declarou estar "namorando" Rodrigo Maia. Falta saber que termo ele escolherá para descrever o flerte com Dias Toffoli.

Os chefes do Executivo e do Judiciário estão ensaiando a dança do acasalamento. Na terça-feira, Toffoli tomou café da manhã no Palácio da Alvorada. Saiu anunciando um pacto para "destravar o Brasil" e "retomar o crescimento", entre outras platitudes.

Ontem o presidente do Supremo esteve no Planalto com uma caravana de deputadas e senadoras. Passou o encontro sorrindo e cochichando com o anfitrião. Parecia um ministro do governo, não o chefe de outro poder.

Bolsonaro foi só elogios. Chegou a dizer que Toffoli é "uma pessoa excepcional". "É muito bom nós termos aqui a Justiça ao nosso lado", derramou-se. Pouco depois, ele juntou as mãos em gesto de coração. Para as câmeras, não para o convidado ilustre.

O momento "simpatia é quase amor" tem causado constrangimento no Supremo e na comunidade jurídica. A razão é simples: Toffoli não pode antecipar julgamentos ou fazer acordos em nome dos colegas.

A reforma da Previdência não é o único projeto do governo que deverá ser questionado no Judiciário. A Corte já recebeu diversas ações contra atos do presidente que afrontam a Constituição. Além disso, os ministros ainda voltarão a tratar dos rolos do Zero Um.

Para cumprir seu papel, o Supremo precisa manter a independência e a imparcialidade. Não pode despir a toga diante da faixa presidencial.

*

Sorria, você está na Arábia Saudita

12/07/2019

Alguns pais celebram os 15 anos da filha com uma viagem ao exterior. Outros festejam os 18 anos do filho com a chave de um automóvel. O presidente Jair Bolsonaro resolveu ser mais generoso. Quer presentear Eduardo, o herdeiro que fez aniversário na quarta-feira, com a embaixada do Brasil em Washington.

A lei estabelece que os chefes de missão diplomática devem ser escolhidos entre os ministros de primeira classe, que chegaram ao topo da carreira no Itamaraty. "Excepcionalmente", diz o texto, "podem ser indicados outros brasileiros com mais de 35 anos, "de reconhecido mérito e com relevantes serviços prestados ao país".

Eduardo Bolsonaro acaba de atingir a idade mínima. Seu mérito mais reconhecido é ser filho de Jair.

O Zero Três nunca concorreu a uma vaga no Instituto Rio Branco, que prepara os diplomatas brasileiros. Passou no concurso de escrivão de polícia, que requer menos dedicação aos estudos. Entre as atribuições do cargo, estão as tarefas de "cumprir formalidades processuais", "lavrar termos" e "dirigir veículos policiais".

Ontem o presidente declarou que o filho "daria conta do recado perfeitamente". "Ele é amigo dos filhos do Trump, fala inglês, fala espanhol.

Tem vivência muito grande de mundo, né?", justificou. O deputado concordou com o pai: "Se o presidente falou, tá falado".

O Supremo ainda terá que decidir se a súmula contra o nepotismo permite que o Zero Três vire embaixador. Se confirmada, a nomeação deixará o Brasil mais próximo de se transformar de vez numa república de bananas. Ou numa monarquia absoluta, em que cada filho do rei escolhe o cargo que deseja ocupar.

Nenhuma democracia séria trata o seu principal posto no exterior como capitania hereditária. Quem adota a prática em pleno século XXI é a Arábia Saudita, controlada a mão de ferro pela dinastia Al-Saud. Dos 11 embaixadores que o país já mandou para Washington, nove pertenciam à família real. Hoje a dona do cargo é a princesa Reema Al-Saud. Ela foi precedida pelos príncipes Khalid Al-Saud e Abdullah Al-Saud.

Se organizarem bem a fila, o Zero Um e o Zero Dois ainda podem chegar lá.

*

A mentira como método

21/07/2019

Todos os políticos mentem, mas alguns políticos mentem mais do que os outros. Com Donald Trump, a mentira virou método de governo. O presidente dos Estados Unidos espalha fake news como quem troca de camisa. Desde o início do mandato, já divulgou mais de dez mil informações falsas ou distorcidas. A conta é do jornal *The Washington Post*, que criou um site só para registrar as cascatas do republicano.

Jair Bolsonaro é admirador declarado de Trump. Na campanha, seguiu sua receita de tuítes incendiários e "fatos alternativos". Disseminou embustes sobre as urnas eletrônicas, a distribuição de livros escolares e a própria atuação no Congresso.

No poder, o presidente adotou a mentira como prática cotidiana. Na sexta-feira, ele bateu uma espécie de recorde pessoal. Em entrevista à imprensa estrangeira, mentiu sobre a fome, o desmatamento, a educação e o uso de agrotóxicos no país.

"Falar que se passa fome no Brasil é uma grande mentira. Passa-se mal, não come bem. Aí eu concordo. Agora, passar fome, não", disse. O último relatório da Organização das Nações Unidas para a Agricultura e Alimentação (FAO) mostrou que 5,2 milhões de brasileiros vivem em grave situação alimentar. Devem ser cidadãos invisíveis para o presidente.

Em resposta a um correspondente alemão, Bolsonaro disse que o Brasil está "nos últimos lugares no tocante ao uso de agrotóxicos". A mesma FAO informa que o país é o mais consumidor de pesticidas no mundo. Nos primeiros seis meses do ano, foram liberadas 239 novas substâncias.

Questionado sobre a Amazônia, o presidente repetiu a cantilena de que "nós podemos ensinar qualquer país do mundo a proteger seu meio ambiente". Mais tarde, alguém o lembrou de que o desmatamento da floresta cresceu 60% em junho. Irritado, ele contestou os dados oficiais e sugeriu que o diretor do Inpe estaria "a serviço de alguma ONG".

Bolsonaro também disse que "a educação aqui no Brasil, nos últimos 30 anos, nunca esteve tão ruim". A afirmação não bate com a vida real. Em 1991, o país tinha 20% de analfabetos. Hoje tem 6,8%, de acordo com o IBGE.

O presidente ainda usou informações falsas para atacar Míriam Leitão. Disse que a jornalista participou de ações armadas contra a ditadura, o que não ocorreu, e contestou as torturas que ela sofreu num quartel do Exército, relatadas à Justiça Militar.

Dois dias antes, Trump sacou outras mentiras para difamar a deputada Ilhan Omar, nascida na Somália. Chegou a acusá-la de simpatia com uma organização terrorista, reforçando o preconceito contra muçulmanos.

Além do uso contumaz de mentiras, os insultos de Trump e Bolsonaro têm outra característica em comum: seus alvos preferenciais são as mulheres.

*

Nunca antes

21/07/2019

Na sexta, Bolsonaro anunciou mais um desejo autoritário. Quer impor um "filtro cultural" ao financiamento do cinema brasileiro. "Nem na época da ditadura existiu isso", afirma o produtor Luiz Carlos Barreto. Aos 91 anos, ele lembra que o regime militar só censurava os filmes depois que estavam prontos.

*

O presidente sem decoro

30/07/2019

Jair Bolsonaro nunca respeitou a memória das vítimas da ditadura. O capitão se projetou na política como porta-voz dos porões. Notabilizou-se por defender a tortura, insultar os mortos, mentir sobre fatos históricos.

Quando a Câmara homenageou Rubens Paiva, o então deputado insultou sua família e cuspiu no busto recém-inaugurado. Quando a Justiça Federal ordenou a busca por restos mortais no Araguaia, disse que "quem procura osso é cachorro".

Na votação do impeachment, Bolsonaro exaltou um torturador em rede nacional. O então deputado dedicou seu voto ao coronel Carlos Alberto Brilhante Ustra, um dos militares que torturaram a ex-presidente Dilma Rousseff na ditadura. Na campanha presidencial, ironizou o assassinato de Vladimir Herzog. "Suicídio acontece", debochou. O jornalista foi morto numa cela do DOI-Codi, e os militares alteraram a cena do crime para simular um enforcamento.

No fim de 2018, houve quem apostasse numa guinada do presidente rumo ao equilíbrio e à moderação. Ao assumir o poder, ele abandonaria o radicalismo e passaria a respeitar a liturgia do cargo. Os fatos têm demonstrado que essa previsão era furada.

Quase todos os dias, o presidente tem disseminado ódio e preconceito. Ontem, ao ofender a memória de Fernando Santa Cruz, voltou a cruzar o limite da decência. O então estudante tinha 26 anos quando foi capturado pela repressão. Era pai de um bebê de 2 anos, hoje presidente da Ordem dos Advogados do Brasil.

Sua mãe, Elzita Santa Cruz, peregrinou por mais de quatro décadas em busca da verdade. Ela não mudou de endereço nem de número de telefone, à espera de notícias que nunca chegaram. Morreu no mês passado, aos 105 anos, sem conhecer o paradeiro do filho.

Ontem Bolsonaro falou duas vezes sobre o caso. De manhã, para atingir o presidente da OAB, disse saber como o pai dele desapareceu. "Ele não vai querer ouvir a verdade. Eu conto para ele", provocou. À tarde, afirmou que Santa Cruz foi morto por outros militantes de esquerda. A versão é desmentida por documentos oficiais: ele estava sob custódia do regime quando desapareceu.

A Lei n.º 1.079, de 1950, tipifica os crimes de responsabilidade passíveis de impeachment do presidente da República. Diz o artigo 9º, VII: "Proceder de modo incompatível com a dignidade, a honra e o decoro do cargo".

*

Alerta contra o autoritarismo

02/08/2019

Inadmissível, perigoso, inaceitável. Os adjetivos foram usados ontem por Celso de Mello, o ministro mais antigo do Supremo. Ele se referia ao comportamento de Jair Bolsonaro no poder.

A Corte discutia a canetada presidencial que voltou a retirar da Funai a demarcação de terras indígenas. Bolsonaro atropelou o Congresso e reeditou uma medida provisória que já havia sido derrubada. Uma manobra de "agressiva inconstitucionalidade", definiu a ministra Cármen Lúcia.

Os ministros condenaram o truque por unanimidade. Último a falar, Celso afirmou que o presidente cometeu uma "inaceitável transgressão à autoridade suprema da Constituição". "Uma inadmissível e perigosa transgressão ao princípio fundamental da separação dos Poderes", enfatizou.

O decano criticou a ditadura militar, sempre louvada pelo presidente. Ele lembrou que um governo que não se submete às leis é incompatível com a democracia. "Parece ainda haver, na intimidade do poder, um resíduo de indisfarçável autoritarismo", afirmou.

O ministro reforçou um alerta repetido por muitas vozes desde a campanha. O regime democrático e as liberdades civis podem sofrer uma "imperceptível erosão, destruindo-se lenta e progressivamente". É o que acontece quando governos de vocação autocrática não se submetem à Constituição e às leis.

Bolsonaro tem seguido o manual dos populistas modernos. Governa por decretos, hostiliza o Congresso e tenta jogar seus seguidores contra os tribunais, os órgãos de controle e a imprensa.

Ao condenar ameaças de "controle hegemônico do aparelho de Estado por um dos Poderes", Celso indicou que o Supremo está disposto a barrar uma escalada autoritária. Resta ver se ele fala por todos os colegas.

*

Os maus brasileiros

06/08/2019

Esqueça tudo o que você já leu sobre o desmatamento da Amazônia. Segundo o presidente da República, quem alerta para a devastação da floresta está a soldo de ONGs internacionais. Os avisos fariam parte de uma campanha maldosa, com o objetivo de manchar a imagem do país no exterior.

Ontem Jair Bolsonaro resolveu avançar na tese. Em solenidade na Bahia, ele disse que "maus brasileiros" têm divulgado "números mentirosos" sobre a Amazônia. Seu alvo foram os cientistas do Inpe, que usam imagens de satélite para monitorar a região e orientar os fiscais do Ibama.

O discurso do Planalto está afinado. Na quinta passada, o ministro Augusto Heleno disse que a publicação de dados sobre o desmatamento "prejudica muito a imagem do Brasil". Ele sugeriu que "nós cuidássemos do problema internamente".

Na semana anterior, Bolsonaro já havia cobrado mudanças na divulgação dos números. O presidente disse que o diretor do Inpe deveria, por "responsabilidade e respeito", consultar o "chefe imediato" antes de informar o que acontece na floresta. Só faltou culpar a transparência pela queda das árvores.

A tática presidencial não é nova. Todo líder com vocação autoritária apela ao patriotismo para se esquivar de críticas. De acordo com essa lógica, quem discorda do governo é traidor da pátria. Quem ama o país tem o dever de apoiar seus governantes, mesmo quando eles estão errados.

A ditadura militar estimulou o ufanismo para se perpetuar no poder. As propagandas oficiais exaltavam e usavam o mote "Brasil: ame-o ou deixe-o". No ano passado, uma emissora de TV tentou ressuscitar o slogan depois da eleição presidencial.

A ofensiva do governo contra o Inpe não se limita às palavras. Ontem Bolsonaro nomeou um coronel da Aeronáutica para chefiar o órgão federal. O escolhido tem currículo na área, mas sua gestão deve ser acompanhada com olhos vivos. Ao que tudo indica, há "maus brasileiros" interessados em divulgar "números mentirosos" sobre a Amazônia. Não são os cientistas.

*

O ministro que colabora

11/08/2019

Nem Moro, nem Guedes. Em sete meses de governo, o ministro que mais facilitou a vida de Jair Bolsonaro foi Dias Toffoli. O detalhe é que ele não integra o governo do capitão. Dá expediente como ministro do Supremo Tribunal Federal.

O presidente deve a Toffoli um favor de mãe: a liminar que paralisou as investigações contra o primeiro-filho, Flávio Bolsonaro. Com uma canetada em pleno recesso, o ministro tirou a polícia do encalço do Zero Um. Para salvá-lo, travou centenas investigações que também usaram dados do Coaf e da Receita Federal.

"Nunca na História brasileira um plantão judiciário concedeu liminar num caso sem urgência e a causar um tumulto de tal ordem", resumiu o professor Walter Maierovitch.

A liminar surpreendeu pela ousadia, não pelo propósito. Desde a campanha, Toffoli se esforça para cortejar Bolsonaro e os militares que o cercam. Numa atitude inédita na democracia, o ministro instalou um general na presidência do Supremo. Depois se saiu com a declaração de que preferia chamar o golpe militar de "movimento de 1964".

Com Bolsonaro no poder, Toffoli virou habitué do Planalto e do Alvorada. Em abril, acompanhou o presidente num encontro com pastores evangélicos que o apoiaram na eleição. No mês seguinte, posou de figurante num café da manhã com deputadas e senadoras governistas.

As aparições foram complementadas pelo anúncio de um estranho pacto entre Poderes, a pretexto de "destravar o Brasil para retomar o crescimento".

Após o recesso de julho, o ministro resolveu dar mais uma prova de fidelidade. Na revista *Veja* que circula neste fim de semana, ele relata encontros em que teria acalmado políticos, empresários e militares insatisfeitos com Bolsonaro. Toffoli emerge da entrevista como o fiador de um governo em apuros.

"O Supremo deve ter esse papel moderador, oferecer soluções em momentos de crise", afirma.

O Poder Moderador foi abolido pela Constituição de 1891. O texto instituiu a separação dos Poderes, que deveriam funcionar com "independência e harmonia". A ideia de um Judiciário governista, seja qual for o governo, contraria um princípio básico da República.

No Congresso, os movimentos do presidente do Supremo são interpretados como uma busca por proteção. Nomeado pelo ex-presidente Lula, ele costuma ser alvo da militância bolsonarista na internet. O ministro também se viu na mira da Lava Jato ao ser citado na delação da OAS. No início do ano, o nome de sua mulher apareceu numa investigação da Receita sobre suspeitas de irregularidade fiscal.

Em março, Toffoli instaurou um inquérito sigiloso que, nas palavras da procuradora Raquel Dodge, transformou o Supremo em "tribunal de exceção". Ele alegou que pretendia rebater "notícias fraudulentas" e defender a "honorabilidade" da Corte.

Há dez dias, o ministro Alexandre de Moraes usou o inquérito para suspender a investigação da Receita. Beneficiou 133 pessoas, incluindo a primeira-dama do Supremo.

*

O Brasil na fogueira

25/08/2019

As imagens da Amazônia em chamas estão queimando o filme do Brasil no exterior. Com palavras e ações, o governo de Jair Bolsonaro estimulou o avanço dos desmatadores sobre a floresta. Agora o país inteiro está na fogueira, sob risco de sofrer um boicote internacional.

A semana terminou com protestos em embaixadas, críticas de líderes do G7 e manchetes negativas nos principais jornais do mundo. Nossa reputação sofre o maior desastre em 50 anos, definiu o embaixador Rubens Ricupero, ministro do Meio Ambiente no governo Itamar.

É um caso único de haraquiri diplomático. Em menos de oito meses, Bolsonaro conseguiu unir a comunidade científica, os ambientalistas e a opinião pública internacional contra o governo que dirige.

Depois de hostilizar doadores do Fundo Amazônia e tentar culpar as ONGs pelos incêndios, o presidente se refugiou no patriotismo para rebater líderes estrangeiros. Na quinta-feira, ele acusou o francês Emmanuel Macron de expressar uma "mentalidade colonialista" ao condenar a devastação da floresta.

O tom conspiratório foi endossado pela ala militar do governo. O general Villas Bôas falou em "ataque à soberania brasileira", e o general Augusto Heleno reciclou a tese de que haveria um "movimento mundial" para "frear nosso inevitável crescimento". Esta é uma conversa antiga, usada pela ditadura para justificar a ocupação predatória da Amazônia.

Além de soar antiquado, o discurso nacionalista não combina com as ações do Planalto. Há menos de um mês, Bolsonaro disse que deseja abrir as terras indígenas para mineradoras americanas. "Por isso eu quero uma pessoa de confiança minha na embaixada", acrescentou, referindo-se à indicação do filho Eduardo.

Em outro sincericídio, o Zero Três passou um atestado de inadequação à diplomacia ao divulgar um vídeo que chama o presidente da França de "idiota". Seria melhor entregar a embaixada a Neymar, que tuitou um anúncio de relógio enquanto jogadores europeus se mobilizavam contra as queimadas.

A ofensiva do bolsonarismo contra as terras indígenas pode provocar a próxima crise na reputação do país. Aos 89 anos, o cacique Raoni tem rodado a Europa para denunciar a pressão de garimpeiros e desmatadores sobre os povos tradicionais. Na sexta-feira, ele acusou o presidente de incentivar a destruição da floresta.

"É por isso que os garimpeiros e madeireiros estão colocando fogo", disse. Raoni se reuniu até com o papa, mas Bolsonaro se recusa a recebê-lo, alegando que ele "não representa o Brasil".

Por aqui, o líder indígena Davi Kopenawa tem alertado para o aumento das invasões em território ianomâmi. "O garimpeiro continua porque o Bolsonaro está apoiando ele. Todo mundo sabe", disse, na sexta-feira. "O garimpo não vai trazer benefício ao povo ianomâmi. Vai trazer doença, cachaça, pistola para matar", afirmou.

Em debate no Instituto Moreira Salles, o xamã se disse "revoltado" com o presidente. "Ele só sabe mentir, enganar. Está dizendo que a terra é grande, é rica e tem pouco índio. Ele não me engana, não", avisou.

*

A antiga cobiça do Capitão Motosserra

27/08/2019

Jair Bolsonaro tem um sonho antigo: transformar a Amazônia numa grande Serra Pelada. Desde que chegou ao Congresso, em 1991, ele tenta remover barreiras ao garimpo na floresta.

O deputado do baixo clero antecipou os planos do presidente: afrouxar o licenciamento ambiental, suspender a demarcação de terras indígenas, liberar a mineração em áreas protegidas.

O repórter Lúcio de Castro, da Agência Sportlight, compilou os discursos de Bolsonaro na última década. O material expõe o ideário do autodenominado Capitão Motosserra. "A política de demarcação de terras e de criação de parques e reservas está sufocando o Brasil", ele disse, em 2013.

No ano seguinte, o então deputado escancarou o motivo do olho grande nas terras indígenas. "Essas áreas são as mais ricas do mundo em nióbio, ouro, bauxita, estanho, além da biodiversidade, da água potável e grande espaços vazios", afirmou.

Já como presidenciável, Bolsonaro fez lobby pela exploração de outro mineral valioso. "Temos uma enorme mina de potássio na região do Rio Madeira que não é explorada por vários motivos. Licença ambiental. Um presidente com pulso resolveria o problema!", exclamou, em fevereiro de 2016.

Nove meses depois, ele subiria à tribuna para reclamar da repressão ao garimpo ilegal em Roraima. "Por uma questão indigenista criminosa, praticamente está inviabilizado explorar minério lá", protestou.

Os discursos repetem sempre a mesma tática. Ao defender interesses das mineradoras, Bolsonaro se diz preocupado com a soberania nacional. Em 1992, ele tentou anular a demarcação da terra Yanomami. Alegou que os indígenas tentariam se separar do Brasil. "Pretendemos preservar a integridade nacional, pois estamos a um passo da independência daquela área", dramatizou.

Como a profecia do separatismo não saiu do mundo ficcional, o capitão foi atrás de inimigos externos. No mês passado, ele descreveu a Amazônia como "uma virgem que todo tarado de fora quer". Os tarados seriam os países europeus, não os garimpeiros.

*

Guia do terraplanista ambiental

29/08/2019

O terraplanista ambiental não acredita no aquecimento global. Em maio, ele foi a Roma e precisou tirar o sobretudo do fundo da mala. Assim percebeu que os estudos científicos estavam todos errados.[13] Eram parte de uma conspiração politicamente correta para enganá-lo.

Para o terraplanista ambiental, as mudanças climáticas não passam de uma falácia. Foram inventadas por ideólogos do marxismo cultural, que dominam as Nações Unidas, as ONGs e a fundação do George Soros.

O terraplanista ambiental não acredita nas universidades, velhos redutos de esquerdopatas, maconheiros e viúvas do Fidel. Ele também não lê jornais e duvida de tudo o que sai na imprensa. Prefere se informar pelo WhatsApp e pelo curso on-line do professor Olavo.

Nem as imagens das queimadas convenceram o terraplanista ambiental de que a Amazônia está em risco. Ele viu no Facebook que as fotos são manipuladas e que os satélites do Inpe foram programados pela Venezuela. Na verdade, as árvores nunca estiveram tão verdes e saudáveis. Quem insiste em dizer o contrário só pode ter sido doutrinado pelo método Paulo Freire.

O terraplanista ambiental está esperando a próxima passeata para vestir sua camisa amarela e bradar contra a indústria das demarcações. Ele leu no grupo da família que os índios não falam a nossa língua, mas são bilionários

---

13 Em reunião no Itamaraty, Ernesto Araújo chocou diplomatas ao dizer que não acreditava no aquecimento global. "Fui a Roma em maio e estava tendo uma onda de frio enorme", justificou.

e controlam 14% do nosso território. Estão atrapalhando o país, assim como os quilombolas, os fiscais do Ibama e o pessoal do Bolsa Família.

O fim do Fundo Amazônia não comoveu o terraplanista ambiental. Ele já sabe que a Noruega mata baleias, que o Macron é de esquerda (também, com aquela mulher...) e que a Merkel é uma comunista infiltrada na direita alemã. Os europeus são assim mesmo: se fingem de bonzinhos, mas só querem tomar o nosso nióbio.

O terraplanista ambiental é esperto. Não entra na onda de militontos que nunca plantaram um pé de alface e agora querem defender a Amazônia. Quem cai nessa conversa deve acreditar em qualquer coisa: que a Terra é redonda, que o homem pisou na Lua, que o presidente anda mentindo para a população. É gente subversiva, antipatriótica, que só sabe torcer contra o Brasil.

*

Aparelhamento na Procuradoria

06/09/2019

Augusto Aras fez de tudo para agradar a Jair Bolsonaro. Nos últimos meses, o subprocurador repetiu o discurso do presidente contra os direitos humanos, o ambientalismo e o fantasma da "ideologia de gênero". Foi premiado com a indicação para comandar a Procuradoria-Geral da República.

Em campanha pelo cargo, Aras enfrentou a desconfiança de militantes bolsonaristas. Para convencê-los, radicalizou nas entrevistas. Chegou a defender a impunidade de fazendeiros que atiram em invasores de terra – uma temeridade num país com longa tradição de pistolagem e violência no campo.

O ministro Jorge Oliveira afirmou que o subprocurador foi escolhido porque "apresentou um programa que se alinha ao governo". Se o indicado cumprir o que prometeu, teremos um procurador-geral submisso às vontades do Planalto.

Embora os procuradores tenham autonomia funcional, o chefe da carreira é quem decide sobre os processos contra autoridades com foro privilegiado. Isso significa que um PGR a serviço de Bolsonaro poderá blindá-lo no Supremo. Ele também deverá opinar no caso do primeiro-filho, suspeito de embolsar salários de assessores.

O presidente já havia interferido na Polícia Federal, na Receita e no antigo Coaf. Ao aparelhar o Ministério Público Federal, ele assume um controle inédito sobre os órgãos de investigação e controle. O ministro Sergio Moro, que apoiava outro candidato, engoliu a nova derrota em silêncio.

Em gestos e palavras, Aras se vendeu a Bolsonaro como a noiva dos sonhos. Ontem o presidente se disse satisfeito com a escolha. "Acho que estou fazendo um bom casamento", festejou. O procurador pode não confirmar todos os seus desejos, mas assumirá com a imagem de quem rastejou pela cadeira.

*

Carluxo disse o que o pai pensa

11/09/2019

O novo surto de Carlos Bolsonaro[14] espelha as ideias autoritárias do pai. Jair foi eleito nas urnas, mas nunca escondeu o desprezo pela democracia. Em oito mandatos na Câmara, notabilizou-se por exaltar a ditadura, enaltecer torturadores e desdenhar a participação popular na política.

"Através do voto, você não vai mudar nada neste país. Nada, absolutamente nada", declarou em 1999. Na mesma entrevista, ele defendeu o fuzilamento do presidente Fernando Henrique Cardoso, pregou o fechamento do Congresso e explicou o que faria se chegasse ao poder: "Daria golpe no mesmo dia. Não funciona".

Na campanha presidencial, Bolsonaro deixou claro que suas convicções não mudaram. Ele ensaiou contestar a apuração dos votos em caso de derrota, insuflou seguidores contra a imprensa e afirmou que os rivais teriam que escolher entre a cadeia e o exílio. Em outro momento, ameaçou submeter o Supremo Tribunal Federal com a nomeação de dez ministros biônicos. O filho Eduardo foi mais direto: disse que só precisaria de "um soldado e um cabo" para fechar a Corte.

Ao vestir a faixa, Bolsonaro prometeu cumprir a Constituição, mas continuou a fazer a apologia do autoritarismo. Na semana passada, ele aproveitou uma solenidade para dizer que a ditadura foi "nota dez". Um dia depois, expôs o país a novo vexame com elogios ao general Augusto Pinochet.

O exercício do poder ensinou ao capitão que a pregação golpista tem outra utilidade. Além de mobilizar eleitores radicais, ela serve para mascarar

---

[14] Nas redes sociais, Carlos Bolsonaro escreveu: "Por vias democráticas a transformação que o Brasil quer não acontecerá na velocidade que almejamos". A frase motivou protestos dos presidentes da Câmara, Rodrigo Maia, e do Senado, Davi Alcolumbre.

fracassos administrativos. Quando não consegue aprovar projetos, Bolsonaro ataca o Congresso e culpa a "velha política". Quando vê sua popularidade cair, ofende os críticos e inventa inimigos externos.

O vereador Carlos recorreu à mesma fórmula em seu tuíte contra as "vias democráticas". Ao escrever que "a transformação que o Brasil quer" não acontecerá pelo caminho institucional, o Zero Dois justificou a paralisia do governo e municiou os extremistas que o apoiam cegamente.

Carluxo tem a quem puxar.

*

Bolsonaro confundiu a ONU com o Facebook

25/09/2019

Em sua estreia na ONU, Jair Bolsonaro fez um discurso deslocado no tempo e no espaço. O presidente investiu na retórica anticomunista, como se o mundo ainda estivesse dividido pela Guerra Fria. Diante de cerca de 150 chefes de Estado, escolheu falar para sua base de extrema direita no Brasil.

Bolsonaro se apresentou como um típico autocrata. Atacou a imprensa, a ciência e as universidades. Adotou um tom conspiratório contra ambientalistas e líderes indígenas que se opõem à destruição da Amazônia.

O presidente pareceu confundir as Nações Unidas com sua audiência cativa no Facebook. Mentiu à vontade sobre as queimadas, a ditadura militar e o programa Mais Médicos. Depois de exaltar o regime autoritário, disse defender a liberdade e a democracia.

Em algumas passagens, Bolsonaro ecoou as falas delirantes do chanceler Ernesto Araújo. "A ideologia invadiu a própria alma humana, para dela expulsar Deus e a dignidade com que ele nos revestiu", disse. O olavismo, quem diria, chegou à tribuna da ONU.

Foi um discurso agressivo, como temiam diplomatas assustados com o Itamaraty da "nova era". Em vez de moderar o tom, o presidente radicalizou na pregação ideológica e reforçou as críticas a países europeus. Só guardou elogios para os Estados Unidos. Mesmo assim, não conseguiu o sonhado jantar a dois com Donald Trump.

Candidato declarado à reeleição, Bolsonaro dedicou boa parte do tempo a animar sua tropa. Elogiou militares, afagou policiais e fez uma deferência ao ministro Sergio Moro, num momento em que a militância lavajatista começa a se distanciar do governo.

Ele também acenou aos evangélicos, que apresentou como vítimas de perseguição religiosa. Sobre os ataques a cultos de matriz africana, cada vez mais frequentes, não deu nenhuma palavra.

Depois de falsear números sobre o território ianomâmi, o presidente criticou o cacique Raoni, líder indígena mais conhecido do país. Aos 89 anos, o caiapó acaba de ser lançado candidato ao Prêmio Nobel da Paz. Ao atacá-lo pelas costas, Bolsonaro deu um impulso inesperado à campanha.

*

Dona Solange não morreu

06/10/2019

Solange Hernandes foi a censora mais temida da ditadura militar. Chefe da Divisão de Censura de Diversões Públicas, decidia o que podia e o que não podia ser exibido no teatro, no cinema e na televisão. A tesoura estatal podava toda obra que, aos olhos dela, atentasse contra a moral e os bons costumes. Críticas ao regime, nem pensar: eram cortadas na raiz.

Na "nova era", o governo quer voltar a dar a última palavra na produção cultural. A censura, extinta pela Constituição de 1988, ressurge nas formas de veto ideológico e asfixia econômica.

Um dos primeiros atos do bolsonarismo foi a extinção do Ministério da Cultura. De lá para cá, acumulam-se tentativas de interferência nas artes.

O presidente já anunciou que deseja impor um "filtro" à produção cinematográfica. "Se não puder ter filtro, nós extinguiremos a Ancine", ameaçou. Ele acusou o órgão de financiar "filmes pornográficos" e defendeu que o cinema brasileiro passe a exaltar "heróis brasileiros". "Nem na ditadura isso ocorreu", reagiu o diretor Bruno Barreto, que rodou *Dona Flor e Seus Dois Maridos* em pleno governo Geisel.

Em agosto, a Ancine suspendeu um edital que havia selecionado séries sobre sexualidade e diversidade de gênero. Com o veto, quatro produções perderam o direito a captar recursos no mercado. "Conseguimos abortar essa missão", festejou o presidente em live para seus seguidores.

Em outra frente, o governo implodiu a Lei Rouanet, principal mecanismo de financiamento do setor cultural. O teto para a captação de recursos despencou de R$ 60 milhões para R$ 1 milhão. O Planalto não apresentou nenhum estudo econômico que justificasse o corte.

A tesoura chegou até ao Itamaraty. A embaixada em Montevidéu vetou a exibição de um documentário sobre Chico Buarque. O chanceler Ernesto Araújo disse que a obra não era de "interesse" do governo.

A censura federal faz escola. Em Porto Alegre, a Câmara Municipal cancelou uma exposição com charges críticas a Bolsonaro. No Recife, a Caixa Cultural tirou de cena uma peça contra o autoritarismo. No Rio, o prefeito Marcelo Crivella enviou fiscais à Bienal do Livro para apreender um gibi com beijo gay.

A blitz do bispo ainda não tinha ocorrido quando Fernanda Montenegro posou para a revista *Quatro Cinco Um* fantasiada de bruxa, prestes a ser queimada numa fogueira de livros. O desconhecido Roberto Alvim, diretor de artes cênicas da Funarte, reagiu com fúria. Chamou de "sórdida" e "mentirosa" a maior atriz brasileira, que faz 90 anos na semana que vem.

Antes de assumir o cargo, Alvim convocou "artistas conservadores" a criarem uma "máquina de guerra cultural" para combater quem pensa diferente. Essa mentalidade macarthista está por trás do sistema de censura prévia instituído na Caixa Econômica Federal. A *Folha de S.Paulo* revelou que funcionários do banco passaram a vasculhar posições políticas e postagens em redes sociais antes de definir patrocínios.

Na nova cruzada autoritária, o diretor da Funarte e seus pares parecem buscar a notoriedade de Dona Solange, que virou personagem de músicas de Leo Jaime e Rita Lee. A chefe da DCDP não está mais por aqui, mas seus discípulos chegaram ao poder.

*

O capitão quer guerra

13/10/2019

Jair Bolsonaro quer guerra. Na sexta-feira, o capitão participou de uma solenidade no Complexo Naval de Itaguaí. Diante de operários e oficiais da Marinha, fez mais um discurso em tom de combate. "Temos inimigos dentro e fora do Brasil. O de dentro são os mais terríveis. O de fora nós venceremos com tecnologia e disposição, e meios de dissuasão", afirmou.

O Brasil já teve um presidente que se sentia perseguido por "forças terríveis". Agora é comandado por um militar reformado que vê perigos em toda parte.

A retórica de Bolsonaro expõe uma personalidade viciada em confronto. No último dia 2, no Planalto, ele falou em "dar a vida pela pátria". "Não nos esqueçamos que o inimigo está aí do lado, o inimigo não dorme", advertiu.

Em agosto, no QG do Exército, jurou "lealdade ao povo" e conclamou o país a "marchar para o sucesso". "Não nos faltam é inimigos como os de sempre, que teimam em ganhar a guerra de informação contra a verdade", afirmou.

Na ausência de guerras reais, o presidente se dedica a fabricar inimigos imaginários. No início do governo, a ameaça viria dos comunistas, que estão em extinção desde a queda do Muro de Berlim. Em seguida, foi a vez de estudantes, professores, artistas e jornalistas.

Com a onda de queimadas na Amazônia, entraram na mira cientistas e ambientalistas que alertam para os riscos de destruir a floresta. Depois a fúria se voltou contra líderes da centro-direita europeia, como Angela Merkel e Emmanuel Macron.

A pregação contra "inimigos internos" é usada por todo regime autoritário. Na ditadura brasileira, o conceito fazia parte da Doutrina de Segurança Nacional. Servia para simular um ataque iminente e justificar a repressão feroz aos opositores.

No caso de Bolsonaro, a estratégia mistura uma tendência à paranoia. Nos últimos tempos, o capitão passou a enxergar inimigos até nas próprias bases. Personagens como o cantor Lobão e o deputado Alexandre Frota, que o apoiaram com fervor, viraram desafetos do governo. Agora o alvo é o PSL, o partido do clã presidencial. Aliados que resistem à nova cruzada, como o senador Major Olímpio, estão prestes a entrar na lista dos proscritos.

*

Depois da Lei de Gerson, a Lei de Jair

22/10/2019

Jair Bolsonaro foi ao Japão para assistir à entronização do imperador. Naruhito assume o lugar de Akihito, que abdicou em abril. Por aqui, o presidente parece tratar os filhos como príncipes regentes.

Em guerra com meio PSL, Jair indicou Eduardo como novo líder do partido. O Zero Três derrubou Delegado Waldir, que se sentiu traído e promete vingança. O deputado goiano também integra a bancada da bala, mas não tem o sobrenome do capitão.

A escolha do herdeiro agravou ressentimentos com o clã presidencial. O senador Major Olímpio, bolsonarista de carteirinha, já disse que os filhos do presidente têm "mania de príncipe". "Ainda não reconheço no país uma monarquia, uma dinastia", ironizou.

Ontem a deputada Joice Hasselmann pegou mais pesado: "Esses moleques precisam de camisa de força. São um risco para o Brasil e para o mandato do presidente". Até a semana passada, ela pontificava como líder do governo no Congresso. Agora bate boca com Eduardo e Carluxo, chefe das milícias virtuais do pai.

Os filhos de Bolsonaro se tornaram o principal fator de instabilidade da República. Os rolos de Flávio, o Zero Um, já levaram Jair a interferir na Polícia Federal, na Receita e no Coaf. Os rompantes de Carluxo, o Zero Dois, provocaram a demissão de dois ministros e impuseram uma mordaça ao vice-presidente.

Os sonhos de Eduardo têm atrasado a pauta do Senado, que resiste a aprovar sua promoção a embaixador. Agora a indicação a líder ameaça criar novos problemas na Câmara. Desta vez, o presidente não poderá decapitar os insatisfeitos. Eles também foram eleitos para mandatos de quatro anos.

O deputado Júnior Bozzella, ligado à cúpula do PSL, diz que a proteção ao clã presidencial "ultrapassou todos os limites". "É uma arbitrariedade depois da outra, sempre para favorecer a família. Temos que salvar o Brasil dos filhos do presidente", afirma.

Em 1976, o país foi apresentado à Lei de Gerson: "Gosto de levar vantagem em tudo, certo?". Em 2019, passou a vigorar a Lei de Jair: "Se eu puder dar filé mignon pro meu filho, eu dou".

*

Bolsonarismo quer aparelhar o Supremo

23/10/2019

Na campanha, Eduardo Bolsonaro expôs uma receita para submeter o Judiciário: "Se quiser fechar o STF, sabe o que você faz? Você não manda nem um jipe. Manda um soldado e um cabo". Seu pai propôs uma fórmula alternativa: aumentar o número de cadeiras de 11 para 21, o que lhe permitiria indicar dez ministros de uma vez.

As duas ideias ficaram pelo caminho, mas o bolsonarismo não desistiu de aparelhar o tribunal. Há duas semanas, a deputada Bia Kicis propôs mudar a Constituição para antecipar a aposentadoria dos atuais ministros.

Se o texto for aprovado, os juízes que já fizeram 70 anos terão que despir a toga e vestir o pijama. Isso dobraria o número de vagas à disposição do presidente até 2022.

Pela regra atual, Bolsonaro poderá indicar os substitutos de Celso de Mello e Marco Aurélio Mello. Com a mudança, ele também escolheria os sucessores de Ricardo Lewandowski e Rosa Weber. Dos 53 deputados do PSL, 46 subscreveram o texto. Na segunda-feira, Joice Hasselmann declarou que trocar ministros do Supremo "seria muito bom". "Se a gente derrubar a PEC da Bengala, a gente numa lapada já tira dois, três", empolgou-se.

A PEC que elevou a idade de aposentadoria para 75 anos foi aprovada em 2015, com o voto de Bolsonaro. O objetivo da proposta, articulada por Eduardo Cunha, era impedir que Dilma Rousseff indicasse mais cinco ministros do STF. Agora que chegou ao Planalto, o presidente quer desfazer a mudança em causa própria.

O bolsonarismo vê o Judiciário como um obstáculo a seu projeto político. O Supremo já criminalizou a homofobia, barrou o Escola sem Partido e derrubou a canetada que retirava da Funai a demarcação de terras indígenas. Apesar de algumas fraquejadas, a Corte ainda impõe limites ao poder do presidente. É isso que o capitão e seus soldados querem neutralizar.

Líderes autoritários não gostam de tribunais independentes. No ano passado, o governo de extrema direita da Polônia promoveu um expurgo na Suprema Corte. Depois teve que recuar, sob pressão da União Europeia. A Hungria criou um sistema judicial paralelo, subordinado ao Executivo. A medida fortaleceu o premiê Viktor Orbán, um dos autocratas mais cortejados por Bolsonaro.

*

Ameaças do submundo

24/10/2019

O ministro Marco Aurélio Mello tocou no assunto ao seu estilo: com ironia. Ao iniciar o voto de ontem, ele mencionou os vídeos em que caminhoneiros bolsonaristas ameaçam invadir o STF. "Recebi no WhatsApp que se estaria reforçando a rampa aqui do Supremo, porque teríamos caminhão subindo...", disse, com um sorriso no rosto.

Em tom mais grave, outros ministros também reclamaram do bombardeio virtual dos últimos dias. É uma campanha orquestrada, com métodos testados na disputa eleitoral de 2018.

O decano Celso de Mello identificou, nas novas ameaças à Corte, a "atuação sinistra de delinquentes que vivem da atmosfera sombria e covarde do submundo digital". Acrescentou que esses grupos perseguem "um estranho e perigoso projeto de poder", incompatível com o regime democrático.

Há três décadas no Supremo, o ministro disse que o Brasil passa por um momento "extremamente delicado", em que é assombrado por "espectros ameaçadores, surtos autoritários e manifestações de grave intolerância que dividem a sociedade civil". Não foi a primeira vez que ele alertou para tentativas de intimidação do Judiciário na "nova era".

A nova onda de pressões tenta emparedar os ministros contrários à prisão de réus condenados em segunda instância. Isso não impediu que os favoráveis à regra atual também protestassem contra a agressividade dos ataques.

Para Alexandre de Moraes, o STF tem sido alvo de um bombardeio que mistura ameaças, discursos de ódio e fake news. Ele reclamou de uma "pregação fundamentalista" que prevê o apocalipse antes de julgamentos importantes. "De cada decisão judicial, dependeria o sucesso ou a ruína da nação", disse.

A ofensiva dos caminhoneiros contra o Supremo é liderada por Ramiro Cruz Júnior, que acusa o tribunal de tentar "soltar bandidos no atacado". Ele ostenta proximidade com a família Bolsonaro e tentou se eleger deputado pelo PSL. Foi recebido pelo presidente em 17 de abril, segundo registros oficiais do Planalto.

*

Instintos primitivos

30/10/2019

As manifestações no Chile mexeram com os instintos mais primitivos do bolsonarismo. Em visita à China, o presidente Jair definiu os protestos como "atos terroristas". Dias antes, no Japão, chamou de "bárbaros" os chilenos que tomaram as ruas contra o aumento do custo de vida e a piora dos serviços públicos.

O governo de Sebastián Piñera respondeu ao início da crise com uma repressão brutal. Pôs o Exército nas ruas e ressuscitou o toque de recolher da ditadura Pinochet. Depois de 20 mortos e mais de uma centena de feridos, o presidente decidiu recuar. Pediu desculpas à população, recolheu a tropa e anunciou reformas sociais.

Em pronunciamento na TV, o conservador Piñera admitiu que os chilenos têm motivos para reclamar. Disse que as últimas gestões, incluindo as dele, não foram capazes de perceber a insatisfação popular. "Reconheço e peço perdão por essa falta de visão", penitenciou-se.

O *mea-culpa* não parece ter convencido o governo brasileiro. Segundo Bolsonaro, os protestos no Chile fariam parte de um complô de partidos de esquerda da América Latina. "A intenção deles é atacar os Estados Unidos e se autoajudarem", acusou. A tese conspiratória foi endossada pelo ministro Augusto Heleno, que falou num conluio da "esquerda radical" para "conturbar a vida", "tentar retornar ao poder de qualquer maneira e nos jogar no abismo".

Nos últimos dias, Bolsonaro levantou ao menos três vezes a hipótese de convocar as Forças Armadas para reprimir protestos até agora inexistentes no Brasil. Ele tem falado repetidamente em acionar o artigo 142 da Constituição, que permite convocar as tropas para a garantia "da lei e da ordem". Nas redes sociais, militantes bolsonaristas evocam o mesmo artigo em defesa de uma "intervenção militar" no país.

Ontem o deputado Eduardo Bolsonaro escancarou o tom de ameaça. Na Câmara, ele disse que os oposicionistas "vão querer repetir no Brasil o que tá acontecendo no Chile". "Não vamos deixar isso aí vir pra cá. Se vier pra cá, vai ter que se ver com a polícia. E se eles começarem a radicalizar do lado de lá, a gente vai ver a História se repetir. Aí é que eu quero ver como é que a banda vai tocar", desafiou. Deixou a tribuna sob vaias e gritos de "golpista".

*

Jogo combinado

01/11/2019

A família Bolsonaro tem método. Enquanto o pai insufla seguidores contra as instituições, os filhos fazem ameaças explícitas à democracia. Ontem o deputado Eduardo Bolsonaro sugeriu a edição de um "novo AI-5". Apontado como o futuro chefe do clã, ele já havia ameaçado enviar "um soldado e um cabo" para fechar o Supremo.

O AI-5 original foi editado pela ditadura militar em 1968. Suspendeu direitos individuais, instituiu a censura prévia e autorizou o presidente a fechar o Congresso. O ato deu sinal verde para a tortura e a morte de opositores. Significou o endurecimento do regime, cultuado até hoje pelo inquilino do Planalto.

Na época, os militares alegavam que era preciso combater "processos subversivos" e "fatores perturbadores da ordem". A Guerra Fria acabou, mas Bolsonaro busca o mesmo pretexto ao estimular teorias conspiratórias e insinuar que "inimigos internos" não o deixam governar.

Na entrevista a Leda Nagle, que já apresentou um programa chamado *Sem Censura*, Eduardo alegou o risco de uma radicalização de esquerda. Mas quem radicaliza no país é a extrema direita, que chegou ao poder pelas urnas sob a liderança do capitão.

A nova polêmica segue um roteiro conhecido. Em setembro, o vereador Carlos Bolsonaro já havia escrito que a "transformação que o Brasil quer" não aconteceria por "vias democráticas".

O comportamento da família mostra uma divisão de tarefas, em que os filhos se revezam no papel de incendiários. Quando a provocação repercute mal, o pai se fantasia de bombeiro e finge adverti-los.

A cada afronta, o clã testa a resistência da democracia e prepara o próximo avanço. É uma estratégia de aproximações sucessivas, como prescrevem os manuais militares.

Os Bolsonaro estão unidos no mesmo projeto autoritário, que busca remover limites ao poder do Executivo. O jogo pode parecer confuso, mas é combinado. Ontem o presidente disse lamentar as declarações do Zero Três a favor do AI-5. Quando o ato fez 40 anos, ele subiu à tribuna da Câmara para louvá-lo.

*

O Zero Um errou na conta

01/11/2019

O senador Flávio Bolsonaro precisa voltar às aulas de História. Em defesa do irmão Eduardo, ele tuitou nesta sexta que "a simples tentativa de cassar o mandato de um deputado POR FALAR já é o próprio AI-6".

A fala revela desconhecimento sobre a ditadura militar exaltada por seu pai. O AI-5 não foi o último ato institucional. Ao todo, o regime de exceção editou 17. O AI-6, citado por Flávio, foi publicado em 1969. Reduziu o número de cadeiras no Supremo Tribunal Federal.

Se a família Bolsonaro quiser retomar a série, terá que começar pelo AI-18.

*

Ódio à cultura

08/11/2019

"Quando ouço falar em cultura, saco meu revólver." A frase foi escrita por Hanns Johst, dramaturgo alinhado ao regime nazista. Apareceu na peça *Schlageter*, encenada pela primeira vez no dia do 44º aniversário do *führer*.

O bolsonarismo não chegou ao ponto de atirar em artistas, mas também cultua armas e odeia a cultura. Sua relação com o setor é baseada na raiva e no ressentimento. O presidente busca o confronto permanente com músicos, escritores e atores que não se curvam à sua visão de mundo.

No primeiro dia de governo, Bolsonaro extinguiu o Ministério da Cultura. Em seguida, asfixiou o financiamento de filmes e espetáculos. Entre uma coisa e outra, promoveu o aparelhamento de instituições como a Funarte e a Casa de Rui Barbosa, transformada em playground de um pastor aliado.

Para ostentar seu desprezo pelos artistas, o presidente ignorou as mortes de Bibi Ferreira e João Gilberto. Para escancarar seu caráter mesquinho, recusou-se a assinar o diploma do Prêmio Camões que será entregue a Chico Buarque.

A escalada de provocações acaba de alcançar um novo patamar. Sem qualquer debate prévio, Bolsonaro editou um decreto que submete a Secretaria de Cultura ao Ministério do Turismo. A pasta é chefiada por Marcelo Álvaro Antônio, acusado de comandar o laranjal do PSL em Minas Gerais.

À tarde, o Planalto anunciou o novo titular da secretaria. É o diretor teatral Roberto Alvim, que conquistou o presidente ao ofender Fernanda Montenegro.[15] O valentão insultou a maior atriz brasileira às vésperas de seus 90 anos. "A classe artística deve ficar feliz aí", debochou ontem o capitão.

Discípulo de Olavo de Carvalho, o secretário prega abertamente o uso do Estado como arma de guerra ideológica. Em processo que corre na Justiça do Rio, disse estar formando "um exército de grandes artistas espiritualmente comprometidos com nosso presidente e seus ideais". Agora ele terá arsenal renovado para venerar o chefe.

*

---

15 Às vésperas de fazer 90 anos, Fernanda Montenegro posou para a revista *Quatro Cinco Um* vestida como uma bruxa prestes a ser queimada numa fogueira de livros. Irritado com o retrato, Alvim atacou a atriz nas redes, chamando-a de "sórdida" e "mentirosa".

Deus, Pátria e Família

17/11/2019

"Deus, Pátria e Família" era o lema do integralismo, movimento de inspiração fascista fundado por Plínio Salgado em 1932. "Deus, Pátria e Família" é o lema da Aliança pelo Brasil, partido lançado pelo presidente Jair Bolsonaro em 2019.

Os dois grupos de ultradireita são separados por 87 anos e duas ditaduras. Unem-se no apelo à fé, ao nacionalismo e ao anticomunismo para mobilizar seguidores e disputar o poder.

Os integralistas buscaram referências na Europa. Salgado chegou a ser recebido por Mussolini, que comandava a Itália com seus milicianos de camisas negras. Voltou decidido a copiar o modelo de Estado autoritário, com partido único, hierarquia rígida e submissão total ao chefe.

Alguns rituais do *fascio* foram abrasileirados. A saudação com o braço esticado ganhou a companhia do grito indígena "Anauê!". Em tupi, a palavra significa "Você é meu irmão". Os integralistas desfilavam de camisas verdes e, a exemplo dos nazistas, se engalanavam com braçadeiras. No lugar da suástica, exibiam a letra grega sigma.

"O símbolo lembra que o nosso movimento tem o significado de integrar todas as forças sociais do país na suprema expressão da nacionalidade", explica o site da Frente Integralista Brasileira, que cultua a memória e o ideário de Salgado.

Na quinta-feira, o grupo celebrou a reciclagem do lema pelo partido de Bolsonaro. "É mais uma demonstração do quanto estão vivos os ideais essencial e sadiamente cristãos e brasileiros do integralismo", festejou, nas redes sociais.

O historiador Odilon Caldeira Neto, da Universidade Federal de Juiz de Fora, vê traços de continuidade entre os dois movimentos. "O integralismo ajudou a formar uma cultura política nacionalista e autoritária", explica.

Autor do livro *Sob o signo do sigma: integralismo, neointegralismo e o antissemitismo*, ele acompanha os pequenos grupos que se espelham em Salgado. Depois da extinção do Prona, do ex-deputado Enéas Carneiro, eles se aproximaram do PRTB, do vice-presidente Hamilton Mourão.

Com a eleição de Bolsonaro, os neointegralistas encontraram um governo que partilha suas bandeiras ultraconservadoras. Isso não significa que a Aliança pelo Brasil seja uma nova versão da Ação Integralista Brasileira. O mundo é outro, os personagens também.

Plínio Salgado cultivava veleidades intelectuais. Circulou com os modernistas e escreveu cerca de 70 obras. Bolsonaro e seus filhos não têm intimidade com os livros: preferem os vídeos do guru Olavo de Carvalho. O líder integralista admirava Mussolini, fuzilado em 1945. A família presidencial mira Donald Trump, que sonha com a reeleição em 2020.

Na campanha, o capitão usava uma camiseta com a frase "Meu partido é o Brasil". Para o historiador Caldeira Neto, a criação da aliança reforça o caráter antissistêmico do bolsonarismo. "Ela nasce como um partido e, ao mesmo tempo, como um antipartido", define. Ao mesmo tempo, o clã promove uma "purificação" na tropa, abandonando os dissidentes no PSL.

No que isso vai dar? "Ainda é uma incógnita", diz o professor da UFJF.[16]

*

Um ministro contra a República

21/11/2019

O ministro da Educação, Abraham Weintraub, é um fanfarrão em tempo integral. Não dá trégua nem nos feriados. Na semana passada, ele tirou o 15 de novembro para praguejar contra a República. "O que diabos estamos comemorando hoje? Há 130 anos foi cometida uma infâmia", escreveu nas redes sociais.

Uma seguidora respondeu que, em caso de volta da monarquia, o ministro seria nomeado bobo da corte. Ele se destemperou e reagiu como um menino enfezado: "Eu prefiro cuidar dos estábulos. Ficaria mais perto da égua sarnenta e desdentada da sua mãe".

Falta de decoro à parte, a fala de Weintraub mostrou que a monarquia está em alta no bolsonarismo. As bandeiras do Império reapareceram nas manifestações a favor do impeachment de Dilma Rousseff. Eram empunhadas por grupos pequenos, que depois se incorporaram à campanha do atual presidente.

O chefe da turma é dom Bertrand de Orleans e Bragança, bisneto da princesa Isabel. Ligado à velha TFP (Tradição Família e Propriedade), ele defende a restauração da Coroa em causa própria. Em outubro, participou de uma conferência organizada pelo clã Bolsonaro.

---

[16] Não daria em nada. Bolsonaro não conseguiu as 492 mil assinaturas necessárias para registrar o novo partido.

O monarquismo de Weintraub faz parte de um movimento de revisionismo histórico. Reescrever o passado virou hobby da ultradireita brasileira. Em outra frente, o presidente e seus filhos exaltam a ditadura militar e tratam torturadores como heróis.

A ideia de que a proclamação foi uma "infâmia" não se sustenta em fatos. O novo *Dicionário da República*, organizado pelas historiadoras Lilia M. Schwarcz e Heloisa M. Starling, oferece um bom antídoto contra a mistificação.

Num dos ensaios, a socióloga Angela Alonso reconstitui o 15 de novembro. "Embora a imagem póstera seja de golpe da caserna, sem povo e de escravistas ressentidos, a República se inaugurou com mobilização civil-militar e gente nas ruas", escreve.

Ela lembra que o movimento nasceu bem antes de 1889, com demandas como o fim da escravidão e o combate a privilégios. Não cumpriu todas as promessas, mas "derrubou um regime arcaico, excludente e desigual".

*

O deboche de Paulo Guedes

27/11/2019

O ministro Paulo Guedes pode ser acusado de muitas coisas, menos de esconder o que pensa. Na segunda-feira, ele voltou a mostrar desapreço pela democracia. Banalizou a ameaça de um novo AI-5, feita pelo deputado Eduardo Bolsonaro.

Em Washington, Guedes falou em medidas de exceção em caso de protestos violentos contra o governo. "Não se assustem se alguém então pedir o AI-5. Já não aconteceu uma vez? Ou foi diferente?", disse.

Questionado por uma repórter sobre a gravidade da declaração, ele adotou tom de deboche: "Mesmo que a esquerda pegue as armas, invada tudo, quebre e derrube à força o Palácio do Planalto, jamais apoiaria o AI-5. Isso é inconcebível, não aceitaria jamais isso. Está satisfeita?".

Guedes se referiu à ameaça do Zero Três como uma resposta a discursos do ex-presidente Lula. Foi um argumento falso, porque o deputado lançou a carta do AI-5 dez dias antes de o petista voltar ao palanque.

Ele também apelou ao traçar um cenário de insurreição nas ruas brasileiras. Até aqui, o levante só existe nos discursos do governo, que parece buscar um pretexto para testar medidas arbitrárias.

Guedes já havia flertado com o autoritarismo quando defendeu uma "prensa" no Congresso para acelerar a reforma da Previdência. O texto foi aprovado, mas o ministro ainda parece ver a democracia como um entrave à sua agenda ultraliberal.

Ele não é o primeiro ocupante do cargo a raciocinar assim. Na reunião que selou a edição do AI-5 original, em 1968, Delfim Netto disse que a ditadura precisava de superpoderes para "realizar certas mudanças constitucionais" e desenvolver o país "com maior rapidez".

Ao naturalizar as ameaças do clã Bolsonaro, Guedes sugere que não se incomodaria com a volta dos anos de chumbo. Não chega a ser uma surpresa. Ele se mudou para o Chile durante o regime de Pinochet, a convite de uma universidade sob intervenção militar.

No ano passado, a revista *piauí* questionou o ministro sobre o período. Ele respondeu o seguinte: "Eu sabia que tinha uma ditadura, mas para mim isso era irrelevante do ponto de vista intelectual".

*

O inimigo das universidades

06/12/2019

As universidades são centros de pensamento crítico e produção de conhecimento. No governo Bolsonaro, passaram a ser tratadas como inimigas do poder.

O ministro Abraham Weintraub não demorou a atacá-las. Assim que assumiu o cargo, em abril, ele classificou as instituições federais como locais de "balbúrdia". Em seguida, passou a sufocá-las com o corte de verbas e bolsas de pesquisa.

Há duas semanas, o ministro iniciou uma nova ofensiva. Em entrevista a um site bolsonarista, ele associou as universidades à produção de drogas. No dia seguinte, repetiu o besteirol no Twitter.

Weintraub disse que "algumas universidades" teriam plantações extensivas de maconha, "a ponto de precisar de borrifador de agrotóxico". Depois afirmou que faculdades de química esconderiam laboratórios de metanfetaminas.

As acusações misturavam notícias distorcidas e mentiras deslavadas. Mesmo assim, serviram para incitar as milícias virtuais contra as universidades.

O ministro já demonstrou que não merece ser levado a sério. Seguidor de Olavo de Carvalho, ele costuma recorrer à polêmica vazia e ao insulto para tumultuar o debate político. Ao se ver em apuros, fabrica outro factoide para desviar a discussão.

O novo ataque às universidades cumpriu essa tarefa. Quando delirou com as plantações de maconha, Weintraub já sabia que o Brasil seria reprovado no Pisa, que mede o desempenho dos países na educação. Os dados remetem ao último ano do governo Temer, mas reforçam a pressão sobre quem está no poder.

Na quarta-feira, o ministro foi convocado a se explicar sobre as acusações falsas na Câmara. Ontem os reitores foram à Justiça para obrigá-lo a se retratar. Na interpelação, afirmaram que Weintraub promove a "difamação genérica" contra instituições que ele deveria proteger.

Num governo funcional, o episódio levaria à demissão sumária do ministro. Na gestão atual, é mais provável que ele ganhe um afago do chefe.

*

Populismo pau de arara

13/12/2019

Jair Bolsonaro lançou uma nova bravata para agitar seus radicais de estimação. Em visita ao Tocantins, ele prometeu punir com castigos físicos o ministro que se envolver com escândalos de corrupção. "Se aparecer, boto no pau de arara", afirmou.

O pau de arara é um instrumento de tortura que usa uma barra de ferro para imobilizar o prisioneiro. Pendurado de cabeça para baixo, ele fica exposto a outros maus-tratos, como choques elétricos e afogamentos.

A Constituição proíbe a tortura, mas o presidente não se importa em banalizá-la em falas oficiais. É o que ele faz desde o tempo de deputado, quando exaltava a ditadura e pregava o fuzilamento de adversários.

O discurso de Palmas foi surpreendente por outra razão. Ao ameaçar os próprios ministros, Bolsonaro se expôs ao risco de frustrar os seguidores mais fiéis. Ao menos quatro figurões da Esplanada estão sob suspeita. Para não falar do primeiro-filho, que voltou a ser investigado no caso das rachadinhas.

O ministro do Turismo, Marcelo Álvaro Antônio, é o mais encrencado. Foi denunciado pelo Ministério Público em outubro, acusado de chefiar um esquema de candidaturas laranjas em Minas Gerais.

O ministro do Meio Ambiente, Ricardo Salles, já foi condenado numa ação de improbidade administrativa. O chefe da Casa Civil, Onyx Lorenzoni, admitiu ter recebido dinheiro de caixa dois. O secretário da Cultura, Roberto

Alvim, é investigado por dispensa ilegal de licitação. Ele tentou contratar a própria mulher para comandar um projeto de R$ 3,5 milhões.

No discurso de ontem, Bolsonaro apelou a outras armas do populismo pau de arara. Ele disse que "a mentira está na alma do político", como se não fosse um profissional do ramo desde 1988. Depois pregou o trinômio "Deus, pátria, família", lema de regimes autoritários desde a ditadura de Salazar.

Em busca de aplausos fáceis, o presidente atacou a "indústria da multa" e disse que os radares de velocidade "não servem para nada". Desde que ele mandou desligar os equipamentos, os acidentes graves voltaram a se multiplicar nas rodovias federais.

*

Energúmeno

17/12/2019

Depois de atacar uma garota de 16 anos, o presidente resolveu difamar um educador morto. Na semana passada, Jair Bolsonaro chamou a estudante Greta Thunberg de "pirralha". Ontem ele se referiu a Paulo Freire como "energúmeno".

A jovem sueca não teve tempo para se abalar. No dia seguinte ao insulto, foi escolhida a pessoa do ano pela *Time*. A revista americana reconheceu sua militância em defesa do meio ambiente. Enquanto Thunberg inspirava estudantes de todo o mundo, Bolsonaro despontava como vilão ambiental.

A comparação com Freire também é desfavorável ao presidente. O professor foi indicado ao Prêmio Nobel da Paz e recebeu 34 títulos de doutor *honoris causa* no Brasil e no exterior. Morreu em 1997, quando seu detrator ainda vagava no baixo clero da Câmara.

Autor de *O educador: um perfil de Paulo Freire*, Sérgio Haddad explica que seu biografado tinha pouco a ver com a caricatura feita pelo bolsonarismo. "Freire nunca foi comunista. Era um cristão humanista, preocupado com a igualdade e com a justiça social", afirma.

O professor foi um dos primeiros alvos da ditadura. Treze dias depois do golpe de 1964, os militares extinguiram seu Plano Nacional de Alfabetização. Ele foi preso duas vezes, acusado de ser "um criptocomunista encapuçado sob a forma de alfabetizador".

"Freire nunca defendeu uma educação partidária. Defendia que os alunos pudessem discutir seus problemas na escola, o que assustava as elites conservadoras da época", esclarece Haddad. "Agora que estamos vivendo outro momento de intolerância, ele passou a ser usado como bode expiatório para nossos fracassos no setor. Isso faz parte do universo das fake news".

O dicionário *Houaiss* define "energúmeno" como "pessoa que age com violência, de forma irracional, brutal; desequilibrado, desatinado; indivíduo ignorante, boçal, imbecil". A palavra não se aplica a quem dedicou a vida à causa da alfabetização. Combina melhor com políticos que desprezam a educação, a cultura e o conhecimento.

*

Arquitetura da destruição

22/12/2019

Em março, Jair Bolsonaro revelou que não via o Brasil como "um terreno aberto onde nós pretendemos construir coisas para o nosso povo". "Nós temos é que desconstruir muita coisa", explicou, em jantar com ideólogos da extrema direita americana.

O capitão tem seguido o plano à risca. Desde a posse, ele atua para capturar órgãos de controle, esvaziar mecanismos de participação popular e acuar o Legislativo e o Judiciário. O movimento tem um objetivo claro: remover limites ao poder presidencial.

Há três meses, a arquitetura da destruição chegou ao Conanda, o Conselho Nacional dos Direitos da Criança e do Adolescente. Por decreto, o presidente cassou todos os integrantes do colegiado, que tinham mandato até o fim de 2020. A canetada submeteu a escolha de novos conselheiros à ministra Damares Alves, representante da bancada evangélica na Esplanada.

Bolsonaro já havia anunciado a intenção de esvaziar e extinguir conselhos "para que o governo possa funcionar". "Não podemos ficar refém de conselhos", afirmou, como se a sociedade civil só tivesse direito a se manifestar no dia da eleição.

Num país em que a exploração sexual e o trabalho infantil são problemas crônicos, o ataque ao Conanda representa mais um retrocesso civilizatório. O presidente só não pode ser acusado de esconder o que pensa. Na campanha, ele disse que o Estatuto da Criança e do Adolescente deveria ser "rasgado e jogado na latrina". "É um estímulo à vagabundagem e à malandragem infantil", vociferou.

Os integrantes do conselho já esperavam dificuldades, mas ficaram chocados com as cassações, que remetem ao arbítrio da ditadura militar. "É inaceitável que o Executivo atue desta forma. Estamos num cenário de enfraquecimento das instituições de participação social no Brasil", resume a conselheira Thais Dantas, advogada do Instituto Alana.

Ela conta que o órgão já estava paralisado desde o início do ano, quando o governo extinguiu cargos técnicos, atrasou a convocação de reuniões e se recusou a fornecer passagens aos conselheiros que não moram em Brasília.

Na quinta-feira, o ministro Luís Roberto Barroso atendeu ao pedido da procuradora Raquel Dodge e suspendeu os trechos do decreto que afrontam a Constituição. Ele anulou a cassação dos conselheiros e alertou para os riscos de um fenômeno que tem sido chamado de "constitucionalismo abusivo" ou "legalismo autocrático".

Nas palavras do ministro, "os retrocessos democráticos, no mundo atual, não decorrem mais de golpes de Estado com o uso das armas". Os autocratas do presente comem o mingau pelas beiradas. Enfraquecem as instituições, capturam os fiscais e "vão progressivamente corroendo a tutela de direitos".

"O resultado final de tal processo tende a ser a migração de um regime democrático para um regime autoritário, ainda que se preserve a realização formal de eleições", afirmou Barroso, citando os exemplos de Hungria, Polônia e Venezuela. O ministro fez questão de ressaltar uma regra básica da democracia: "Os atos discricionários do presidente da República encontram limite na Constituição e nas leis". No Brasil de 2019, é sempre bom lembrar.

*

Nostalgia da mordaça

17/01/2020

Não é só a lembrança dos porões que faz Jair Bolsonaro sentir saudades da ditadura. O presidente sonha com a volta ao tempo em que o governo podia amordaçar a imprensa. Na impossibilidade de mandar censores às redações, ele ataca jornalistas que, por dever de ofício, são obrigados a ouvir suas grosserias diárias.

Ontem o capitão esbravejou em três turnos. De manhã, na porta do Alvorada, mandou uma repórter "calar a boca". À tarde, no Planalto, afirmou aos gritos que os jornalistas não têm "vergonha na cara". À noite, no Facebook, disse que a imprensa "estraga o país".

A razão da ira foi a notícia de que o chefe da Secretaria de Comunicação mantém negócios com empresas que recebem verbas do governo. Fábio Wajngarten se formou em direito, mas incorreu num caso clássico de conflito de interesses. Ele aprova repasses de dinheiro público para emissoras que contratam sua firma particular.

A notícia não saiu nos blogs bolsonaristas. Foi revelada pela *Folha de S.Paulo*, que o presidente já chamou de "panfleto ordinário" e "usina de fake news".

De acordo com levantamento da Federação Nacional dos Jornalistas, Bolsonaro atacou a imprensa 121 vezes no primeiro ano de governo. Isso equivale, em média, a uma afronta a cada três dias.

Além de ofender jornalistas, ele usa o cargo para tentar sufocar empresas de comunicação que o criticam. Em agosto, editou uma medida provisória com o objetivo declarado de reduzir receitas do *Valor Econômico*. Em novembro, excluiu a *Folha* de uma licitação.

Na semana passada, o presidente disse que os jornalistas são uma "espécie em extinção". Todo político autoritário deseja viver num mundo chapa-branca, sem perguntas incômodas e sem manchetes críticas ao poder. Na democracia, esse sonho é irrealizável.

*

Cinema sadio

17/01/2020

O secretário da Cultura, Roberto Alvim, disse ontem que pretende usar dinheiro público para financiar filmes históricos de viés conservador. "Estamos tentando criar um cinema sadio, ligado aos nossos valores", afirmou. Falta achar a Leni Riefenstahl da "nova era".

*

Tempos anormais

19/01/2020

"Antes de mais nada, é preciso lembrar o que o governo Bolsonaro não é: um governo normal em tempos normais". Assim começa o artigo "O método do governo Bolsonaro", do cientista político Christian Lynch. O texto teve repercussão modesta quando foi publicado, em agosto passado. Cinco meses depois, transformou o autor em alvo da caça às bruxas federal.

Na quarta-feira, Lynch foi anunciado para um cargo técnico no centro de pesquisas da Casa de Rui Barbosa. Em poucas horas, teve a indicação vetada pelo secretário de Cultura do governo. Roberto Alvim acusou o pesquisador de pregar "ideias execráveis" sobre o presidente. A nomeação subiu no telhado antes de sair no Diário Oficial.

No dia seguinte ao expurgo, Alvim foi elogiado publicamente pelo chefe. "Depois de décadas, agora temos um secretário de Cultura de verdade", celebrou o capitão. O dramaturgo cairia horas depois, após copiar um discurso de Joseph Goebbels. A indignação de meia República não bastou para derrubá-lo. Bolsonaro só entregou sua cabeça após uma ligação do embaixador de Israel.

Antes de tropeçar no próprio fanatismo, Alvim cumpriu todas as tarefas que recebeu. Desmontou programas, perseguiu servidores, atacou artistas e entregou instituições culturais a militantes de extrema direita. Seu último ato foi lançar um prêmio de R$ 20 milhões para financiar o que ele mesmo definiu como um "bombardeio de arte conservadora". O plagiador caiu, mas a guerra cultural continua – e o destino do dinheiro público permanece incerto.

Num governo normal, em tempos normais, um imitador de nazistas jamais alcançaria o topo do poder. Alvim chegou lá porque estamos no Brasil de Bolsonaro. É um país em que o ministro da Educação insulta professores, o ministro do Meio Ambiente ataca ambientalistas e um assessor da Presidência se sente livre para repetir gritos de guerra do fascismo espanhol.[17]

Ainda há quem tente contemporizar com o inaceitável a pretexto de defender as reformas. Na sexta, analistas de mercado se apressaram em dizer que a escalada autoritária "não abala" a agenda econômica. Nelson Rodrigues já ensinou que o dinheiro compra tudo, até amor verdadeiro. Ocorre que não existem dois governos paralelos, um extremista e um moderado. O projeto em curso é um só, e aposta na radicalização para se perpetuar no poder.

No texto que irritou Alvim, o professor Lynch descreve as armas do bolsonarismo para encurralar as instituições democráticas. "Fazem parte do seu arsenal de guerra política a intimidação, o espírito de vingança, a perseguição e o exercício da violência psicológica", escreveu. A ordem é mobilizar a militância e acuar o Congresso e o Supremo. Ao mesmo tempo, o governo captura os órgãos de controle e investe contra entidades da sociedade civil.

O cientista político observa que o projeto em curso não se contenta com vitórias eleitorais. Seu objetivo é "pôr abaixo o mundo que a Constituição

---

[17] Filipe Martins, assessor especial de Bolsonaro, usou o lema franquista "Ya hemos pasao" nas redes sociais.

de 1988 criou", a pretexto de restaurar valores "da autoridade, da hierarquia e da religião". O artigo também descreve a fórmula para a ascensão de figuras como Alvim: "A adesão ao extremismo ideológico é escada para os candidatos que desejarem assumir cargos na administração".

*

A muleta da conspiração

29/01/2020

Jair Bolsonaro tem um caso antigo com as teorias da conspiração. Desde que virou deputado, em 1990, ele descreve o Brasil como um país à beira do comunismo. O fantasma vermelho nunca existiu, mas o ajudou a acumular sete mandatos.

No Planalto, o capitão continuou a combater inimigos imaginários. Ao enfrentar as primeiras dificuldades no Congresso, ele insinuou que haveria um complô para derrubá-lo. Ao ser criticado pelas queimadas na Amazônia, acusou o ator Leonardo DiCaprio de participar de uma trama contra a floresta.

Ontem Bolsonaro voltou a investir na ficção. Ao chegar da viagem à Índia, ele declarou que os problemas do Enem podem ter sido fruto de sabotagem. Na mesma entrevista, levantou suspeitas sobre a auditoria que não identificou fraudes no BNDES. "Tem coisa esquisita aí", garantiu. Em ambos os casos, o presidente não apresentou nenhum fato concreto para sustentar o que disse.

A tese de um conluio para melar o Enem não para em pé. A lambança é de responsabilidade do Ministério da Educação, que permitiu a troca de gabaritos e demorou a reconhecer a extensão do problema.

Se houve sabotagem, ela foi promovida pelo próprio governo. Bolsonaro disse que escolheria todos os ministros por critérios técnicos, mas entregou o MEC a dois seguidores de Olavo de Carvalho. Ao nomear Ricardo Vélez e Abraham Weintraub, premiou a incompetência a serviço da guerra ideológica.

No caso do BNDES, o discurso conspiratório ajuda o presidente a disfarçar um vexame. Desde a campanha, ele prometia abrir a "caixa-preta" do banco. A tal auditoria custou R$ 48 milhões e não encontrou nenhum sinal de corrupção.

Bolsonaro não parece acreditar nas próprias cascatas, que usa como muletas para desviar a atenção de problemas. Mesmo assim, suas teorias ainda convencem muita gente. Segundo pesquisa do Instituto da Democracia, 45% dos brasileiros não confiam na contagem de votos do TSE. O presidente é o primeiro na fila para desacreditar as urnas eletrônicas.

*

A volta do complexo de vira-latas

04/02/2020

Jair Bolsonaro é um governante com pouco apreço pelos governados. O presidente já fez diversos comentários ofensivos a indígenas e negros. Ontem ele divulgou um vídeo que menospreza os brasileiros em geral.

A gravação é estrelada por um jornalista que deixou a televisão e virou porta-voz informal do governo. Numa palestra, ele sugere que o Brasil deveria "trocar de população" com o Japão.

"Com este subsolo, este clima, alguém teria dúvida de que os japoneses transformariam isso aqui em primeira potência do mundo em dez anos?", pergunta. Em tom de piada, ele sugere que os brasileiros não fariam o mesmo no Japão. "Lá, eu não quero pensar", ironiza.

O discurso reforça a ideia preconceituosa de que os brasileiros seriam preguiçosos e avessos ao trabalho. Mesmo assim, ganhou o aval do presidente. "Essa é para assistir algumas vezes e compartilhar", ele tuitou.

O sonho de trocar de povo é mais antigo que o bolsonarismo. Em 1920, Oliveira Viana escreveu que negros, indígenas e mestiços exerciam uma "força repulsiva e perturbadora" sobre o caráter nacional. Com base nessa mentalidade, o governo passou a filtrar a entrada de imigrantes para "branquear" a população.

"Essas ideias racistas chegaram aqui na virada para o século XX. A tese era bem simplista: para se tornar uma nação civilizada, o Brasil deveria trazer mais imigrantes europeus", resume o historiador Fábio Koifman, autor de *Imigrante ideal: o Ministério da Justiça e a entrada de estrangeiros no Brasil (1941-1945)*.

Na época, os japoneses faziam parte do grupo de imigrantes "indesejados". "Eles não eram considerados brancos", explica o professor da UFRRJ.

Atribuir os problemas à população é uma saída cômoda para quem está no poder. Se o pior do Brasil é o brasileiro, o governo não pode ser cobrado por seus fracassos. A culpa é sempre do povo, não dos dirigentes.

Sem conhecer Bolsonaro, Nelson Rodrigues atribuía os males nacionais a um sentimento de inferioridade em relação a outros países. Com a vitória na Copa de 1958, o cronista pensou que o "complexo de vira-latas" havia ficado para trás. Estava enganado.

*

Memórias de um chefe de milícias

11/02/2020

Durou ao menos 17 anos a relação entre a família Bolsonaro e o miliciano Adriano da Nóbrega, morto na madrugada de domingo. Em 2003, o herdeiro Flávio propôs uma menção de louvor ao "ilustre tenente". "Desenvolve sua função com dedicação, brilhantismo e galhardia", justificou.

Em julho de 2005, o primeiro-filho voltou a premiar o PM com a Medalha Tiradentes, a mais importante do Estado. A honraria foi entregue na cadeia. Adriano estava preso pelo assassinato de um guardador de carros que acusou policiais de extorsão.

Três meses depois, o patriarca Jair saiu em defesa do detento. Na tribuna da Câmara, disse que Adriano era um "brilhante oficial" que não merecia estar em cana. "Coitado, um jovem de vinte e poucos anos", lamentou. Ao fim do discurso, ele informou que o advogado do réu recorreria da sentença.

O miliciano ainda seria preso outras duas vezes até receber o cartão vermelho da PM, em 2013. Sua expulsão do Bope não abalou a relação com o clã presidencial. Até o fim de 2018, Flávio empregou a mãe e a mulher de Adriano na Alerj. As duas repassaram R$ 203 mil a Fabrício Queiroz, apontado como o operador da "rachadinha" do gabinete do primeiro-filho.

Considerado um exímio atirador, o ex-caveira encarnou como poucos a banda podre da polícia do Rio. Enquanto ainda vestia a farda, vendeu proteção à cúpula do bicho e integrou o grupo de extermínio conhecido como Escritório do Crime.

Nos últimos anos, Adriano também comandou a milícia de Rio das Pedras, na zona oeste. Além de cobrar taxas dos moradores, passou a erguer prédios fantasmas – o negócio da construção irregular já matou 24 pessoas e continua a prosperar na cidade, com a leniência do Estado e da prefeitura.

As memórias do chefe de milícias valiam muito. E ele sabia. Cinco dias antes de morrer, disse ao advogado que temia ser silenciado numa queima de arquivo. Ontem a defesa do senador Flávio negou as ligações de sua família com o ex-caveira. O presidente mudou a rotina e cancelou a entrevista diária na porta do Alvorada.

*

O capitão entre os generais

13/02/2020

O convite ao general Braga Netto cria uma situação inédita em Brasília. Pela primeira vez desde o fim da ditadura, a Casa Civil será chefiada por um militar. Isso não ocorria desde que o general Golbery do Couto e Silva deixou o governo Figueiredo. Ele esvaziou as gavetas em agosto de 1981, três meses depois do atentado do Riocentro.

Agora o governo de Jair Bolsonaro passa a ter nove militares entre os 22 ministros. Isso inclui as quatro pastas com assento no Planalto. Já estavam lá os generais Luiz Eduardo Ramos (Secretaria de Governo) e Augusto Heleno (Gabinete de Segurança Institucional), além do major da PM Jorge Oliveira (Secretaria-Geral).

Eleito por um partido nanico, Bolsonaro apelou aos militares para compensar a falta de quadros sem dividir poder com o Congresso. Logo passou a esvaziar os auxiliares de farda. Isolou o vice Hamilton Mourão e demitiu o general Santos Cruz. Os dois haviam entrado em colisão com o guru do clã presidencial, Olavo de Carvalho.

No auge do conflito, o autoproclamado filósofo disse que a contribuição dos militares à cultura nacional se limitava a "cabelo pintado e voz impostada". A ala verde-oliva ensaiou uma rebelião, mas preferiu engolir as humilhações calada.

Além de decapitar Santos Cruz, o presidente demitiu generais que chefiavam órgãos como Correios, Funai e Incra. Agora ele volta a recorrer à caserna para substituir o deputado Onyx Lorenzoni.

"Bolsonaro não queria ser visto como um capitão entre os generais. Por isso, usou o primeiro ano do governo para mostrar quem manda", explica o cientista político João Roberto Martins Filho, da UFSCar.

Referência no estudo das Forças Armadas, ele diz que os militares acumularam desgastes ao associar sua imagem ao governo. Agora a aliança dos quartéis com o palácio ganha um reforço de peso. Até ontem, Braga Netto chefiava o Estado-Maior do Exército.

*

Heleno rasga a fantasia

20/02/2020

No início do governo Bolsonaro, vendeu-se a tese de que a presença de generais no Planalto serviria para conter os rompantes do capitão. Os militares, que submeteram o país a 21 anos de ditadura, voltariam à cena como guardiães da democracia. Seriam o novo Poder Moderador, segundo expressão adotada pelo ministro Augusto Heleno.

A conversa caiu em descrédito em poucos meses. Agora foi implodida de vez pelo próprio general, que abriu uma nova crise entre o governo e o Congresso.

Sem perceber que estava sendo filmado, Heleno defendeu o enfrentamento com o Legislativo. "Nós não podemos aceitar esses caras chantagearem a gente o tempo todo. Foda-se!", esbravejou. Mais tarde, em reunião fechada, ele bateu na mesa e incentivou o presidente a "convocar o povo às ruas". Curiosamente, coube a Bolsonaro pedir cautela e pregar a negociação.

Num governo carente de temperança, o general escolheu surfar a onda da radicalização. No ano passado, ele flertou com o terraplanismo ao contestar os dados do Inpe que apontaram a alta no desmatamento. Depois usou termos rasteiros para insultar o presidente da França.

Heleno também investiu no bate-boca com ex-presidentes brasileiros. Mandou Fernando Henrique "calar a boca", chamou Dilma de "terrorista" e defendeu que Lula fosse condenado à "prisão perpétua". A pena não existe no país. Foi banida pela Constituição de 1988.

Na ânsia de imitar o capitão, o general passou a atacar a imprensa no Twitter. Em agosto, vociferou contra um jornalista sem notar que ele escrevia num blog de humor. O episódio virou chacota, mas deveria inspirar preocupação. Na gestão Bolsonaro, o chefe do setor de inteligência é incapaz de distinguir uma piada de um texto noticioso.

No início do governo, o ministro adotou figurino discreto. Começou a rasgar a fantasia em junho, depois que um sargento da FAB foi preso na Espanha com 39 quilos de cocaína. O caso enfureceu Carlos Bolsonaro, que passou a atacar Heleno nas redes. Ao se juntar aos radicais, o general caiu nas graças do vereador. "Somos todos general Heleno", tuitou ontem o Zero Dois.

*

Tempos de provação

21/02/2020

Aos 80 anos, o ex-ministro José Carlos Dias planejava reduzir a carga de trabalho e dedicar mais tempo à família. "Eu queria tirar o pé do acelerador. O governo Bolsonaro me obrigou a fazer o contrário", conta.

Presidente da Comissão Arns, que celebra seu primeiro aniversário, ele se diz pessimista com os rumos da democracia brasileira. "O país está pior. Bolsonaro está militarizando o governo, quer levar o Brasil para o autoritarismo. Ele tem saudade do AI-5, não aceita a liberdade de expressão", afirma.

As investidas contra a imprensa aumentaram a preocupação do advogado, que defendeu presos políticos na ditadura e comandou o Ministério da Justiça no governo Fernando Henrique. "Os ataques a jornalistas são uma barbaridade. Bolsonaro usa uma linguagem absolutamente imprópria para um presidente da República. Ele não tem equilíbrio, é um homem tosco", critica.

Os arroubos autoritários não têm se limitado ao presidente. Nesta semana, o ministro Sergio Moro usou a Lei de Segurança Nacional contra um político da oposição. A mando dele, o ex-presidente Lula foi interrogado pela Polícia Federal por causa de declarações públicas contra Bolsonaro. "Esta lei nem deveria ser usada nos dias de hoje. É mais uma do Moro usando o cargo para fazer política", afirma Dias.

Sinais de erosão da democracia também preocupam Paulo Sérgio Pinheiro, secretário dos Direitos Humanos no governo FH. Ele diz que o governo é abertamente hostil às minorias e que o país passa por um "tempo de provações". "Não há nenhuma dúvida de que estamos assistindo a uma escalada autoritária. É difícil dizer qual grupo vulnerável ainda não foi agredido em falas e ações concretas", afirma.

A Comissão Arns já denunciou Bolsonaro ao Tribunal Penal Internacional, sob acusação de estimular ataques às populações indígenas. Em março, o grupo voltará a se manifestar sobre o país na sede da ONU em Genebra e numa reunião da OEA em Porto Príncipe. "A comunidade internacional está perplexa com o que acontece no Brasil", diz Pinheiro.

*

Radicais em causa própria

23/02/2020

Em julho de 2003, um deputado subiu à tribuna com uma ideia incendiária. Queria convencer policiais militares de todo o país a entrarem em greve contra mudanças na Previdência. "Sem a Polícia Militar, senhor presidente, o Brasil vai se transformar num caos", disse. "Isso tem que ser feito!", animou-se.

Além de pregar a desobediência à Constituição, o orador incentivou a quebra da hierarquia e da disciplina nas polícias. Sugeriu que as tropas de

Minas Gerais e do Distrito Federal ignorassem seus comandantes e cumprissem ordens de políticos da bancada da bala. "Eles têm liderança sobre suas respectivas Polícias Militares e devem realmente partir para uma greve", afirmou.

A paralisação geral não ocorreu, mas o deputado continuou a apoiar motins ilegais nas polícias. Em fevereiro de 2017, seu grupo se engajou numa greve por aumento de salários no Espírito Santo. O movimento esvaziou as ruas e provocou uma onda de saques e assassinatos. Agora a situação se repete no Ceará, e o parlamentar que estimulava levantes nos quartéis ocupa o gabinete presidencial.

Aliados de Jair Bolsonaro estão à frente do motim iniciado na noite de terça-feira. O deputado Capitão Wagner e o ex-deputado Cabo Sabino atuam como porta-vozes da tropa rebelada. Em Sobral, o vereador bolsonarista Sargento Aílton bateu boca com Cid Gomes antes do atentado contra o senador. O pedetista levou dois tiros ao confrontar os PMs a bordo de uma retroescavadeira.

O presidente e seus três filhos com mandato já criticaram o senador baleado, que continua no hospital. Até aqui, nenhum integrante do clã condenou o motim ilegal, que emparedou o governador petista Camilo Santana.

A politização dos quartéis tem inspirado temores de um efeito dominó. Governadores de outros dez estados estão sob pressão para aumentar salários e benefícios de policiais. Se a situação no Ceará continuar fora de controle, o risco de novas greves tende a se ampliar.

O diretor do Fórum Brasileiro de Segurança Pública, Renato Sérgio de Lima, aponta uma convergência de interesses entre as associações de PMs e o Planalto. As entidades querem arrancar vantagens a qualquer custo, e o bolsonarismo busca enfraquecer os governos estaduais.

"É uma aliança tática. Bolsonaro tenta usar reivindicações legítimas dos policiais para desestabilizar os governadores, em especial os de oposição", afirma.

As corporações armadas nunca se sentiram tão poderosas. Em 2018, apoiaram a eleição de quatro senadores e 32 deputados com origem nas polícias. Boa parte deles se projetou ao liderar greves. O cearense Capitão Wagner, que apoia a baderna em curso, já havia capitalizado outra paralisação em 2011.

Essa turma vê em Bolsonaro um exemplo a ser seguido. O presidente começou a carreira como um agitador no Exército. Chegou a ser preso por indisciplina e julgado sob acusação de planejar atentados a bomba nos quartéis. Seu objetivo era o mesmo dos PMs: radicalizar para aumentar o próprio salário.

*

Bolsonaro joga para intimidar

27/02/2020

Jair Bolsonaro foi eleito presidente, mas quer governar como ditador. Não aceita as regras da democracia, que estabelecem limites ao exercício do poder.

Ao completar um ano no Planalto, o capitão elevou o tom dos ataques à imprensa. Agora busca insuflar seus seguidores contra o Congresso e o Supremo Tribunal Federal.

Na semana passada, o general Augusto Heleno disse que era preciso "convocar o povo às ruas". Foi a senha para os grupos de extrema direita organizarem novas marchas a favor do governo.

Bolsonaro gostou da ideia. Em pleno feriado, compartilhou dois vídeos que incitam as massas a mostrar "a força da família brasileira" e protestar contra os "inimigos do Brasil".

Além de divulgar os filmetes que o definem como um líder "cristão", "patriota" e "incorruptível", o presidente sugeriu um mote para o ato chapa-branca. "O Brasil é nosso, não dos políticos de sempre", escreveu, como se ele não fosse um político profissional que já pendurou três filhos no mesmo galho.

Não é a primeira vez que Bolsonaro usa o peso do cargo para atacar abertamente as instituições. Em maio de 2019, ele endossou um texto que o apresentava como refém de "conchavos". Cinco meses depois, divulgou um vídeo que retratava o Supremo, os partidos políticos e os meios de comunicação como hienas ávidas para devorá-lo.

No carnaval de 2020, o capitão voltou a vestir a fantasia de outsider perseguido pelo sistema. A diferença é que agora ele parece mais animado a apostar suas fichas numa escalada autoritária.

Viciado em confrontos, Bolsonaro implodiu pontes com o Congresso, rompeu com o próprio partido e comprou briga com a maioria dos governadores. Agora tenta acuar setores que começam a articular uma frente para conter seus desvarios.

A militarização do Planalto e o uso de milícias virtuais para linchar jornalistas obedecem a essa estratégia de intimidação. A convocação de manifestações de teor antidemocrático faz parte do mesmo jogo.

*

O exemplo não é Maduro, é Fujimori

28/02/2020

A escalada autoritária do governo tem estimulado comparações entre Jair Bolsonaro e Nicolás Maduro. É uma situação curiosa, porque o capitão passou toda a campanha atacando o regime chavista. Mas ele não parece se inspirar na Venezuela, e sim no Peru de Alberto Fujimori.

Em 1990, o escritor Mario Vargas Llosa entrou na sucessão peruana como favorito. Foi atropelado pelo azarão Fujimori, que seduziu o eleitorado com a imagem de homem simples e a promessa de combater a violência e a corrupção.

O novo presidente assumiu sem maioria no Congresso e passou a sofrer sucessivas derrotas. Acuado, cercou-se de militares e iniciou uma ofensiva contra o Legislativo. Em abril de 1992, deu um autogolpe e passou a governar com plenos poderes.

Fujimori fechou o Congresso e ordenou a prisão dos presidentes da Câmara e do Senado. Ao justificar as medidas, acusou os parlamentares de sabotarem os interesses da nação e do "cidadão comum".

O autogolpe instaurou um regime autoritário, que perseguiu opositores, censurou a imprensa e conduziu o Peru ao isolamento internacional. No ano seguinte, um deputado brasileiro saiu em defesa do ditador. "A fujimorização é a saída para o Brasil", afirmou Bolsonaro ao *New York Times*.

Em 1996, o capitão repetiu os elogios na tribuna. Disse que Fujimori era um líder "honesto e patriota", que fazia "um excelente governo". Ele também exaltou a política de controle de natalidade do regime, que esterilizou mais de 300 mil mulheres à força.

A ditadura fujimorista terminou mal. Depois de dez anos no poder, o peruano renunciou em meio a um escândalo de corrupção. Em 2009, ele foi condenado a 25 anos de prisão por crimes contra a humanidade. Sua filha Keiko quase chegou à presidência pelo voto, mas também acabou presa por lavagem de dinheiro.

Como todo autocrata, Fujimori fingia se guiar por valores patrióticos. Na noite em que anunciou o autogolpe, ele prometeu defender os "reais interesses do povo" e instaurar uma "democracia real" no Peru.

*

Pouco pão e muito circo

05/03/2020

O truque já ficou manjado. Quando se vê diante de uma notícia ruim, Jair Bolsonaro apela à bizarrice para desviar a atenção. Ontem o presidente recrutou um humorista para substituí-lo no contato matinal com a imprensa. O objetivo era se esconder de perguntas sobre o PIBinho do ano passado.

O dado mostrou que as promessas de recuperação econômica eram conversa fiada. No início de 2019, o Banco Central projetava um crescimento de 2,53%. O ministro Paulo Guedes arrochou salários e cortou aposentadorias, mas só conseguiu entregar 1,1%. Um desempenho pior que o do governo Michel Temer.

Para não comentar o resultado pífio, Bolsonaro cedeu o lugar a um comediante da TV Record. De terno escuro e faixa presidencial, o dublê tentou distribuir bananas e dar entrevista no lugar do presidente. Só arrancou risos dos puxa-sacos que amanhecem na porta do palácio para aplaudir o "Mito".

A presepada consumiu tempo e estrutura do governo. O humorista desceu de um carro oficial com o secretário de Comunicação Social, o enrolado Fabio Wajngarten. Um ajudante de ordens filmou a cena para abastecer as redes sociais do chefe.

Bolsonaro ainda tentou participar do número. "PIB? O que é PIB? Pergunta para eles o que é PIB", disse, apontando na direção dos repórteres. Ninguém achou graça, e ele foi embora sem dar explicações sobre o fiasco econômico.

O desrespeito tem sido rotina nas entrevistas no cercadinho do Alvorada. Em vez de prestar contas à sociedade, o presidente usa o espaço para fazer grosserias e insultar jornalistas. Os bolsonaristas pensam que os desaforos humilham a imprensa. Na verdade, eles só escancaram a falta de compostura do capitão.

Os romanos desenvolveram o método de governar com pão e circo. Distribuíam comida para evitar revoltas e promoviam espetáculos para distrair a plebe. Bolsonaro acha que é possível imitar a fórmula com pouco pão e muito circo. Se a economia continuar na lona, em algum tempo ele só conseguirá enrolar os seguidores mais fanáticos.

*

A cavalaria do bolsonarismo

08/03/2020

Um cavaleiro se aproxima a galope, empunhando um escudo e a bandeira do Brasil. Vestido de templário da Casa Turuna,[18] ele freia o tordilho e solta o brado retumbante: "Patriotas, venho de longe em sagrada missão!". "Contra os comunistas e traidores da pátria!", prossegue, antes de partir ao som de uma marcha militar.

O vídeo viralizou na sexta-feira, para orgulho do catarinense Emílio Dalçoquio Neto. Herdeiro de uma transportadora de cargas, ele se inspirou nas cruzadas para divulgar os atos governistas do dia 15.

"A ideia é mostrar que estamos numa guerra santa contra o comunismo", explica o catarinense de 54 anos. Para ele, quem fez piada com a produção amadora não tem amor pelo país. "O vídeo incomodou, né? Comunista fica nervoso mesmo", provoca.

O empresário está ansioso pelas manifestações do próximo domingo. O objetivo, ele diz, é acusar Legislativo e Judiciário de conspirarem contra o presidente. "O governo é ótimo, mas não deixam o Bolsonaro trabalhar. O Congresso e o STF estão contra os interesses do povo brasileiro", esbraveja.

Dalçoquio afirma que o tribunal "vai ter problema" se barrar os projetos do presidente. Perguntei se o problema incluiria o uso das Forças Armadas, mas ele preferiu fazer mistério. "Não vou responder isso daí", desconversou.

O bolsonarista cultiva uma visão particular da História. A exemplo do presidente, sustenta que o regime instaurado pelo golpe de 1964 não foi uma ditadura militar. "Isso é mentira, pô! Que ditadura é essa que tem novela, Chacrinha, Sílvio Santos?", questiona.

Ele reprova a Constituição de 1988 e admira o ditador Augusto Pinochet, que comandou um regime sanguinário no Chile. "O Pinochet resolveu o problema. Ah, matou três mil? É verdade. A versão da barata sobre o Baygon é terrível", ironiza.

---

[18] Loja centenária de fantasias de carnaval no Rio, fechou as portas em julho de 2020.

Dalçoquio despontou do anonimato na greve dos caminhoneiros de 2018. Ele foi flagrado incentivando motoristas a queimarem veículos, e sua empresa foi investigada sob suspeita de promover um locaute.

"Quem estava coordenando a greve era o pessoal do MST. Era para ter uma intervenção militar e provocar o cancelamento da eleição", despista. Na época, ele já trocava mensagens com o atual presidente. "Fui o primeiro a receber o Bolsonaro em Santa Catarina, em outubro de 2015. Quase ninguém acreditava nele", orgulha-se.

Na visão do empresário, a vitória do capitão salvou o país da ameaça vermelha. "Nós estávamos a um passo de entrar para a Ursal. O único que podia mudar isso era o Bolsonaro", discursa.

Argumentei que a União das Repúblicas Socialistas da América Latina só existe no mundo da ficção, mas Dalçoquio se mostrou convencido do contrário. "A Manuela d'Ávila, do PCdoB, disse que o Brasil estava indo para a Ursal. Até o papa está fomentando isso. O papa também é comunista", sentenciou.

Dalçoquio diz ter tirado dinheiro do próprio bolso para incentivar a campanha do capitão. Quanto gastou? "Nem eu sei", enrola. O empresário não aparece na prestação de contas entregue à Justiça Eleitoral. Depois da vitória, ele fundou o grupo de ultradireita Lux Brasil. Em janeiro, o presidente o recebeu para uma sessão de fotos no Planalto.

Aliado do vírus

Na crise, Jair age como um Bolsonaro

11/03/2020

O dólar bateu novo recorde, a Bolsa registrou a maior queda no século e os economistas passaram a falar em recessão.[19] As notícias do início da semana exigiam um presidente sério, equilibrado e capaz de apontar caminhos ao país. Mas Jair agiu como um Bolsonaro. Em vez de se comportar como adulto, voltou a estimular a radicalização e o choque entre Poderes.

Em Miami, o capitão usou sua tropa para manter a faca no pescoço do Congresso. Ele afirmou que as manifestações contra o Legislativo e o Judiciário vão mostrar quem está afinado com o "interesse do povo brasileiro". No mesmo discurso, o presidente questionou a lisura da eleição de 2018. Sem apresentar provas, disse que só não venceu no primeiro turno porque teria havido fraude nas urnas eletrônicas.

Ao incentivar as marchas a seu favor, Bolsonaro praticou um ato de chantagem explícita. Ele disse que os protestos vão acontecer "de qualquer jeito", mas indicou que pode esvaziá-los se os parlamentares abrirem mão de controlar parte do Orçamento. A declaração sobre as urnas foi ainda mais irresponsável. O presidente voltou a jogar seus seguidores contra a Justiça Eleitoral, num teatro da conspiração em que ele interpreta o eterno papel de vítima.

Em tempo de crise, Bolsonaro se mantém em campanha aberta contra as instituições. Seu objetivo é sustentar um clima de tensão permanente para acuar adversários e tumultuar o debate público. Ontem os ministros

---

19 Em 11 de março de 2020, a Organização Mundial da Saúde anunciou que a covid-19 havia se tornado uma pandemia. A emergência global se estenderia até 5 de maio de 2023.

do TSE foram obrigados a sair em defesa das urnas. Ao questioná-las sem provas, o presidente incentiva a sua claque a desconfiar da democracia.

A ofensiva contra o sistema eleitoral cumpre uma dupla função. No curto prazo, Bolsonaro desvia a atenção da CPI das Fake News, que avança na apuração de suspeitas sobre a sua campanha. A comissão parece estar mais perto de comprovar o uso de disparos em massa para difundir notícias falsas na eleição de 2018. No longo prazo, o capitão começa a projetar uma nuvem negra sobre a disputa de 2022. Ao minar previamente a legitimidade do pleito, ele abre caminho para contestar uma possível derrota.

*

Brincando de colorir

12/03/2020

É uma questão de tempo. O coronavírus mal chegou ao Brasil e já provocou um tombo histórico no mercado financeiro. Em poucas semanas, deve causar estragos ainda maiores na saúde pública.

A pandemia pôs o planeta em alerta, mas não parece preocupar Jair Bolsonaro. Na terça-feira, ele disse que o assunto não passa de "uma pequena crise". "No meu entender, muito mais fantasia. A questão do coronavírus não é isso tudo que a grande mídia propala", opinou.

As declarações mostram um presidente desconectado do mundo real. Enquanto outros líderes anunciam medidas contra a doença, Bolsonaro tenta negar sua gravidade. Nas horas vagas, brinca de colorir. Foi o que ele fez ao se exibir com um pincel diante de uma tela de Romero Britto, pintor preferido dos brasileiros em Miami.

"É lamentável que o chefe maior da nação adote este comportamento. As falas dele têm impacto, atingem milhões de pessoas", critica o epidemiologista Roberto Medronho, professor da UFRJ.

Num governo avesso ao conhecimento e à ciência, o ministro da Saúde tem se destacado pela atuação sóbria. Avesso a teorias conspiratórias, Luiz Henrique Mandetta emerge como uma figura equilibrada na crise. Não é pouco. Seu colega Abraham Weintraub, titular da Educação, já usou uma suspeita de coronavírus para incitar o ódio contra uma pesquisadora.

O professor Medronho elogia a conduta de Mandetta, mas lembra que os maiores desafios ainda estão por vir. Em meados de abril, o número de registros da doença tende a disparar. Isso deverá sobrecarregar a rede de atenção básica e os hospitais. "A pergunta não é mais se a epidemia vai chegar ao Brasil, e sim quando ela vai chegar. As autoridades precisam apresentar logo um plano detalhado do que pretendem fazer", cobra.

Ontem a OMS informou que já estamos diante de uma pandemia. Questionado sobre a notícia, Bolsonaro voltou a se escudar na ignorância. "Eu não sou médico, não sou infectologista. O que eu ouvi até o momento é que outras gripes mataram mais do que essa", disse. Se for para repetir coisas assim, é melhor o capitão fechar a boca e se ocupar com livros de colorir.

*

Tipos brasileiros: Iris, Silas, Edir, Jair

17/03/2020

Iris Rezende é prefeito de Goiânia. Está na política desde 1958, quando João Gilberto inventou a bossa nova. Mais de seis décadas depois, ameaça disputar outro mandato municipal. Na quinta passada, ele disse que sua cidade "não será atingida" pelo coronavírus porque é "protegida por Deus". "Estou absolutamente tranquilo de que têm feito um barulho indevido", desdenhou.

Silas Malafaia é pastor do ministério Vitória em Cristo. Fez fama no púlpito, mas adora um palanque. Era unha e carne com Eduardo Cunha, hoje recolhido em Bangu. Agora grudou no capitão domiciliado no Alvorada. No sábado, ele informou que manterá os templos abertos, na contramão dos apelos de médicos e cientistas. Contra a propagação da doença, sugeriu orações: "Que esse vírus seja destruído da nossa nação pelo poder do nome de Jesus".

Edir Macedo é dono da Igreja Universal e de um império que inclui banco, seguradora, partido político e emissora de TV. Num culto recente, repreendeu os fiéis e disse que o Espírito Santo "não quer palmas". "Ele quer que você nos ajude a pagar nossas contas e bata a mão no bolso", esclareceu. No domingo, o bispo pediu aos seguidores que "não se preocupem com o coronavírus". Disse que a epidemia é "mais uma tática de Satanás" para assustar as pessoas. "Qualquer ventinho que tiver é uma pneumonia para elas", gracejou.

Jair Bolsonaro é paraquedista e presidente da República. No domingo, ignorou ordens médicas de isolamento e participou de uma manifestação com extremistas que pediam o fechamento do Congresso. Apertou mãos e manuseou dezenas de celulares de cidadãos vestidos de verde e amarelo. Ontem ele disse que há "histeria" com o coronavírus. Ao menos 13 pessoas que integraram sua comitiva à Flórida já sabem que estão infectadas.

Iris, Silas, Edir e Jair ganham a vida com a oratória. Prometem cura, salvação e prosperidade em troca do voto na urna e do dízimo na sacolinha. Com idades entre 61 e 86 anos, todos fazem parte do grupo mais exposto à pandemia. Enquanto a massa de fiéis e eleitores só conta com os leitos do SUS, o quarteto pode se tratar em hospitais particulares.

*

O presidente isolado

18/03/2020

Ao ignorar as normas de quarentena e sair do palácio para se juntar a uma manifestação golpista, Jair Bolsonaro tentou dar uma demonstração de força política. Na prática, mostrou-se um presidente cada vez mais débil e isolado.

O capitão sempre afrontou as instituições, a democracia e a dignidade do cargo. Agora também se tornou uma ameaça à saúde pública, ao sabotar os esforços para conter a epidemia do coronavírus. Além de deseducar a população, sua atitude expôs os próprios seguidores ao risco de contágio.

Ontem Bolsonaro mostrou duas vezes que continua alheio à gravidade da crise. De manhã, chamou as precauções com a doença de "histeria" e informou que pretende dar uma "festinha" no fim de semana. À tarde, comparou a epidemia a uma gravidez e disse que suas vítimas idosas teriam morrido se pegassem "outra gripe qualquer".

Na segunda-feira, o ministro Paulo Guedes fez uma declaração parecida ao tratar os mortos na China como uma estatística insignificante. "Dizem que morreram só cinco mil pessoas", afirmou.

Apesar do isolamento crescente, o presidente ainda exibe armas para acuar as cúpulas do Legislativo e do Judiciário. A forte presença de militares no governo e a ligação do clã presidencial com estratos inferiores das polícias têm servido como fatores de intimidação.

Bolsonaro comete crimes de responsabilidade todos os dias, mas líderes partidários entendem que ainda não há condições práticas para iniciar um processo de impeachment. Entre outras razões, porque a crise do coronavírus esvaziou o Congresso e inviabilizou manifestações de rua.

Diante do impasse, os Poderes buscam outras soluções para que o país não fique refém da paralisia presidencial. A reunião que juntou os presidentes da Câmara, do Senado e do Supremo para discutir a pandemia forneceu um retrato oficial desse esforço. O presidente não foi convidado para o encontro. Na cadeira destinada ao chefe do governo, sentou-se o ministro Luiz Henrique Mandetta.

*

O pastelão e as panelas

19/03/2020

A cena de Jair Bolsonaro tapando os olhos com uma máscara cirúrgica, em tentativa desastrada de cobrir o nariz e a boca, produziu uma boa alegoria do drama brasileiro. Assombrado pela pandemia do coronavírus, o país se vê nas mãos de um sujeito que não consegue proteger o próprio rosto.

O pastelão do Planalto lembrou um quadro dos Trapalhões. A pretexto de mostrar preocupação com a doença, o capitão e seus ministros se fantasiaram de médicos. O uso cenográfico das máscaras contrariou as normas sanitárias. Em outro momento Didi Mocó, Bolsonaro desistiu do teatro e pendurou sua peça na orelha.

O presidente dedicou a maior parte da entrevista a atacar a imprensa e provocar adversários. Um dos alvos foi o governador do Rio, que pediu ao povo que evitasse a praia. O capitão também insistiu no discurso de que a mídia fomenta a "histeria". Uma afronta a jornalistas e profissionais de saúde que tentam informar a população e reduzir a velocidade do contágio.

O jogo de Bolsonaro é outro. Ontem ele mentiu diante das câmeras ao negar que tenha incentivado as manifestações do último domingo. Para seu azar, a farsa foi derrubada em tempo real. Além de distribuir convocações pelo WhatsApp, ele usou uma solenidade militar para estimular a participação nos atos.

Ao comentar as marchas, que contrariaram o esforço para evitar aglomerações, o capitão disse que "sabia dos riscos que corria". Esqueceu de dizer que também pôs a saúde dos outros em xeque. Ao furar a norma de isolamento, ele ainda não tinha a contraprova do exame para saber se estava infectado.

Num surto de sinceridade, Bolsonaro admitiu a falta de estrutura para enfrentar a pandemia. "Nosso sistema de saúde não tem condições de atender uma quantidade considerável de pacientes", disse.

Em seguida, voltou a fazer propaganda de si mesmo. "Nosso time está ganhando de goleada. Então vamos fazer justiça, vamos elogiar seu técnico, que se chama Jair Bolsonaro", pediu. Pelo volume dos panelaços em diversas capitais, faltou combinar com a torcida.

*

Reinações de Bananinha

19/03/2020

No momento em que o Brasil começa a contar mortos pelo coronavírus, o deputado Eduardo Bolsonaro resolveu fabricar uma crise diplomática. Na noite de quarta, o Zero Três culpou a China pela pandemia. No mesmo tuíte, sugeriu a derrubada do regime comunista, que governa o país há 70 anos.

A provocação enfureceu a embaixada chinesa em Brasília. Não era para menos. A China é o maior parceiro comercial do Brasil. No ano passado, foi responsável por 65% do superávit na nossa balança comercial. Em resposta ao ataque, o embaixador Yang Wanming acusou Eduardo de imitar seus "queridos amigos".

Referia-se ao presidente americano Donald Trump, que politiza a doença e espalha preconceito contra os asiáticos.

Além de ofender os chineses, a molecagem do Zero Três irritou o empresariado e a cúpula do Congresso. Em vez de esfriar a crise, o ministro Ernesto Araújo reforçou a grosseria. Numa nota desastrada, ele cobrou retratação do agredido e passou a mão na cabeça do agressor. A atitude reforçou seu status de chanceler decorativo, que desonra o Itamaraty para adular o filho do chefe.

Em perfil publicado na revista *piauí*, a repórter Thais Bilenky contou que os amigos de Eduardo costumavam chamá-lo de "Loide". O apelido fazia referência ao filme *Debi & Loide: dois idiotas em apuros*. Só um néscio teria a ideia de atacar uma nação amiga que acaba de perder 3.245 pessoas para o coronavírus. Graças a uma mobilização em massa, a China virou o jogo e passou a enviar médicos e equipamentos a outros países.

Ontem o embaixador Wanming escreveu que quem insiste em atacar o povo chinês "acaba sempre dando um tiro no próprio pé". Para colher novos likes da ultradireita, Eduardo pode ter alvejado milhares de brasileiros que serão infectados nas próximas semanas.

O vice Hamilton Mourão, que andava calado, reapareceu para dizer que o deputado não fala pelo governo. "Se o nome dele fosse Eduardo Bananinha, não era problema", ironizou. Depois de se apresentar como um moderado entre radicais, o general havia submergido. Ele ressurge no momento em que Bolsonaro, o pai, começa a enfrentar panelaços e pedidos de impeachment.

*

O presidente no parquinho

22/03/2020

Jair Bolsonaro completou ontem 65 anos de idade. Diante da epidemia que ameaça os brasileiros, comporta-se como uma criança de 5. Em vez de liderar o país, o presidente faz birra contra as medidas de isolamento. É como se a quarentena, necessária no combate à doença, fosse uma grande conspiração para impedi-lo de brincar no parquinho.

Na contramão de autoridades responsáveis, o capitão teima em deseducar o povo. Na sexta, chamou o coronavírus de "gripezinha". No mesmo dia, o número de mortos pela infecção ultrapassou os dez mil em todo o mundo.

Mais tarde, ele incentivou o rebanho a continuar se aglomerando em shoppings e igrejas. "A chuva tá vindo aí, você vai se molhar. Agora, se você botar uma capinha aqui, tudo bem. Passa", desdenhou. A declaração foi ao ar no programa do Ratinho, famoso por promover espetáculos bizarros na TV.

Não há guarda-chuva contra Bolsonaro. Obcecado com a reeleição em 2022, o presidente sabota o próprio ministro da Saúde e ataca governadores que tentam retardar o contágio em seus estados. Parece maluquice, mas é só despotismo. Na mente do capitão, quem não lambe botas deve ser tratado como inimigo de guerra.

A perspectiva de uma crise longa tem turbinado a paranoia presidencial. Na segunda-feira, Bolsonaro descreveu as medidas de distanciamento social como parte de uma trama para derrubá-lo. "Se afundar a economia, acaba com o meu governo. É uma luta de poder", afirmou, como se todos os países que adotaram essas restrições integrassem o mesmo complô imaginário.

Fora da redoma bolsonarista, a assombração é outra. Políticos de diferentes partidos temem que o presidente use o agravamento da epidemia como pretexto para tentar concentrar poderes. É o que têm feito outros líderes de extrema direita, como o húngaro Viktor Orbán.

A preocupação já levou o Congresso a mudar o decreto que reconheceu o estado de calamidade pública no país. Na nova redação, proposta pelo deputado Alessandro Molon, o texto passou a deixar claro que o Planalto só está autorizado a descumprir as metas fiscais. Isso significa que o presidente não poderá tomar outras medidas excepcionais por causa da pandemia.

Em outubro passado, o clã Bolsonaro usou o fantasma das manifestações em Santiago para sonhar alto com uma escalada autoritária. O tumulto chileno não chegou ao Brasil, mas agora existem razões para projetar um quadro de colapso na saúde, depressão econômica e desagregação social.

No playground ideológico do bolsonarismo, o fetiche de um "novo AI-5" convive com a ideia de decretar estado de sítio. Ontem a Ordem dos Advogados do Brasil julgou necessário emitir um parecer sobre o assunto. "Não há dúvida de que a situação atual produz sensações de pânico e terror na população. Esses sentimentos não podem, no entanto, ser explorados para autorizar medidas repressivas e abusivas que fragilizem direitos e garantias constitucionais", afirmou a entidade.

Na véspera, Bolsonaro disse que seria "relativamente fácil" decretar estado de sítio, mas informou que a ideia "ainda" não está em seu radar.

*

Bloco do Ele Sozinho

25/03/2020

O presidente foi para escanteio. No momento mais crítico de seu mandato, Jair Bolsonaro fez uma opção pelo isolamento. Deu as costas à ciência, à medicina, à classe política e aos eleitores assombrados com o coronavírus.

No pronunciamento tresloucado de terça, o capitão fez um libelo contra a razão. Na contramão do mundo, atacou a política de quarentena e incentivou os brasileiros a voltarem às ruas, expondo-se ao risco de contágio.

Esperar sensatez de Bolsonaro é perda de tempo, mas ele parece ter batido seu próprio recorde de irresponsabilidade. O Conselho Nacional de Saúde classificou o discurso como "criminoso". "Sua fala prejudica todo o esforço nacional para que o SUS não entre em colapso", resumiu.

O presidente foi à TV com um objetivo claro. Diante de uma crise anunciada, ele tentou empurrar a culpa da recessão para os governadores. A manobra parece ter fracassado. Bolsonaro não convenceu o povo, que continuou em casa, e produziu uma união de quase todos os estados contra o Planalto.

As declarações de Ronaldo Caiado ajudam a ilustrar o desastre da ofensiva. Símbolo da direita ruralista, o governador de Goiás desfilava como o aliado número um do presidente. Ontem ele usou uma frase de Barack Obama para detonar o capitão. "Na política e na vida, a ignorância não é uma virtude", sentenciou.

O estilo brucutu de Bolsonaro não permite dissimulações. Ao se descontrolar em público com o governador de São Paulo, João Doria, ele escancarou o que realmente o incomoda: o medo de que a crise derreta sua popularidade e fulmine o sonho da reeleição.

Na porta do Alvorada, o presidente usou o vírus para fazer uma ameaça explícita de golpe. Projetou uma situação de "caos" e disse que o Brasil "pode sair da normalidade democrática".

Por enquanto, não há sinais de que as Forças Armadas topariam a aventura. O comandante do Exército tem levado a pandemia a sério, e o vice-presidente, general Hamilton Mourão, parece mais interessado em se apresentar como alternativa constitucional de poder.

*

Mergulho no esgoto

27/03/2020

Enquanto o resto do mundo faz um esforço de guerra contra o coronavírus, o Planalto quer derrotar a epidemia sem fazer nada. Depois de atacar a política de isolamento social, Jair Bolsonaro disse que a responsabilidade de enfrentar a doença não é do governo. "O brasileiro tem que entender que quem vai salvar a vida dele é ele, pô!", afirmou ontem, na porta do Alvorada.

Na contramão da comunidade científica, o presidente sustenta que o país deveria relaxar as medidas de distanciamento e confinar apenas a população idosa, mais vulnerável ao vírus. É uma tese furada, contestada por todos os especialistas sérios. Países que retardaram a quarentena obrigatória, como a Itália, produziram milhares de mortes que poderiam ter sido evitadas.

Além disso, não há como separar todos os idosos de seus parentes. Em boa parte dos lares brasileiros, famílias inteiras dividem um único cômodo, em condições precárias de moradia e saneamento.

Diante da omissão presidencial, parlamentares e governadores tentam assumir tarefas que caberiam ao Planalto. Os estados montaram uma frente para negociar diretamente com os ministros da Economia e da Saúde, sem passar por Bolsonaro. A Câmara aprovou o "coronavoucher" de R$ 600 para ajudar pessoas de baixa renda. Pelos planos de Paulo Guedes, o valor da ajuda seria de apenas R$ 200.

Nem diante da pandemia o governo disfarça seu desprezo pelos mais pobres. Neste mês, o Ministério da Cidadania cortou 158 mil benefícios do Bolsa Família, a maioria no Nordeste. A medida foi suspensa na segunda-feira por decisão do ministro Marco Aurélio Mello, do Supremo Tribunal Federal.

No despejo in natura de ontem, Bolsonaro voltou a chafurdar na lama da demofobia e da ignorância. "O brasileiro precisa ser estudado. Ele não pega nada. Você vê o cara pulando em esgoto ali, sai, mergulha, tá certo? E não acontece nada com ele", afirmou.

Nos últimos cinco anos, o SUS gastou mais de R$ 1 bilhão para tratar doenças causadas pela falta de saneamento básico. Só em 2017, o problema motivou cerca de 260 mil internações nos hospitais.

*

Impeachment pode ser pouco

29/03/2020

Os desvarios de Jair Bolsonaro não cabem mais na esfera da política. Quando o presidente se torna uma ameaça à saúde pública, sabotando o esforço nacional contra a pandemia, seus atos devem ser submetidos aos tribunais.

Nos últimos dias, a Justiça começou a impor freios ao Capitão Corona. O Supremo derrubou duas canetadas odiosas: o corte de 158 mil benefícios do Bolsa Família e a MP que mutilou a Lei de Acesso à Informação.

Para surpresa de ninguém, Bolsonaro tentou usar a crise para garfar miseráveis e reduzir a transparência do governo. As medidas foram invalidadas pelos ministros Marco Aurélio Mello e Alexandre de Moraes. Em tempo: nenhum deles foi indicado por governos do PT.

Depois das derrotas no Supremo, o presidente passou a apanhar na primeira instância. Na sexta, o juiz Márcio Santoro Rocha suspendeu a autorização para igrejas e casas lotéricas retomarem as atividades normais. Horas depois, a juíza Laura Bastos Carvalho mandou tirar do ar a campanha publicitária que incentivava a população a voltar às ruas.

Nos dois casos, o capitão driblou a lei para agradar a clientela. Na MP do Dízimo, ele subverteu o conceito de atividades essenciais para beneficiar mercadores da fé e empresários do ramo de apostas.

Em outra frente, a Secom planejava bombardear os cidadãos com propaganda contra a quarentena. A campanha "O Brasil não pode parar" torraria R$ 4,8 milhões num momento em que falta dinheiro para ampliar a oferta de leitos e equipar os hospitais.

As quatro decisões ainda podem ser revistas, mas apontam um caminho para frear o presidente pela via judicial. Ao torpedear políticas de isolamento que podem salvar milhares de brasileiros, Bolsonaro extrapola os poderes de chefe de Estado. Age como um líder de seita que tenta conduzir o rebanho ao suicídio coletivo.

Quando a epidemia passar, a abertura de um processo de impeachment pode ser pouco para enquadrar o presidente. Se sua cruzada contra a vida prosperar, ele se candidatará a uma denúncia ao Tribunal Penal Internacional, que julga crimes contra a Humanidade.

*

A epidemia da mentira

02/04/2020

Crer que Jair Bolsonaro possa ser domado é um ato de fé. Desde os tempos do quartel, ele pensa e age como um extremista. Sua carreira política foi construída com mentiras, insultos e ameaças à democracia.

Na Presidência, o capitão continua o mesmo. Seu governo opera na lógica do confronto permanente. Quem tenta moderá-lo é hostilizado e recebe a pecha de traidor, como ocorreu com o general Santos Cruz.

No pronunciamento de terça, o presidente ensaiou uma mudança de tom sobre o coronavírus. Depois de chamar a epidemia de "gripezinha", disse que seu combate será o "maior desafio da nossa geração".

Lendo o *teleprompter*, Bolsonaro pregou a "união de todos num grande pacto pela preservação da vida e dos empregos: Parlamento, Judiciário, governadores, prefeitos e sociedade". Logo ele, que nas últimas semanas foi a um ato pelo fechamento do Congresso e chamou os governadores de "exterminadores de empregos".

Acreditou quem quis. Em menos de 12 horas, o presidente arrancou a máscara da conciliação. Ontem ele divulgou um vídeo apócrifo para atacar os governadores e torpedear as medidas de isolamento social. Na peça, um homem dizia faltar comida na Ceasa de Belo Horizonte.

A cascata foi desmontada pela rádio CBN. O repórter Pedro Bohnenberger visitou o local e mostrou que não havia desabastecimento. Pelo contrário: as vendas aumentaram na pandemia, já que as pessoas passaram a fazer mais refeições em casa.

Bolsonaro não está sozinho na difusão de fake news. Na terça, Sergio Moro propagou uma lorota para fazer populismo penal. Segundo o ministro, um preso libertado por causa da pandemia teria sido flagrado com 124 quilos de cocaína, sete fuzis e uma submetralhadora. "Situação do indivíduo que é colocado em prisão domiciliar por questões humanitárias relacionadas ao coronavírus", concluiu, com ar de reprovação.

A história era falsa, revelou checagem do *Fato ou Fake*. Moro não se desculpou, e sua assessoria disse que "a recomendação dada na entrevista continua sendo válida". Ontem foi Primeiro de Abril, mas o governo pensa que todo dia é Dia da Mentira.

*

A tática da intimidação

21/04/2020

Jair Bolsonaro tirou o domingo para praticar seu esporte preferido: a ameaça à democracia. O presidente participou de uma manifestação que pedia o fechamento do Congresso e do Supremo Tribunal Federal. As faixas defendiam uma "intervenção militar", eufemismo rasteiro para golpe.

A ambição autoritária de Bolsonaro não é novidade, mas desta vez ele conseguiu inovar. O capitão improvisou um palanque em frente ao Quartel-General do Exército. Ao escolher o cenário, buscou passar a mensagem de que os militares estariam a seu lado numa ofensiva contra as instituições.

Sempre que se sente enfraquecido, o presidente lança a carta da radicalização. A agitação dominical serviu para reagrupar sua tropa, que estava abatida desde a demissão do ministro da Saúde. Os extremistas voltaram a mobilizar as redes e organizaram carreatas contra as medidas de isolamento social.

Bolsonaro não quer governar. Isso o obrigaria a ler relatórios, assumir responsabilidades e abandonar o discurso populista sobre o coronavírus. Ele prefere terceirizar os problemas e eleger bodes expiatórios. Após a queda de Henrique Mandetta, o novo alvo é Rodrigo Maia.

No cenário atual, o bolsonarismo não precisa de um autogolpe. Basta manter o clima de tensão permanente no ar. A tática da intimidação tem funcionado. Mais uma vez, as instituições se limitaram a reagir com tuítes e notas de repúdio. Esse tipo de resposta já se mostrou ineficaz para estancar as ameaças.

Ontem o ministro da Defesa afirmou, também por escrito, que as Forças Armadas "trabalham com o propósito de manter a paz e a estabilidade do país, sempre obedientes à Constituição". Na porta do Alvorada, o presidente expôs sua visão do assunto. "A Constituição realmente sou eu", sentenciou.

O discurso na caminhonete não foi a única provocação do fim de semana. Enquanto o capitão confraternizava com golpistas, seu filho Carlos divulgou outro vídeo com apelo à violência. Na gravação, homens de preto gritam "Bolsonaro" e descarregam revólveres num estande de tiro. O vereador dispensou a legenda.

*

O general quer elogios

23/04/2020

Nos idos de 1967, o marechal Costa e Silva fez uma reclamação à condessa Pereira Carneiro, então proprietária do *Jornal do Brasil*. "O seu jornal tem tratado muito mal a mim e ao meu governo", queixou-se. Em tom diplomático, a senhora respondeu que o diário buscava publicar "críticas construtivas". O ditador reagiu com franqueza: "Eu gosto mesmo é de elogio".

O general Luiz Eduardo Ramos foi cadete no período autoritário, mas chegou aos postos de comando na democracia. Foi promovido a coronel em 2003, quando a Presidência era ocupada por um ex-operário que liderou greves contra a ditadura. Ontem ele teve uma recaída, e resolveu usar uma entrevista ministerial para fazer reparos ao trabalho da imprensa.

"Desde que começou essa crise do coronavírus, nós temos observado uma cobertura maciça dos fatos negativos", disse o chefe da Secretaria de Governo. "No jornal da manhã é caixão e é corpo, na hora do almoço é caixão e é corpo, no jornal da noite é caixão, é corpo e é número de mortes", protestou.

À moda de Costa e Silva, o ministro afirmou que o jornalismo "não está ajudando". Ele sugeriu que os repórteres se colocassem no lugar de uma senhora de idade que gostaria de se sentir melhor na pandemia. "Tem tanta coisa positiva acontecendo... É muita notícia ruim, mas vamos também divulgar notícias boas", apelou.

Apesar do tom edificante, Ramos não está preocupado com o bem-estar das velhinhas. Se isso fosse verdade, ele convenceria o chefe a parar de sabotar a quarentena. O objetivo das medidas de isolamento é proteger os grupos mais vulneráveis do vírus. O presidente prefere empurrá-los para o sacrifício em troca da reabertura imediata do comércio.

Os bolsonaristas sonham viver no Turcomenistão, onde o ditador Gurbanguly Berdimuhammedow proibiu a imprensa de usar a palavra "coronavírus". Ontem, o novo ministro da Saúde, Nelson Teich, declarou que o Brasil "é um dos países que melhor performa em relação à covid". No mundo real, faltam leitos de UTI e há cemitérios abrindo valas comuns para enterrar vítimas da doença.

*

A República do "E daí?"

28/04/2020

Num só dia, o Brasil recebeu três más notícias sobre a pandemia do coronavírus. O país registrou um novo recorde de mortes: 474 em apenas 24 horas. Isso fez o total de vítimas superar a marca dos cinco mil. Para completar, o Brasil ultrapassou a China no ranking de países com mais mortos pela covid.

Diante desses fatos, qualquer presidente razoável se sentiria obrigado a reconhecer a gravidade da situação. Mas os brasileiros elegeram Jair Bolsonaro, que preferiu fazer piada com a tragédia. "E daí? Lamento. Quer que eu faça o quê? Eu sou Messias, mas não faço milagre", disse ontem à noite.

A mistura de indiferença e deboche virou marca das declarações do presidente. No domingo, ele foi questionado por uma eleitora sobre a decisão de entregar o comando da Polícia Federal a um amigo dos filhos.

"E daí? Antes de conhecer meus filhos, eu conheci o Ramagem", ele respondeu, numa rede social. Em seu idioma particular, o capitão queria dizer que conheceu o delegado antes dos herdeiros. Mesmo assim, ele não se julgou obrigado a esclarecer o conflito de interesses.

Hoje o presidente fez questão de reforçar que Alexandre Ramagem foi presenteado com o cargo porque "passou a ser um amigo". "Tomava café junto, leite condensado no pão, tá? E daí? Eu devo escolher uma pessoa que eu nunca vi na vida?", questionou.

Bolsonaro quer transformar o Brasil na República do "E daí?". Seu desejo é viver num país em que o governante pode ignorar as leis e não precisa prestar contas do que faz. Por isso, ele detesta a imprensa e incentiva ataques ao Congresso e ao Judiciário.

Nesta segunda, a Justiça Federal atendeu a um pedido do jornal *O Estado de S. Paulo* e determinou que o presidente apresente o resultado de seus exames para a covid. A informação é de interesse público, mas o presidente se julga no direito de sonegá-la.

Questionado sobre a ordem judicial, ele voltou a fazer graça. "Daqui a pouco querem saber se eu sou virgem ou não. Vou ter que apresentar o exame de virgindade. Dá positivo ou negativo, o que vocês acham?", perguntou, na porta do Alvorada.

*

Ataque preventivo

01/05/2020

Como todo aspirante a ditador, Jair Bolsonaro não gosta da ideia de um Judiciário independente. Na campanha de 2018, ele anunciou o plano de ampliar o número de vagas no Supremo de 11 para 21. A manobra, inspirada em ato da ditadura militar, lhe daria a chance de indicar dez ministros de uma só vez.

Para facilitar a vida do pai, o deputado Eduardo Bolsonaro propôs uma solução mais ligeira. "Se quiser fechar o STF, sabe o que você faz? Você não manda nem um jipe. Manda um soldado e um cabo", disse.

Nos dois episódios, o clã desafiou o Supremo e esperou as reações negativas para fingir arrependimento. O roteiro se repetiu no ano passado, quando o presidente divulgou um vídeo que retratava o tribunal como uma hiena em busca de carniça.

Ontem Bolsonaro testou uma nova forma de intimidação. No cercadinho do Alvorada, ele atacou o ministro Alexandre de Moraes, que o impediu de entregar à Polícia Federal a um delegado amigo. "Como é que o senhor Alexandre de Moraes foi para o Supremo? Amizade com o senhor Michel Temer. Ou não foi?", provocou.

A liminar que barrou a nomeação de Alexandre Ramagem[20] é controversa. Juristas insuspeitos de simpatizar com o bolsonarismo consideram que Moraes usou critérios muito vagos para anular um ato do presidente. Seria mais um caso típico de ativismo judicial.

Contrariado, o presidente tinha a opção de recorrer ao plenário. Ele preferiu o ataque pessoal, e ainda insinuou que se sentiu tentado a atropelar a Corte. "Quase tivemos uma crise institucional. Quase, faltou pouco", disse.

Afrontar um juiz do Supremo não é boa tática para quem tem causas a julgar por lá. O tribunal costuma deixar as rixas de lado quando se sente atacado. Foi o que aconteceu ontem, quando Moraes recebeu elogios de Gilmar Mendes e Luís Roberto Barroso.

---

20 Em decisão monocrática, o ministro Alexandre de Moraes suspendeu a nomeação de Alexandre Ramagem como diretor-geral da Polícia Federal. Apontou desvio de finalidade pelas relações próximas do indicado com a família Bolsonaro.

Ao que tudo indica, o jogo de Bolsonaro é outro. Moraes comanda dois inquéritos que preocupam o Planalto: sobre a indústria das fake news e sobre os atos golpistas do último dia 19. O presidente já sabe que essas investigações devem complicá-lo. Isso explicaria o ataque preventivo ao ministro.

*

Bolsonaro conspira à luz do dia

05/05/2020

Jair Bolsonaro conspira à luz do dia. No domingo, o presidente usou mais um símbolo nacional como palanque para o golpismo. Na rampa do Planalto, confraternizou com extremistas que atacavam a democracia e agrediam jornalistas no exercício da profissão.

Irritado com decisões do Supremo, o capitão vociferou: "Não vamos admitir mais interferência. Deixar bem claro isso aí. Acabou a paciência". No mesmo tom, ele prosseguiu: "Chegamos no limite, não tem mais conversa". Só faltou mandar o cabo e o soldado cercarem o tribunal do outro lado da praça.

A ameaça do uso da força é cada vez mais explícita nas falas presidenciais. Diante de sua minoria barulhenta, Bolsonaro disse que as Forças Armadas "estão do nosso lado". Os militares sabiam quem ele era quando embarcaram sorridentes no novo governo. Agora são arrastados para o centro de uma turbulência política prestes a virar crise institucional.

Em nota, o ministro da Defesa afirmou que as Forças "estarão sempre ao lado da lei, da ordem, da democracia e da liberdade". O esclarecimento seria desnecessário se o país vivesse tempos normais. A tensão tende a se agravar nos próximos dias, à medida que avançam as investigações sobre o clã presidencial.

Bolsonaro tem pressa. Ontem ele nomeou o novo diretor da Polícia Federal, que assume com a missão de proteger pai e filhos. A operação incluiu edição extra do Diário Oficial e posse relâmpago a portas fechadas. Cenas de um governo acuado, que vê na radicalização a única saída para se segurar no poder.

*

Um carrasco no Planalto

06/05/2020

O Brasil já contava 7.025 mortos pelo coronavírus quando Jair Bolsonaro encontrou tempo para confraternizar com um carrasco da ditadura.

Na manhã de segunda-feira, o presidente abriu o gabinete para receber Sebastião Rodrigues de Moura, o Major Curió. Ele já foi denunciado seis vezes pela matança promovida pelo Exército na repressão à Guerrilha do Araguaia.

O encontro foi omitido da agenda oficial de Bolsonaro. Só entrou nos registros à noite, depois de revelado pelo blog de Rubens Valente no *UOL*. Mais tarde, um senador governista divulgou fotos da conversa. Numa delas, o presidente aparece agachado ao lado do visitante, acusado de participar de sequestros e assassinatos.

O próprio Curió forneceu provas do massacre. Em 2009, ele abriu arquivos ao jornal *O Estado de S. Paulo* e confirmou a execução de 41 militantes presos, que não ofereciam perigo às tropas. Muitos se entregaram maltrapilhos e famintos, após meses de fuga na floresta.

Em entrevista a Leonencio Nossa, reproduzida no livro *Mata! O major Curió e as guerrilhas do Araguaia*, o militar reformado comparou o extermínio de prisioneiros à limpeza de uma lavoura. "Quando se capina, não se corta a erva daninha só pelo caule. É preciso arrancá-la pela raiz para que não brote novamente", disse.

Bolsonaro sempre exaltou a matança na selva. Na Câmara, ele debochava das famílias dos desaparecidos com o slogan "Quem procura osso é cachorro". No Planalto, extinguiu o grupo de trabalho que tentava identificar restos mortais dos combatentes.

A recepção a Curió foi uma nova isca para atiçar a militância de extrema direita que apoia o projeto autoritário do capitão. O episódio se soma a outras indignidades bolsonaristas, como as agressões a jornalistas e as ameaças ao Congresso e ao Supremo Tribunal Federal.

Em mais uma falsificação histórica, a Secretaria de Comunicação da Presidência chamou o major de "herói do Brasil". A Convenção de Genebra trata a execução de prisioneiros como crime de guerra, e nem as leis da ditadura autorizavam o que se fez no Araguaia. O Ministério Público Federal pede a condenação de Curió desde 2012, mas ele continua solto graças a uma interpretação generosa da Lei da Anistia.

*

Aflições da Casa-Grande

10/05/2020

Há 120 anos, Joaquim Nabuco profetizou: "A escravidão permanecerá por muito tempo como a característica nacional do Brasil".

Cleonice Gonçalves, 63 anos, foi a primeira vítima do coronavírus no estado do Rio. Empregada doméstica desde os 13, trabalhava num apartamento no Alto Leblon. A patroa voltou da Itália com sintomas da covid, mas não quis dispensá-la do serviço. Ao contrair a doença, a diarista foi despachada de táxi para Miguel Pereira, a 120 quilômetros dali. Morreu no dia seguinte, num hospital municipal.

O prefeito de Belém, Zenaldo Coutinho, incluiu o trabalho das domésticas entre as "atividades essenciais". Com isso, faxineiras, lavadeiras, cozinheiras e babás poderão ser convocadas no período de lockdown. Segundo o tucano, a medida beneficiará quem "precisa ter alguém em casa". A capital do Pará não tem mais vaga nos hospitais, mas os ricos encontraram uma alternativa. Passaram a fretar "UTIs aéreas", que decolam para São Paulo por até R$ 200 mil.

Há 25 anos, Darcy Ribeiro escreveu que "os brasileiros, orgulhosos de sua tão proclamada como falsa 'democracia racial', raramente percebem os profundos abismos que por aqui separam os estratos sociais". "Os privilegiados simplesmente se isolam numa barreira de indiferença para com a sina dos pobres, cuja miséria repugnante procuram ignorar ou ocultar numa espécie de miopia social que perpetua a alternidade", afirmou.

O presidente da XP Investimentos, Guilherme Benchimol, declarou que o Brasil "está bem" no combate à pandemia. "O pico da doença já passou quando a gente analisa a classe média, classe média alta. O desafio é que o Brasil é um país com muita comunidade, muita favela, o que acaba dificultando o processo todo", disse, na terça-feira. O bilionário também se mostrou indiferente ao acirramento da crise política. "Se as reformas estiverem avançando, eu acho que não atrapalha", resumiu. O flerte da XP com o bolsonarismo é correspondido. No último mês, cinco ministros estrelaram lives da corretora.

Na quinta-feira, o presidente da República liderou uma marcha de lobistas e empresários ao Supremo Tribunal Federal. Com permissão do ministro Dias Toffoli, a comitiva fez comício pelo relaxamento das medidas sanitárias. "A indústria está na UTI", disse Marco Polo de Mello Lopes, com a sensibilidade de uma Regina Duarte de gravata.[21] "Haverá morte de CNPJs", emendou Synésio Batista da Costa, que cobra o retorno dos

---

[21] Em março de 2020, Regina Duarte assumiu a Secretaria Especial da Cultura. A atriz chocou colegas ao defender Bolsonaro e relativizar crimes da ditadura militar. Nomeada com estardalhaço, durou dois meses e meio no cargo.

operários às fábricas de brinquedos. Ontem o país ultrapassou a marca de dez mil mortes de CPFs causadas pelo coronavírus.

Patroas, prefeitos, industriais e especuladores renovam traços antigos de certa elite brasileira, que agora vê no capitão um porta-voz de suas aflições. Chutado do Ministério da Saúde, Luiz Henrique Mandetta recorreu a Gilberto Freyre para explicar o barulho contra o isolamento social. "Só quem está gritando é a Casa-Grande, que vê o dinheiro do engenho cair", disse à *Folha de S.Paulo*. "A Casa-Grande arrumou o quarto dela, a despensa está cheia. Tem o seu próprio hospital. Lamenta muito o que está acontecendo, mas quer saber quando o engenho vai voltar a funcionar."

*

Em nome dos filhos

13/05/2020

Jair Bolsonaro se elegeu com a promessa de defender a família. Faltou dizer que se referia à própria. O capitão sempre usou o poder para proteger e engordar os herdeiros. É assim desde os tempos de deputado, quando ele pendurou dois filhos na folha de pagamento da Câmara.

Na Presidência, o patriarca farejou boquinhas melhores para o clã. No ano passado, ele tentou emplacar o caçula Eduardo, cuja experiência internacional se resumia a fritar hambúrgueres, como embaixador do Brasil em Washington. Ao defender o indefensável, pronunciou duas frases memoráveis. "Pretendo beneficiar um filho meu, sim. Se eu puder dar filé mignon pro meu filho, eu dou", afirmou.

A visão do Estado como um bife suculento explica a gula de Bolsonaro pela Polícia Federal. Ele queria espetar o garfo no órgão para reparti-lo entre os filhos. Ao que tudo indica, seu principal objetivo era interferir nas investigações sobre desvio de verbas parlamentares e fábricas de fake news.

A se confirmarem os relatos de ontem, o presidente admitiu o plano na fatídica reunião ministerial que antecedeu a saída de Sergio Moro. A versão de que ele se referia à segurança da família soa como conversa fiada. Quem cuida do assunto é o Gabinete de Segurança Institucional, não o Ministério da Justiça.

Além da confissão presidencial, o vídeo registra outras duas passagens que complicam o governo. Numa delas, o ministro Abraham Weintraub teria defendido a prisão de ministros do Supremo. Em outra, a ministra Damares Alves estendeu a ideia a prefeitos e governadores. As falas ilustram o desembaraço com que o bolsonarismo conspira contra a democracia. E tornam mais urgente a divulgação na íntegra da fita, que está nas mãos do ministro Celso de Mello.

O presidente não vai mudar enquanto não for parado, seja por uma denúncia criminal, seja por um processo de impeachment. Ontem ele disse que a gravação que pode incriminá-lo "era para ser destruída". "O vídeo é meu", afirmou, como se fosse o dono do governo e das provas do inquérito que o investiga.

*

O vice que assusta

15/05/2020

Ao convidar Hamilton Mourão para sua chapa, Jair Bolsonaro contratou uma espécie de seguro-impeachment. O general era conhecido por fazer imprecações contra a democracia. Na campanha, reforçou a fama de brucutu ao falar em "autogolpe" e propor uma Constituinte sem votos.

Depois da posse, o vice trocou de figurino. Mais esperto do que o capitão, ele suavizou o tom e passou a se apresentar como um moderado entre radicais. O novo estilo incomodou o clã presidencial. No entanto, o general continuou a ser visto com desconfiança pelos paisanos.

Ontem os políticos ganharam mais um motivo para se preocupar. Em artigo no jornal *O Estado de S. Paulo*, Mourão voltou a defender teses autoritárias. O general escreveu que nenhum país no mundo está "causando tanto mal a si mesmo" como o Brasil. Ele está certo, mas o texto dá a entender que a razão dos problemas é a democracia.

O primeiro alvo do vice foi a imprensa, que precisaria "rever seus procedimentos" na cobertura da pandemia. Ele cobrou mais opiniões "favoráveis ao governo", uma exigência típica de ditaduras. "Sem isso teremos descrédito e reação", acrescentou, num momento em que o presidente estimula agressões contra jornalistas.

Mourão também acusou "governadores, magistrados e legisladores" de prejudicarem o país. Em seguida, condenou a "profusão de decisões de presidentes de outros Poderes, de juízes de todas as instâncias e de procuradores". Naturalmente, a queixa só se aplica às decisões que contrariam os interesses do Planalto.

O vice ainda reclamou das "manifestações de personalidades" contra o governo. Segundo ele, as críticas causariam "prejuízo à imagem do Brasil".

No mundo real, quem queima o filme do país é Bolsonaro, carimbado pelo *Washington Post* como o pior líder do planeta.

Sem os palavrões do capitão, o general endossou o discurso de que as medidas de isolamento provocarão "caos" e "desastre". Na boca de Bolsonaro, essa conversa sempre soou como desculpa para um golpe. No artigo de Mourão, assustou quem calcula os riscos de um processo de impeachment.

*

O sanatório do Dr. Jair

17/05/2020

O slogan "Brasil acima de tudo" está prestes a ganhar novo significado. Desgovernado pelo bolsonarismo, o país marcha para o topo do ranking de mortes diárias pelo coronavírus. Ultrapassar os Estados Unidos virou questão de semanas, prevê o médico Drauzio Varella. "O Brasil vai ser o epicentro da epidemia mundial", ele resumiu, em debate promovido na quinta-feira pela Oxfam.

Em tempos normais, o país já estaria condenado a uma crise humanitária. O vírus cobraria a conta histórica da desigualdade e da falta de investimentos em saúde e moradia popular. O negacionismo do capitão elevou o patamar da tragédia. Ele desprezou a ciência e torpedeou as medidas de distanciamento necessárias para frear a contaminação.

O Brasil é o único país do mundo que descartou dois ministros da Saúde em plena pandemia. O primeiro foi chutado porque resistiu às ordens para sabotar governadores e iludir doentes com um remédio milagroso. O segundo entregou o cargo pelas mesmas razões.

Nelson Teich assumiu com a promessa de "alinhamento completo" a Bolsonaro. Precisou de 28 dias para desistir do papel de fantoche. Indicado por um empreiteiro amigo, ele se limitava a assinar papéis num ministério loteado entre militares. Em sua breve gestão, o número oficial de mortes saltou de 1.924 para 14.817.

O oncologista desperdiçou a última chance de prestar um serviço público ao sair sem denunciar o que viu. Sua queda mostra que não há limites para o mandonismo e a insensatez no sanatório do Dr. Jair.

Em 500 dias no Planalto, Bolsonaro afastou todos os auxiliares que ousaram questioná-lo. Sobraram os lunáticos, os oportunistas e os generais que toparam o papel de cúmplices. Eles colaram a imagem das Forças

Armadas a um presidente que põe o próprio povo em risco e usa o poder para proteger os filhos da polícia.

Na sexta, horas depois da saída de Teich, um quarteto de ministros foi à TV para defender o chefe. O general Luiz Eduardo Ramos acusou a imprensa de instalar um "clima de terror". Ele entrou na escola de cadetes em 1973, quando a ditadura censurava notícias sobre uma epidemia de meningite. Mais ousado, o general Braga Netto culpou o jornalismo por casos de depressão e violência doméstica na quarentena. Faltou pouco para sugerir que as emissoras deixem de cobrir a pandemia para exibir paradas militares.

Damares Alves, a pastora que dá tom de chanchada ao desgoverno, citou estudos inexistentes para sustentar que "a cloroquina faz bem". Paulo Guedes, o economista do bolsonarismo, discursou em defesa do "direito de ser infectado". Deixou de dizer que o egoísmo pode tirar o leito hospitalar de quem respeita o isolamento.

Guedes não se cansa de naturalizar o autoritarismo e repetir a propaganda enganosa do capitão. Na sexta, ele descreveu Bolsonaro como "um democrata" que "não concorda com a velha política" e combate o "aparelhamento". No mesmo dia, o Dr. Jair reconduziu Carlos Marun, fiel escudeiro de Eduardo Cunha, ao conselho de Itaipu. O ex-deputado continuará a embolsar R$ 27 mil por mês com a sinecura. O dinheiro poderia sustentar 45 famílias com o auxílio emergencial de R$ 600.

*

A lógica da milícia

24/05/2020

O vídeo liberado pelo ministro Celso de Mello[22] expõe as vísceras da extrema direita no poder. A gravação mostra como Jair Bolsonaro transportou a lógica da milícia para o governo. A função da Polícia Federal é proteger a família e os amigos do presidente. A tarefa dos ministros é defender o chefe do alcance da lei. "O que os caras querem é a nossa hemorroida!", brada o capitão, antes de atacar prefeitos e governadores aos palavrões.

Bolsonaro comanda a reunião no Planalto como se estivesse num churrasco em Rio das Pedras. Entre berros e xingamentos, ele diz estar "se

[22] Em abril, Sergio Moro rompeu com Bolsonaro e deixou o Ministério da Justiça. No mês seguinte, o ministro Celso de Mello tornou pública a gravação de uma reunião ministerial citada pelo ex-juiz como prova de que o presidente queria interferir na Polícia Federal.

lixando" para a reeleição. Em seguida, avisa que a vitória de um adversário em 2022 pode levá-lo para a cadeia. "Se for a esquerda, eu e uma porrada de vocês aqui tem que sair do Brasil, porque vão ser presos", ameaça. Todos os ministros estavam presentes, e nenhum deles se encorajou a retrucar.

A gravação reforça as suspeitas de interferência indevida na PF. "Eu não vou esperar foder a minha família toda de sacanagem, ou amigos meus", diz o presidente. "Vou interferir e ponto final", acrescenta. Dois dias depois, ele cumpriu a promessa. Demitiu o diretor-geral da polícia, à revelia do ministro da Justiça.

O vídeo fornece matéria-prima para novas frentes de investigação. Num trecho, o capitão revela a existência de um sistema particular de informações. Na noite de sexta, ele disse que essa rede clandestina o avisou da "possibilidade de busca e apreensão na casa de filho meu". "Levantei isso. Graças a Deus, tenho amigos policiais civis e policiais militares do Rio", contou.

Em outra passagem da fita, o presidente fala em "escancarar a questão do armamento" e ordena a publicação de uma portaria para facilitar a venda de armas a civis. "Eu quero dar um puta de um recado pra esses bostas", diz, referindo-se a prefeitos que decretaram medidas de isolamento contra o coronavírus. O presidente estimula a formação de grupos paramilitares, o que é proibido pela Constituição. Cinco generais e um almirante ouvem o disparate sem abrir a boca.

O clima de conspiração contra a República domina as conversas na sala. Abraham Weintraub defende a prisão de ministros do Supremo Tribunal Federal. "Por mim, botava esses vagabundos todos na cadeia", vocifera. Damares Alves sugere prender prefeitos e governadores. O presidente fala em "pedir às Forças Armadas que intervenham pra restabelecer a ordem no Brasil". Ele cita três vezes o artigo 142 da Constituição, fetiche da militância bolsonarista que clama por uma "intervenção militar".

Enquanto o capitão e seus aloprados sonham com um golpe, outros ministros falam em aproveitar a pandemia para afrouxar leis e liquidar patrimônio público. Ricardo Salles sugere "passar a boiada", desmontando o que resta da legislação ambiental. Paulo Guedes defende uma privatização a jato do Banco do Brasil. "Tem que vender essa porra logo!", afirma.

Num momento em que milhares de negócios quebram sem apoio do governo, o vídeo expõe as prioridades do economista-chefe do bolsonarismo: "Nós vamos ganhar dinheiro usando recursos públicos pra salvar grandes companhias. Agora, nós vamos perder dinheiro salvando empresas pequenininhas".

*

A cloaca do bolsonarismo

27/05/2020

O inquérito das fake news abriu a tampa de um bueiro. Dele saltaram milicianos virtuais, blogueiros pagos, vivandeiras de quartel e até um ex-mensaleiro. Personagens da cloaca bolsonarista, que usa as redes para disseminar ódio e atacar instituições.

A Polícia Federal dissecou o funcionamento de uma máquina de desinformação. Ela atua de forma coordenada, com disparos em massa, uso de robôs e impulsionamento de conteúdo. É uma estrutura profissional, que depende de apoio financeiro para gerar resultado.

Entre os alvos da operação, estão os empresários Luciano Hang, da Havan, e Edgard Corona, da Smart Fit. Eles integram o Brasil 200, que se apresentava como um movimento liberal. Por trás da fachada reformista, estimulavam ataques a parlamentares, juízes e jornalistas.

O ministro Alexandre de Moraes determinou a quebra dos sigilos da dupla desde julho de 2018. Seguindo o dinheiro, os policiais poderão esclarecer mistérios da eleição presidencial. As descobertas terão potencial para abastecer ações em curso no TSE.

A investigação também atinge ativistas de extrema direita, como Sara Winter. Ex-feminista, ela chegou a organizar protestos contra o então deputado Jair Bolsonaro. Hoje integra uma milícia governista, que idolatra o capitão e defende o fechamento do Congresso e do STF.

Sua reação às buscas ilustra as práticas da turma. Em vídeos agressivos, ela ameaçou "infernizar a vida" do ministro Moraes. "O senhor nunca mais vai ter paz", anunciou, entre ofensas e palavrões.

Os habitantes da cloaca dizem representar a "voz do povo" e ameaçam pegar em armas contra "traidores da pátria". Puro fascismo, que encontra eco no discurso de deputados alinhados ao Planalto. Oito deles terão que depor à PF. Serão questionados sobre o gabinete do ódio, que tem conexões com a família presidencial.

Em mais um ato de submissão, o procurador Augusto Aras pediu a suspensão do inquérito. Bolsonaro acusou o golpe e convocou uma reunião de emergência no palácio. No dia em que o Brasil chegou a 25 mil mortes pelo coronavírus, o presidente voltou a ignorar a pandemia. Preferiu socorrer a sua milícia virtual.

*

Golpismo no sangue

29/05/2020

Na família presidencial, o golpismo passa de pai para filho. Está no sangue. Na noite de quarta, Eduardo disse que Jair pensa em tomar "medidas enérgicas" contra o Supremo Tribunal Federal. Ao lado de dois investigados no inquérito das fake news, o deputado afirmou que o país se aproxima de um "momento de ruptura". "Não é mais uma opinião de 'se', mas de 'quando' isso vai ocorrer", sentenciou o Bananinha.

"A hora da medida enérgica já passou", retificou o guru do clã.[23] De seu posto avançado na Virgínia, o ideólogo do bolsonarismo passou a atacar dois ministros do Supremo. Segundo ele, ambos deveriam ser "removidos da vida pública". "Esse seu Alexandre de Moraes tem que ser posto na cadeia e não ter o direito de falar. Eu sou a favor da pena de morte", acrescentou, depois de se referir ao ministro Celso de Mello com palavrões.

Ontem Jair reforçou a pregação autoritária do herdeiro. "Acabou, porra! Me desculpem o desabafo. Acabou!", vociferou, na porta do Alvorada. O capitão se queixava da operação policial da véspera, autorizada pelo Supremo.[24] "Chega! Chegamos no limite. Estou com as armas da democracia na mão!", esbravejou.

Inflamado, o presidente defendeu o descumprimento de decisões judiciais que o desagradem. "Ordens absurdas não se cumprem. E nós temos que botar um limite!", esbravejou. Para ilustrar a ameaça, usava uma gravata azul estampada com pequenos fuzis amarelos.

Depois do destampatório paterno, Eduardo esclareceu que seu plano de ruptura envolve o uso de tanques e baionetas. "O poder moderador para restabelecer a harmonia entre os Poderes não é o STF, são as Forças Armadas", disse, inventando uma regra inexistente na Constituição. "Eles vêm, põem um pano quente, zeram o jogo e depois volta o jogo democrático", prosseguiu.

No reino dos Bolsonaro, o golpismo também corre em veias de apaniguados. Na sexta passada, o general Augusto Heleno fez outra ameaça ao Supremo. Afirmou que uma eventual decisão contrária ao presidente teria "consequências imprevisíveis". Ontem ele disse que "intervenção militar não resolve nada, ninguém está pensando nisso". Imagine se estivesse.

*

[23] Olavo de Carvalho foi mais que um comentarista do governo. Suas críticas provocavam crises e influíam nas ações do presidente.

[24] Em 28 de maio, a PF fez buscas em endereços de apoiadores do governo, como o ex-deputado Roberto Jefferson e o empresário Luciano Hang.

O ovo da serpente

03/06/2020

Quando o general Villas Bôas tentou emparedar o Supremo às vésperas da eleição presidencial, Celso de Mello foi o único ministro a protestar. Não é coincidência que ele seja, agora, a principal voz contra o cerco bolsonarista à Corte.

Em abril de 2018, o então comandante do Exército disparou um tuíte em tom de ameaça. Insinuou uma reação armada caso o tribunal concedesse habeas corpus a um pré-candidato ao Planalto.

O decano se levantou contra a interferência indevida. "Insurgências de natureza pretoriana, à semelhança da ideia metafórica do ovo da serpente, descaracterizam a legitimidade do poder civil instituído e fragilizam as instituições democráticas", afirmou.

Contra o voto de Celso, o Supremo negou o habeas corpus. A decisão satisfez o general e facilitou a eleição do candidato preferido dos militares.

Dois anos depois, o decano voltou a usar a metáfora sobre a ascensão do nazismo. Em mensagem privada aos colegas, ele advertiu que o ovo da serpente "parece estar prestes a eclodir no Brasil". "É preciso resistir à destruição da ordem democrática", escreveu.

O ministro advertiu que "intervenção militar, como pretendida por bolsonaristas e outras lideranças autocráticas que desprezam a liberdade e odeiam a democracia, nada mais significa, na novilíngua bolsonarista, senão a instauração, no Brasil, de uma desprezível e abjeta ditadura militar".

Celso encerrou o alerta com quatro pontos de exclamação, mas ainda há quem finja que não ouviu.

*

Trinta mil

03/06/2020

Em 1999, o então deputado Jair Bolsonaro revelou seu plano para o Brasil: "Só vai mudar, infelizmente, quando partirmos para uma guerra civil aqui dentro. E fazendo o trabalho que o regime militar não fez. Matando uns 30 mil. [...] Se vai morrer alguns inocentes? Tudo bem, tudo quanto é guerra morre inocente".

Ontem o país ultrapassou as 30 mil mortes pelo coronavírus. Horas antes, o capitão declarou: "Eu lamento todos os mortos, mas é o destino de todo mundo".

*

Mourão desistiu de bancar o moderado

04/06/2020

O general Hamilton Mourão desistiu de bancar o moderado. Em artigo publicado ontem, o vice voltou a revelar o que pensa. Chamou manifestantes contrários ao governo de "delinquentes", atacou a imprensa e aderiu à campanha contra o ministro Celso de Mello, do Supremo Tribunal Federal.

Mourão começou o texto, veiculado no jornal *O Estado de S. Paulo*, com ataques a quem foi às ruas no domingo. Numa acusação sem provas, ligou os ativistas pró-democracia ao "extremismo internacional". Em seguida, incentivou o aumento da repressão. "Baderneiros são caso de polícia, não de política", escreveu. É um discurso truculento, típico de líderes autoritários.

O general nunca usou esses termos para condenar as marchas que pedem golpe militar e outras ilegalidades que agradam à caserna. Ontem ele também se esqueceu de citar a militante bolsonarista que desfilou na Avenida Paulista com um taco de beisebol. A madame foi escoltada com fineza pela PM, que lançou bombas de gás contra os críticos do governo.

Mourão ainda desmereceu os atos contra o racismo e a violência policial. Alegou que o Brasil seria um país livre do "ódio racial" e não precisaria importar "problemas e conflitos de outros povos". A desigualdade racial também é coisa nossa. Negar a gravidade do problema é um erro que pouca gente ainda se atreve a cometer.

De volta à linha dura, o general embarcou na ofensiva contra o ministro Celso de Mello, relator do inquérito que preocupa Jair Bolsonaro. Sem citá-lo nominalmente, afirmou que o decano estaria sendo "irresponsável" e "intelectualmente desonesto" ao apontar riscos à democracia.

É intelectualmente desonesto ignorar que o Brasil vive uma escalada autoritária comandada pelo presidente da República. Na semana passada, ele chegou ao ponto de ameaçar descumprir decisões do Supremo. Quem não está preocupado é cúmplice ou anda mal-informado, o que não parece ser o caso do vice.

No fim do artigo, Mourão escreveu que o Brasil, governado pela extrema direita, estaria livre de "administrações tomadas por ideologia". Conta outra, general.

*

Escória maldita

07/06/2020

Sérgio Camargo se apresenta como jornalista e "inimigo do politicamente correto". No ano passado, virou presidente da Fundação Palmares. O órgão federal foi criado para promover a contribuição dos negros à cultura brasileira. Agora está entregue a um provocador de extrema direita, que ofende a memória de Zumbi e diz ver uma herança "benéfica" da escravidão.

Em gravação que veio a público na terça-feira, Camargo xinga uma mãe de santo, insulta o movimento negro e impõe metas para um expurgo político. Exaltado, ele prega o combate a uma "escória maldita". Refere-se a ativistas que lutam contra o racismo, não aos inquilinos do poder em Brasília.

Ricardo Salles é advogado e criador do Endireita Brasil, grupo que dizia defender a "moralização da vida pública". Em dezembro de 2018, foi condenado por improbidade administrativa. Treze dias depois, assumiu o Ministério do Meio Ambiente. Virou ídolo de grileiros, garimpeiros e madeireiros que lucram com a devastação da Amazônia.

Em reunião no Planalto, Salles sugeriu que o governo deveria aproveitar a pandemia para "ir passando a boiada". O plano era usar a tragédia para acelerar o desmonte da legislação ambiental. Ele chegou a regularizar invasões ilegais na Mata Atlântica. Teve que recuar para não ser condenado pela segunda vez.

Eduardo Pazuello é general paraquedista. Em maio, deu um salto mais ousado e pousou na cadeira de ministro da Saúde. Desde que assumiu a pasta, ele afastou mais de 20 técnicos para pendurar militares em cargos comissionados.

Sem formação em medicina, Pazuello executou um serviço que seus dois antecessores se recusaram a fazer. Assinou um protocolo para distribuir remédio de malária a pacientes infectados pela covid. Nos últimos dias, o general cumpriu outra ordem insensata. Passou a atrasar a divulgação de informações oficiais para driblar os telejornais. Agora ele planeja recontar mortos para maquiar a extensão da tragédia.

Arthur Lira é líder do PP, partido campeão de investigados na Lava Jato. Em abril, articulou o acordo do bolsonarismo com o centrão. Em troca de cargos e vantagens, prometeu blindar o presidente num eventual processo de impeachment.

Ao abraçar o governo, o deputado já era réu por corrupção passiva no Supremo. Na sexta-feira, virou alvo de outra denúncia criminal. De acordo com a Procuradoria, ele embolsou R$ 1,6 milhão em propinas da Queiroz Galvão. A quantia é dinheiro de troco diante do orçamento bilionário que seu grupo passará a administrar.

Jair Bolsonaro é um capitão reformado que foi varrido do Exército por indisciplina. Depois de sete mandatos de deputado, elegeu-se presidente da República. Com a popularidade em queda e na mira de um inquérito no Supremo, passou a ameaçar um golpe de Estado. Seu filho Eduardo, o Bananinha, declarou que a ruptura institucional é questão de tempo.

Enquanto Bolsonaro conspira, a sociedade começa a voltar às ruas para protestar. Como todo autocrata, o capitão não aceita ser contestado. Na sexta-feira, chamou os manifestantes pró-democracia de "marginais, terroristas, maconheiros e desocupados".

*

O bolsonarismo estica a corda

14/06/2020

O general Luiz Eduardo Ramos já reclamou que a imprensa publica "muita notícia ruim". Agora resolveu usá-la para ameaçar a democracia. Em entrevista à revista "Veja", o ministro da Secretaria de Governo disse ser "ultrajante" pensar que os militares preparam um golpe. "Agora o outro lado tem de entender também o seguinte: não estica a corda", acrescentou.

Responsável pela barganha de cargos com o centrão, Ramos criticou o ministro Celso de Mello, do Supremo Tribunal Federal. Em seguida, deu um tiro de advertência contra o Tribunal Superior Eleitoral. "Não é plausível achar que um julgamento casuístico pode tirar um presidente eleito com 57 milhões de votos", sentenciou.

Para o jurista da caserna, os militares teriam poder de veto sobre decisões judiciais. É uma tese exótica, sem qualquer amparo na Constituição. O general apontou a garrucha para o TSE, que julgará se houve fraude nas eleições de 2018. A Corte poderia fazer tudo, menos cassar a chapa bolsonarista.

Para entender Ramos, é preciso saber quem ele situa no "outro lado". O ministro não se refere à oposição, que não se une nem para redigir manifestos. Seus alvos são o Legislativo e o Judiciário, que podem esticar a corda da lei para frear a escalada autoritária.

A tática da intimidação já funcionou com o Congresso. O presidente comete crimes de responsabilidade todos os dias, mas o deputado Rodrigo Maia se recusa a tirar os pedidos de impeachment da gaveta. Resta ao bolsonarismo domesticar os tribunais, onde correm múltiplas frentes de investigação contra o clã Bolsonaro.

Até aqui, o Supremo tem resistido aos ataques coordenados pelo Planalto. Apesar do colaboracionismo do presidente da Corte, a maioria dos ministros dá sinais de independência. Na quarta-feira, Edson Fachin esclareceu que a liberdade de expressão não protege a apologia do golpe. "São inadmissíveis no estado de direito democrático a defesa da ditadura, a defesa do fechamento do Congresso ou a defesa do fechamento do STF", disse.

No mesmo dia, o ministro Luís Roberto Barroso escreveu que "em nenhuma hipótese a Constituição submete o poder civil ao poder militar". "É simplesmente absurda a crença de que a Constituição legitima o descumprimento de decisões judiciais por determinação das Forças Armadas", afirmou. Na sexta, o ministro Luiz Fux lembrou que a lei não confere aos militares nada parecido com um "poder moderador". O Executivo não pode usá-los para promover "indevidas intromissões" em outros Poderes.

É preocupante que juízes do Supremo se obriguem a dizer o óbvio: numa democracia, os militares devem lealdade ao Estado, não aos governantes de plantão. Apesar dos alertas, Bolsonaro continua a assediar os quartéis. Após a decisão de Fux, ele afirmou que as Forças Armadas "não cumprem ordens absurdas" e "também não aceitam tentativas de tomada de poder por outro Poder da República, ao arrepio das leis ou por conta de julgamentos políticos".

O vice-presidente Hamilton Mourão e o ministro Fernando Azevedo subscreveram a nota golpista junto com o capitão. Para reforçar os argumentos, fizeram questão de anotar suas patentes de general.

*

Revoltados a favor

16/06/2020

Sara Winter se esforçou. Desde que chegou a Brasília, a militante de extrema direita fez de tudo para atrair a polícia. Montou um acampamento armado na Esplanada, ameaçou agredir um ministro do Supremo, liderou uma tentativa de invasão do Congresso. Finalmente conseguiu ser presa ontem, após semanas de ataques à democracia.

A ex-feminista copiou o codinome de uma espiã britânica que simpatizava com o nazismo. Com a prisão, poderá se vender como mártir da seita radical que apoia o governo. A conversão ao bolsonarismo já tinha lhe rendido um cargo no ministério da pastora Damares. Agora ela pode sonhar com voos maiores. Sua primeira tentativa de se eleger deputada, em 2018, fracassou por falta de votos.

Sara lidera o grupo 300 pelo Brasil, classificado como "milícia armada" pelo Ministério Público do Distrito Federal. O bando só aponta a mira para o Legislativo e o Judiciário. Sua relação com o Executivo é de fidelidade e devoção, expressada todos os domingos em frente ao Palácio do Planalto.

O presidente Jair Bolsonaro faz questão de prestigiar os aloprados. Nas últimas semanas, chegou a usar um helicóptero oficial para agitar a claque do alto. Ele sabe que os revoltados a favor são úteis ao governo, que aposta na mobilização permanente de uma minoria barulhenta para se sustentar.

A História ensina que as tropas de choque ajudam a abrir caminho para líderes e regimes autocratas. "É um erro subestimar esses grupos radicais pelo fato de eles reunirem poucos integrantes", afirma a antropóloga Isabela Kalil, que estuda movimentos ultraconservadores desde as manifestações de 2013. "Esses grupos têm uma função para o governo. Eles fazem o que Bolsonaro e seus filhos não podem fazer", explica.

A professora da Fundação Escola de Sociologia e Política de São Paulo diz que os radicais já cumpriam tarefas de propaganda e intimidação de adversários. Na pandemia, ganharam uma função extra. "Eles ajudam a sequestrar a pauta e desviar a atenção da sociedade. Agora nós estamos falando sobre a Sara Winter, não sobre os mortos pelo coronavírus", resume.

*

O presidente e o vírus

08/07/2020

26 de janeiro: "Estamos preocupados, obviamente, mas não é uma situação alarmante".

9 de março: "Está superdimensionado o poder destruidor desse vírus".

10 de março: "Temos no momento uma crise, uma pequena crise. No meu entender, muito mais fantasia, a questão do coronavírus, que não é isso tudo que a grande mídia propala ou propaga".

11 de março: "Eu não sou médico, eu não sou infectologista. O que eu ouvi até o momento é que outras gripes mataram mais do que essa".

15 de março: "Não podemos entrar em uma neurose como se fosse o fim do mundo. Outros vírus mais perigosos aconteceram no passado e não tivemos essa crise toda".

17 de março, um morto: "Esse vírus trouxe uma certa histeria".

20 de março, 11 mortos: "Depois da facada, não vai ser uma gripezinha que vai me derrubar não, tá ok?".

24 de março, 46 mortos: "Pelo meu histórico de atleta, caso fosse contaminado pelo vírus, não precisaria me preocupar, nada sentiria ou seria acometido, quando muito, de uma gripezinha ou resfriadinho".

27 de março, 92 mortos: "Alguns vão morrer? Vão morrer. Lamento, lamento. Essa é a vida".

29 de março, 136 mortos: "Essa é uma realidade, o vírus tá aí. Vamos ter que enfrentá-lo, mas enfrentar como homem, porra. Não como um moleque".

2 de abril, 299 mortos: "Tá com medinho de pegar vírus? Tá de brincadeira".

12 de abril, 1.223 mortos: "Parece que está começando a ir embora a questão do vírus".

20 de abril, 2.575 mortos: "Ô cara, eu não sou coveiro, tá certo? Não sou coveiro, tá?".

28 de abril, 4.543 mortos: "E daí? Lamento. Quer que eu faça o quê? Eu sou Messias, mas não faço milagre".

2 de junho, 31.909 mortos: "Eu lamento todos os mortos, mas é o destino de todo mundo".

7 de julho, 66.868 mortos: "Acontece, infelizmente acontece".

Ao autor das frases acima, pronta recuperação[25].

*

Os generais e o genocídio

14/07/2020

Os militares toparam assumir o Ministério da Saúde de um governo que nega a ciência e sabota o combate à pandemia. Agora se irritam com quem aponta as consequências da decisão.

---

[25] Em 7 de julho de 2020, Bolsonaro informou que estava com covid pela primeira vez. Acrescentou que se sentia "perfeitamente bem".

No sábado, o ministro Gilmar Mendes disse que o Exército está se associando a um "genocídio" ao endossar o desgoverno na Saúde. "Isso é péssimo para a imagem das Forças Armadas", acrescentou.

O supremo ministro pode ter carregado no tom, mas disse uma obviedade. Ontem o general Fernando Azevedo, ministro da Defesa, ameaçou processá-lo. Foi apoiado pelo general Augusto Heleno, chefe do Gabinete de Segurança Institucional.

Em nota enfeitada com o brasão da República, Azevedo se disse "indignado" com a fala de Gilmar. "Trata-se de uma acusação grave, além de infundada, irresponsável e sobretudo leviana", sentenciou. Os comandantes de Exército, Marinha e Aeronáutica também assinaram o documento. Eles controlam 390 mil homens armados e não deveriam se meter em disputa política.

Desde a chegada do coronavírus, Jair Bolsonaro forçou a saída de dois ministros da Saúde. O cargo foi entregue ao general da ativa Eduardo Pazuello, que cumpre as ordens do chefe sem reclamar. Quando ele assumiu a pasta, o Brasil contava 14 mil mortos na pandemia. Hoje registra quase 73 mil. Isso significa que o Exército já se associou a um saldo de 59 mil cadáveres.

No futuro, caberá aos tribunais e aos livros de História dizer se o desgoverno do Capitão Corona ficará lembrado como um genocídio. A crônica desses dias vai registrar que a gestão de Pazuello tentou maquiar estatísticas para esconder mortes de brasileiros.

Se estivesse preocupado com a imagem das Forças Armadas, o ministro Azevedo aconselharia o presidente a trocar o general por um médico. Sem isso, sua nota soa como corporativismo e tentativa de intimidação.

A boa notícia do episódio está nas entrelinhas. Desta vez, os militares informaram que vão pedir à Procuradoria-Geral da República que tome "medidas cabíveis" contra Gilmar. Até a prisão de Fabrício Queiroz,[26] as notas da caserna sugeriam uso de tanques e golpe de Estado.

*

Desmanche em verde-oliva

15/07/2020

O Ministério da Saúde completa hoje dois meses sob ocupação militar. A expressão é do ex-ministro Luiz Henrique Mandetta, demitido no início

---

26 Ex-assessor de Flávio Bolsonaro, Queiroz foi preso em 18 de junho, acusado de operar um esquema de desvio de dinheiro para o filho mais velho do presidente.

da pandemia. Chutado por Jair Bolsonaro quando o país registrava menos de duas mil mortes pelo coronavírus, ele critica o loteamento da pasta entre oficiais do Exército. "É uma coisa absurda. Acabaram com a credibilidade do ministério", afirma.

Na visão de Mandetta, o general Eduardo Pazuello não sabe o que fazer no cargo de ministro interino. "Ele não tem nenhuma formação na área. Zero. E quem pode acreditar num cara que estava querendo maquiar os números de mortos na pandemia?", questiona.

A tentativa de manipular dados não foi o único erro do general, diz o ex-ministro. "O que mais assusta é a quantidade de militares que botaram lá. Foram retirando técnicos de carreira para nomear coronel, capitão e sargento. Tudo com a desculpa de que o ministério tinha muito comunista, muito disco voador", ironiza.

Sem experiência no setor, os militares não conseguem orientar universidades, hospitais e secretarias de Saúde, diz Mandetta. "Não é a praia deles", resume. "É como colocar médicos para comandar uma guerra. Ou como tirar os jogadores da seleção e escalar 11 coronéis numa Copa do Mundo. O Brasil não vai tomar outro 7 a 1, vai tomar de 20", brinca.

No sábado, Mandetta participou da videoconferência em que o ministro Gilmar Mendes, do Supremo Tribunal Federal, disse que o Exército está "se associando a esse genocídio". Ele considera que a frase foi tirada de contexto e que as reações da caserna foram exageradas.

"Muitos militares também estão desconfortáveis com essa ocupação. Eles sabem que o fardo está pesado", afirma. "Desmanchar o SUS no meio de uma pandemia foi uma péssima ideia. Agora estão pagando o preço. Todo dia caem quatro ou cinco Boeings em cima deles", observa, referindo-se à média superior a mil mortes por dia.

"Numa crise, sempre aparece gente que diz o que o chefe quer ouvir. Mas esta é a maior crise de saúde que o Brasil já enfrentou", frisa Mandetta. "O Gilmar colocou o dedo na ferida. É por isso que está doendo", conclui.

*

Entulho autoritário

19/07/2020

Virou rotina. A cada semana, o governo Bolsonaro encontra um novo pretexto para ressuscitar a Lei de Segurança Nacional. Na última terça, o alvo foi o ministro Gilmar Mendes, do Supremo Tribunal Federal. Sete dias antes, o jornalista Hélio Schwartsman, da *Folha de S.Paulo*. Em junho, o cartunista Aroeira, do portal *Brasil 247*.

Nos três casos, a lei da ditadura militar foi invocada para enquadrar críticos do governo. Uma desculpa patriótica para blindar o poder e sufocar a liberdade de expressão.

O ministro André Mendonça mandou a Polícia Federal investigar Aroeira por uma charge que irritou o presidente. Depois repetiu o expediente com Schwartsman, que disse torcer pela morte do capitão. O leitor pode ver mau gosto no desenho e no artigo, mas nenhum deles ameaça a segurança do país. A lei foi exumada para intimidar a imprensa, um dos esportes preferidos do bolsonarismo.

O caso de Gilmar é ainda mais exótico. Além da LSN, o ministro da Defesa, Fernando Azevedo, invocou a aplicação de artigos do Código Penal Militar. O general quer usar a lei da caserna para enquadrar um juiz da corte constitucional. Coisa de república de bananas – ou do Brasil de Bolsonaro.

A Lei de Segurança Nacional é parte do entulho autoritário deixado pelo regime de 1964. Deveria ter sido varrida com outros escombros da repressão, como o Dops e o SNI. "A lei já era obsoleta no tempo da ditadura. Voltar a usá-la agora é uma péssima ideia", resume o jurista José Paulo Cavalcanti Filho.

Em 1985, uma comissão presidida pelo ex-ministro Evandro Lins e Silva propôs substituir a LSN por uma Lei de Defesa do Estado Democrático. "Entregamos o projeto ao presidente José Sarney, mas ele ficou na gaveta", lembra Cavalcanti.

Em 2002, o então ministro Miguel Reale Júnior fez nova tentativa. O objetivo era revogar a lei da ditadura e incluir no Código Penal um título de crimes contra o Estado. Mais uma vez, o entulho autoritário venceu. "O projeto está parado no Congresso há 18 anos, não sei por quê", lamenta Reale. Ele considera inaceitável usar a LSN contra críticos do governo. "Isso é mais uma represália do que uma ação jurídica. Não vai redundar em nada", aposta.

Para frear a ofensiva autoritária, juristas discutem um terceiro projeto de lei. O ex-ministro Reale e o professor Oscar Vilhena Vieira, diretor da FGV Direito São Paulo, contam que a ideia é combinar a defesa das instituições e a garantia da liberdade de expressão.

"Usar a LSN em temas de ofensa à honra é uma exorbitância", afirma Vieira. "As críticas ao governo, aos tribunais e ao Congresso fazem parte do jogo democrático. Outros governos foram achincalhados pela oposição e não trataram isso como ameaça à segurança nacional".

*

A festa da farda

21/07/2020

No *Almanaque do Exército*, ele era o coronel Jonas Madureira da Silva Filho. Na intimidade matrimonial, apenas Madu. O personagem do livro de Marques Rebelo passava os dias de pijama, no conforto da reserva remunerada. Depois do golpe, foi convocado para uma tarefa patriótica: assumir um cargo de chefia no Segal, o Serviço Geral de Abastecimento e Lubrificantes.

O simples coronel Madureira se passa no início da ditadura de 1964, quando os militares se apinharam na burocracia federal. Junto com os postos, veio uma penca de diárias, gratificações e mordomias. A mulher de Madu ficou eufórica: sobraria dinheiro para comprar o sonhado faqueiro de prata.

A festa da farda se repete no governo de Jair Bolsonaro. Desde a posse do capitão, o número de militares em cargos civis mais que dobrou. Saltou de 2.765 para 6.157, segundo dados do Tribunal de Contas da União.

Além de estender o cabide, o presidente engordou os contracheques. Em dezembro, o oficialato se esbaldou numa reforma da Previdência bem particular. Enquanto os paisanos sofriam perdas, os fardados ganharam reajustes de até 73%, incluindo novos penduricalhos.

Os oficiais que vão para a reserva passaram a ganhar bônus de oito salários, o dobro da regra anterior. Um dos primeiros a receber o presente foi o ministro de Minas e Energia, Bento Albuquerque. Em maio, ele pendurou o quepe de almirante com um mimo de R$ 300 mil.

Ontem o *Estadão* revelou que o governo pretende criar mais duas gratificações exclusivas para os militares. Quem já recebe extras de R$ 1,7 mil passaria a embolsar R$ 6,9 mil. Um fabuloso aumento de 303%.

A farra mostra que o apoio dos quartéis a Bolsonaro virou um negócio lucrativo. A generosidade é tanta, que transborda para os herdeiros. A filha do general Villas Bôas, ex-comandante do Exército, já ganhou dois cargos no ministério da pastora Damares. Agora o general Braga Netto, chefe da Casa Civil, deve emplacar a filha na Agência Nacional de Saúde.

Formada em relações públicas, a moça substituirá um servidor de carreira. A vaga fica no Rio, não exige concurso e paga salário de R$ 13 mil. Com uma boquinha dessas, nem o coronel Madureira ousaria sonhar.

*

Charlatanismo contagioso

23/07/2020

Um estudo promovido por 55 hospitais brasileiros testou o desempenho da cloroquina no tratamento da covid. Os médicos acompanharam 667 pacientes em estágio leve ou moderado da doença. A conclusão foi a mesma de pesquisas já feitas no exterior: a droga é ineficaz no combate ao coronavírus. E ainda pode provocar efeitos adversos, como arritmia cardíaca.

O relatório da Coalizão Covid-19 Brasil foi divulgado nesta quinta, com ampla repercussão na imprensa. Poucas horas depois, Jair Bolsonaro fez uma transmissão ao vivo no Palácio da Alvorada. Diante de milhares de seguidores, o presidente voltou a exibir uma caixinha do remédio. "Enquanto não tem um medicamento claro para atacar o problema, é válido esse aqui", afirmou.

O capitão não foi o primeiro líder populista a fazer propaganda da cloroquina. Donald Trump lançou a moda no início da pandemia. O americano chegou a anunciar que estava tomando a droga, mesmo sem ter se infectado. Aos poucos, foi deixando a encenação para seus imitadores.

Numa prova definitiva de que desistiu da farsa, o republicano anunciou a doação de dois milhões de doses ao Brasil. Bolsonaro agradeceu, sensibilizado com a generosidade. E mandou distribuir o carregamento para os estados, que não sabem o que fazer com a substância reprovada pelos cientistas.

O Capitão Corona transformou a cloroquina numa espécie de Santo Graal para seus seguidores fanáticos. No último domingo, ele caminhou até a portaria do Alvorada e ergueu uma caixa do remédio como se fosse um troféu. O gesto provocou palpitações na pequena plateia, que se aglomerava à espera de um perdigoto do grande líder.

No ar seco de Brasília, o charlatanismo se tornou contagioso. Em vídeo divulgado na quarta-feira, o comandante do Exército, Edson Pujol, exaltou a produção da substância em laboratórios militares. "Com orgulho, informo que essa pronta resposta já recuperou milhares de integrantes da nossa família verde-oliva", discursou. E o general já foi visto como uma reserva de racionalidade nos quartéis.

*

Nenhuma Vida Importa

09/08/2020

Nos Estados Unidos, nada será como antes do Vidas Negras Importam. O movimento chacoalhou o país com protestos contra a violência da polícia e a discriminação racial. O lema nasceu em 2013, mas ganhou força inédita neste ano. Depois do assassinato de George Floyd, já levou ao menos 15 milhões de americanos para as ruas.

No Brasil, o governo lançou o programa Nenhuma Vida Importa. O slogan não aparece na propaganda oficial, mas está por trás das ações e omissões de Jair Bolsonaro. Ele deu as costas para a maior pandemia em um século, que ultrapassou ontem a marca de 100 mil vítimas no país.

O presidente se recusou a coordenar o combate ao coronavírus. Mais do que isso, fez questão de ostentar indiferença em relação às mortes. Chamou a doença de "gripezinha", sabotou as medidas de isolamento e incentivou seguidores a invadirem hospitais.

Em alguns momentos, pareceu se divertir com o sofrimento alheio. "Não sou coveiro, tá certo?", debochou, em abril. "E daí? Lamento. Quer que eu faça o quê? Eu sou Messias, mas não faço milagre", gracejou, na semana seguinte.

No dia em que o Brasil chegou aos 10 mil mortos, Bolsonaro saiu para passear de jet ski. Na marca dos 90 mil, vestiu um chapéu de vaqueiro e cumpriu agenda de candidato no sertão nordestino.

Na quinta-feira, ele disse lamentar "todas as mortes". "Já tá chegando ao número de 100 mil talvez hoje, não é isso?", perguntou, em transmissão pelas redes sociais. Ao ouvir que o número seria atingido no fim de semana, produziu mais uma pérola de insensibilidade. "Vamos tocar a vida e buscar uma maneira de se safar desse problema", afirmou.

Na cabeça do presidente, o problema não é a doença. Ele quer se safar de outros aborrecimentos, como o risco de um processo no Tribunal Penal Internacional. Por aqui, as instituições já se conformaram com sua negligência. A elite política deixou de falar em impeachment, e o Judiciário voltou a operar na lógica do conchavo.

Sem apoio federal, prefeitos e governadores se curvaram às pressões para reabrir a economia a qualquer custo. A flexibilização apressada vai manter o vírus em circulação por mais tempo. "Estamos com a consciência tranquila", disse Bolsonaro na quinta. Os 100 mil mortos não estão mais aqui para responder.

Depois de cinco meses, a sociedade também parece anestesiada pelo morticínio. A perda de mais de mil brasileiros por dia deixou de dominar o debate público. A militarização do Ministério da Saúde, sem titular há 86 dias, não é mais motivo de espanto. O presidente insiste em receitar remédio milagroso, e as entidades médicas reagem com resignação. Ele exibe sua caixinha de cloroquina para uma ema, e a cena é recebida com bocejos de tédio.

Num país que normalizou a apologia da tortura, a negação da ciência também virou fato corriqueiro. A cada dia que passa, o programa Nenhuma Vida Importa ganha novos adeptos. Bolsonaro está vencendo pelo cansaço.

*

Cavalo de Troia

19/08/2020

O ministro Edson Fachin considera que as eleições de 2022 estão em risco. Em palestra na segunda-feira, o vice-presidente do TSE alertou para o avanço do autoritarismo no Brasil. Ele disse que é preciso proteger a democracia antes que seja tarde demais.

Sem citar nomes, Fachin afirmou que as ameaças começaram na última disputa presidencial. "A escalada do autoritarismo no Brasil após as eleições de 2018 agravou os males da saúde da democracia", disse, no VII Congresso Brasileiro de Direito Eleitoral.

Nas palavras do ministro, o país pegou a "contramão da História" e passou a conviver com "surtos arrogantes e ameaças de intervenção". "O futuro está sendo contaminado por despotismo, e lamentavelmente nos aproximamos do abismo", avisou.

Fachin recorreu à Grécia Antiga para explicar a enrascada do Brasil atual. Ele disse que "há um cavalo de Troia" dentro da fortaleza democrática erguida pela Constituição de 1988. "Esse cavalo de Troia apresenta laços com milícias e organizações envolvidas com atividades ilícitas", acrescentou.

O ministro citou o livro *Como as democracias morrem*, de Steven Levitsky e Daniel Ziblatt. Os autores descrevem a nova tática dos autocratas: em vez de promover rupturas violentas, minam a democracia por dentro para se eternizar no poder.

Segundo os cientistas políticos, os inimigos da democracia incentivam a violência, demonizam adversários e sabotam as regras do jogo, ameaçando não aceitar derrotas nas urnas. Para Fachin, o Brasil já apresenta todos esses sintomas de "recessão democrática". "As eleições presidenciais de 2022 podem ser comprometidas se não se proteger o consenso em torno das instituições", alertou.

Em março, Jair Bolsonaro declarou que a disputa de 2018 teria sido fraudada para impedir sua vitória no primeiro turno. Passaram-se cinco meses e ele nunca apresentou provas da acusação. Em desvantagem nas pesquisas, Donald Trump passou a dizer que só será derrotado se a eleição americana for manipulada. É questão de tempo para o capitão imitar mais essa.

*

O cheiro do autoritarismo

20/08/2020

O procurador-geral da República menosprezou o dossiê que fichou professores e policiais antifascistas. O relatório secreto do Ministério da Justiça listou três acadêmicos e 579 agentes de segurança pública.[27] "Parece ter havido um alarme falso, talvez um exagero", desdenhou Augusto Aras.

No julgamento de ontem, o chefe do Ministério Público voltou a se comportar como advogado do governo. Segundo Aras, ninguém foi prejudicado ou teve a privacidade invadida. Assim, o Supremo Tribunal Federal não teria motivo para se dedicar ao assunto.

"Relatórios de inteligência são comuns e rotineiros", comentou o procurador, que foi indicado ao cargo pelo presidente Jair Bolsonaro. Só faltou exigir que os espionados pedissem desculpa pela espionagem de que foram vítimas.

"A fala do Aras é absurda. Eu fui prejudicado, sofri uma exposição grotesca", diz Paulo Sérgio Pinheiro, que comandou a Secretaria Nacional dos Direitos Humanos no governo FH. "Trabalho na ONU há 25 anos e de repente fui citado, no meu país, como alguém capaz de praticar atos criminosos", protesta.

O professor afirma que o dossiê o deixou numa situação "muito desagradável". "Aos 76 anos, não pensei que fosse voltar a enfrentar isso no Brasil", desabafa. Ele integrou a Comissão Nacional da Verdade, que investigou crimes da ditadura militar e despertou o ódio do então deputado Bolsonaro.

O antropólogo Luiz Eduardo Soares também viveu uma experiência amarga ao saber que foi fichado pelo governo. "Minha sensação foi de falta

---

27 Revelado pelo portal UOL, o relatório citava informações pessoais de cidadãos identificados como antifascistas.

de chão. Como se o que nos garante a liberdade e a estabilidade de repente desaparecesse, e tudo se tornasse possível", descreve.

A ministra Cármen Lúcia farejou o cheiro do autoritarismo no dossiê. Ontem ela votou pela proibição de relatórios e informes "de cunho inquisitorial" que reúnam informações sobre a vida privada e as opiniões políticas de cidadãos.

"Triste termos que voltar a este assunto quando já se acreditava ser apenas uma fase mais negra da nossa História", lamentou.

*

Não era moderação, era medo da polícia

25/08/2020

Jair Bolsonaro voltou a dar chilique ao ser questionado sobre os rolos da família. No domingo, um repórter do Globo perguntou por que Fabrício Queiroz depositou R$ 89 mil na conta da primeira-dama. O presidente fez careta, chamou o jornalista de "safado" e ameaçou silenciá-lo na base da "porrada". Só não quis explicar a transação suspeita.

Bolsonaro já havia apresentado uma versão capenga para os cheques de Michelle. Em dezembro de 2018, ele disse ter emprestado R$ 40 mil ao ex-PM. O dinheiro teria sido devolvido à primeira-dama porque o capitão, muito ocupado, não tinha tempo de ir ao banco.

No domingo, o presidente foi confrontado com mais uma história mal contada: o valor pingado na conta de Michelle foi mais que o dobro do admitido. Sem resposta, Bolsonaro agrediu o autor da pergunta. Reação típica de quem não consegue se explicar.

O capitão mirou no jornalista, mas acertou o próprio pé. Ao destratar o repórter, ele chamou mais atenção para os repasses à primeira-dama. A pergunta sobre os R$ 89 mil se espalhou nas redes. Milhões de brasileiros ficaram sabendo do que o presidente tentava esconder.

O novo ataque à imprensa mostra que é tolice acreditar na fantasia de um Bolsonaro moderado. Nos últimos dois meses, vendeu-se a ideia de que o presidente teria abandonado o extremismo e as ameaças de golpe. O candidato a ditador teria aprendido, enfim, a conviver com a democracia.

Não era moderação, era medo da polícia. Bolsonaro adotou a tática do silêncio quando Queiroz foi preso. Bastou o sargento sair da cadeia para o capitão voltar a ser quem sempre foi. Um político autoritário, que trabalha para implodir o sistema que o elegeu.

O presidente tenta calar a imprensa porque não tolera ser fiscalizado. Quer destruir os freios e contrapesos que limitam o exercício do poder. Sua meta é governar uma nação de bajuladores, como os que foram aplaudi-lo ontem no Planalto. Com 115 mil mortos, o governo promoveu uma cerimônia para cantar vitória sobre o coronavírus. Poderia ser Belarus, mas é o Brasil de 2020.

*

O capitão contra a vacina

01/09/2020

O Capitão Corona está em busca de um novo inimigo. Depois de menosprezar a pandemia, sabotar as medidas de distanciamento e discursar contra o uso de máscaras, ele ensaia declarar guerra a uma vacina que ainda não existe.

Em conversa com seguidores, Jair Bolsonaro disse que "ninguém pode obrigar ninguém a tomar vacina". Ontem o Planalto promoveu a tolice presidencial a propaganda oficial. "O governo do Brasil preza pela liberdade dos brasileiros", afirmou nas redes sociais.

A ofensiva bolsonarista afronta a ciência, a razão e as leis. O Estatuto da Criança e do Adolescente afirma que a vacinação de menores de 12 anos é obrigatória "nos casos recomendados pelas autoridades sanitárias". E a lei que estabeleceu as medidas de combate à pandemia, sancionada pelo capitão, prevê a "realização compulsória" de "vacinação e outras medidas profiláticas".

Não é a primeira vez que o governo invoca a liberdade individual para minar recomendações sanitárias. Em maio, quando cientistas pediam à população que ficasse em casa, o ministro Paulo Guedes disse que o cidadão tinha o direito de "sair andando". "É um direito dele ser infectado", arriscou. Agora o presidente flerta abertamente com o movimento antivacinas, que ganha força na extrema direita internacional.

No Brasil, a pregação contra as vacinas já contribuiu para o retorno do sarampo. O país havia se livrado da doença, mas voltou a registrar surtos em 2018.

"Toda a comunidade científica está numa corrida para descobrir a vacina contra a covid. Se o movimento antivacinas atrapalhar, essa corrida pode ficar pela metade", alerta a vice-presidente da Sociedade Brasileira de Imunologia, Karina Bortoluci.

Em agosto, o Datafolha mostrou que nove entre dez brasileiros querem se imunizar assim que possível. Mesmo assim, Bolsonaro parece sonhar com uma nova Revolta da Vacina, desta vez com apoio do governo.

"Vivemos numa era em que as fake news se espalham rapidamente. O governo precisa divulgar informação correta, baseada em fatos e dados com comprovação científica", reforça a professora da Unifesp.

*

O golpe passou na janela, mas Toffoli não viu

06/09/2020

Existem figuras que não veem e figuras que não querem ver. Quando chamou o golpe militar de "movimento de 1964", o ministro Dias Toffoli não padecia de cegueira histórica. Estava distorcendo os fatos para agradar a Jair Bolsonaro, então favorito na eleição presidencial.

Toffoli deixa o comando do Supremo Tribunal Federal na próxima quinta-feira. Em sua gestão, o governo atacou e ameaçou a Corte de forma inédita desde o fim da ditadura. O ministro fingiu não perceber o que ocorria. Calou-se diante das ofensas e se comportou como um aliado do capitão.

A Constituição afirma que os Poderes devem funcionar de forma independente e harmônica. Toffoli ignorou a independência e radicalizou na harmonia. Chegou a se outorgar um certo "papel moderador", a pretexto de "oferecer soluções em momentos de crise". A oferta só serviu à família presidencial, que encontrou proteção jurídica nas horas de aperto.

No início do mandato de Bolsonaro, o presidente do Supremo anunciou um "pacto" entre Poderes. Ele se voluntariou a favor de reformas que poderiam ter sua legalidade questionada no tribunal. Um despropósito que irritou ministros mais preocupados com a autonomia da Corte.

Em julho de 2019, Toffoli suspendeu as investigações sobre o senador Flávio Bolsonaro, suspeito de desviar verbas na Assembleia Legislativa do Rio. A canetada aliviou o Zero Um e paralisou centenas de outros inquéritos que usavam dados da Receita e do antigo Coaf.

O refresco ajudou o primeiro-filho a escapar da polícia e do Ministério Público do Rio. Enquanto Flávio aproveitava a blindagem de Toffoli, seu amigo Fabrício Queiroz se escondia na chácara do advogado do clã.

Em 20 meses no poder, Bolsonaro fez quase tudo para minar a autoridade do Supremo. Ofendeu ministros, ameaçou descumprir decisões e participou de manifestações que pediam o fechamento da Corte. Em maio, o deputado Eduardo Bolsonaro declarou que uma "ruptura" era apenas questão de tempo. Seu pai sugeriu o mesmo em falas públicas e reuniões privadas.

Diante do silêncio de Toffoli, o decano Celso de Mello liderou a defesa do Judiciário. Em mensagem enviada aos colegas, ele descreveu a ofensiva autoritária e avisou que o "ovo da serpente" parecia "prestes a eclodir no Brasil". O presidente do Supremo desprezou o alerta e manteve a linha colaboracionista. Há cinco dias, ele voltou ao Planalto para uma cerimônia que prometia levar cabos de fibra ótica à Região Norte. Seu discurso estava afinado com a propaganda do governo.

Na sexta, o ministro usou uma entrevista coletiva para enaltecer a própria gestão e se gabar do "diálogo intenso" com o chefe do Executivo. "De todo o relacionamento que tive com o presidente Jair Bolsonaro e com seus ministros de Estado, nunca vi diretamente da parte deles nenhuma atitude contra a democracia", disse.

O golpe passou na janela, e só Toffoli não viu.

*

Sinais contraditórios na posse de Fux

11/09/2020

As sessões solenes do Judiciário costumam ser pródigas em rapapés. Mesmo assim, Augusto Aras exagerou. O procurador-geral da República disse que o ministro Luiz Fux "alia a mente de Atenas à força de Esparta". Até as estátuas gregas ficariam coradas com a bajulação.

Fux fez um longo discurso ao assumir a presidência do Supremo Tribunal Federal. Na única referência à Antiguidade, evocou Platão para declarar apoio à Lava Jato. Depois citou pensadores mais contemporâneos, como Fagner e Michael Sullivan. "Ele me deu a honra da parceria na canção 'Flor Mariana', como presente de casamento para minha filha", informou.

Sobre o que interessa, a relação da Corte com o bolsonarismo, o ministro emitiu sinais contraditórios. Numa passagem, ele afirmou que "harmonia entre os Poderes não se confunde com contemplação e subserviência". A frase indicou uma mudança positiva em relação ao colaboracionismo de Dias Toffoli.

Em outro momento, Fux sugeriu que o Supremo pode passar a se omitir em debates caros ao governo. Ele criticou a "judicialização vulgar" de questões "permeadas por desacordos morais". "Essa prática tem exposto o Poder Judiciário, em especial o Supremo, a um protagonismo deletério, corroendo a credibilidade dos tribunais", afirmou.

A declaração deve ter animado Jair Bolsonaro, que ataca o Supremo sempre que se vê contrariado por alguma decisão. Em abril, ele hostilizou o ministro Alexandre de Moraes após ser impedido de nomear um amigo para a chefia da Polícia Federal. "Quase tivemos uma crise institucional. Faltou pouco", esbravejou.

Diante de um governo autoritário, que faz ameaças constantes à oposição, às minorias e à imprensa, o Supremo não pode julgar apenas temas de consenso. Em diversos momentos, terá que contrariar o Planalto para proteger a Constituição.

À revista *Justiça & Cidadania*, Fux acrescentou que sua gestão será marcada por "uma postura de muita deferência às escolhas feitas pelo governo". Se ele seguir essa linha, a diferença em relação a Toffoli será apenas de estilo.

*

Diplomacia da submissão

15/09/2020

Na semana passada, Jair Bolsonaro aproveitou o feriado da Independência para fazer mais um pronunciamento na TV. "Naquele histórico 7 de setembro de 1822, às margens do Ipiranga, o Brasil dizia ao mundo que nunca mais aceitaria ser submisso a qualquer outra nação", disse. Dom Pedro guardaria a espada se soubesse o que fariam com seu brado retumbante.

Desde a vitória do capitão, o Brasil diz ao mundo que aceita ser submisso à Casa Branca. Outros governos já haviam se ajoelhado diante dos Estados Unidos, mas nem a ditadura militar foi tão servil nas relações com o país.

Para agradar a Donald Trump, Bolsonaro tem jogado no lixo décadas de política externa independente. Em vez de defender o interesse nacional, a diplomacia brasileira passou a defender o interesse de Washington. A vassalagem acaba de se repetir na disputa pelo comando do Banco Interamericano de Desenvolvimento.

Fundado em 1959, o BID sempre foi presidido por um latino-americano. Um acordo entre os países reservava a vice-presidência aos EUA. Desta vez, Trump resolveu ignorar a regra e indicou um ex-assessor para chefiar o banco. O Brasil já havia lançado candidato, mas voltou atrás e traiu os vizinhos para apoiar a manobra.

Em plena Semana da Pátria, o Itamaraty festejou a eleição do americano Mauricio Claver-Carone. Mais um gesto de submissão a Trump, que já debochou dos esforços de Bolsonaro para imitá-lo.

Além de humilhar a diplomacia brasileira, a subserviência demonstra falta de visão estratégica. O republicano aparece em desvantagem nas pesquisas para a eleição de novembro. Se o democrata Joe Biden chegar lá, seu partido deve incentivá-lo a retaliar o capitão.

No sábado, o Ministério das Relações Exteriores afirmou que a vitória de Claver-Carone honrou "valores comuns e fundamentais às Américas". A nota ajudará a contar a história do desmanche do Itamaraty na gestão do bolsonarista Ernesto Araújo.

Outras páginas terão que ser escritas mais tarde. O governo alterou a classificação de papéis para esconder instruções que aproximaram o Brasil de teocracias islâmicas na ONU. Os telegramas ficarão em sigilo até 2025.

*

A festa do general

17/09/2020

Depois de quatro meses, Jair Bolsonaro se lembrou de nomear um ministro da Saúde. O escolhido foi o general Eduardo Pazuello, que já ocupava a cadeira como interino. Quando ele assumiu, em maio, o país contava 13 mil mortos pela covid. Ontem o número ultrapassava os 133 mil. Isso significa que nove entre dez vítimas morreram na gestão do militar.

Pazuello é o terceiro titular da Saúde desde o início da pandemia. Os dois anteriores caíram por resistir à pressão de Bolsonaro para distribuir remédio sem eficácia comprovada para o vírus. O general chegou com uma vantagem: como não é médico, não precisa rasgar o diploma para fazer as vontades do chefe.

Na primeira semana no cargo, ele mostrou que sabe obedecer e receitou o uso da cloroquina. Em seguida, dedicou-se à tarefa de transformar o ministério num quartel. Demitiu técnicos em saúde para abrir espaço a coronéis, majores e capitães.

O general foi apresentado como um especialista em logística. Mesmo assim, não conseguiu evitar a falta de suprimentos nos hospitais. Sua gestão só mostrou eficiência para esconder informações. Os veículos de comunicação precisaram montar um consórcio para manter o público informado sobre a evolução da doença.

A posse de Pazuello foi coerente com sua obra até aqui. Em tom festivo, o general afirmou que o Brasil tem "um dos maiores quantitativos de pessoas recuperadas no mundo". Faltou dizer que o país aparece em segundo lugar no ranking de mortes.

O governo ignorou as recomendações sanitárias e voltou a aglomerar convidados no Planalto. Bolsonaro aproveitou para atacar a imprensa e fazer propaganda da cloroquina. Na contramão dos epidemiologistas, ele afirmou que o país não deveria ter fechado as escolas na pandemia. Depois disse que 30% das mortes teriam sido evitadas com o falso remédio milagroso.

Segundo o Capitão Corona, os governadores que decretaram medidas de distanciamento foram "tomados pelo pânico" e "impulsionados pela mídia catastrófica". Ele, ao contrário, teria sido ousado e corajoso. "Não me acovardei, não me omiti", elogiou-se.

*

Cabeça de papel

20/09/2020

A Fundação Nacional de Artes já foi presidida por grandes figuras da cultura brasileira, como o cartunista Ziraldo, o poeta Ferreira Gullar e o ator Sérgio Mamberti. Agora será chefiada pelo coronel Lamartine Barbosa Holanda, paraquedista, bolsonarista e fã de filmes militares.

O currículo do oficial da reserva traz informações curiosas. Ele se apresenta como especialista em logística, segurança e telecomunicações. Também diz ser ex-presidente da Câmara de Comércio Brasil-Albânia e oferece serviços de "consultor militar".

A nomeação gerou espanto, mas o coronel informou que fez curso de roteirista e foi escolhido "por capacitação". Ao repórter Vinicius Sassine, ele acrescentou que convive com o cinema "desde pequeno", quando visitava uma fábrica de películas no Rio Grande do Sul. "Meu pai me levava lá para enrolar e desenrolar filme", explicou.

Lamartine caiu nas graças do bolsonarismo em 2019, ao acompanhar uma agenda do capitão e deputado estadual Castello Branco, do PSL. Os dois foram à sede da Cinemateca Brasileira e anunciaram uma mostra de filmes militares. Ao fim do vídeo, repetiram o slogan de campanha do presidente ("Brasil acima de tudo, Deus acima de todos") e prestaram continência a uma câmera de celular.

A performance repercutiu mal, e a mostra não saiu do papel. No mês passado, a Cinemateca fechou as portas porque o governo se recusou a renovar seu contrato de gestão. Os 51 funcionários foram demitidos, e um acervo de 250 mil rolos está em perigo. O único felizardo da história é o coronel Lamartine, que faturou a boquinha federal.

Nem na ditadura a Funarte havia sido comandada por um militar. Ao fundá-la, em 1975, o governo Geisel entregou a presidência ao escritor José Cândido de Carvalho, autor de *O coronel e o lobisomem*. Sua gestão lançou o Projeto Pixinguinha, uma joia idealizada pelo produtor Hermínio Bello de Carvalho.

A nomeação do paraquedista engorda o cabide verde-oliva em Brasília. Em julho, o Tribunal de Contas da União informou que 6.157 militares já estavam pendurados em cargos civis. O governo ainda mantém dez oficiais em postos de ministro.

Lamartine inaugura a presença da farda na área cultural, uma das únicas que ainda estavam livres da influência dos quartéis. O coronel já deixou claro que insistirá na organização de uma mostra de filmes de guerra. A obsessão combina com o ideário de Bolsonaro para o setor.

No ano passado, o presidente disse que pretendia impor um "filtro" ao financiamento do cinema brasileiro. A ideia era barrar "filmes pornográficos" e incentivar produções que exaltem "heróis brasileiros". O anúncio foi interpretado como tentativa de censura.

Bolsonaro tem a quem puxar. Em 1972, o general Medici afirmou que o filme *Independência ou morte* marcaria o início de uma "nova era" do cinema brasileiro. O elenco foi ao Planalto para uma sessão de beija-mão, na qual o presidente se comparou a Dom Pedro. Em pouco tempo, a produção chapa-branca caiu no esquecimento. Hoje o gênero mais associado à ditadura é a pornochanchada.

*

Na ONU, Bolsonaro falou para o curralzinho

23/09/2020

A pandemia esvaziou o plenário da ONU e obrigou Jair Bolsonaro a mandar seu discurso por vídeo. Para o Brasil, foi um bom negócio. O capitão se dirigiu ao mundo como se estivesse no curralzinho do Alvorada. O país voltou a passar vergonha, mas deixou de gastar com diárias de hotel em Nova York.

Bolsonaro ignorou a comunidade internacional. Falou para seus seguidores fiéis, sem se preocupar com checagens ou desmentidos. Seu discurso empilhou mentiras, distorções e teorias conspiratórias. Tudo o que já estamos acostumados a ouvir por aqui.

O presidente se disse vítima de "uma das mais brutais campanhas de desinformação" sobre a Amazônia e o Pantanal. Em vez de explicar as queimadas, ele atacou quem se preocupa com o fogo. Vociferou sobre "interesses escusos" e brasileiros "impatrióticos".

Desta vez, ele não tentou culpar o ator Leonardo DiCaprio. Atribuiu os incêndios a caboclos e indígenas que "queimam seus roçados". O capitão mirou nos pequenos para proteger os grandes. Deixou de mencionar grileiros e latifundiários que devastam a floresta com a cumplicidade do governo.

Bolsonaro disse ter "tolerância zero com o crime ambiental". A frase não combina com os fatos. Sua gestão desmontou órgãos de fiscalização, reduziu a aplicação de multas, deu carona a garimpeiros em avião da FAB.

Ao falar da pandemia, o presidente se esquivou da responsabilidade pelas quase 140 mil mortes. Preferiu atacar a imprensa, que teria "disseminado pânico". Ele ainda fez a tradicional propaganda da cloroquina. Só faltou exibir, mais uma vez, a caixinha do remédio.

De olho no eleitorado evangélico, Bolsonaro disse que o Brasil é um "país cristão" e protestou contra a "cristofobia". Duas impropriedades. A Constituição afirma que o Estado é laico, e a intolerância só tem sido uma ameaça aos cultos de matriz africana.

O capitão ainda encontrou espaço para elogiar Donald Trump, que o ignorou no discurso seguinte. Não foi só ele. A imprensa internacional mal tomou conhecimento da performance de Bolsonaro. Sinal de que seus delírios não impressionam mais ninguém.

*

O ministro tubaína e os descontentes

06/10/2020

Convém não esperar muito de Kassio Nunes Marques, escolhido para substituir o decano Celso de Mello no Supremo Tribunal Federal. O desembargador foi apadrinhado por Flávio Bolsonaro e pelos próceres do centrão. Antes de passar pela sabatina no Senado, submeteu-se a um beija-mão na casa do ministro Gilmar Mendes.

O presidente Jair Bolsonaro fez questão de deixar claro: Marques deve a indicação à amizade, não ao saber jurídico. "Ele já tomou muita tubaína comigo, tá certo?", disse, na quinta-feira. A frase não lustra a biografia do futuro ministro. Apenas sugere que o capitão conta com sua obediência no Supremo.

Até aqui, o maior trunfo do desembargador são os descontentes. Sua escolha irritou os seguidores mais radicais de Bolsonaro. Gente que despreza a democracia e esperava ver outro fanático no tribunal.

Silas Malafaia, o pastor boquirroto, considerou a indicação um "absurdo vergonhoso". "É uma decepção geral", resumiu. Sara Inverno, a extremista de tornozeleira, sentiu-se abandonada pelo Mito. "Não reconheço Bolsonaro. Não sei mais quem ele é", dramatizou.

Olavo de Carvalho, o astrólogo da Virgínia, incitou sua tropa contra "o tal Kassio". "Não tenho culpa de ser brasileiro, mas da vergonha não estou conseguindo escapar", tuitou. Outros aliados usaram as redes do presidente para protestar.

As respostas mostraram que Bolsonaro deseja ter um pau-mandado no Supremo. Ele chegou a antecipar o voto de Marques sobre o direito das mulheres a interromper a gravidez. "Kassio é contra o aborto (votará contra a ADPF 442 caso seja pautada)", escreveu. "Está 100% alinhado comigo", acrescentou.

Os bolsonaristas de raiz não são os únicos insatisfeitos com o ministro tubaína. Sua indicação também decepcionou personagens que rastejavam pela vaga no Supremo. É o caso do procurador Augusto Aras, que se comporta como advogado do governo, e do ministro João Otávio de Noronha, que soltou Fabrício Queiroz. Agora os dois terão que engolir a frustração em silêncio.

*

O acordão do capitão

08/10/2020

Num domingo de abril, o presidente Jair Bolsonaro foi à porta do Quartel-General do Exército, subiu na caçamba de uma caminhonete e estimulou seguidores que bradavam por "intervenção militar" e AI-5. "Nós não queremos negociar nada! Nós queremos ação pelo Brasil!", vociferou.

Menos de seis meses depois, Bolsonaro toma café com Rodrigo Maia, almoça com o centrão e janta com Gilmar Mendes. No último domingo, ele foi à casa de Dias Toffoli comer pizza e assistir a um jogo do Palmeiras. A imagem dos dois abraçados, como amigos que se reencontram para torcer pelo mesmo time, é um retrato dos novos tempos em Brasília.

O extremista que prometia romper com o *establishment* passou a dançar conforme a velha música. A indicação de Kassio Marques ao Supremo faz parte da metamorfose. O presidente consultou Gilmar e Toffoli, inimigos jurados da Lava Jato, antes de oficializar a escolha do futuro ministro.

Eles não são os únicos a festejar o indicado. "Para além das diferenças que nós temos, ele (Bolsonaro) pode deixar um grande legado para o Brasil, que é o desmonte desse estado policialesco que tomou conta do nosso país", celebrou o senador Renan Calheiros. À CNN Brasil, ele listou outras medidas que agradaram a classe política: o desmantelamento do Coaf, a demissão de Sergio Moro e a nomeação de Augusto Aras.

Os elogios de Renan produziram um curto-circuito no bolsonarismo raiz. Chamado de traidor, o capitão tenta contornar as críticas. "Eu não quero acabar com a Lava Jato. Eu acabei com a Lava Jato, porque não tem mais corrupção no governo", gracejou ontem no Planalto.

É ilusão pensar que o exercício do poder moderou Bolsonaro. Estamos diante de um acordão, que o uniu a políticos que demonizava. A turma quer blindagem e sossego, mercadorias que Gilmar sempre soube entregar. A fantasia da conciliação pode ser rasgada a qualquer momento: basta que o capitão se sinta seguro para chutar os aliados de conveniência. Enquanto essa hora não chega, todos celebram a paz com brindes de tubaína.

*

Delírios amazônicos

11/10/2020

A placa descerrada na cerimônia anunciava o início de uma "arrancada histórica". De terno e gravata na selva, o presidente Emilio Garrastazu Medici se empolgou ao testemunhar a derrubada de uma árvore de 50 metros de altura. A queda da castanheira foi "aplaudida entusiasticamente" pelo general, relatou o enviado especial do Globo.

Medici havia pousado em Altamira para inaugurar a construção da Transamazônica, que se estenderia por mais de cinco mil quilômetros, cortando sete estados. A visita completou 50 anos na sexta-feira, mas a rodovia nunca ficou pronta. Alguns trechos foram engolidos pela floresta, outros jamais saíram do papel.

A obra faraônica fazia parte do Programa de Integração Nacional, lançado em 1970. A ditadura embalou o plano com o lema "Integrar para não entregar". Nas palavras de Medici, era preciso "colonizar" a região para combater o "interesse estrangeiro". O general prometia tirar o "relógio amazônico" do passado. Sua visão de futuro se resumia a fumaça, asfalto e motosserra.

A pretexto de povoar a Amazônia, os militares promoveram a exploração predatória da floresta. A ditadura estimulou a derrubada da mata para a criação de gado e o cultivo de soja. Garimpeiros e madeireiros também receberam subsídio para desmatar. Tudo em nome da "soberania nacional".

Meio século depois, as teorias conspiratórias voltaram a ser úteis ao governo. Jair Bolsonaro e seus aliados apelam ao velho nacionalismo para rebater as críticas pelas queimadas. "Usam argumentos falsos, números fabricados e acusações infundadas para prejudicar o Brasil", vitimizou-se o general Augusto Heleno, em audiência recente no Supremo.

No último dia 30, Bolsonaro aproveitou uma reunião das Nações Unidas para retomar os ataques ao movimento ambientalista. Em mais um discurso delirante, ele acusou ONGs de incentivarem a devastação para desestabilizar seu governo. "Rechaço, de forma veemente, a cobiça internacional sobre a nossa Amazônia", afirmou.

A hostilidade aos povos indígenas também une a ditadura ao bolsonarismo. Na campanha, o capitão avisou que não demarcaria "um centímetro quadrado a mais". Entre a eleição e a posse, ele ameaçou rever a Raposa Serra do Sol, a pretexto de permitir a exploração de riquezas minerais.

Os delírios amazônicos se parecem, mas há diferenças. No diálogo com Al Gore reproduzido pelo documentário *O Fórum*, o capitão é explícito: "Temos muita riqueza na Amazônia, e eu adoraria explorar essa riqueza com os Estados Unidos". Os generais ainda se preocupavam com as aparências.

*

Celso fará falta

14/10/2020

Depois de 31 anos, Celso de Mello deixou ontem o Supremo Tribunal Federal. O país vai precisar de algum tempo para medir o vazio que ele deixará na Corte.

Desde 2007, o ministro ocupava o posto de decano. Era o juiz mais antigo do STF, o primeiro a entrar no plenário após o presidente de plantão. Em momentos de crise, ele se acostumou a falar em nome da Corte. Sua voz se impunha pela autoridade, não pela antiguidade.

Nomeado no primeiro ano de vida da Constituição de 1988, Celso se aposenta quando a Carta enfrenta seu maior teste. Sabendo disso, ele se expôs para defendê-la de arreganhos autoritários. Sua atuação ajudou a preservar a ordem democrática e a integridade do tribunal.

Em abril de 2018, o ministro se levantou quando o então comandante do Exército disparou um tuíte para emparedar o Supremo. Na véspera do julgamento de um habeas corpus de Lula, o general Villas Bôas insinuou usar os tanques caso o ex-presidente fosse solto.

O decano, que nunca simpatizou com o petista, repeliu a ameaça indevida. "Insurgências de natureza pretoriana, à semelhança da ideia metafórica do ovo da serpente, descaracterizam a legitimidade do poder civil instituído e fragilizam as instituições democráticas", disse.

Meses depois, Eduardo Bolsonaro foi mais explícito. Em vídeo divulgado dias antes da eleição, o deputado disse que bastariam "um soldado e um cabo" para fechar o Supremo. Mais uma vez, a resposta foi dada por Celso. Ele definiu a declaração como "inconsequente", "irresponsável" e "golpista". Sua firmeza obrigou Jair Bolsonaro a desautorizar o herdeiro.

A chegada do capitão ao poder não intimidou o ministro. Quando Bolsonaro começou a incitar manifestações contra o Congresso e o Supremo, ele foi o primeiro a reagir. Enquanto o presidente da Corte fingia não ver as ameaças, o decano falou grosso.

"O presidente da República, qualquer que ele seja, embora possa muito, não pode tudo, pois lhe é vedado, sob pena de incidir em crime de responsabilidade, transgredir a supremacia político-jurídica da Constituição e das leis", afirmou.

Por essas e outras, Celso fará falta.

*

Sabujismo orgulhoso

23/10/2020

No governo Bolsonaro, não basta ser servil. É preciso ostentar a subserviência como prova de lealdade. Ontem dois ministros se humilharam em público para agradar ao chefe. Encolheram as próprias biografias e avacalharam as pastas que deveriam comandar.

Eduardo Pazuello, dublê de paraquedista e ministro da Saúde, recebeu Bolsonaro após ser desautorizado sobre a compra de vacinas. Sem corar, ele reconheceu a falta de autonomia no cargo. "Senhores, é simples assim: um manda e o outro obedece", explicou.

Seguiu-se um diálogo constrangedor entre o general da ativa e o capitão reformado. "A gente tem um carinho", disse Pazuello. "Opa, tá pintando um clima", animou-se Bolsonaro. O ministro está com covid, mas rompeu o isolamento para gravar com o presidente. Sem máscaras, os dois voltaram a fazer propaganda da cloroquina.

Mais cedo, Bolsonaro foi ao Itamaraty. Em discurso para formandos do Instituto Rio Branco, Ernesto Araújo deu uma aula de antidiplomacia. A turma foi batizada de João Cabral de Melo Neto. "Modestamente, me considero também as duas coisas, diplomata e poeta", arriscou o chanceler, sem modéstia alguma.

Ao microfone, o ministro se atreveu a atacar o homenageado. Disse que ele "dirigiu-se para o lado errado: para o lado do marxismo e da esquerda". Perseguido por outros Ernestos, o autor de *Morte e vida severina* chegou a ser afastado do Itamaraty, em 1953.

"A diplomacia pode ser lírica, pode ser dramática, mas também pode ser épica", prosseguiu o ministro, repetindo palavras do discurso nazista de Roberto Alvim. Na sequência, ele passou a elogiar Bolsonaro. "Nosso presidente conhece e ama esse povo e nos ensina a conhecer e a amar esse povo", derramou-se.

Sem disfarçar o ressentimento, o chanceler reclamou da atenção dada a cientistas e intelectuais "prudentes e sofisticados". Ele disse liderar uma "política externa do povo brasileiro", inspirada nas ideias do capitão e inimiga de um imaginário "complexo marxista-isentista".

Num breve surto de lucidez, Ernesto admitiu que o Brasil de Bolsonaro se tornou um pária na comunidade internacional. Mas não deu o braço a torcer. "Talvez seja melhor ser esse pária, deixado ao relento, do lado de fora, do que ser um conviva no banquete do cinismo interesseiro dos globalistas", disse, orgulhoso do próprio sabujismo.

*

Os generais devem uma autocrítica

30/10/2020

O general Rêgo Barros era um alegre propagandista do presidente Jair Bolsonaro. Agora se juntou à tropa dos desiludidos com o capitão.

Em artigo no *Correio Braziliense*, ele criticou um certo líder seduzido por "comentários babosos" e "demonstrações alucinadas de seguidores de ocasião". "Sua audição seletiva acolhe apenas as palmas. A soberba lhe cai como veste", escreveu. O general não precisou citar nomes. Seu alvo era Bolsonaro, de quem foi porta-voz.

Rêgo Barros fracassou na tentativa de estabelecer alguma civilidade no trato do governo com a imprensa. Foi sabotado pelo próprio chefe, que o desautorizava diariamente na portaria do Alvorada. Demitido em agosto, ele reforçou o clube dos militares amargurados. O patrono da turma é o ex-ministro Santos Cruz, derrubado pela artilharia dos filhos do presidente.

Varrido do Exército por indisciplina, Bolsonaro parece ter prazer em humilhar oficiais superiores. Na semana passada, ele expôs o general Eduardo Pazuello a uma desmoralização pública. Depois permitiu que um ministro civil chamasse o general Luiz Eduardo Ramos de "Maria Fofoca" e "Banana de Pijama".[28]

Em seu artigo, Rêgo Barros traçou o destino dos militares que não se curvam ao capitão: "Alguns deixam de ser respeitados. Outros, abandonados ao longo do caminho, feridos pelas intrigas palacianas". O general também criticou aqueles que, pela sobrevivência, optam por uma "confortável mudez". Só faltou explicar por que ele passou um ano e oito meses no pelotão dos mudos.

Além de silenciar diante de abusos, o ex-porta-voz protagonizou momentos de bajulação explícita. "Em qual cidade nosso presidente chega e não é ovacionado?", questionou certa vez, ao divulgar uma viagem do chefe.

Os oficiais pendurados no governo não foram vítimas de sequestro. Alistaram-se voluntariamente no projeto de Bolsonaro, em busca de um atalho para voltarem ao poder. Alguns se julgavam capazes de tutelar o presidente extremista. Outros só pensavam em engordar os contracheques.

Hoje muitos generais querem subscrever as queixas de Rêgo Barros. Antes disso, deveriam fazer uma autocrítica. Eles sempre souberam quem era o capitão.

*

O Trump deles e o nosso

03/11/2020

Em julho de 2019, Donald Trump definiu o presidente Jair Bolsonaro, logo ele, como um "grande cavalheiro". "Dizem que ele é o Trump do Brasil. Eu gosto disso. É um elogio!", acrescentou.

---

28 O ministro do Meio Ambiente, Ricardo Salles, atacou o general Ramos nas redes sociais.

O republicano poderia ter economizado a última parte. Vaidoso e egocêntrico, ele batizou torres comerciais, condomínios, hotéis, resorts e campos de golfe com o próprio nome. Seria estranho se não gostasse de alguém tão empenhado em imitá-lo.

Desde a campanha, Bolsonaro faz de tudo para ser comparado a Trump. Ele já copiou os tuítes destrambelhados, as teorias conspiratórias, as provocações à China e os ataques à imprensa. Só faltou besuntar o rosto com aquela pasta laranja.

Truques lançados lá foram repetidos à exaustão por aqui. Um dos mais manjados foi tachar de fake news qualquer notícia incômoda para o governo. Outro foi ressuscitar o fantasma do comunismo, como se o Muro de Berlim ainda estivesse de pé.

Na pandemia, Bolsonaro replicou o discurso de Trump contra o distanciamento social, o uso de máscaras e as recomendações da OMS. Os dois presidentes fizeram pouco da doença até se contaminarem. A diferença é que o americano abandonou a propaganda da cloroquina quando foi parar no hospital.

Hoje os americanos vão às urnas na eleição mais tensa da História recente. Em desvantagem nas pesquisas, Trump ameaça não aceitar uma possível vitória do rival Joe Biden. Com medo de quebra-quebra, lojistas de Washington, Nova York e Los Angeles espalharam tapumes pelas vitrines.

O republicano já deixou claro que recorrerá aos tribunais em caso de derrota. O plano seria invalidar votos de regiões dominadas pelos democratas. Isso lançaria a maior potência do mundo num cenário de convulsão social e descrédito da democracia.

A contestação dos resultados nos EUA seria um mau sinal para o Brasil. Se o Trump deles apelar ao tapetão, o nosso não hesitará em imitá-lo em 2022. Ele já começou a criar o clima para isso ao disseminar informações falsas contra a urna eletrônica.

*

A República e os quartéis

15/11/2020

A República faz aniversário. Cento e trinta e um anos e ainda não tomou juízo. Começou instável, pela espada do Deodoro, e continua aí na corda bamba.

Essas frases foram escritas por Otto Lara Resende, em 1991. O diagnóstico continua certeiro. Só atualizei a contagem dos anos.

Em 15 de novembro de 1889, o país passou a ser governado por um marechal. Hoje está nas mãos de um capitão. Não foi só nisso que regredimos.

Na semana das eleições municipais, os holofotes se deslocaram dos candidatos para o comandante do Exército. O general Edson Pujol afirmou que as Forças Armadas "são instituições de Estado". A obviedade não deveria chamar a atenção numa democracia.

"Não somos instituição de governo, não temos partido. Nosso partido é o Brasil", disse o general. Ele cometeu um ato falho. A última frase estampava a camiseta de Jair Bolsonaro quando ele foi esfaqueado em Juiz de Fora.

Na sexta, o vice-presidente Hamilton Mourão endossou as palavras de Pujol. "Política não pode entrar dentro do quartel. Se entra política pela porta da frente, a disciplina e a hierarquia saem pelos fundos", afirmou.

O general não costumava pensar assim. Antes de passar à reserva, ele foi punido duas vezes por se meter na política. Em 2015, Mourão afirmou que o impeachment de Dilma Rousseff significaria "o descarte da incompetência, má gestão e corrupção". Em 2017, disse que Michel Temer promovia um "balcão de negócios" para não cair.

Nas duas ocasiões, o general sabia o que estava fazendo. Ao atacar presidentes, ele quebrou a hierarquia para se projetar na política. Deu certo. Em 2018, seria convidado a integrar a chapa de Bolsonaro.

A declaração de Pujol também não combina com a atuação de seu antecessor. Às vésperas da eleição, o general Eduardo Villas Bôas pressionou o Supremo Tribunal Federal a negar um habeas corpus ao ex-presidente Lula.

A interferência da caserna no Judiciário empolgou o então candidato Bolsonaro. "Estamos juntos, general", tuitou o capitão, que seria o maior beneficiário do julgamento.

Ao vestir a faixa, o presidente premiou o militar com um cargo no Planalto. A filha dele está pendurada no gabinete da ministra Damares Alves.

No início do mês, surgiram novas informações sobre a atuação política de Villas Bôas. Nos meses que antecederam o impeachment de Dilma, ele teve "vários encontros" com o então vice-presidente Michel Temer, segundo relato do professor Denis Rosenfield.[29]

O comandante do Exército reclamava da Comissão Nacional da Verdade, que investigou crimes da ditadura. Na mesma época, o senador Romero

---

[29] O relato foi publicado no livro *A escolha*, assinado por Michel Temer.

Jucá foi gravado dizendo que os chefes militares prometeram "garantir" a derrubada da presidente.

Ao assumir a cadeira de Dilma, Temer deu ministérios a dois generais ligados a Villas Bôas.[30] Um deles assumiu a pasta da Defesa, que só havia sido ocupada por civis.

Começava ali o retorno dos militares ao centro do poder. Com a vitória de Bolsonaro, os generais pensaram que voltariam a mandar no país. Agora alguns se dizem arrependidos, mas não o suficiente para deixarem os cargos.

*

O negacionismo no poder

22/11/2020

A Amazônia não está em chamas. O aquecimento global é uma ficção. O Brasil nunca teve ditadura. A covid é só uma gripezinha. Não há mais corrupção no governo.

Na sexta-feira, o vice-presidente Hamilton Mourão deu uma nova contribuição à galeria de mentiras oficiais. "No Brasil não existe racismo. Isso é uma coisa que querem importar", afirmou o general.

O negacionismo é um dos pilares do bolsonarismo. O capitão e seus aliados travam uma guerra permanente contra a verdade. Não se trata de discordar do politicamente correto. A ordem da extrema direita é desacreditar os fatos, a ciência e as instituições que fiscalizam o poder: imprensa, universidades, organizações não governamentais.

Mourão negou a existência do racismo no Dia da Consciência Negra, criado para lembrar o que figuras como ele tentam esconder. Neste ano, a data foi banhada de sangue. Na véspera do feriado, dois seguranças brancos espancaram um homem negro até a morte numa filial do Carrefour em Porto Alegre.

A negação do racismo é coerente com o histórico de declarações do general. Em agosto de 2018, ele culpou a miscigenação por uma suposta aversão dos brasileiros ao trabalho.

"Temos uma certa herança da indolência, que vem da cultura indígena. Eu sou indígena. Meu pai é amazonense. E a malandragem, nada contra, mas a malandragem é oriunda do africano", afirmou, numa palestra em Caxias do Sul.

---

[30] Os ministros Joaquim Silva e Luna (Defesa) e Sérgio Etchegoyen (Gabinete de Segurança Institucional).

Dois meses depois, Mourão fez uma piada racista ao elogiar a aparência do neto. "Meu neto é um cara bonito, viu ali? Branqueamento da raça", disse, em Brasília.

O crime do Carrefour escancara o que hoje é chamado de racismo estrutural. João Alberto Silveira Freitas pode não ter sido morto por ser negro, mas provavelmente estaria vivo se fosse branco. Brasileiros pretos e pardos sabem o que é entrar numa loja e ser tratado como suspeito em potencial. Estão mais expostos a revistas, humilhações e espancamentos.

A rotina de discriminação se reflete nas estatísticas da violência. Negros têm 2,7 vezes mais chances de serem assassinados, informa o Fórum Brasileiro de Segurança Pública. Representam 56% da população e 74% das vítimas de homicídio doloso no país. Oito entre dez brasileiros mortos pela polícia são pretos ou pardos. João Alberto foi espancado até a morte por um PM e um segurança particular.

O racismo sempre esteve entre nós, mas agora se instalou no gabinete presidencial. Bolsonaro já responsabilizou os negros pela escravidão, chamou a política de cotas de "coitadismo" e equiparou quilombolas a animais que têm o peso medido em arrobas. A Procuradoria-Geral da República o denunciou por crime de racismo, mas o Supremo arquivou o caso às vésperas da eleição de 2018.

Cada ofensa que permanece impune vira um novo incentivo à violência. No poder, o capitão entregou a Fundação Palmares a um provocador profissional, cuja única tarefa é atacar ativistas negros. O general Mourão não está na Vice-Presidência por acaso. Apesar das divergências eventuais, ele é um legítimo representante da turma.

*

Um Odorico no Planalto

08/12/2020

A Sucupira de Odorico Paraguaçu ressurgiu na Brasília de Jair Bolsonaro. Ontem o presidente promoveu uma solenidade para exibir o terno que vestiu na posse. A cerimônia reuniu seis ministros e foi transmitida ao vivo na TV estatal.

"Um dia memorável, né? Um dia memorável para a nação", discursou a primeira-dama Michelle. Ela festejava a inauguração de dois manequins com os trajes usados no Rolls-Royce presidencial.

"Fiquei muito feliz de presentear essa pessoa maravilhosa que é a Michelle", derramou-se a estilista Marie Lafayette, responsável pelo vestido da primeira-dama. Convidada a falar, ela disse ter trabalhado "com muito amor" e descreveu a cliente como uma "pessoa iluminada". Com uma propaganda dessa, seria difícil ouvir algo diferente.

Animado, Bolsonaro fez questão de informar que também não pagou pelo terno da posse. "De graça até injeção marciana, né?", brincou. Em seguida, o capitão forneceu o endereço do alfaiate. "Quanto mais terno fizer lá, mais eu ganho aqui", justificou.

No fim da cerimônia, o costureiro Santino Gonçalves engrenou um discurso de pastor. Entre glórias e louvores, ele descreveu sua presença no Planalto como o cumprimento de uma profecia. "Este é o presidente que Deus escolheu", sentenciou.

Horas antes de Michelle brincar de Maria Antonieta, o governador João Doria apresentou um cronograma para imunizar a população de São Paulo. O tucano avançou o sinal ao prometer uma vacina em fase de testes, mas deu um xeque em Bolsonaro. Se a Anvisa não liberar a CoronaVac até 25 de janeiro, o capitão será responsabilizado por cada morte a partir do dia 26.

Na peça de Dias Gomes, Sucupira era governada por um político populista, irresponsável e falastrão. Seu sonho era coroar o mandato com a inauguração de um cemitério. Bolsonaro reúne as três qualidades de Odorico, mas já declarou que não é coveiro. Ontem, no "dia memorável" da primeira-dama, o Brasil ultrapassou a marca de 177 mil vítimas da covid.

*

Um presidente no diminutivo

13/12/2020

Em 20 de março, o presidente Jair Bolsonaro afirmou que não estava preocupado com a covid. O Brasil ainda registrava uma dezena de mortes, mas ele já havia sido alertado sobre a gravidade da doença. "Depois da facada, não vai ser uma gripezinha que vai me derrubar, tá ok?", desdenhou.

Nesta quinta-feira, o Capitão Corona disse que o país vive "um finalzinho de pandemia". Os números oficiais contam outra história. Das 27 unidades da federação, 22 registram alta nas mortes. Mais de 30 mil pessoas estão internadas com o vírus, e ao menos seis capitais já ultrapassam os 90% de lotação nas UTIs.

Entre as duas declarações presidenciais, passaram-se 265 dias e morreram mais de 179 mil brasileiros pela covid. Confirmou-se o pior cenário projetado no início do ano pelo ministro Luiz Henrique Mandetta.

Ele tentou convencer Bolsonaro a levar a pandemia a sério, mas foi demitido porque não se curvou ao negacionismo do chefe.

Bolsonaro escolheu ficar sem ministro da Saúde na maior crise sanitária em um século. Depois da breve passagem de Nelson Teich, entregou a pasta a Eduardo Pazuello, aquele que "nem sabia o que era o SUS". O general admitiu sua falta de autonomia com a sutileza de um mamute: "Um manda e o outro obedece". Agora ficou claro que ele ainda não faz ideia de onde pisa.

Na terça-feira, Pazuello disse que a Anvisa levaria 60 dias para autorizar uma vacina. Na quinta, passou a falar em liberação até o fim de dezembro. Na sexta, ameaçou confiscar o imunizante do Instituto Butantan, ligado ao governo paulista. O porta-voz da bravata foi o governador bolsonarista de Goiás, Ronaldo Caiado.

O vaivém mostrou o general como um soldado perdido, à espera de ordens que não chegam. O Planalto não tem um plano contra a covid. Sua única obsessão é impedir que o tucano João Doria se apresente como vencedor da guerra das vacinas. Se isso resultar em mais mortes, paciência. O presidente só se importa com a própria reeleição.

Desde o início da crise sanitária, o capitão aposta na desinformação para esconder sua incompetência. Ele mentiu ao esconder o potencial do vírus. Agora volta a mentir ao dizer que o perigo passou. As declarações sobre "gripezinha" e "finalzinho de pandemia" expõem Bolsonaro como ele é: um político no diminutivo, que nunca esteve à altura da Presidência.

*

Estupidez contagiosa

18/12/2020

Enquanto Jair Bolsonaro esperneia, o Supremo tenta proteger os brasileiros do coronavírus e do desgoverno. Em outubro, o presidente disse que a Justiça não poderia decidir "se você vai ou não tomar uma vacina". Ontem a Corte ignorou a bravata e autorizou estados e municípios a adotarem a imunização obrigatória.

Ao contrário do que sugere a propaganda bolsonarista, ninguém será arrastado pelos cabelos até o posto de vacinação. Mas quem se negar a entrar na fila poderá ser impedido de frequentar escolas, comer em restaurantes ou usar o transporte público.

"A saúde coletiva não pode ser prejudicada por pessoas que deliberadamente se recusam a ser vacinadas", resumiu o ministro Ricardo Lewandowski. "A Constituição não garante liberdade a uma pessoa para ela ser soberanamente egoísta", reforçou Cármen Lúcia.

O ministro Alexandre de Moraes lembrou as mais de 180 mil mortes e disse que o momento não permite "demagogia", "hipocrisia", "obscurantismo" e "ignorância". Faltou combinar com o capitão e seus aspones.

Em mais uma aglomeração no Planalto, o novo ministro do Turismo discursou contra as medidas de distanciamento social. Ele também defendeu a realização de festas de réveillon com até 300 pessoas. "A gente tem que viver a vida, não dá para morrer por antecipação", disse.

Entre um disparate e outro, o sanfoneiro do Alvorada fez uma serenata de bajulação. Sem corar, Gilson Machado afirmou que Bolsonaro está "recuperando a autoestima de todo o povo". "Aonde o senhor vai, o povo lhe aclama", derramou-se, de olhos postos no chefe.

No segundo palanque do dia, o presidente retomou a cruzada contra a vacina. Ele tentou assustar a claque com efeitos colaterais inexistentes, que fariam mulher cultivar barba e homem falar fino. "Se você virar um jacaré, é problema de você, pô", pontificou.

Como a ignorância é contagiosa, o capitão continua a engordar seu rebanho. No último domingo, o Datafolha informou que cresceu de 9% para 22% a fatia de brasileiros que não querem se imunizar contra o coronavírus. E 52% acham que Bolsonaro não tem nenhuma culpa por tantas mortes no país.

*

Maia perdeu o bonde

03/02/2021

No último dia de reinado na Câmara, Rodrigo Maia ameaçou receber um dos 62 pedidos de impeachment que adormeciam em sua gaveta. A bravata gerou marola nas redes sociais, mas não chegou a assustar o governo. Aos ouvidos da classe política, soou apenas como um ato de desespero.

Maia teve diversas chances de frear a escalada autoritária do bolsonarismo. Ele viu o presidente tramar um autogolpe, estimular motins nas polícias e atiçar radicais que pregavam o fechamento do Congresso e do Supremo. Em vez de permitir a abertura de um processo de cassação, preferiu lavar as mãos e distribuir notas de repúdio.

Ao ser cobrado pela omissão, o deputado dizia não ver base jurídica para o impeachment. Crimes de responsabilidade não faltaram. Faltou coragem para enfrentar extremistas e contrariar agentes econômicos que lucram com o desgoverno.

No sábado, Maia engrossou a voz e acusou os bolsonaristas de adotarem métodos do fascismo.[31] Esses métodos estão em uso desde a campanha de 2018, quando o então presidenciável ameaçava fechar jornais e mandar adversários para a cadeia ou o exílio.

Sem a prisão de Fabrício Queiroz, o plano da quartelada poderia ter evoluído das palavras à ação. Bolsonaro foi contido pelo cerco judicial a seus filhos, não pela covardia do Legislativo.

Maia perdeu duas vezes o bonde do impeachment. Ele passou pela primeira vez entre março e abril de 2020, quando o capitão ejetou dois ministros da Saúde e virou alvo de panelaços diários. A inércia da Câmara permitiu que Bolsonaro continuasse a atuar a favor do vírus. Ele recuperou popularidade com o auxílio emergencial e conseguiu se equilibrar na cadeira.

O bonde voltou a passar no mês passado, quando ficou claro que o negacionismo federal deixou o país no fim da fila das vacinas. O deputado recebeu novos apelos para agir, mas estava mais preocupado em pedir votos para o aliado Baleia Rossi.

Ao vociferar no domingo, Maia já havia perdido o controle da eleição da Câmara. A abertura do impeachment era um imperativo ético, mas seria reduzida a um ato de vingança. Que seria anulado rapidamente por seu sucessor, ansioso para mostrar serviço ao Planalto.

*

Bolsonaro compra seguro contra impeachment

02/02/2021

A vitória de Arthur Lira sela o enlace entre Jair Bolsonaro e o centrão. Em 1º de fevereiro, Arthur Lira se elegeu presidente da Câmara com 302 votos. É um casamento de interesses, ditado pela gula dos parlamentares e pelo instinto de sobrevivência do governo.

Na campanha de 2018, o capitão definiu o grupo como "a nata do que há de pior" no Brasil. Ao subir a rampa, ele continuou a tratar a turma com desdém.

---

31 Maia protestou após bolsonaristas destruírem faixas de apoio a Baleia Rossi, seu candidato a presidente da Câmara. "Isso tem nome: fascismo", escreveu.

Partidos como o PP de Lira e o PTB de Roberto Jefferson, acostumados a abocanhar cargos em todas as gestões anteriores, viram-se preteridos na partilha de ministérios e estatais.

Foi uma surpresa amarga para as duas legendas, que haviam oferecido abrigo ao então deputado Bolsonaro por mais de uma década.

O ensaio de independência durou enquanto o presidente se julgava forte o suficiente para governar sem dividir poder com o Congresso. Essa situação mudou com a queda de popularidade e com o cerco judicial aos filhos do capitão.

Fragilizado, Bolsonaro se rendeu ao centrão e decidiu abrir os cofres para comprar proteção parlamentar. O investimento em Lira representa a contratação de um seguro contra o impeachment, cuja apólice terá que ser renovada periodicamente até 2022.

O Planalto tem muitos motivos para festejar. No médio prazo, o presidente tende a afastar a ameaça de um processo de cassação.

Apesar de seus múltiplos e repetidos crimes de responsabilidade, Bolsonaro deverá continuar na cadeira até o fim do mandato. Mesmo que a sua permanência signifique o aumento de mortes que poderiam ser evitadas se o país tivesse um governante interessado em conter a pandemia.

Lira também deverá bloquear qualquer tentativa de instalação de CPI para apurar a omissão do Planalto no combate ao coronavírus.

Alinhada ao bolsonarismo, a Câmara tende a lavar as mãos diante da crise humanitária em estados como o Amazonas, onde pacientes continuam a morrer sufocados pela falta de oxigênio.

O desperdício de dinheiro público na produção de cloroquina, a negligência na negociação de vacinas e os desmandos do ministro Eduardo Pazuello também deverão continuar impunes.

De brinde, Bolsonaro foi dormir com a notícia da derrota acachapante de Rodrigo Maia, cujo candidato, Baleia Rossi, recebeu apenas 145 votos.

Rifado por seu próprio partido, que o abandonou a menos de 24 horas da votação de ontem, o agora ex-presidente da Câmara arrisca encerrar o mandato como um zumbi.

A julgar pelas expectativas do governo, a vitória de Lira não se limitará a blindar Bolsonaro. O capitão também espera destravar pautas reacionárias, como a liberação das armas e o desmonte da legislação ambiental.

No entanto, ele poderá ser obrigado a pagar ainda mais para ver. Discípulo de Eduardo Cunha, Lira sabe como inflacionar o preço de favores e votações. Agora que ele assumiu o volante, o taxímetro do apoio ao governo passará a correr na bandeira dois.

*

A conversa do general

12/02/2021

Um dia depois da posse, Jair Bolsonaro se virou para o então comandante do Exército, Eduardo Villas Bôas, e fez um agradecimento público. "O que já conversamos morrerá entre nós. O senhor é um dos responsáveis por eu estar aqui", disse. Em entrevista ao professor Celso Castro, o general se negou a revelar o teor do diálogo com o capitão. Apesar da recusa, seu depoimento ajuda a entender a gratidão presidencial.

Dizendo-se contrário à interferência militar na política, Villas Bôas usou a farda para impulsionar o candidato dos quartéis. Às vésperas da eleição de 2018, ele pressionou o Supremo a negar um habeas corpus a Lula. O ex-presidente foi preso, e Bolsonaro passou a liderar a corrida ao Planalto.

No livro da FGV, o general conta que seus tuítes foram "discutidos minuciosamente" com o Alto Comando.[32] O relato envolve toda a cúpula do Exército no que o ministro Celso de Mello definiu como uma intervenção "pretoriana", "inaceitável" e "infringente do princípio da separação de Poderes".

Villas Bôas admite que agiu "no limite da responsabilidade", mas indica que não se considera um golpista. "Tratava-se de um alerta, muito antes que uma ameaça", informa. Em outra passagem, ele define o marechal Castello Branco, pivô do golpe militar de 1964, como um "legalista".

A investigação dos crimes da ditadura está na origem do ressentimento do general com o PT. Ele reconhece que Lula reaparelhou as Forças Armadas, mas afirma que os militares se sentiram traídos pela instalação da Comissão Nacional da Verdade.

Nomeado comandante por Dilma Rousseff, Villas Bôas revela que jantou com Michel Temer quando o então vice articulava o impeachment da então presidente. Depois do repasto, ele indicou um amigo de infância, o general Sérgio Etchegoyen, para chefiar o Gabinete de Segurança Institucional.

Em sintonia com Bolsonaro, o oficial esbraveja contra o "politicamente correto", critica a luta antirracista e acusa o PT de promover a "destruição

---

[32] O livro *General Villas Bôas: conversa com o comandante.*

moral do país". Mas é só elogios a Temer, que foi alvo de três denúncias de corrupção no exercício do cargo.

Sem corar, Villas Bôas descreve a conversa gravada por Joesley Batista como um mero episódio de "ingenuidade do presidente". Em tantas décadas de estrada, Temer já foi chamado de muitas coisas. De ingênuo deve ter sido a primeira vez.

*

O soldado e o capitão

19/02/2021

Na denúncia apresentada ao Supremo, a Procuradoria-Geral da República descreve Daniel Silveira como "um ex-soldado da Polícia Militar do Rio, instituição na qual se notabilizou pelo mau comportamento". O deputado fez da indisciplina um trampolim para trocar o quartel pelo palanque. Não é sua única semelhança com Jair Bolsonaro.

A exemplo do capitão, o ex-soldado usa a misoginia para se promover. Bolsonaro atraiu holofotes quando chamou uma colega de "vagabunda" e disse que ela "não merecia" ser estuprada. Silveira se projetou ao vandalizar uma homenagem a Marielle Franco, vereadora executada pela milícia.

Os dois descobriram que a truculência pode render votos. O mau militar enfileirou sete mandatos até chegar ao Planalto. O mau policial foi premiado com uma cadeira na Câmara.

O caso do deputado marombado impõe um teste à democracia brasileira. Desde que subiu a rampa com Bolsonaro, a extrema direita mantém as instituições sob ataque permanente. Agora surgiu uma oportunidade de frear a escalada autoritária.

Na Quarta-feira de Cinzas, o Supremo esqueceu as divisões internas e manteve a prisão de Silveira por 11 a 0. Hoje será a vez de a Câmara decidir o futuro do extremista.

O bolsonarismo não disfarça. Seu projeto envolve o aliciamento das polícias, a cooptação do Legislativo e a submissão do Judiciário. O deputado Eduardo Bolsonaro já havia sugerido fechar o Supremo com "um soldado e um cabo". Silveira propôs uma solução mais violenta: espancar, cassar e prender os ministros da Corte.

Os golpistas tentam usar as armas da democracia para matá-la. O ex-PM evoca a imunidade parlamentar para defender a ditadura. Exalta o AI-5, mas quer liberdade de expressão para conspirar. Por ironia, ele foi enquadrado na Lei de Segurança Nacional, um entulho autoritário do regime dos generais.

A Câmara tem sido conivente com a pregação fascista desde 1999, quando um deputado exaltou a ditadura e defendeu o fuzilamento do presidente Fernando Henrique Cardoso. Na época, os parlamentares optaram por deixar o extremista falando sozinho. A experiência mostra que a omissão foi um erro grave. Agora o Congresso pode começar a repará-lo.

*

O caminho do Capitólio

21/02/2021

No dia seguinte à invasão do Capitólio por seguidores de Donald Trump, o presidente Jair Bolsonaro avisou que sua tropa pode replicar a baderna no Brasil. "Se nós não tivermos o voto impresso em 2022, uma maneira de auditar o voto, nós vamos ter problema pior que os Estados Unidos", disse.

Trump questionou o resultado das urnas para mobilizar seus radicais contra a democracia. O capitão mina a confiança no voto eletrônico para justificar uma rebelião em caso de derrota. Na cabeça dele, o "problema" pode ser a solução para se manter no poder pela força.

Na véspera do carnaval, Bolsonaro editou novos decretos que facilitam o acesso a armas e munições. A iniciativa segue a cartilha anunciada na reunião ministerial de abril passado: "É escancarar o armamento no Brasil. Eu quero o povo armado". Naquele momento, a ideia era fomentar um levante contra governadores e prefeitos. No ano que vem, a mira deve se voltar contra a Justiça Eleitoral.

No discurso de Bolsonaro, armar o "povo" significa municiar aliados e seguidores. Gente como o extremista Daniel Silveira, que incitou a violência contra o Supremo e se disse disposto a "matar ou morrer" pelo chefe.

O deputado marombado foi preso, mas suas ideias estão soltas na base bolsonarista. Na sexta-feira, o ogro foi tratado como mártir pelo Clube Militar. Em nota, a entidade exaltou a ditadura e falou em "arbitrariedades do STF". Apesar de defender o regime autoritário, reivindicou "liberdade de expressão" para o conspirador.

A diretora-executiva do Fórum Brasileiro de Segurança Pública, Samira Bueno, alerta que a ofensiva armamentista do governo nada tem a ver com o discurso de autodefesa do "cidadão de bem". Um dos novos decretos permite que o mesmo atirador compre 60 armas.

"Bolsonaro incentiva abertamente a formação de milícias privadas. Esta é a principal ameaça à democracia no Brasil, junto da politização das forças policiais", afirma a pesquisadora. Neste cenário, milícias que já elegem deputados e vereadores podem ser usadas para subverter a corrida presidencial.

Em entrevista recente à *Folha de S.Paulo*, o ministro Edson Fachin manifestou "preocupação agravada com a corrupção da democracia" no país. Entre os sintomas da doença, listou a "remilitarização do governo civil", o "incentivo às armas", as "declarações acintosas de depreciação do valor do voto" e os ataques ao Judiciário e à imprensa.

O ministro desenhou o caminho para uma invasão do Capitólio tupiniquim. Ele assumirá o comando do TSE em fevereiro de 2022, a oito meses da eleição presidencial.

*

Chega de mimimi

05/03/2021

Nem a morte de 261 mil brasileiros é capaz de extrair alguma humanidade de Jair Bolsonaro. No pior momento da pandemia, o capitão voltou a ostentar desprezo pelo sofrimento alheio. "Chega de frescura e de mimimi. Vão ficar chorando até quando?", debochou ontem, em Goiás.

As duas frases sintetizam a visão do presidente sobre a tragédia. Nas palavras dele, os esforços para conter a doença não passam de "frescura". Quem usa máscara tem "medinho do vírus". Quem respeita as regras de distanciamento é "frouxo" e "covarde".

Obcecado por afirmar sua masculinidade, o capitão diz que é preciso enfrentar o vírus "como homem, não como moleque". "Tem que deixar de ser um país de maricas!", esbravejou, em outro comício contra o isolamento social.

Com o termo "mimimi", o presidente tenta desmerecer as críticas a seu comportamento irresponsável. A gíria foi adotada pela militância bolsonarista para ironizar minorias e grupos oprimidos. Quem protesta contra o racismo é "vitimista". Quem contesta a homofobia é "mimizento".

Por essa lógica, também é "mimimi" reclamar de um governo que ignora a ciência, deixa pacientes sem oxigênio e sabota a negociação de vacinas. Ontem o capitão chamou de "idiota" quem reivindica a compra de imunizantes para todos. "Só se for na casa da tua mãe!", acrescentou.

A pergunta "Vão ficar chorando até quando?" expõe Bolsonaro em estado puro: um político que despreza a vida e celebra a morte.

Em 28 anos no Congresso, ele se notabilizou por exaltar torturadores e dizer que a ditadura "matou pouco". Quando a Justiça ordenou buscas por ossadas de desaparecidos no Araguaia, enfeitou o gabinete com um adesivo que dizia "Quem procura osso é cachorro". Agora ele achincalha os parentes das vítimas da covid.

Bolsonaro não vai mudar. Enquanto permanecer no cargo, continuará a atentar contra a saúde pública e a desrespeitar as famílias enlutadas.

Hoje completa um mês o pedido de impeachment apresentado por médicos como Gonzalo Vecina e José Gomes Temporão. O documento lista dezenas de crimes de responsabilidade cometidos pelo presidente na pandemia. Pressionar a Câmara a aceitá-lo é uma forma de transformar a indignação em ação.

*

O fantasma da polarização

14/03/2021

A volta de Lula reabilitou um fantasma que assombrou a última corrida presidencial: a ideia de um país dividido entre dois extremos.[33] Em 2018, a propaganda de Geraldo Alckmin martelou que era preciso evitar, a qualquer custo, a polarização entre Bolsonaro e PT. As duas forças foram apresentadas como "lados da mesma moeda: a do radicalismo".

A retórica denunciava o desespero do tucano. O eleitorado do seu partido já havia aderido ao capitão, e ele terminou com menos de 5% dos votos. No segundo turno, os candidatos do PSDB esqueceram o discurso e correram para Bolsonaro. A carona ajudou a eleger João Doria e Eduardo Leite, que agora tentam se descolar da imagem do presidente.

A equivalência entre PT e Bolsonaro sempre foi conversa fiada. O partido de Lula tem muitos defeitos, mas nasceu na luta contra a ditadura e governou pelas regras da democracia. Quando Dilma Rousseff sofreu o impeachment, os petistas entregaram as chaves do palácio e foram para a oposição.

Bolsonaro é um antigo defensor do autoritarismo, da tortura e das milícias. Não moderou o discurso na campanha nem no governo, no qual passou a flertar abertamente com um autogolpe.

---

[33] Em 8 de março, o ministro Edson Fachin anulou todas as condenações de Lula. O ex-presidente recuperou os direitos políticos e se tornou elegível para 2022.

Polarização não é sinônimo de duelo entre extremos. Como lembra o cientista político Cláudio Couto, PT e PSDB polarizaram seis disputas presidenciais sem que nenhum deles fosse extremista. O professor diz o óbvio. Mesmo assim, há quem insista na falsa simetria.

A deputada Joice Hasselmann, ex-líder de Bolsonaro, agora se apresenta como adversária do "bolsopetismo". O termo não quer dizer nada, mas virou moda em rodas conservadoras. Na falta de um candidato competitivo, apela-se ao fantasma de 2018.

O retorno de Lula mostrou que não era difícil polarizar com um presidente que nega a ciência e debocha das vítimas da pandemia. Para o petista, bastou aparecer de máscara, defender a vacina e informar que a Terra não é plana.

*

Os três patetas

14/03/2021

Na semana em que o Brasil superou a marca de duas mil mortes diárias pela covid, os filhos do presidente se destacaram pelas seguintes ações:

Flávio, o Zero Um, comparou medidas para conter a pandemia ao massacre de judeus no Holocausto.

Carlos, o Zero Dois, deu chilique na Câmara Municipal e chamou um colega de "canalha" e "cabeça de balão".

Eduardo, o Zero Três, divulgou o desenho de um Zé Gotinha miliciano, armado com um fuzil.

*

Estado de intimidação

18/03/2021

A PM de Brasília prendeu cinco manifestantes que abriram uma faixa contra o presidente na Praça dos Três Poderes. A notícia remete aos anos de chumbo, quando os militares perseguiam quem ousasse contestar a ditadura. Aconteceu ontem, sob o governo de Jair Bolsonaro.

A escalada autoritária é liderada pelo Planalto. O ministro da Justiça, André Mendonça, ressuscitou a Lei de Segurança Nacional para enquadrar os críticos do chefe. Já mandou a Polícia Federal instaurar inquéritos contra jornalistas, advogados e até cartunistas.

Agora o exemplo do pastor inspira bolsonaristas nas polícias civis e militares. Num país governado por um fã do AI-5, há sempre um guarda da esquina disposto a rasgar a Constituição.

O professor Conrado Hübner Mendes, da Faculdade de Direito da USP, considera que o Brasil já vive sob um "estado de intimidação". "O objetivo das investidas policialescas é gerar um clima de medo e autocensura. É uma forma de repressão preventiva", define.

A crônica dos abusos só aumenta. No Rio Grande do Sul, professores foram processados por criticar o presidente. No Rio de Janeiro, pesquisadores foram intimados por denunciar o desmonte da Casa de Rui Barbosa.

No Tocantins, o ministro Mendonça mandou a PF investigar um sociólogo que pede impeachment de Bolsonaro. Seu crime foi escrever, num outdoor, que o capitão "não vale um pequi roído". O pequi ainda não foi ouvido para se defender da comparação.

Os manifestantes de Brasília foram enquadrados na LSN porque chamaram o presidente de "genocida". Três dias antes, o youtuber Felipe Neto foi convocado a depor pelo mesmo motivo. Em ambos os casos, recorre-se a uma lei da ditadura para sufocar a liberdade de expressão na democracia.

"A LSN está sendo usada para perseguir quem critica o governo. Isso é um abuso de autoridade e um ataque ao Estado democrático de direito", diz o advogado Augusto de Arruda Botelho. Ele ajudou a fundar o grupo Cala a Boca Já Morreu, que vai oferecer defesa gratuita a novas vítimas da caça às bruxas.

Enquanto o Supremo não varre o entulho autoritário da LSN, o bolsonarismo continua a cultuar a tirania. A Justiça Federal acaba de autorizar o Exército a festejar o 57º aniversário do golpe de 1964. Se a decisão não for reformada, os militares poderão praticar o esporte preferido do seu comandante em chefe.

*

Diplomacia do desatino

26/03/2021

No dia em que assumiu o Ministério das Relações Exteriores, Ernesto Araújo citou a Bíblia em grego, rezou a Ave Maria em tupi e viajou na maionese em português. Num discurso delirante, o chanceler misturou Tarcísio Meira, Renato Russo, Dom Sebastião e Raul Seixas. A performance espantou a plateia e inaugurou uma era de vexames no Itamaraty.

Discípulo de Olavo de Carvalho, Araújo aplicou a cartilha da extrema direita na diplomacia. Prometeu uma "política externa do povo", mas subordinou o interesse nacional às crenças de uma seita radical.

O chanceler hostilizou nações amigas, endossou teorias conspiratórias e isolou o Brasil em fóruns internacionais. Na ONU, o país passou a boicotar resoluções que defendiam os direitos humanos. Alinhou-se a teocracias que oprimem mulheres e perseguem minorias.

O fanatismo também pautou a relação do ministro com o chefe. Num discurso banhado em lágrimas, Araújo chegou a comparar Jair Bolsonaro a Jesus Cristo. Aos soluços, descreveu o capitão como a "pedra angular" de um "novo Brasil".

A vassalagem não o salvou de humilhações públicas. Numa visita à Casa Branca, o chanceler foi barrado no encontro com Donald Trump. Enquanto ele esperava no corredor, o deputado Eduardo Bolsonaro acompanhava o pai no Salão Oval.

A submissão a Trump foi um capítulo à parte na gestão Araújo. Para bajular o republicano, o ministro traiu países vizinhos, aceitou taxas abusivas e abriu mão de espaço em organizações multilaterais. Quando Joe Biden venceu, ele endossou a falsa tese de fraude eleitoral. A birra aumentou a má vontade da nova administração americana com o Brasil.

Durante dois anos, o Congresso e a elite empresarial fecharam os olhos enquanto Araújo babava na gravata. Num governo cheio de lunáticos, os desatinos do chanceler foram tratados como um exotismo a mais. A omissão durou até o agravamento da pandemia.

Com mais de 300 mil mortos pela covid, o Brasil sofre para conseguir vacinas e medicamentos. Parte do drama se deve à antidiplomacia de Araújo, que inviabilizou acordos com a China e a Índia. Agora Senado e Câmara exigem a demissão do ministro. Mas não basta afastá-lo do cargo. Ele precisa ser responsabilizado como um dos cúmplices da tragédia.

*

Bolsonaro fraquejou

31/03/2021

Jair Bolsonaro está acuado. Na semana passada, o presidente viu o centrão jogar na mesa a carta do impeachment. Em tom de ultimato, Arthur Lira criticou a "espiral de erros" do governo e avisou que "tudo tem limite".

"Os remédios políticos no Parlamento são conhecidos e são todos amargos. Alguns, fatais", afirmou.

Cinco dias depois, o capitão entregou a Secretaria de Governo a uma afilhada de Lira. Deputada de primeiro mandato, Flávia Arruda recebeu a chave do cofre de cargos e emendas. Ameaçado pelo centrão, Bolsonaro fraquejou. Não foi sua única capitulação.

Na mesma segunda-feira, o presidente despachou Ernesto Araújo do Ministério das Relações Exteriores. O pior chanceler da História não foi demitido por seu desempenho calamitoso. Caiu porque o Congresso exigiu sua cabeça. Despediu-se com uma carta rastejante, em que se refere ao capitão como "querido chefe".

Com a pandemia fora de controle e os quatro filhos sob investigação, Bolsonaro perde popularidade e começa a assistir à debandada de fatias expressivas do PIB. Ao celebrar seu aniversário, há dez dias, o capitão disse que "só Deus" poderia tirá-lo do poder. É neste contexto que ele volta a apelar ao fantasma de um autogolpe.

O presidente nunca escondeu os planos. Quer transformar as Forças Armadas numa milícia particular para defender seus interesses políticos. Os militares abocanharam mais de seis mil cargos no governo, mas resistem a embarcar numa aventura golpista. Agora receberam um tranco com a demissão do ministro da Defesa.

As primeiras reações à queda de Fernando Azevedo indicam que não será tão fácil virar a mesa. Em solidariedade ao general, os comandantes de Exército, Marinha e Aeronáutica acertaram uma renúncia conjunta. Bolsonaro poderá substituí-los, mas sabe que a cúpula militar continuará a vê-lo como um capitão baderneiro.

Passado o impacto das trocas, a realidade deve voltar a se impor. Enquanto o presidente fabricava a crise nos quartéis, o Brasil bateu ontem um novo recorde de mortos pela covid: 3.668 em apenas 24 horas.

*

O inferno visto de fora

11/04/2021

O sonho de Ernesto Araújo se realizou: com o bolsonarismo no poder, o Brasil virou um pária aos olhos do mundo. O país já despertava preocupações pela escalada autoritária, pela devastação da Amazônia e pela liberação indiscriminada de armas. Agora também é visto como uma ameaça à saúde global.

Na sexta-feira, as Nações Unidas fizeram um apelo por medidas para conter a pandemia. "A intensificação da curva de óbitos, a falta de medidas restritivas efetivas e a falta de uma estratégia nacional de vacinação estão levando o país a uma catástrofe", alertou Marlova Jovchelovitch Noleto, coordenadora da ONU no Brasil.

Em Genebra, a Organização Mundial da Saúde definiu a situação brasileira como um "inferno furioso". A entidade reforçou que não adianta esperar pela chegada de vacinas: o país precisa de isolamento social para frear a transmissão do coronavírus.

Fatos, dados e alertas não são capazes de convencer quem não quer ser convencido. Na quarta, Jair Bolsonaro fez mais um comício contra as medidas de distanciamento. "Não vamos aceitar a política do fique em casa", repetiu, em Chapecó. O presidente dividia o palanque com o prefeito João Rodrigues, que já foi condenado e preso por fraude em licitação. Agora ele tapeia eleitores com a fábula do tratamento precoce.

O capitão apresentou o município catarinense como um exemplo no combate à covid. A realidade mostra outra coisa: a cidade registra mais mortes do que a média nacional, está com as UTIs lotadas e já precisou transferir pacientes para o Espírito Santo.

Os editoriais da imprensa internacional refletem a apreensão com o descontrole da pandemia. Na terça, o jornal britânico *The Guardian* definiu Bolsonaro como "um perigo para o Brasil e para o mundo". O texto critica a sabotagem às medidas sanitárias e aponta sua consequência: o surgimento e a disseminação de uma variante mais letal do vírus.

A mutação P1 também foi citada pelo americano *The Washington Post*, que apontou a "incompetência assombrosa" do presidente. "As medidas necessárias para frear as novas infecções são virtualmente inexistentes", resumiu o jornal. No fim de março, a revista britânica *The Economist* já havia classificado Bolsonaro como "uma ameaça à saúde".

O olhar de fora reforça a gravidade da tragédia que nos assombra. Na última semana, o país ultrapassou a marca de quatro mil mortes diárias pela covid. Com menos de 3% da população mundial, passou a concentrar um terço dos óbitos no planeta.

"Estamos falando de milhares de vidas que estão sendo perdidas por falta de ações assertivas para conter a pandemia", ressaltou a coordenadora da ONU. Bolsonaro faz política com o nome de Deus, mas está transformando o Brasil num inferno.

*

Bolsonaro está com medo

14/04/2021

Jair Bolsonaro está com medo. O capitão sabe que a CPI da Covid pode se tornar uma ameaça ao seu mandato. Por isso, descontrolou-se quando o Supremo mandou o Senado instalar a comissão.

Na sexta-feira, o presidente vociferou contra o ministro Luís Roberto Barroso. Acusou-o de fazer "politicalha", "militância" e "jogada casada" com a oposição. Faltou dizer que o juiz se limitou a aplicar a lei.

Barroso anotou que a comissão parlamentar de inquérito é um direito da minoria. O Supremo reconheceu isso quando contrariou o governo Lula e determinou a abertura das CPIs dos Bingos e do Apagão Aéreo.

No sábado, Bolsonaro passou do protesto à conspiração. Em conversa com o senador Jorge Kajuru, sugeriu retaliar a Corte com uma ofensiva para destituir ministros. "Tem que fazer do limão uma limonada", justificou.

No mesmo telefonema, ele disse que desejava "sair na porrada" com o senador Randolfe Rodrigues. Um presidente que ameaça bater no líder da oposição parece avacalhação demais até para o Brasil de 2021.

No desespero, o governo ainda tentou desviar o foco da investigação para mirar governadores e prefeitos. A ideia esbarrou num detalhe: o Senado não pode invadir o terreno de Assembleias e Câmaras. A comissão se limitará a apurar o destino de repasses federais a estados e municípios.

Bolsonaro sabe o que fez e deixou de fazer para que o Brasil se transformasse no epicentro da pandemia. Agora a CPI poderá identificar suas digitais na falta de vacinas, na sabotagem às medidas sanitárias e na morte de pacientes por falta de oxigênio.

No melhor cenário para o capitão, a investigação ampliará seu desgaste às vésperas da campanha. No pior, ajudará a responsabilizá-lo criminalmente pelo morticínio.

Ontem o senador Fernando Collor escancarou os riscos que o presidente passou a correr. "Temos que ter consciência do momento em que vivemos", discursou. "Falo isso como alguém que já passou e viveu episódios dramáticos da vida nacional."

No caso dele, a CPI deu em impeachment.

*

Os estribos do general

21/04/2021

O novo ministro da Defesa está empenhado em agradar o chefe. Walter Braga Netto estreou no cargo com uma exaltação ao golpe de 1964. Em seguida, passou a usar cerimônias militares para endossar o discurso do capitão.

Ontem o general aproveitou a troca de comando do Exército para fazer mais um comício bolsonarista. Às vésperas da Cúpula do Clima, ele tentou rebater as críticas da comunidade internacional pela devastação da Amazônia. "Os brasileiros que estão presentes na região sabem que a floresta continua de pé", afirmou.

A patriotada não apaga o que as imagens de satélite mostram ao mundo. Ao analisá-las, o Imazon constatou que o desmatamento em março foi o maior para o mês nos últimos dez anos.

Com o governo pressionado pela abertura da CPI da Covid, Braga Netto disse que "é preciso respeitar o rito democrático e o projeto escolhido pela maioria dos brasileiros". A frase sugere que a eleição deu um salvo-conduto ao presidente, como se ele não precisasse prestar contas à sociedade e ao Congresso.

O ministro também afirmou que o Brasil passa por um período de "intensa comoção e incertezas, que colocam a prova a maturidade, a independência e a harmonia das instituições".

Faltou lembrar que os ataques ao equilíbrio entre os Poderes partem do Planalto. Nas últimas semanas, Bolsonaro voltou a atacar ministros do Supremo e acionou sua milícia digital para intimidar os senadores que pretendem investigá-lo na CPI.

O general arrematou o discurso com uma advertência pouco sutil. Disse que as Forças Armadas estão "prontas" e "sempre atentas à conjuntura nacional". A conversa casa com a retórica golpista do capitão, que tem ameaçado adversários políticos com o que ele chama de "meu Exército".

Braga Netto assumiu a Defesa no momento em que o presidente cobrava mais manifestações de apoio dos militares. Sua primeira medida foi derrubar o general Edson Pujol, que tentava controlar a exploração política da tropa.

Ontem o ministro se despediu do ex-comandante com um bordão da caserna: "Que nossos estribos se choquem em cavalgadas futuras".

*

O silêncio do general

16/05/2021

Há dez anos, o estamento militar se uniu para combater a Comissão Nacional da Verdade. Os generais temiam que a revelação de crimes da ditadura causasse dano à imagem das Forças Armadas. Faltou visão estratégica: o pior estava por vir com Eduardo Pazuello.

A passagem do general pelo Ministério da Saúde implodiu o mito da eficiência dos militares. O oficial afastou técnicos e aparelhou a pasta com coronéis, majores e capitães. O resultado foi uma gestão caótica, que abraçou o negacionismo, atrasou a compra de vacinas e deixou faltar oxigênio em hospitais.

Pazuello também desmontou o marketing da bravura dos homens de farda. Para não perder o cargo, o general se humilhou publicamente diante do capitão. "É simples assim: um manda, e o outro obedece", explicou, ao ser desautorizado na negociação com o Instituto Butantan.

A CPI da Covid já causou novos desgastes a Pazuello e ao Exército. Depois de usar uma desculpa esfarrapada para adiar seu depoimento, o ex-ministro apelou ao Supremo pelo direito de permanecer calado.

O habeas corpus concedido pelo ministro Ricardo Lewandowski segue a jurisprudência do tribunal. A Constituição também é clara: ninguém é obrigado a produzir provas contra si mesmo. No entanto, a blindagem jurídica terá efeitos adversos. O silêncio do general deve agravar sua desmoralização diante dos senadores e da opinião pública.

Ainda que compareça em trajes civis, Pazuello representará o Exército na CPI. Ele é general da ativa, loteou o ministério entre colegas da caserna e agora é defendido pela Advocacia-Geral da União. É impossível separar o personagem da instituição que o abriga e acoberta.

Há outros riscos à vista para o general fujão. Apesar de ter garantido seu direito ao silêncio, Lewandowski ressaltou que ele precisará responder a perguntas que envolvam "fatos e condutas relativas a terceiros". Nesses casos, valerá o compromisso de dizer a verdade. Se mentir aos senadores, o ex-ministro poderá ser responsabilizado por falso testemunho.

O relator Renan Calheiros deixou claro que o habeas corpus não resolve todos os problemas de Pazuello. "Interrogatório bom não busca confissões, quer acusações sobre terceiros. Com relação a ele, outros falarão", avisou.

*

O general no palanque

26/05/2021

Na quinta passada, Eduardo Pazuello se penitenciou à CPI da Covid após ter sido flagrado sem máscara num shopping de Manaus. O general fingiu arrependimento por desrespeitar as regras sanitárias. "Peço desculpas por isso", afirmou.

Três dias depois, o ex-ministro participou de um comício com Jair Bolsonaro no Parque do Flamengo. A exemplo do chefe, discursou sem máscara, lançando perdigotos sobre a plateia. Foi a menor das suas transgressões no palanque.

Diante do Monumento aos Pracinhas, Pazuello pisoteou o Regulamento Disciplinar do Exército. O texto proíbe militares da ativa de se manifestar, sem que estejam autorizados, sobre assuntos de "natureza político-partidária". Ao ignorar a regra, o general rompeu a hierarquia e deu um novo incentivo à politização da tropa.

A provocação foi combinada com Bolsonaro, que viveu um dia de Mussolini com seus fanáticos de motocicleta. No passado, o capitão estimulou a anarquia militar para transitar dos quartéis ao Congresso. Agora investe na cooptação das Forças Armadas para fortalecer seu projeto autoritário.

No início da pandemia, o presidente levou seus seguidores para a porta do Quartel-General do Exército, onde discursou num ato que pregava o fechamento do Congresso e do Supremo. Nos últimos meses, passou a ameaçar o uso de tanques contra governadores e prefeitos que não se curvam ao negacionismo federal.

Pressionado pela CPI e pelas pesquisas de opinião, Bolsonaro aposta no golpismo para intimidar adversários e contestar uma possível derrota nas urnas. Pazuello já cumpriu a primeira missão quando virou ministro e sabotou o combate à pandemia. Agora sobe no palanque do chefe para ajudá-lo a semear a baderna em 2022.

*

O Exército de joelhos

04/06/2021

Jair Bolsonaro seduziu as Forças Armadas com três moedas: prestígio, poder e dinheiro. Em troca, exigiu uma só: a submissão completa ao seu projeto político.

O capitão subiu a rampa com sete ministros militares. O loteamento se espalhou pelos escalões inferiores da máquina pública. Mais de seis mil fardados se penduraram em cargos civis.

Quem não ganhou emprego embolsou vantagens no contracheque. Os integrantes das Forças foram poupados da reforma da Previdência. Além de manter privilégios, arrancaram novos penduricalhos.

No mês passado, uma canetada autorizou militares da reserva a furar o teto constitucional. Alguns generais passarão a receber supersalários acima dos R$ 60 mil por mês.

O presidente nunca escondeu a regra do jogo: para manter as benesses, é preciso se curvar a ele e a seus filhos. No início do governo, o general Santos Cruz tentou contrariar interesses do vereador Carlos Bolsonaro. Puxou a fila dos demitidos antes de completar seis meses no cargo.

Outros oficiais toparam se humilhar para continuar no poder. Foi o caso do general Luiz Eduardo Ramos, chamado de "Maria Fofoca" e "Banana de Pijama" por um colega de gabinete. Ele engoliu os desaforos e foi promovido a chefe da Casa Civil.

Quando o governo começou a dar sinais de derretimento, o capitão elevou o tom das cobranças. Passou a exigir demonstrações públicas de apoio e ameaçou usar tanques contra prefeitos e governadores.

No fim de março, ele criou uma crise militar e derrubou o general Fernando Azevedo do Ministério da Defesa. Agora esvazia o novo comandante do Exército, que assumiu há pouco mais de dois meses.

Bolsonaro montou uma armadilha para o general Paulo Sérgio Nogueira. Levou o ex-ministro Eduardo Pazuello, que é oficial da ativa, para um comício em seu favor. O comandante ficou emparedado: ou punia o subordinado, arriscando-se a ser demitido, ou fechava os olhos para a indisciplina, abrindo as portas para a anarquia militar.

O general aceitou ficar de joelhos para o capitão. Perdeu a autoridade e ainda pode vir a perder o cargo. Basta que ele contrarie a próxima vontade do chefe.

*

O cupim do Planalto

13/06/2021

Ao promulgar a Constituição de 1988, Ulysses Guimarães disse que a corrupção era o "cupim da República". O Senhor Diretas não conhecia Jair Bolsonaro, na época um obscuro candidato a vereador.

Três décadas depois daquele discurso, o capitão se tornou presidente. Eleito pelo voto, exerce o poder como um cupim da democracia. Corrói suas instituições por dentro, como insetos que devoram um armário lentamente até levá-lo ao chão.

Em dois anos e meio, o cupim Bolsonaro já roeu parte dos pilares do edifício erguido pelos constituintes. Aparelhou os órgãos de controle, danificou o sistema de freios e contrapesos, corrompeu a confiança no sistema eleitoral.

Em sua marcha autoritária, o capitão domesticou a Polícia Federal, a Receita e a Abin. Subjugou o Exército para proteger um general de estimação. Transformou o Ministério da Justiça numa usina de processos contra adversários políticos. Estimulou grupos extremistas a pregarem o golpe e o fechamento do Supremo.

O projeto de desconstrução envolve a captura de órgãos públicos para atuarem na contramão de suas missões institucionais. O Ministério do Meio Ambiente virou bunker de aliados do desmatamento. A Fundação Palmares, criada para promover a igualdade racial, foi entregue a um provocador que nega a existência de racismo no país.

Ao mesmo tempo que desmancha estruturas do Estado, Bolsonaro monta aparatos clandestinos para defender seus interesses. A rede reproduz a lógica da milícia. Atua à margem das instituições e abaixo do radar de quem deve fiscalizá-las.

Assim surgiu o orçamento secreto, que reservou bilhões de reais para a barganha de apoio parlamentar. Assim opera o gabinete do ódio, que difama e persegue críticos do governo. O grupo se camufla atrás de robôs e perfis falsos para disparar mensagens que não podem aparecer na comunicação oficial.

A CPI da Covid revelou outra estrutura subterrânea: o gabinete paralelo que sabotou o combate à pandemia. O conselho de negacionistas ajudou a derrubar dois ministros da Saúde. Estimulou o boicote às vacinas e a distribuição de remédios sem eficácia contra o coronavírus.

A exemplo de outros demagogos, o presidente se apoia na retórica contra o comunismo e a corrupção. "Não temos nada no tocante à corrupção no governo, nada", repetiu, na quinta-feira. Para seus seguidores fanáticos, não importa que os fatos indiquem o contrário.

O primeiro-filho comprou uma mansão de R$ 6 milhões. A primeira-dama recebeu depósitos sem explicação. O ministro do Meio Ambiente é investigado por suspeita de facilitar o contrabando. O ex-secretário de Comunicação responde a inquérito por negócios com empresas que receberam verba federal.

Nos últimos dias, documentos enviados à CPI mostraram que Bolsonaro atuou pessoalmente como lobista de laboratórios que fabricam cloroquina. Se seguir o caminho do dinheiro, a comissão pode virar um inseticida contra o cupim do Planalto.

*

Crime sem castigo

20/06/2021

O Brasil atingiu as 500 mil mortes pelo coronavírus. A pandemia devastou o país, com a cumplicidade de Jair Bolsonaro. O presidente sabotou as medidas de distanciamento, boicotou a compra de vacinas e segue em cruzada contra o uso de máscaras.

A CPI da Covid já reuniu provas de que a irresponsabilidade foi calculada. O capitão apostou na estratégia da "imunidade de rebanho". Atuou para acelerar a disseminação da doença, como se isso fosse abreviar o baque na economia e facilitar sua reeleição.

Indiferente à tragédia, ele torra dinheiro público para fazer campanha antecipada. Na sexta, transformou uma visita ao Pará em comício, com transmissão ao vivo na TV estatal.

O presidente tem razões para confiar na impunidade. As instituições se acoelharam diante de suas afrontas. A Câmara já recebeu mais de uma centena de pedidos de impeachment, mas nenhum chegou a sair da gaveta.

"No momento, parece muito provável que Bolsonaro dispute o segundo turno em 2022, e nada provável que ele seja defenestrado do Planalto por seus crimes de responsabilidade", resume o professor Rafael Mafei, da Faculdade de Direito da USP.

No epílogo de *Como remover um presidente*, Mafei discute por que o capitão não enfrenta o mesmo processo que derrubou Fernando Collor e Dilma Rousseff.

Não é por falta de base jurídica. O autor compara a contagem dos crimes de Bolsonaro a um bingo: "a cada tantos dias, pode-se marcar um novo crime na cartela da Lei do Impeachment". Antes da pandemia, ele já atentava contra o decoro do cargo e a autonomia dos outros Poderes.

Os constantes ataques ao Supremo fazem parte de uma tática de intimidação. "Não são arroubos de temperamento, mas uso estratégico do poder presidencial para atentar contra o Judiciário", escreve o professor.

"Até aqui, os presidentes preocupavam-se ao menos em dissimular a intenção de agredir a Constituição. Ele, ao contrário, comete crimes de responsabilidade em série, abertamente e de modo ostensivo", sustenta. "Cada comportamento ultrajante e indecente tira o foco da infração anterior. Ele e seus apoiadores são mestres na arte de usar o crime de hoje como diversionismo para o delito de ontem."

O professor da USP contesta a tese de que o Congresso não pune Bolsonaro por falta de pressão popular. Ele lembra que Rodrigo Maia segurou dezenas de denúncias em 2020. "É pedir demais que multidões desafiem um vírus perigoso e tomem as ruas para exigir um impeachment que a própria autoridade competente passou o ano jurando que não tiraria da gaveta", afirma.

Apesar dos riscos, as ruas voltaram a encher ontem em todo o país. Mas agora o impeachment enfrenta outras barreiras. A Câmara está nas mãos de Arthur Lira, que tem recebido milhões de incentivos para blindar o presidente. E a oposição acredita ter mais chances se ele estiver no páreo em 2022.

Pode ser um erro fatal, avisa o autor de *Como remover um presidente*. "O plano de vencer Bolsonaro nas urnas subestima a quantidade de incentivos e possibilidades que ele tem de jogar sujo no pleito", adverte Mafei. É o que sugerem os ataques ao voto eletrônico e aos ministros do TSE.

*

Freio na conspiração

29/06/2021

Na sexta passada, Jair Bolsonaro culpou o teto de gastos pela falta de ações do governo. "Temos um teto e não temos dinheiro. Queremos fazer, mas tem cada vez menos dinheiro", queixou-se. Na mesma entrevista, ele defendeu torrar R$ 2 bilhões para ressuscitar o voto impresso. "Já falei com o Paulo Guedes. Tá garantido", disse.

A incoerência é o menor dos problemas da ofensiva presidencial. Ao atacar a urna eletrônica, o capitão prepara o terreno para contestar uma possível derrota em 2022. O discurso atiça extremistas que sonham com uma insurreição armada. "Vamos criar o caos", avisou o ministro Luís Roberto Barroso, presidente do Tribunal Superior Eleitoral.[34]

[34] Em entrevista, Barroso disse que o voto impresso resultaria na judicialização das eleições. "Vamos criar o caos num sistema que funciona muitíssimo bem", afirmou.

A pregação golpista não é nova, mas Bolsonaro tem elevado o tom das ameaças. Em janeiro, sugeriu que pode imitar Donald Trump e sua invasão do Capitólio. "Se nós não tivermos voto impresso em 2022, vamos ter problema pior que os Estados Unidos", prometeu. Em maio, disse que, "se não tiver voto impresso, não vai ter eleição". "Acho que o recado está dado", arrematou.

O capitão tem aliados para além da sua tropa de fanáticos. O procurador Augusto Aras, que não perde uma chance de mostrar serviço, já fez declarações em defesa do retrocesso. O deputado Arthur Lira permitiu que a ideia avançasse na Câmara. A relatoria foi entregue ao bolsonarista Filipe Barros, investigado no inquérito das fake news.

Como diz o ministro Barroso, o retorno ao voto impresso é uma solução arriscada para um problema inexistente. O sistema atual já é auditável e funciona há 25 anos sem registro de fraude. A pretexto de aperfeiçoá-lo, a proposta do governo ameaça o sigilo do voto e cria ambiente para tumultuar a eleição.

Com o capitão encurralado pelas pesquisas e pelo avanço da CPI, os alertas começaram a surtir efeito. No último sábado, presidentes de 11 partidos uniram-se em defesa da urna eletrônica. A frente incluiu siglas governistas como PP e PL. Sinal de que a ficha começou a cair até para os bolsonaristas de aluguel. Eles parecem ter percebido que não seriam poupados numa virada de mesa.

*

A máquina do extremismo

02/07/2021

O bolsonarismo montou uma máquina para disseminar o discurso de ódio, atacar as instituições e pregar um golpe contra a democracia. A engrenagem foi exposta em relatório da Polícia Federal. Ontem o Supremo abriu um novo inquérito para investigar os extremistas.

Na decisão, o ministro Alexandre de Moraes descreve a existência de uma "verdadeira organização criminosa" destinada a implodir o Estado de Direito. Ele afirma que o objetivo da tropa é a "imposição de uma ditadura", eliminando "qualquer possibilidade de controle ou fiscalização" do poder presidencial.

As investigações começaram em abril de 2020, quando Jair Bolsonaro participou de um comício em frente ao Quartel-General do Exército. Os manifestantes tentaram incitar os militares a fechar o Congresso e decretar um novo AI-5.

"Nós não queremos negociar nada", bradou o capitão, na caçamba de uma caminhonete. "Acabou a época da patifaria. Agora é o povo no poder", arrematou, diante de uma plateia que o chamava de "Mito" e urrava contra a democracia.

O presidente não é investigado, mas seus filhos Flávio, Carlos e Eduardo são citados no relatório da PF. O inquérito aberto no ano passado também mira deputados bolsonaristas e assessores do governo. Parte deles integra o "gabinete do ódio" instalado no terceiro andar do Planalto.

A polícia ainda identificou empresários que financiam a extrema direita desde a campanha de Bolsonaro. Com a vitória do capitão, o grupo ganhou acesso aos cofres públicos. A Secom passou a liberar verbas para portais que divulgam notícias falsas e pregam ideias golpistas.

As investigações mostram como o bolsonarismo se infiltrou nas instituições para sabotá-las. Deputados eleitos pelo voto conspiram abertamente pelo fechamento do Congresso. Uma das líderes da tropa, a deputada Bia Kicis, está no comando da principal comissão da Câmara.

O aparelhamento também chegou aos órgãos de investigação. Para proteger o governo, o procurador Augusto Aras menosprezou o relatório da PF e pediu o arquivamento do caso. Moraes precisou abrir um novo inquérito para evitar que as provas fossem parar no lixo.

*

A pressão aumenta

04/07/2021

A Procuradoria-Geral da República deixou claro que não tinha a menor intenção de investigar Jair Bolsonaro no rolo da Covaxin. Ainda assim, a abertura de um inquérito por suspeita de prevaricação pode complicar a vida do presidente.

A PGR foi pressionada a agir pela ministra Rosa Weber, do Supremo Tribunal Federal. Ela rejeitou a desculpa de que seria melhor esperar as conclusões da CPI da Covid, que deve se arrastar até o fim de outubro.

"No desenho das atribuições do Ministério Público, não se vislumbra o papel de espectador das ações dos Poderes da República", escreveu. Agora o espectador será obrigado a entrar em campo, mesmo que a contragosto.

Com a abertura do inquérito, Bolsonaro passa a ser formalmente investigado por prática de crime comum. Isso deve ampliar seu desgaste num momento de queda de popularidade e aumento dos protestos de rua.

O capitão já foi alvo de mais de 120 pedidos de impeachment, mas todos adormecem na gaveta do presidente da Câmara, Arthur Lira. Na quarta, o deputado recebeu um novo "superpedido", que aponta a prática de 23 crimes de responsabilidade. Numa rápida entrevista, indicou que vai manter as acusações em banho-maria. "Não será feito agora, né? Tem que esperar", disse.

A investigação no Supremo dribla a barreira de Lira e abre um novo caminho para a interrupção do mandato presidencial. Se Bolsonaro se tornar alvo de uma denúncia, o deputado terá que levar o caso a plenário. Neste caso, é preciso dois terços dos votos para afastar o capitão.

A abertura de inquérito não significa que Bolsonaro será denunciado pela PGR, que tem arquivado múltiplas suspeitas contra o governo. No entanto, o surgimento de novas provas, como uma eventual gravação da conversa com o deputado Luis Miranda, pode tornar esse desfecho inevitável.[35]

O parlamentar tem espalhado que registrou o diálogo no Alvorada. Pode ser um blefe, mas o presidente ainda não deu um pio para confirmar ou desmentir seu relato. O Planalto apresentou três versões diferentes antes de cancelar o contrato da Covaxin.

A ministra Rosa não é a única a desafiar a blindagem presidencial. O ministro Alexandre de Moraes também atropelou a PGR ao abrir novo inquérito para investigar ataques às instituições democráticas. Bolsonaro passou recibo e citou o envolvimento dos filhos na engrenagem golpista.

Até aqui, a sobrevivência política do capitão dependia apenas da fidelidade de Lira, que segura os pedidos de impeachment para arrancar mais vantagens do governo. Agora Bolsonaro também está nas mãos do procurador Augusto Aras, que tenta barganhar uma indicação ao Supremo.

Sob pressão, o presidente voltou a atacar o tribunal e ameaçar um golpe se for derrotado nas urnas. "Teremos problemas na eleição do ano que vem", disse, em live no Alvorada.

Bolsonaro não consegue disfarçar o medo da cadeia. Na noite de quinta, ele lembrou o exemplo de Jeanine Áñez, que assumiu o poder na Bolívia após a derrubada de Evo Morales: "A presidente que estava lá no mandato-tampão está presa, acusada de atos antidemocráticos. Estão sentindo alguma semelhança com o Brasil?".

*

[35] O deputado disse à CPI que relatou a Bolsonaro irregularidades na negociação de vacinas, mas o presidente nada fez.

Intimidação fardada

09/07/2021

Quando o Brasil ultrapassou as 70 mil mortes pelo coronavírus, o ministro Gilmar Mendes criticou a militarização do Ministério da Saúde e avisou que o Exército estava se associando a um genocídio. Um ano e 460 mil mortes depois, as Forças Armadas também precisam explicar o envolvimento de oficiais em suspeitas de corrupção.

Ao menos seis militares entraram na mira da CPI da Covid, que apura negociatas na compra de vacinas. A tropa inclui um general, três coronéis, um tenente-coronel e um ex-sargento da Aeronáutica acusado de cobrar propina de um dólar por dose.

O senador Omar Aziz se referiu a esses fatos quando lamentou o envolvimento de "alguns" oficiais em falcatruas. Em vez de colaborar com as investigações, a cúpula militar resolveu ameaçar a CPI.

A nota divulgada pelo ministro da Defesa e pelos três comandantes militares é uma peça de intimidação explícita. Os signatários acusam o senador de "desrespeitar as Forças Armadas" e "generalizar esquemas de corrupção". Quem assistiu à sessão do Senado sabe que isso não ocorreu.

Aziz disse que "os bons das Forças Armadas devem estar muito envergonhados com algumas pessoas que hoje estão na mídia". Em seguida, elogiou os militares e manifestou respeito pela instituição. "Quando a gente fala de alguns oficiais do Exército, é lógico, nós não estamos generalizando", ressaltou.

A Defesa levou quase nove horas para reagir. Curiosamente, só se mexeu depois de Aziz dar voz de prisão ao ex-sargento Roberto Dias, que mentiu e foi desmascarado diante das câmeras.

Além de distorcer as palavras do senador, a nota dos militares termina em tom de ameaça. Diz que as Forças Armadas "não aceitarão qualquer ataque leviano". Faltou explicar se a resposta virá a bordo de tanques, fragatas ou aviões de combate.

Jair Bolsonaro já mostrou que fará de tudo para obstruir o trabalho da CPI. Nas últimas semanas, ele chamou senadores de "patifes", "picaretas" e "bandidos". Ontem usou um termo chulo para reforçar as agressões.

Ao insinuar uma quartelada, a cúpula militar se associa a essa tática de intimidação. E sugere que está disposta a romper a legalidade para proteger um presidente rejeitado pela maioria dos brasileiros.

*

As pesquisas explicam

09/07/2021

O Datafolha informa: se a eleição fosse hoje, Lula venceria no primeiro turno com 46% dos votos totais. Isso equivale a 52% dos válidos, excluindo brancos e nulos. A pesquisa confirma o derretimento do presidente, que vê seu capital político escorrer diante do aumento da inflação, das mais de 530 mil mortes na pandemia e das suspeitas de corrupção na compra de vacinas.

Ainda de acordo com o Datafolha, 59% dos eleitores afirmam que não votarão em Bolsonaro de jeito nenhum. É por isso, só por isso, que ele ameaça contestar o resultado das urnas e alega fraude numa disputa que ainda nem ocorreu.

*

República de Rio das Pedras

11/07/2021

Jair Bolsonaro levou a cultura das milícias para o Planalto. Antes de chegar lá, o capitão já defendia a solução de conflitos no grito e nas armas. Eleito, transformou o autoritarismo e a truculência em modo de governar.

Não é preciso ir a Caracas para entender o projeto bolsonarista. Basta passar em Rio das Pedras, a três quilômetros em linha reta do condomínio Vivendas da Barra. A favela foi o berço das máfias que se infiltraram na polícia e na política fluminenses. Quando o esquema da rachadinha veio à tona, foi lá que se escondeu Fabrício Queiroz, o faz-tudo da família presidencial.

No livro *A república das milícias*, Bruno Paes Manso sustenta que o milicianismo está na raiz da extrema direita no poder. Ele desenvolve a tese no ensaio "República Federativa de Rio das Pedras", que será publicado na próxima edição da revista *Serrote*.

O texto traça semelhanças entre o modelo econômico das milícias e as práticas do governo atual. Nas favelas, os paramilitares começaram extorquindo moradores com a conivência das autoridades. Depois passaram a contrabandear mercadorias, negociar drogas e invadir áreas verdes para construir à margem da lei.

Em escala nacional, o bolsonarismo também incentiva um capitalismo predatório e sem controle. Estimula a destruição de florestas e a invasão de terras indígenas, favorece o garimpo ilegal, protege grileiros e madeireiros.

"Tudo em benefício do lucro de quadrilhas simpáticas aos valores milicianistas, sempre passando por cima do interesse das minorias ou de valores coletivos democráticos", escreve o pesquisador.

Na cabeça do miliciano, as instituições só atrapalham. A fiscalização ambiental atravanca o progresso. A imprensa e a sociedade civil querem se meter no governo. O Legislativo e o Judiciário impedem o presidente de trabalhar. Quem contesta os desmandos do capitão é comunista ou inimigo do país.

"Bolsonaro não interpreta o revoltado: ele acredita em sua raiva e a remói em tempo integral", escreve Paes Manso. Ele lembra que o presidente passou 28 anos no Congresso, mas nunca se dedicou ao debate de políticas públicas. "No máximo, voltava a obsessões que parecem sinceras: armar a população, deixar a polícia mais livre para matar, explorar o nióbio, relaxar o controle sobre o garimpo", afirma.

O descaso com a pandemia espelha essa visão de mundo. Bolsonaro incitou os brasileiros a enfrentarem o vírus "de peito aberto". Chamou a preocupação com a doença de "mimimi" e coisa de "maricas". A novidade da CPI da Covid foi mostrar que o boicote às vacinas não foi ditado apenas pelo negacionismo. Havia civis e militares interessados em faturar com o morticínio.

O derretimento nas pesquisas gerou um impasse para o governo miliciano. Se as eleições fossem hoje, o "Mito" seria derrotado no primeiro turno. Isso explica a escalada golpista que dominou o noticiário nos últimos dias.

A cúpula das Forças Armadas atacou a CPI. O capitão xingou um ministro do Supremo e ameaçou impedir a realização das eleições de 2022. Bolsonarista de carteirinha, o novo comandante da Aeronáutica mostrou que também segue o estilo Rio das Pedras. Em tom de ultimato, avisou que "homem armado não ameaça".[36]

*

Aperitivo do golpe

18/07/2021

O bolsonarismo serviu um aperitivo do plano para tumultuar a eleição de 2022. A tropa do governo tentou mudar a Constituição e torrar R$ 2 bilhões

[36] Em entrevista ao *Globo*, o brigadeiro Baptista Júnior acusou a CPI de atacar a "instituição militar" e insinuou uma reação dos quartéis.

para ressuscitar o voto impresso. Ao constatar que seria derrotada, rasgou o regimento da Câmara e melou a votação.

A emenda do voto impresso é examinada por uma comissão especial. O presidente e o relator da proposta são bolsonaristas de carteirinha. Os dois se elegeram com apoio de movimentos de ultradireita do Paraná. São investigados por ataques à democracia e disseminação de fake news.

Até meados de junho, o governo controlava 23 das 34 cadeiras da comissão. O cenário começou a mudar quando Jair Bolsonaro radicalizou as ameaças de golpe e a cúpula das Forças Armadas atacou a CPI da Covid.

Assustados com a escalada autoritária, dirigentes de 11 partidos montaram um cordão sanitário em defesa do sistema eleitoral. O movimento acabou com o domínio bolsonarista na comissão. A emenda do voto impresso seria derrotada na sexta, mas os governistas viraram a mesa.

O presidente da comissão, Paulo Eduardo Martins, inventou um novo prazo para o relator alterar a proposta. A oposição protestou, mas ele desligou os microfones do plenário e declarou que a sessão estava encerrada.

A transmissão da TV Câmara terminou com um grito de "picareta". A manobra também foi chamada de "banditismo" e "molecagem". Antes do fim abrupto, o sinal da sessão foi interrompido ao menos três vezes. Martins culpou uma invasão de hackers, mas não convenceu ninguém.

Com o adiamento, a votação ficou para agosto. O governo tentará usar o tempo extra para pressionar deputados e estimular novas manifestações golpistas.

A cruzada contra o sistema eleitoral não deve se esgotar com a provável rejeição da emenda. Bolsonaro continuará a repetir que só perde se as urnas forem fraudadas. O capitão sabe que não precisa de maioria para promover uma baderna em 2022. Basta contar com uma minoria radicalizada e armada. Se possível, com a cumplicidade de generais.

*

Instituições funcionando

25/07/2021

Millôr Fernandes tinha uma boa frase para ilustrar os perigos do otimismo em excesso. Para ele, o otimista era o sujeito que se atirava do décimo andar e, ao passar pelo oitavo, comemorava: "Até aqui, tudo bem!". A imagem parece descrever os brasileiros que não veem ou fingem não ver as ameaças de golpe contra a democracia.

Há duas semanas, Jair Bolsonaro deu um ultimato: ou o Congresso ressuscita o voto impresso, ou "corremos o risco de não ter eleição no ano que vem". A chantagem foi tratada com condescendência. Em vez de ser processado por crime de responsabilidade, o capitão foi convidado para um cafezinho no Supremo.

Nesta quinta, o jornal *O Estado de S. Paulo* informou que o ministro da Defesa aderiu ao complô para tumultuar a sucessão presidencial. Braga Netto mandou dizer ao presidente da Câmara, Arthur Lira, que só haverá eleição com as regras impostas pelo governo. Usou o coturno de general para intimidar o poder civil.

Seguiram-se negativas pouco convincentes. O deputado Lira desconversou sobre o assunto. "A despeito do que sai ou não sai na imprensa", disse, vamos todos às urnas em 2022. O general bolsonarista optou pelo cinismo. Tentou desqualificar a reportagem, mas reforçou, em papel timbrado, a pressão indevida pelo voto impresso.

O presidente do Tribunal Superior Eleitoral, Luís Roberto Barroso, limitou sua reação a um tuíte. Disse que conversou com os envolvidos, e os dois "desmentiram, enfaticamente, qualquer episódio de ameaça às eleições". O ministro acrescentou que o país tem "instituições funcionando". Lembrou o otimista de Millôr antes de se esborrachar na calçada.

Desde que assumiu a chefia do Executivo, Bolsonaro submete os outros Poderes a uma rotina de intimidações e chantagens. Até aqui, a tática tem funcionado. O Supremo impede o avanço das investigações sobre o primeiro-filho, acusado de desviar verba de gabinete. A Câmara não toca na pilha de pedidos de impeachment do presidente, recordista de crimes de responsabilidade. Agora a impunidade se estende a Braga Netto, que se comporta como chefe de guarda pretoriana.

O general é reincidente em ameaças golpistas. Há pouco mais de duas semanas, atacou o presidente da CPI da Covid, Omar Aziz. Queria interromper as investigações sobre corrupção na compra de vacinas, que atingem militares aboletados no Ministério da Saúde. Em nota assinada com os comandantes das três armas, o ministro insinuou uma quartelada contra o Senado. Como o arreganho não foi punido, ele se sentiu à vontade para repetir a dose.

Num país com instituições funcionando, militar não intimida o Congresso e não opina sobre o sistema eleitoral. Na hipótese mais branda, quem age dessa forma é afastado do cargo que ocupa. No Brasil de 2021, general que afronta a Constituição só corre o risco de ser promovido. E os otimistas continuam a repetir que tudo está sob controle – pelo menos até a próxima ameaça de ruptura.

*

Liga dos párias

28/07/2021

Em entrevista ao CQC, o então deputado Jair Bolsonaro classificou Adolf Hitler como um "grande estrategista". A gravação voltou a circular nesta segunda, depois que ele posou para fotos com uma representante da extrema direita alemã.

Beatrix von Storch é vice-líder da Alternativa para a Alemanha (AfD), partido populista e xenófobo. Em março, a sigla passou a ser investigada sob suspeita de abrigar neonazistas e conspirar contra a democracia alemã.

A deputada é neta de Schwerin von Krosigk, ministro das Finanças de Hitler. Ele foi preso pelas tropas aliadas e condenado por crimes de guerra no Tribunal de Nuremberg.

Parentesco não é destino, mas Von Storch parece seguir o ideário do avô. Ela se elegeu com falas contra imigrantes e já foi suspensa de uma rede social por incitar o ódio contra muçulmanos.

Líderes de países democráticos evitam se encontrar com a turma da AfD. Os extremistas só costumam ser recebidos por párias como o ditador sírio Bashar al-Assad e o autocrata bielorrusso Alexander Lukashenko. Agora conseguiram montar seu palanque no Palácio do Planalto.

A família Bolsonaro sonhava integrar um movimento global de extrema direita. Com as derrotas do americano Donald Trump e do italiano Matteo Salvini, sobrou a companhia de figuras periféricas, como o premiê húngaro Viktor Orbán e os aloprados da AfD.

O espectro do nazismo já havia rondado o governo quando o então secretário de Cultura, Roberto Alvim, plagiou um discurso de Goebbels. Ele caiu por pressão da embaixada de Israel, mas sua plataforma de guerra cultural foi encampada pelo atual secretário Mario Frias.

Em nota contra a visita de Von Storch, a Confederação Israelita do Brasil (Conib) classificou a AfD como um "partido extremista, xenófobo, cujos líderes minimizam as atrocidades nazistas e o Holocausto".

Há três meses, o presidente da entidade, Claudio Lottenberg, participou de um jantar em que Bolsonaro foi aplaudido por empresários paulistas. Ao fim do repasto, ele elogiou o governo e disse que o capitão foi "muito simpático". A ver se a ficha cai depois das fotos com a populista alemã.

*

Ouro em desinformação

30/07/2021

O Brasil ainda luta por medalhas em Tóquio, mas já garantiu o ouro na Olimpíada da desinformação. Na última década, nenhum país da América Latina caiu tanto nos rankings que medem o respeito à liberdade de expressão. A queda se agravou nos primeiros dois anos do governo de Jair Bolsonaro.

Em relatório divulgado ontem, a organização britânica Artigo 19 mostra que o Brasil despencou para a 86ª posição numa lista de 161 países. Agora aparece atrás de nações como Albânia, Afeganistão e Haiti.

No documento, Bolsonaro desponta como um mentiroso contumaz. Só no ano passado, disparou 1.682 declarações falsas ou enganosas. Isso equivale a mais de quatro cascatas por dia, sem descontar domingos e feriados.

O mentirômetro do Planalto registrou novos recordes na pandemia. Em vez de enfrentar o coronavírus, o capitão sabotou as medidas de distanciamento, fez propaganda de remédios ineficazes e tentou maquiar o número de mortos pela doença.

Para a Artigo 19, a aposta na desinformação une o presidente brasileiro a outros populistas autoritários, como o venezuelano Nicolás Maduro. "Isso é estratégico: ao estimular a desconfiança do público e a polarização, muitos autocratas reforçam sua base de apoio", afirma a entidade.

Em queda livre nas pesquisas, o mitômano tem reforçado a artilharia contra o sistema eleitoral. Ontem ele prometeu provar irregularidades na urna eletrônica. Depois de muito falatório, tropeçou na própria língua. "Não tem como se comprovar que as eleições não foram ou foram fraudadas", admitiu.

Apesar do sincericídio, Bolsonaro deve insistir na teoria conspiratória. "A desinformação tem o objetivo claro de minar a confiança na estrutura política do país e na democracia", alertou o sociólogo Marco Aurelio Ruediger, da Fundação Getulio Vargas, em debate promovido na semana passada pela Sociedade Brasileira para o Progresso da Ciência (SBPC).

Nesta quarta, o Supremo Tribunal Federal testou um novo antídoto aos ataques do presidente. Em vez de divulgar mais uma nota de repúdio, produziu um vídeo curto, com linguagem típica das redes sociais. A mensagem era simples: uma mentira repetida mil vezes não se torna verdade. Pela reação furiosa de Bolsonaro, a estratégia funcionou.

*

Antes tarde do que nunca

04/08/2021

O Judiciário despertou do sono profundo e começou a reagir aos insultos, chantagens e ameaças de Jair Bolsonaro. O movimento foi puxado pelo ministro Luís Roberto Barroso, alvo número um do capitão.

Quando o ministro da Defesa apontou a baioneta para o Congresso, o presidente do TSE deu dois telefonemas e declarou que as instituições estavam funcionando. Onze dias depois, mudou o tom, usou a palavra "golpismo" e reconheceu que a democracia está sob ataque.

"Há coisas erradas acontecendo no país, e nós todos precisamos estar atentos. Precisamos das instituições e precisamos da sociedade civil, ambas bem alertas", disse Barroso.

O ministro enumerou dez países em que autocratas eleitos pelo voto popular estão "desconstruindo, tijolo por tijolo, os pilares da democracia". E advertiu que o objetivo da ofensiva contra a urna eletrônica é um só: "pavimentar o caminho da quebra da legalidade".

Barroso não se limitou às palavras. Anunciou duas medidas práticas, que receberam apoio unânime na Corte: a abertura de inquérito administrativo e o envio de notícia-crime ao Supremo.

A investigação do TSE vai apurar a prática de seis crimes na pregação contra as urnas: corrupção, fraude, conduta vedada a agente público, campanha extemporânea, uso indevido dos meios de comunicação e abuso de poder político e econômico. No Supremo, Bolsonaro deve entrar na mira do inquérito das fake news, conduzido pelo ministro Alexandre de Moraes.

As iniciativas driblam a omissão do deputado Arthur Lira e do procurador Augusto Aras, que cruzam os braços diante da escalada autoritária.

Agora o presidente do Supremo, Luiz Fux, deve ser cobrado a sair da inércia. Na segunda-feira, ele ensaiou mais um discurso apaziguador. Falou em "aprendizado mútuo" e pediu "diálogo" e "harmonia". Foi solenemente ignorado por Bolsonaro, que reagiu com novos ataques aos tribunais.

Não há espaço para cafezinho com quem ameaça rasgar a Constituição para se manter no poder a qualquer custo. O Judiciário demorou, mas ergueu as primeiras barricadas contra o golpismo. Antes tarde do que nunca.

*

O silêncio dos cúmplices

08/08/2021

Na semana em que Jair Bolsonaro xingou a mãe de um ministro do Supremo[37] e ameaçou dar golpe para escapar da Justiça, dois personagens se destacaram pela omissão: o procurador-geral da República, Augusto Aras, e o presidente da Câmara, Arthur Lira. Ambos chegaram aonde estão com ajuda do presidente. Agora agem como cúmplices da escalada autoritária.

A Constituição afirma que cabe ao Ministério Público defender a ordem jurídica, o regime democrático e os interesses sociais. Aras ignora esses deveres para proteger quem o nomeou. Sua incúria expõe o Judiciário a desgastes e começa a gerar um clima de insurreição na PGR.

Na sexta-feira, 27 subprocuradores-gerais divulgaram uma carta pública de protesto. O texto afirma que o chefe da instituição não pode "assistir passivamente" aos "estarrecedores ataques" de Bolsonaro.

Aras transformou a PGR num peso morto em Brasília. Em vez de investigar, blinda o presidente contra investigações. Em vez de denunciar, acoberta crimes contra a saúde pública e a democracia.

Sua inércia era atribuída à ambição de alcançar uma vaga no Supremo. Ele foi preterido, mas parece ter se conformado com a recondução ao cargo que ocupa. A indicação já foi enviada ao Senado e deve ser aprovada sem percalços.

Na Câmara, Lira continua a segurar mais de uma centena de pedidos de impeachment. Sua omissão impede que o presidente seja julgado por múltiplos crimes de responsabilidade. E vale como incentivo para que continue a delinquir.

O deputado pilota o trator do atraso legislativo. Em sua gestão, a Câmara tem favorecido desmatadores e grileiros com o desmonte da legislação ambiental. A agenda econômica também virou uma janela para grandes negócios. A venda da Eletrobrás foi aprovada com jabutis que orgulhariam

[37] Em 6 de agosto, Bolsonaro chamou o ministro Luís Roberto Barroso de "filho da puta".

o ex-deputado Eduardo Cunha. Agora o centrão esfrega as mãos diante da privatização dos Correios.

Lira cobra caro pelo silêncio diante dos desmandos presidenciais. Hoje ele comanda a distribuição de cerca de R$ 11 bilhões em emendas parlamentares. É o chefão do orçamento secreto, que lubrifica as votações de interesse do governo.

Na sexta, o deputado fez mais uma concessão ao extremismo. Anunciou que a emenda do voto impresso, derrotada em comissão especial, será votada de novo no plenário. A manobra dá sobrevida ao discurso golpista de Bolsonaro. E mantém o balcão aberto para negociações com o Planalto.

*

Blindados e bananas

11/08/2021

Jair Bolsonaro promoveu um desfile de blindados para intimidar o Congresso. O plano não saiu bem como ele esperava. Os parlamentares rechaçaram a pressão e sepultaram a farsa do voto impresso. A parada fora de época virou alvo de chacota nas redes.

A encenação foi um fiasco instantâneo. Autoridades de outros Poderes recusaram o papel de figurantes, e o presidente despontou na rampa com os comandantes militares e os sabujos de sempre. Na praça, um punhado de fanáticos urrava por golpe e ditadura.

O cortejo foi idealizado pelo comandante da Marinha, Almir Garnier. Ele sugeriu transformar um exercício de rotina, realizado anualmente, num teatro para bajular o capitão. Questionado sobre a provocação à Câmara, o almirante alegou uma "coincidência imprevisível" de datas. Para dizer isso, seria melhor fingir que perdeu a voz.

Em vez de exibir força, Bolsonaro escancarou sua fraqueza. É um presidente impopular, que apela à farda para camuflar o isolamento. Para as Forças Armadas, foi mais um espetáculo desmoralizante. Pela submissão aos caprichos do "chefe supremo" e pelo fumacê dos veículos mal regulados.

Enquanto os tanques deslizavam na Esplanada, a CPI ouvia mais um militar metido no rolo das vacinas. O tenente-coronel Helcio Bruno se revelou um típico bolsonarista de internet. Nas redes, divulgava notícias falsas e atacava as instituições. No Senado, adotou tom humilde e invocou o nome de Deus.

O coronel é uma caricatura da tropa que bajula o capitão. Foi para a reserva aos 42 anos, recebe aposentadoria de R$ 23 mil mensais e ainda tenta morder contratos públicos como "consultor de defesa". Sua devoção política confunde-se com o apetite por boquinhas e privilégios.

A "tanqueata" não produziu um golpe, mas avacalhou um pouco mais a imagem do país. O jornal argentino *Clarín* destacou os "reiterados ataques" à democracia, e o britânico *The Guardian* citou a expressão "república de bananas". "Todo homem público, além de cumprir suas obrigações constitucionais, deveria ter medo do ridículo", disse o senador Omar Aziz. Mais um aviso que Bolsonaro não deverá ouvir.

*

Rodízio de ameaças

18/08/2021

O Palácio do Planalto informa: sai o voto impresso, entra o impeachment de ministros do Supremo. Jair Bolsonaro encontrou um novo mote para seu rodízio de ameaças. O objetivo permanece o mesmo: intimidar as instituições e manter o clima de golpismo no ar.

O presidente começou a semana passada com uma *blitzkrieg* contra a urna eletrônica. Promoveu um desfile de tanques e pôs a tropa digital no encalço dos deputados. Apesar do bombardeio, a Câmara manteve as regras do jogo. Ele reclamou da derrota, mas não se deu por vencido.

Na manhã de sábado, Bolsonaro lançou outra cruzada. Em quatro tuítes, anunciou que pediria a cassação de Alexandre de Moraes e Luís Roberto Barroso. O presidente se limitou a dizer que os ministros "extrapolam". Foi o suficiente para abrir mais uma crise institucional.

O capitão sabe que não haverá impeachment no Supremo. O Senado não quer briga com a Corte, e os juízes não podem ser punidos por atuarem com independência. Mesmo assim, a ofensiva cumpriu seu papel. Abasteceu as redes do ódio e manteve o governo em posição de ataque.

Bolsonaro se alimenta do confronto permanente. Precisa fabricar crises para agitar a militância e manter a fantasia de outsider. Apesar da aliança com o centrão, parte do eleitorado ainda acredita que o presidente luta contra o sistema. Ele depende dessa ilusão para se manter no páreo.

Se as ameaças de golpe cessarem, alguém pode se lembrar da inflação, do desemprego e das maracutaias descobertas pela CPI. Melhor desviar dos problemas e insistir no discurso de que o Judiciário e o Legislativo o impedem de governar.

O fato de Bolsonaro apelar a bravatas não autoriza ninguém a subestimá-lo. O capitão nunca escondeu seu sonho autoritário. Se pudesse, já teria fechado o regime e mandado os opositores para a "ponta da praia", como afirmou na campanha de 2018. Com a cumplicidade de generais que não perdem uma chance de ameaçar a democracia.

*

O fantasma da cadeia

22/08/2021

Na noite de quinta-feira, Eduardo Bolsonaro expôs o fantasma que apavora a família presidencial. O deputado reclamava do cerco a aliados que ameaçam a democracia e conspiram contra a eleição de 2022. Em tom de desabafo, questionou: "Qual seria o próximo passo? Prender o presidente? Prender um dos filhos?".

Depois do sincericídio, o Zero Três ainda tentou se corrigir. "A gente não tem medo de prisão", disse. Mas suas três perguntas já haviam escancarado o pânico do clã.

O Judiciário deu novos passos para desmontar a máquina de ódio e desinformação que sustenta o bolsonarismo. Na segunda-feira, o Tribunal Superior Eleitoral bloqueou o financiamento de sites especializados em notícias fraudulentas. Quatro dias depois, a Polícia Federal fez buscas contra aliados do presidente que organizam atos golpistas.

A operação da manhã de sexta foi autorizada por Alexandre de Moraes, do Supremo Tribunal Federal. No fim da tarde, Jair Bolsonaro apresentou um pedido de impeachment contra o ministro.

Na família presidencial, o vereador Carlos Bolsonaro é o mais assustado com o avanço das investigações. Quando o TSE fechou a torneira dos sites de fake news, o Zero Dois acusou o golpe e reclamou de "censura". Na semana anterior, ele havia protestado contra a prisão de Roberto Jefferson, que classificou como "injusta".

"Qualquer inocente sabe que sua prisão é preocupante não somente a um, mas a todos os brasileiros", tuitou o vereador. Sua preocupação parece menos ligada ao ex-deputado do que ao próprio destino.

O patriarca do clã também ganhou novos motivos para temer a cadeia. No início do mês, ele foi incluído na lista de investigados no inquérito das fake news. Na decisão, Moraes anotou que o presidente pode ter cometido onze crimes em seus seguidos ataques ao sistema eleitoral.

Bolsonaro sabe que o Senado barrará qualquer tentativa de cassar ministros do Supremo. Seu objetivo é inflamar a militância de extrema direita antes dos atos governistas de 7 de Setembro. O factoide também alimenta a campanha para minar a confiança popular no voto eletrônico. Moraes assumirá o comando do TSE em agosto do ano que vem, às vésperas das eleições.

A ofensiva contra o Supremo é um novo alerta a quem ainda se ilude com a ideia de que Bolsonaro possa se moderar. Em queda nas pesquisas, o presidente fará de tudo para manter os eleitores mais radicais a seu lado. Por isso, tende a aumentar os ataques às instituições e as ameaças de golpe.

A disputa de 2022 definirá mais que o futuro inquilino do Planalto. Para a família Bolsonaro, será uma questão de vida ou morte. Se perder o cargo, o capitão também perderá a blindagem judicial. Seu antecessor, Michel Temer, sabe bem o que isso significa. Ele foi preso em 21 de março de 2019, apenas 79 dias depois de deixar o poder.

*

Reféns do medo

01/09/2021

Em três dias, Jair Bolsonaro admitiu duas vezes que está com medo da cadeia. No sábado, ele disse ver três alternativas para o próprio futuro: "estar preso, ser morto ou a vitória". Acrescentou que "a primeira alternativa, preso, não existe". Faltou explicar o motivo: ausência de crime ou de espaço no xadrez?

Na segunda-feira, o capitão voltou ao tema. Garantiu que o Supremo Tribunal Federal estaria decidido a mandá-lo para a tranca. "O que eles querem? Aguardar o momento para me aplicar uma sanção restritiva, quem sabe quando eu deixar o governo lá na frente", afirmou. Pelo que indicam as pesquisas, o "lá na frente" deve chegar mais cedo do que ele gostaria.

Bolsonaro tem razões para perder o sono. Até aqui, ele é alvo de quatro investigações simultâneas no Supremo. Os inquéritos apuram a eventual prática de crimes no exercício do mandato, da interferência indevida na Polícia Federal à prevaricação no escândalo da Covaxin. A conta não inclui outros delitos ligados à gestão da pandemia, que serão listados no relatório final da CPI da Covid.

Quando descer a rampa, o capitão também terá que enfrentar esqueletos do passado. Os rolos começam na contratação de assessores-fantasmas e podem chegar às relações suspeitas com milicianos. Ele ainda responde a duas ações penais por injúria e incitação ao estupro. Os processos estão congelados e voltarão a correr assim que o réu pisar fora do palácio.

Assombrado pela visão da cadeia, Bolsonaro age como fera acuada. Mostra as garras e range os dentes para quem pode capturá-lo. O objetivo desse jogo é forçar uma inversão de papéis. O presidente está com medo, mas quer transformar o resto do país em refém de suas ameaças.

O impasse que antecede o 7 de Setembro indica que a armadilha está dando certo. Bolsonaro conseguiu difundir a ideia de que está prestes a dar um golpe. As instituições se assustaram e entraram em estado de paralisia. A CPI suspendeu depoimentos, a oposição desmarcou protestos e o Supremo decretou ponto facultativo. Se o truque continuar funcionando, vamos assim até janeiro de 2023.

Reeleição ou golpe

O ensaio do golpe

05/09/2021

O Exército cancelou a parada anual, mas o capitão vai usar o 7 de Setembro para botar sua tropa na rua. Jair Bolsonaro aposta tudo nas manifestações convocadas para Brasília e São Paulo. Quer emparedar o Congresso e o Supremo, num ensaio do golpe que planeja desde os tempos da caserna.

Na semana que passou, o presidente subiu o tom dos ataques às instituições. Falou em guerra, fuzil, ruptura e ultimato. "Nós não precisamos sair das quatro linhas da Constituição", disse, na sexta-feira. "Mas, se alguém quiser jogar fora dessas quatro linhas, nós poderemos fazer também", ameaçou.

Três dias antes, ele disse que chegou a hora de "nos tornarmos independentes para valer". "As oportunidades aparecem. Nunca outra oportunidade para o povo brasileiro foi tão importante ou será importante quanto esse nosso próximo 7 de Setembro", discursou.

A claque reagiu com gritos de "eu autorizo". Os bolsonaristas repetem o bordão desde abril, quando o capitão disse que esperava "o povo dar uma sinalização" para ele "tomar uma providência".

Bolsonaro vive seu pior momento desde a posse. O tarifaço da luz tende a ampliar seu derretimento entre os mais pobres e a classe média. A elite econômica começou a abandonar o barco. Para tentar escapar do naufrágio, o presidente apela à radicalização.

A convocação do 7 de Setembro não deixa margens a dúvidas. As manifestações terão caráter autoritário e golpista. Vão pregar a cassação de ministros do Supremo e a impunidade para os extremistas que incitam uma quartelada.

O capitão nunca escondeu que era um candidato a ditador. Não acredita na democracia e não aceita os limites impostos pela Constituição.

As marchas de terça-feira serão um ensaio para a baderna em 2022. Que ninguém se engane: antes de perder o jogo, Bolsonaro tentará virar o tabuleiro.

*

Dia nacional do golpismo

08/09/2021

Depois de se apropriar dos símbolos nacionais, Jair Bolsonaro conseguiu sequestrar o Dia da Independência. O capitão transformou o 7 de Setembro numa data nacional do golpismo. Coloriu as ruas de verde e amarelo para incitar a desordem e ameaçar a democracia.

Apesar do isolamento político, o presidente mostrou que ainda é capaz de mobilizar uma minoria barulhenta. Gente disposta a se embrulhar na bandeira do Brasil para defender medidas de exceção, como a prisão de opositores e o fechamento do Supremo.

Na mira de quatro inquéritos, Bolsonaro voltou a cometer crimes de responsabilidade em praça pública. Em Brasília, afirmou que o tribunal tem duas alternativas: "entrar nos eixos" ou "sofrer aquilo que nós não queremos". Em São Paulo, chamou o ministro Alexandre de Moraes de "canalha" e disse que não cumprirá suas decisões.

Em outra cena de golpismo explícito, ele repetiu que não aceitará o resultado das urnas sem o voto impresso. "Eu não posso participar de uma farsa, como essa patrocinada ainda pelo presidente do TSE", afirmou, em novo ataque ao ministro Luís Roberto Barroso.

Os bolsonaristas não cumpriram a promessa de depredar a sede do Supremo, mas vulgarizaram o clima de afronta ao tribunal. O capitão aposta nesse ambiente para manter a carta do golpe sobre a mesa. Se não houver reação à altura, ele continuará a avançar.

No palanque montado na Esplanada, o presidente ainda anunciou a convocação do Conselho da República, que se reúne para discutir a adoção de medidas excepcionais, como a decretação de estado de sítio. O factoide durou poucas horas, mas serviu para eletrizar a militância governista.

Os patriotas de Bolsonaro não querem soluções para os problemas reais do país, como a inflação, o desemprego e a fome. O que continua a hipnotizá-los é a pregação messiânica contra o "sistema", o comunismo e outros inimigos imaginários.

O discurso contra a corrupção, que embalou a campanha de 2018, já ficou definitivamente para trás. Isso explica a presença de um sorridente

Fernando Collor no hasteamento da bandeira no Alvorada. E a tietagem ao ex-presidiário Fabrício Queiroz na marcha golpista de Copacabana.

*

Bolsonaro não vai mudar

10/09/2021

No oitavo dia do governo de Jair Bolsonaro, o ex-ministro Fernando Haddad deu um conselho aos adesistas de plantão: "Antes de defender uma bozoideia, espere 24 horas. Poupa o esforço de defender o recuo".

O capitão mal havia vestido a faixa e já voltara atrás diversas vezes. Anunciou um aumento no IOF e foi desmentido. Prometeu ampliar a isenção do Imposto de Renda e desistiu. Admitiu a instalação de uma base americana e mudou de ideia.

O vaivém era previsível. Eleito sem um programa de governo, Bolsonaro nunca mostrou interesse nos problemas da gestão pública. Seu negócio é solenidade militar, agitação na internet e passeio de motocicleta.

O recuo encenado ontem é de outra natureza. Não está ligado à ausência de planos ou à incompetência. Faz parte de uma estratégia política.

Na terça-feira, o presidente engrossou a voz contra o Supremo e ameaçou descumprir decisões judiciais. Na quinta, falou manso e jurou que não teve "nenhuma intenção de agredir quaisquer dos Poderes".

Na carta do capitão, as ameaças à democracia, ensaiadas por meses a fio, viraram palavras ditas "no calor do momento". O ministro Alexandre de Moraes, que ele descreveu no palanque como um "canalha", foi promovido a "jurista e professor".

"Sempre estive disposto a manter diálogo permanente com os demais Poderes pela manutenção da harmonia e independência entre eles", afirmou o presidente. O mesmo que usou o 7 de Setembro para estimular ataques ao Judiciário e insinuar que decretaria estado de sítio.

O número de Bolsonaro é conhecido. Ele ateia fogo na República e reaparece fantasiado de bombeiro. A cada incêndio controlado, avança mais um pouco em sua escalada autoritária.

Desta vez, o teatro da moderação está ligado ao instinto de sobrevivência. Em vez de se dobrar às ameaças golpistas, o Supremo resolveu peitá-lo. Alvo de quatro inquéritos, o Cavalão refugou mais uma vez.

Bolsonaro não vai mudar. Como aconteceu em outras crises, vai simular uma trégua até farejar o momento de atacar novamente. Entre idas e vindas, o presidente tenta negociar um acordão para salvar a própria pele. Não foi por acaso que ele entregou a redação da carta a um especialista.[38]

*

Todos os crimes do presidente

17/10/2021

A CPI da Covid deve pedir o indiciamento de Jair Bolsonaro pela prática de 11 crimes. O presidente é o protagonista do relatório que será apresentado na terça-feira. Ele será apontado como responsável pelo agravamento da pandemia que já matou mais de 600 mil brasileiros.

Bolsonaro não inventou o coronavírus, mas se aliou a ele contra a população que deveria proteger. Ajudou a espalhar a doença, sabotou as medidas sanitárias, pregou o uso de remédios ineficazes e atrasou intencionalmente a compra de vacinas.

Enquanto o capitão negava a ciência, picaretas tentavam faturar com a tragédia. Eles atuaram no Ministério da Saúde, transformado num antro de negociatas, e no setor privado, no qual operadoras de saúde fraudaram até atestados de óbito.

A barbárie teve o apoio de uma rede de desinformação. O bolsonarismo usou sua máquina do ódio para torpedear o distanciamento social, o uso de máscaras e a confiança nas vacinas. O objetivo era claro: desviar a responsabilidade pelas mortes e desgastar gestores que acreditaram na ciência.

O desgoverno não é produto só de negacionismo e irresponsabilidade. O presidente acelerou a circulação do vírus para tentar alcançar a imunidade de rebanho por contágio. Ele imaginou que isso apressaria a recuperação econômica e favoreceria sua reeleição em 2022. A estratégia provocou milhares de mortes que poderiam ter sido evitadas.

Os crimes de Bolsonaro são muitos e serão detalhados no relatório da CPI. A lista irá da prevaricação no escândalo da Covaxin ao homicídio por omissão deliberada, passando por infrações sanitárias, uso irregular de verba pública e charlatanismo.

O relatório também apontará uma teia de cúmplices. Alguns deles ainda estão pendurados no primeiro escalão do governo, como os ministros Marcelo Queiroga e Braga Netto.

Embora a CPI tenha evitado confrontar as Forças Armadas, as investigações expuseram o resultado da militarização do Ministério da Saúde.

---

[38] A carta foi redigida pelo ex-presidente Michel Temer.

Sob o comando de um general de divisão, a pasta maquiou dados oficiais, deixou testes apodrecerem e ofereceu cloroquina a doentes que precisavam de oxigênio.

Ao contribuir para o morticínio, o Exército escreveu algumas das piores páginas de sua história, ao lado do massacre de Canudos e dos horrores da ditadura militar.

Antes de chegar ao poder, Bolsonaro sonhava com uma guerra civil que matasse 30 mil brasileiros. A pandemia já multiplicou essa cifra por 20. Pesquisadores afirmaram à CPI que o governo poderia ter salvado cerca de 400 mil vidas. Bastava adotar políticas que o capitão insistiu em ignorar.

O presidente respondeu à tragédia com indiferença e deboche. Disse que não era coveiro, ironizou o sofrimento dos doentes e chamou de idiota quem clamava pela compra de vacinas. Em um ano e sete meses, foi incapaz de visitar um hospital para se solidarizar com as vítimas da pandemia. A perversidade não estará entre os crimes listados pela CPI, mas será lembrada por quem revisitar, no futuro, esse momento sombrio do país.

*

O golpismo compensa

20/10/2021

A CPI da Covid apertou políticos, lobistas e empresários que contribuíram para o avanço da pandemia. Faltou a mesma coragem para confrontar militares que colaboraram com o morticínio.

A comissão chegou a ouvir o general Eduardo Pazuello, ex-ministro da Saúde, mas se recusou a convocar o general Walter Braga Netto, ex-chefe da Casa Civil e atual ministro da Defesa.

Os senadores Humberto Costa e Alessandro Vieira apresentaram quatro requerimentos para que o oficial fosse inquerido. A CPI vai terminar sem que nenhum deles tenha sido votado.

Não foi por falta de motivo. Por mais de um ano, Braga Netto comandou o comitê de crise que deveria coordenar as ações do governo. O órgão se notabilizou pela inércia e pela falta de transparência.

O general deixou sua marca no atraso para comprar vacinas e na demora para levar oxigênio a Manaus. Além disso, comandou a reunião em que a médica Nise Yamaguchi tentou emplacar uma mudança na bula da cloroquina. A ideia só foi abortada porque o presidente da Anvisa, Antonio Barra Torres, recusou-se a participar da trama negacionista.

O acanhamento da CPI encorajou Braga Netto a achincalhá-la. Em julho, o general emitiu uma nota em tom de ameaça ao presidente da comissão, Omar Aziz. Ele chamou o senador de "irresponsável" e "leviano" por criticar a participação de militares em malfeitos.

Renan Calheiros incluiu Braga Netto na lista de pedidos de indiciamento. No relatório que deve ser lido hoje, ele afirma que as "ações e inações" do general "são suficientes para que seja apurada possível prática do crime de epidemia". É verdade, mas o oficial se beneficiou da falta de disposição para ouvi-lo.

Em conversas reservadas, senadores dizem que a CPI poupou Braga Netto para não melindrar o Exército e não ajudar Jair Bolsonaro a atiçar os quartéis. Se a razão foi essa, conclui-se que o golpismo compensa.

Ontem o deputado Jorge Solla tentou aproveitar uma audiência pública na Câmara para cobrar explicações ao general. Ele se sentiu à vontade para ignorar todas as perguntas sobre a pandemia. A atitude comprova que a CPI errou ao não obrigá-lo a depor.

*

Três anos de destruição

12/12/2021

O governo Bolsonaro vai fazer três anos. O capitão acha pouco e quer mais. Na semana que passou, ele recebeu um presente do Congresso. A pretexto de combater a pobreza, ganhou mais R$ 65 bilhões para gastar até a eleição de 2022.

Todo projeto autocrático depende de um segundo mandato para se consolidar. É o que lembra o filósofo Marcos Nobre, professor da Unicamp e presidente do Cebrap. Em seminário na sexta-feira, ele citou os exemplos de Hungria, Polônia e Turquia, governados por líderes de ultradireita que ascenderam pelo voto.

"Os populistas autoritários destroem a democracia por etapas", disse Nobre. "O primeiro mandato é dedicado a minar as instituições. Vão aparelhando progressivamente para que no segundo mandato consigam fechar o regime", alertou.

Bolsonaro tem seguido a cartilha. Estimulou movimentos golpistas, asfixiou os órgãos de controle, tentou emparedar o Judiciário. Para minar a confiança na democracia, liderou uma campanha de desinformação contra as urnas eletrônicas.

O capitão ensaiou uma trégua após o 7 de Setembro, mas voltará a radicalizar para manter sua tropa mobilizada, previu o professor. "Bolsonaro não tem nenhuma pretensão de governar para a maioria. Pelo contrário: a ideia é governar para uma minoria", explicou.

Nos últimos dias, o presidente deu razão ao filósofo. Atacou o passaporte da vacina e exaltou o deputado extremista Daniel Silveira, preso após ameaçar ministros do Supremo.

Para a cientista política Daniela Campello, da FGV, Bolsonaro se tornou a "ilustração perfeita" do populista de direita. O único elemento que destoava do figurino era a defesa da austeridade econômica, que tinha o ministro Paulo Guedes como fiador. Agora o discurso foi abandonado em nome da reeleição.

"Ainda me impressiono com quem acreditou que Bolsonaro e sua turma teriam se convertido ao neoliberalismo", disse a professora. Ela lembrou que a gastança eleitoral deve obrigar o próximo governo a assumir o país num cenário de crise fiscal aguda.

Ainda que seja derrotado nas urnas, o presidente deixará um legado de destruição institucional, afirmou Campello. "Hoje o Ibama hoje não defende o meio ambiente, a Funai não defende os indígenas", apontou. "Bolsonaro conseguiu normalizar o anormal, e isso já foi uma imensa vitória", concluiu.

O cientista político Matthew Taylor, da American University, ressaltou que o retrocesso poderia ser ainda maior. Ele disse que a desorganização do governo atrapalhou parte da agenda autoritária. "Falo com certo alívio. Temos que agradecer a incompetência do Bolsonaro", ironizou.

Os participantes do seminário do Cebrap divergiram sobre os prognósticos para 2022. Para Daniela Campello, a inflação e o desemprego tornaram "muito pequenas" as chances de reeleição. "Meu temor não é o Bolsonaro ganhar por vias democráticas. É o que ele vai aprontar para desqualificar as eleições", disse.

Para Marcos Nobre, a oposição não deveria repetir o erro de subestimar o capitão. "O projeto é chegar ao segundo turno e demonizar o adversário, o que ele sabe fazer bem", alertou.

*

O radical de sempre

14/01/2022

Nem as férias prolongadas amansaram Jair Bolsonaro. O capitão voltou a Brasília com o radicalismo de sempre. Em uma semana na capital, já atacou o Supremo, o Congresso, os governadores e o diretor da Anvisa, que ele mesmo nomeou.

Na quarta-feira, o presidente usou um site governista para despejar sua fúria. Acusou o Supremo de persegui-lo e vociferou contra os ministros Luís Roberto Barroso e Alexandre de Moraes. "Quem esses dois pensam que são?", desafiou.

Investigado em cinco inquéritos na Corte, Bolsonaro tentou carimbar os juízes como "defensores do Lula". Conversa fiada. Barroso e Moraes ficaram vencidos no julgamento que derrubou a prisão em segunda instância. A depender deles, o ex-presidente ainda estaria em Curitiba.

O capitão também esbravejou contra a CPI da Covid, que investigou os crimes do governo na pandemia. Além de repetir a ladainha contra a vacina, declarou que a variante ômicron é "bem-vinda" no Brasil. Um diretor da OMS se viu obrigado a contestar o disparate. "Nenhum vírus que mata é bem-vindo", disse o irlandês Michael Ryan.

A nove meses das urnas, o presidente voltou a mentir sobre o voto eletrônico. Repetiu a lorota de que em 2018 houve eleitores que apertaram seu número e viram a foto de Lula. O petista não estava na lista de candidatos, mas a usina de fake news não se prende a esses detalhes.

É perda de tempo esperar um Bolsonaro menos radical em 2022. O capitão se elegeu com discurso, figurino e plataforma de extremista. Agora depende das mesmas armas para se manter vivo no jogo. A cartinha de Michel Temer já ficou para trás. Até outubro, ele fabricará muitos conflitos para atiçar a tropa e desviar a atenção de problemas reais, como a inflação e o desemprego.

Bolsonaro sabe que não será fácil bancar o outsider depois de quatro anos no poder. Na entrevista de quarta, ele cometeu um ato falho e violou uma regra básica da política: um candidato jamais admite a hipótese de ser derrotado. "Nós estamos conversando aqui, mas, com o Lula presidente, podemos não mais conversar. Você como repórter, eu como ex-presidente...", escorregou, antes de agitar o espantalho do "controle da mídia" contra o rival.

*

A destruição como projeto

19/01/2022

A Amazônia registrou o maior índice de desmatamento em dez anos. De janeiro a dezembro, a floresta perdeu 10.362 km² de mata nativa. Isso equivale a metade do território de Sergipe.

Os números foram divulgados na segunda-feira pelo Imazon. No mesmo dia, Jair Bolsonaro comemorou a redução de 80% nas multas aplicadas pelo Ibama. "Paramos de ter grandes problemas com a questão ambiental", festejou.

O presidente transformou a devastação em política de governo. Trata a fiscalização como problema e a derrubada de árvores como solução. Sua cumplicidade com o crime ambiental é explícita. Grileiros, madeireiros e garimpeiros ilegais sabem que têm um aliado no Planalto.

A certeza da impunidade eleva a ousadia dos desmatadores. No ano passado, quase metade (47%) da destruição ocorreu em terras da União, mostram as imagens de satélite.

O estrago se estende às unidades de conservação, que deveriam ser preservadas como santuários verdes. Nelas, a área devastada aumentou 140% na comparação entre 2018 e 2021. Prova de que o desmanche do Ibama se repete no ICMBio, responsável pela proteção das reservas federais.

No discurso de segunda, Bolsonaro fez elogios a Ricardo Salles, responsável por implementar sua política antiambiental. O ex-ministro deixou o governo na mira da polícia, sob suspeita de envolvimento com contrabandistas de madeira. Agora quer se eleger deputado para reaver as mordomias e o foro privilegiado.

Seu substituto, Joaquim Leite, pilota a mesma agenda com menos espalhafato. Nesta semana, o ministro publicou artigo em que defende um certo "ambientalismo de resultados". Sem apresentar fatos ou dados, escreveu que o governo "fortaleceu o combate a incêndios e desmatamento ilegal". Faltou explicar por que a destruição da floresta continua a aumentar.

Ambientalistas alertam que a devastação da Amazônia está mudando o regime de chuvas, o que tem causado prejuízos bilionários ao agronegócio. Mesmo assim, grande parte do setor insiste em aplaudir o capitão.

Bolsonaro já declarou que está no poder para destruir, não para construir. Na Amazônia, o projeto é seguido ao pé da letra. E pode ter consequências irreversíveis para o clima, a economia e a vida humana.

*

Armadilha para o TSE

18/02/2022

Jair Bolsonaro retomou os ataques à urna eletrônica e à Justiça Eleitoral. O capitão disse que os ministros do TSE "têm partido" e querem torná-lo inelegível "na base da canetada". Acrescentou que os juízes teriam um objetivo secreto: "eleger seu candidato, o Lula".

A tese seria cômica se não fosse ridícula. Bolsonaro se elegeu numa disputa em que o mesmo Lula, então líder das pesquisas, teve a candidatura negada pelo TSE. O atual presidente da Corte, Luís Roberto Barroso, deu o primeiro dos seis votos para barrar o petista.

O capitão não precisa temer a Lei da Ficha Limpa. Conta com a proteção do cargo e com a omissão do procurador-geral da República. Apesar da blindagem, ele manterá o discurso da perseguição. Quer minar a confiança nas urnas e incitar a tropa contra o TSE.

Bolsonaro nunca escondeu seu plano golpista. Se for derrotado, tentará virar a mesa e melar a eleição. O roteiro original incluía a volta do voto impresso. Agora a ideia é arrastar os militares para o centro do tumulto.

Em Moscou, o capitão disse que o Exército determinará os "próximos passos" do processo eleitoral e que as Forças Armadas serão "fiadoras da lisura das eleições". A tarefa nunca esteve prevista na Constituição. Mas o TSE tem sua parcela de culpa pelo engodo.

Em dezembro, a Corte ofereceu o cargo de diretor-geral ao general Fernando Azevedo e Silva. Ele aceitou o convite e marcou a data da posse. No início da semana, anunciou sua desistência. Alegou razões de saúde e deixou o tribunal com um abacaxi.

O general não tinha credenciais para atuar como guardião da legalidade. Como ministro do governo Bolsonaro, celebrou o golpe de 1964 como um "marco para a democracia". Os defensores da sua presença sonhavam atrair a simpatia dos quartéis. Na prática, legitimaram a ideia da tutela militar sobre a eleição.

O TSE ainda abriu as portas ao general Heber Portella, indicado pelo ministro Braga Netto para um certo comitê de transparência. O militar apresentou um questionário sobre o voto eletrônico. Com base nele, Bolsonaro inventou que o Exército teria identificado "dezenas de vulnerabilidades" no sistema.

"Estou presumindo que as Forças Armadas estão aqui para ajudar a democracia brasileira. E não para municiar um presidente que quer atacá-la", disse ontem o ministro Barroso. Talvez a ficha tenha caído tarde demais.

*

O passado que não passa

25/03/2022

A Argentina parou ontem para celebrar o Dia da Memória. O feriado foi criado há duas décadas. Relembra o golpe de 24 de março de 1976, que instalou uma ditadura militar no país.

Com lenços brancos sobre a cabeça, mães e avós de desaparecidos marcharam até a Praça de Maio, no coração de Buenos Aires. A caminhada começou na antiga Escola Superior de Mecânica da Armada (Esma), centro de torturas que hoje abriga um museu de direitos humanos.

Os argentinos restauraram a democracia em 1983, mas ainda acertam contas com os responsáveis pelo terrorismo de Estado. Desde que os processos foram retomados, em 2006, a Justiça condenou 1.058 acusados. Outros 165 foram absolvidos, 964 morreram sem julgamento e 22 estão foragidos, segundo a Procuradoria de Crimes contra a Humanidade.

O réu mais notório foi o ex-ditador Jorge Rafael Videla. Ele confessou ter ordenado a morte de 8 mil pessoas e disse não se arrepender de nada. Perdeu a patente de general e foi condenado à prisão perpétua. Morreu na cadeia aos 87 anos, sentado num vaso sanitário.

Os torturadores argentinos só foram punidos porque a Suprema Corte do país anulou a Lei do Ponto Final, que blindava acusados de torturas, assassinatos e sequestros de bebês.

O Brasil poderia ter seguido o exemplo, mas escolheu outro caminho. Em 2010, o Supremo Tribunal Federal manteve a validade da Lei da Anistia para agentes da repressão que praticaram crimes de lesa-humanidade.

Defensores da decisão argumentaram, na época, que o país não deveria mexer em feridas cicatrizadas. O relator do caso, ministro Eros Grau, disse que seria impossível "reescrever a História". Essa tese não resistiu à era Bolsonaro.

A impunidade dos torturadores abriu caminho para que um herdeiro dos porões fosse candidato à Presidência. Eleito, ele pôs o governo a serviço do revisionismo histórico. Os quartéis voltaram a festejar o aniversário do golpe de 1964 – agora rebatizado de "marco para a democracia". O passado autoritário não passou: debochou das vítimas e se reinstalou no poder.

Nesse ambiente, o ministro da Defesa, Braga Netto, sentiu-se à vontade para declarar que não houve ditadura militar. Na Argentina, o general já teria sido varrido da vida pública. No Brasil, deve ser premiado com uma vaga na chapa do presidente à reeleição.

*

A pregação do Messias

03/04/2022

O pretexto era inaugurar uma estação de trem em Parnamirim, no Rio Grande do Norte. O prefeito reduziu o expediente e liberou os servidores para engrossar a claque. Jair Bolsonaro chegou ao palanque montado num cavalo branco. Depois de ser adulado por três ministros, entregou o microfone a um pastor evangélico. Seguiu-se um comício disfarçado de culto, com transmissão ao vivo na TV Brasil.

"Vamos fazer uma oração especial pelo nosso presidente. Levantemos nossas mãos para o céu em clamor a Deus", ordenou Martim Alves, da Assembleia de Deus. "Pedimos uma bênção muito especial para o presidente da nossa República, pela sua saúde, seu governo e sua família", prosseguiu.

O bispo Lindomar Sousa, da Igreja Sara Nossa Terra, assumiu o púlpito e continuou a pregação eleitoral. "Não é mais uma briga da esquerda contra a direita, é uma guerra espiritual", proclamou. "Deus levantou a vida deste homem", disse, referindo-se ao capitão.

O ministro Rogério Marinho já havia apelado ao discurso religioso para louvar o chefe. Candidato ao Senado, acusou a oposição de "espezinhar", "maltratar" e "ridicularizar" a família brasileira. Em seguida, manifestou o desejo de silenciar os adversários. "Eles têm que escutar e ficar calados", decretou.

Jair Messias inflamou o rebanho com um grito de rodeio. Exaltou o "povo armado", atacou os "vermelhos" e definiu a Presidência como uma missão divina. "A luta, como disse o pastor agora há pouco, não é da esquerda contra a direita, é do bem contra o mal", bradou.

Na semana em que um escândalo de propinas derrubou seu quarto ministro da Educação,[39] ele descreveu a corrupção como um problema de governos passados. Depois empilhou chavões sobre o "país maravilhoso" e sua "gente trabalhadora". Em 16 minutos de falatório, não disse uma palavra sobre a obra usada como desculpa para o comício com dinheiro público.

A performance deu uma amostra do Bolsonaro que disputará a reeleição em outubro: um político sem pudor de explorar a fé e usar a máquina em benefício próprio.

No dia seguinte, em Brasília, o capitão começou e terminou um discurso citando o nome de Deus. Recheou o monólogo com elogios à ditadura militar e ao deputado Daniel Silveira, que armou um circo para descumprir decisão do Supremo. Ao defender o brucutu, voltou a insultar ministros da Corte. "Cala a boca, bota a tua toga e fica sem encher o saco dos outros", decretou.

*

[39] Milton Ribeiro deixou o Ministério da Educação após a *Folha de S.Paulo* revelar gravação em que ele dizia repassar verbas a municípios indicados por pastores evangélicos.

Vexames em verde-oliva

20/04/2022

Após o fim da ditadura, as Forças Armadas dedicaram três décadas à tentativa de recauchutar sua imagem pública. Bastaram três anos de governo Bolsonaro para jogar esse esforço por água abaixo.

O primeiro mito a cair foi o da eficiência fardada. Os oficiais venderam a ideia de que sua formação rígida, baseada em hierarquia e disciplina, produziria superquadros para funções civis. Então Bolsonaro nomeou Eduardo Pazuello para comandar o Ministério da Saúde em plena pandemia.

O general confessou que "nem sabia o que era o SUS" quando assumiu a pasta. Sua gestão ficou marcada pela letargia, pela incompetência e pela submissão ao negacionismo presidencial. Sob intervenção fardada, o ministério atrasou a compra de vacinas e deixou faltar oxigênio em hospitais. Pazuello foi apresentado como especialista em logística. Num episódio inesquecível, imunizantes reservados para o Amazonas foram parar no Amapá.

Os militares também fracassaram ao tentar substituir o Ibama no combate ao desmatamento. O Ministério da Defesa torrou mais de R$ 500 milhões em operações batizadas com o nome pomposo de "Verde Brasil". Apesar da gastança, a destruição da Amazônia aumentou a cada ano desde a posse de Bolsonaro.

O governo do capitão demoliu um segundo mito construído nos quartéis: o de que os militares seriam mais honestos que os civis. Um relatório do TCU apontou "robustos indícios de fraude" na compra de insumos para a produção de cloroquina no laboratório do Exército. Outra auditoria revelou que o Ministério da Defesa usou verbas de combate à covid para comprar picanha e filé mignon.

Agora o tribunal abriu processo para apurar se houve superfaturamento na compra de 35 mil comprimidos de remédio indicado para a impotência sexual. A Marinha alegou que os azuizinhos seriam destinados ao tratamento da hipertensão arterial pulmonar. Coube ao general Hamilton Mourão desmoralizar a versão meia bomba: "Eu não posso usar meu Viagra, pô?".

Como se não bastassem os vexames do presente, os militares insistem em fazer piada com os crimes do passado. Na segunda-feira, o vice-presidente ironizou apelos para investigar e punir torturadores da ditadura. Aos risos, perguntou: "Vai trazer os caras do túmulo?".

*

Mais Lexotan, por favor

27/04/2022

A usina de crises do bolsonarismo não para nem nos feriados. No dia de Tiradentes, o capitão deflagrou uma nova ofensiva contra o Supremo Tribunal Federal. Numa canetada, concedeu perdão ao aliado Daniel Silveira, condenado na véspera a oito anos e nove meses de cadeia.

O decreto cumpriu duas funções: afrontar a Corte e inflamar a militância de ultradireita contra seus juízes. A estratégia de arrastar o Supremo para o ringue já é conhecida. O deputado marombado foi apenas o pretexto da vez.

No domingo, o ministro da Defesa moveu outra peça para cercar o tribunal. Em nota ríspida, o general Paulo Sérgio Nogueira chamou o ministro Luís Roberto Barroso de "irresponsável" e o acusou de cometer "ofensa grave" contra as Forças Armadas. O general distorceu uma palestra em que o juiz elogiou os militares, mas lamentou a tentativa de usá-los para desacreditar o processo eleitoral.

A fala de Barroso pode ter sido desnecessária, mas não foi nova. Em fevereiro, ele já havia se penitenciado pela má ideia de convidar militares para um certo comitê de transparência do TSE. "Estou presumindo que as Forças Armadas estão aqui para ajudar a democracia brasileira. E não para municiar um presidente que quer atacá-la", afirmou na época.

O ministro da Defesa também não inovou. Há nove meses, o general que ocupava sua cadeira se disse ofendido quando o senador Omar Aziz lamentou o envolvimento de "alguns" oficiais em negociatas no Ministério da Saúde. A CPI da Covid investigava seis militares suspeitos de fazer rolo na compra de vacinas. Em tom de ameaça, o então ministro Braga Netto acusou o senador de "desrespeitar" as Forças Armadas "de forma vil e leviana".

O capitão e seus generais se movimentam em bloco. A nota de domingo foi endossada por mais três estrelados com assento no Planalto: o vice-presidente Hamilton Mourão e os ministros Luiz Eduardo Ramos e Augusto Heleno. Esses generais já foram apresentados como forças moderadoras no governo. No mundo real, sempre atuaram como agentes da radicalização.

Em áudio vazado em dezembro, Heleno despejou fúria sobre o Supremo e disse tomar "dois Lexotans na veia", todos os dias, para não encorajar Bolsonaro a tomar uma "atitude mais drástica" contra o tribunal. Talvez seja o caso de prescrever o remédio a seus colegas.

*

A omissão do Congresso

04/05/2022

A era das notas de repúdio ficou para trás. Agora a cúpula do Congresso quer combater o golpismo com declarações apaziguadoras e promessas de acordão.

Ontem o presidente da Câmara, Arthur Lira, defendeu uma "saída negociada" para a crise. Sem citar as ameaças de Jair Bolsonaro à democracia, apresentou-se como um guardião do equilíbrio e da moderação.

"O Legislativo sempre buscou a harmonia e a tranquilidade entre os Poderes", discursou. Ele elencou duas tarefas para si mesmo: "apaziguar" e "acalmar". Faltou informar quem precisaria ser amansado.

O presidente do Senado, Rodrigo Pacheco, foi tomar um cafezinho no Supremo, alvo dos atos bolsonaristas de domingo. Após ser recebido pelo ministro Luiz Fux, saiu recitando platitudes e pregando a paz universal.

Ao ser questionado sobre o conflito aberto entre as Forças Armadas e o Judiciário, o senador tentou desconversar: "Eu não considero que haja uma crise instalada nesse sentido".

Lira e Pacheco chegaram ao comando do Legislativo graças ao apoio do Planalto. Com estilos diferentes, os dois têm atuado como cúmplices da escalada autoritária.

O chefão da Câmara segura mais de uma centena de pedidos de impeachment. Em troca da blindagem ao capitão, ganhou poder inédito sobre a partilha do Orçamento.

Mais discreto, o presidente do Senado prefere colaborar nos bastidores. Retardou a instalação da CPI da Covid e agora tenta barrar outra investigação sobre o balcão de negócios do MEC. Entre um episódio e outro, articulou a recondução de um procurador-geral que se recusa a investigar o governo.

Diante dos novos ataques de Bolsonaro ao Supremo, os chefes da Câmara e do Senado voltaram a lavar as mãos. Ontem os dois trataram a graça concedida a Daniel Silveira como fato consumado. Nas entrelinhas, endossaram o acordão que manteria o deputado inelegível, porém livre da cadeia.

Após o café com Fux, Pacheco repetiu que a disputa política não pode descambar para "anomalias graves". A omissão do Congresso é uma das mais graves anomalias que ameaçam o país.

*

O golpe já começou

15/05/2022

Jair Bolsonaro é um golpista. Nunca escondeu, nunca disfarçou, nunca se sentiu obrigado a mudar. O capitão ganhou fama como defensor da ditadura e da tortura. Eleito com votos de militares, passou 28 anos na Câmara como símbolo do extremismo de direita.

No terceiro mandato parlamentar, Bolsonaro ganhou as manchetes ao pregar o fechamento do Congresso e o fuzilamento do presidente Fernando Henrique Cardoso. Questionado sobre o que faria se chegasse ao Planalto, abriu o jogo: "Daria golpe no mesmo dia".

Na mesma entrevista, o então deputado disse que o Brasil precisava de uma guerra civil, mesmo que isso provocasse a morte de inocentes. Ele também escancarou seu desprezo pelas eleições. "Através do voto, você não vai mudar nada neste país. Nada, absolutamente nada", decretou.

Numa trapaça da História, o inimigo da democracia se valeu dela para chegar ao poder. Na campanha de 2018, Bolsonaro se vendeu como o extremista de sempre. Falou em fuzilar adversários políticos, disse que as minorias teriam que se curvar às maiorias, renovou ameaças ao Judiciário e à imprensa.

A uma semana da eleição, prometeu "uma limpeza nunca vista". Acrescentou que mandaria a "petralhada" para a "ponta da praia" – referência a um local usado pela ditadura para ocultar cadáveres de presos políticos. Nada disso impediu que ele fosse eleito com 57 milhões de votos e amplo apoio da elite econômica.

Ao subir a rampa, Bolsonaro começou a pôr em marcha o plano anunciado em 1999. Não deu o golpe "no mesmo dia", mas trabalha desde a posse para viabilizá-lo. Seu governo é marcado pelo ataque permanente às instituições e pela campanha incessante contra o sistema eleitoral.

Bolsonaro sabe que as urnas eletrônicas são invioláveis. Sua ofensiva faz parte de uma estratégia para se perpetuar no poder. O capitão já deixou claro que só aceitará o resultado em caso de vitória. Se for derrotado, fará o possível para tumultuar o país e impedir a posse do sucessor.

No último 7 de Setembro, o bolsonarismo promoveu um ensaio geral do golpe. Não foi até o fim, mas deu novos passos no caminho da ruptura. Atacou o Supremo, questionou a segurança das urnas e definiu as eleições como uma "farsa patrocinada pelo TSE". "Só saio preso, morto ou com vitória", desafiou.

Faltam 140 dias para o primeiro turno. Em desvantagem nas pesquisas, Bolsonaro eleva a cada dia o tom das ameaças. Na quarta-feira, fez um chamado à sublevação armada. "Quero que todo cidadão de bem possua sua arma de fogo para resistir, se for o caso, a um ditador de plantão", discursou. Na retórica dos autocratas, o ditador é sempre o outro.

Depois de encenar mais um falso recuo, o capitão voltou a conspirar à luz do dia. Nas últimas semanas, sua ofensiva ganhou apoio explícito de porta-vozes da caserna. O ministro da Defesa, general Paulo Sérgio Nogueira, fez novas provocações ao TSE. O comandante da Marinha, almirante Almir Garnier, endossou o discurso de questionamento das urnas.

Na terça-feira, o candidato Ciro Gomes fez um alerta: "Há indícios claros de que está em curso um golpe contra a democracia, cujo alvo são as próximas eleições. Ou a sociedade e as lideranças políticas tomam providências já, ou chegaremos a um ponto sem retorno".

O golpe de Bolsonaro já começou. Se a democracia brasileira sucumbir, não será por falta de aviso.

*

A imprensa sob ataque

07/06/2022

"Vocês são uma porcaria de imprensa! Cala a boca!"

As frases são de Jair Bolsonaro, em junho de 2021. Em tom exaltado, o presidente se dirigia a uma repórter em Guaratinguetá, no interior paulista. Ela tentava ouvi-lo sobre a notícia do dia: a autoridade máxima do país havia sido multada por desfilar sem máscara na pandemia.

"Esse jornalismo que vocês fazem é um jornalismo podre!"

Desde que Bolsonaro tomou posse, a imprensa brasileira vive sob ataque permanente. O presidente trata os jornalistas como inimigos. Ofende quem pergunta e tenta demonizar quem publica.

"Cala a boca! Não te perguntei nada!"

Os ataques presidenciais resultaram numa escalada na violência contra a imprensa. Em 2021, o número de agressões a jornalistas e veículos de comunicação bateu novo recorde no país. Foram 430 casos, segundo a Federação Nacional dos Jornalistas (Fenaj).

"Vocês atrapalham o Brasil com esse tipo de notícia!"

Bolsonaro foi diretamente responsável por 34,2% das agressões. A Fenaj contabilizou 129 situações em que ele agiu para minar a credibilidade da imprensa. Em outras 18, agrediu verbalmente quem tentava entrevistá-lo.

"Minha vontade é encher tua boca de porrada!"

As investidas obedecem a um padrão. O presidente é mais agressivo com mulheres e jovens repórteres que acompanham o dia a dia do poder. Num dos episódios mais graves, ele ameaçou bater num repórter que o questionou sobre depósitos suspeitos na conta da primeira-dama.

"Você tem uma cara de homossexual terrível!"

As agressões de Bolsonaro geram um efeito-manada. Ao ouvi-lo, seus seguidores se sentem estimulados a intimidar e atacar a imprensa. Em maio de 2020, dois fotojornalistas levaram socos e pontapés numa manifestação bolsonarista. Estavam na Praça dos Três Poderes, em frente ao palácio presidencial.

"Jornal patife e mentiroso!"

O clima de hostilidade transformou a cobertura do poder numa atividade insalubre. No terceiro mês da pandemia, os principais veículos foram obrigados a retirar seus repórteres da portaria do Palácio da Alvorada. A medida foi necessária para protegê-los de agressões.

"Vocês são uns canalhas!"

Os ataques ao jornalismo profissional mancham a imagem do Brasil no exterior. O país ficou em 110º lugar no último Ranking da Liberdade de Imprensa da organização Repórteres Sem Fronteiras. Na América do Sul, só apareceu atrás de Venezuela, Colômbia e Bolívia.

"Vá para a p... que pariu!"

O Dia Nacional da Liberdade de Imprensa nasceu em 1977, quando cerca de três mil jornalistas se uniram pelo fim da censura.[40] Quarenta e cinco anos depois, o Brasil vê sua democracia novamente sob ameaça. Todas as falas grifadas neste texto foram pronunciadas por Bolsonaro. Os insultos a quem tem o dever de informar são mais um sintoma da escalada autoritária no país.

*

Um soldado e um cabo

08/06/2022

Na campanha de 2018, Eduardo Bolsonaro descreveu seu plano para o Supremo Tribunal Federal: "Se quiser fechar o STF, sabe o que você faz? Não manda nem um jipe. Manda um soldado e um cabo".

Jair Bolsonaro ainda não realizou o desejo do filho, mas já tomou outras medidas para minar a independência da Corte. A começar pelas indicações de Kassio Nunes Marques e André Mendonça.

---

[40] A data é celebrada em 7 de junho, dia da publicação desta coluna.

Ao assinar a nomeação do pastor, o presidente anunciou que passaria a controlar 20% do Supremo. "São dois ministros que representam, em tese, 20% daquilo que nós gostaríamos que fosse decidido e votado", disse. Os fatos dos últimos dias sugerem que ele tinha razão.

Desde que vestiram a toga, Nunes Marques e Mendonça se comportam como praças a serviço do capitão. Os votos da dupla são previsíveis: quase sempre coincidem com os interesses de Bolsonaro.

Na quinta passada, uma canetada de Nunes Marques anulou a cassação do deputado bolsonarista Fernando Francischini, acusado de propagar mentiras contra a urna eletrônica. A liminar foi festejada no Planalto, mas revoltou a maioria dos ministros do tribunal.

Na madrugada de terça, Mendonça escancarou a tabelinha e interrompeu o julgamento de um recurso contra a decisão de Nunes Marques. A manobra empurrou o caso para a Segunda Turma, poupando o colega de uma derrota acachapante no plenário. No colegiado menor, a liminar foi derrubada por três votos a dois. Para a surpresa de ninguém, Mendonça deu o segundo voto a favor do bolsonarista.

Francischini é o novo espantalho de Bolsonaro em sua marcha golpista para tumultuar as eleições de outubro. Ontem o capitão voltou a hostilizar o Judiciário. Defendeu o aliado cassado e atacou os ministros Edson Fachin e Alexandre de Moraes.

Aos berros, o presidente-candidato falou em "fechar a imprensa" e repetiu a ameaça de descumprir ordens judiciais. "Eu fui do tempo em que decisão do Supremo não se discute, se cumpre. Eu fui desse tempo. Não sou mais", avisou. Pelo visto, o soldado e o cabo não vão reclamar.

*

A espada sobre a urna

12/06/2022

O ministro da Defesa apontou a espada para o pescoço da Justiça Eleitoral. Na sexta-feira, o general Paulo Sérgio Nogueira tentou enquadrar o presidente do TSE. Em papel timbrado, lançou novas suspeitas sobre a urna eletrônica e endossou a retórica golpista de Jair Bolsonaro.

O ofício oscila entre o queixume e a intimidação. Na parte lacrimosa, o general diz que as Forças Armadas "não se sentem devidamente prestigiadas" pelo TSE. Na parte perigosa, descreve as eleições como uma questão de "soberania nacional". E cita trechos do artigo 142 da

Constituição, deturpado por bolsonaristas que sonham com um novo golpe militar.

A alegação de desprestígio é infundada. Os integrantes das Forças Armadas receberam mais privilégios do que qualquer outra categoria nos últimos quatro anos. Foram favorecidos na reforma da Previdência, acumularam salários acima do teto e abocanharam mais de seis mil cargos civis no governo, sem contar o comando de ministérios e estatais.

A segunda parte do ofício reúne mais impropriedades. Nela, o general Paulo Sérgio parece querer dar ordens ao presidente do TSE, ministro Edson Fachin. "Reitero que as sugestões propostas pelas Forças Armadas precisam ser debatidas", escreve, embora o tribunal já tenha respondido todos os questionamentos enviados pelo Exército.

Em outro trecho, o militar diz que "a todos nós não interessa concluir o pleito eleitoral sob a sombra da desconfiança dos eleitores". Segundo o Datafolha, a ampla maioria (73%) da população confia na urna eletrônica. O general confunde o eleitorado brasileiro com a tropa radicalizada do capitão.

No ofício, o ministro da Defesa ainda propõe "incentivar-se a realização de auditoria por outras entidades, principalmente por partidos políticos". A passagem escancara o jogo combinado entre Paulo Sérgio e Bolsonaro. Na terça-feira, o partido do presidente indicou uma empresa para auditar as eleições. A entidade escolhida pelo PL foi um certo Instituto Voto Legal, criado no ano passado por um engenheiro com formação militar.

Hoje se completa um mês da melhor resposta que a Justiça Eleitoral já deu às tentativas de interferência dos quartéis. "Quem trata de eleição são forças desarmadas", afirmou o ministro Fachin. A frase deveria ter encerrado de vez o assunto, mas o bolsonarismo insiste em misturar a farda com a urna.

Na quarta-feira, o general Paulo Sérgio foi à Comissão de Fiscalização e Controle da Câmara. Convocado para explicar o uso de dinheiro público na compra de Viagra, comportou-se como um cabo eleitoral de Bolsonaro. Ao fim da sessão, disse que o governo defende "os valores da família brasileira" e "a liberdade do nosso povo".

O último ministro da Defesa, general Braga Netto, já subiu oficialmente no palanque. Filiou-se ao PL e deve ser candidato a vice-presidente na chapa de Bolsonaro. Seu sucessor deveria guardar distância da política partidária, mas tem se empenhado em seguir a mesma linha. Agora usa o cargo para intimidar o Judiciário e ameaçar a democracia.

*

Fábrica de extremistas

15/07/2022

Um bolsonarista invadiu uma festa, sacou o revólver e matou um petista que comemorava o aniversário em família. O crime de Foz do Iguaçu chocou o país a menos de três meses da eleição. É mais um fruto do extremismo político que chegou ao poder em 2018.

Jorge Guaranho, o assassino, é uma caricatura dos seguidores do Mito. Nas redes sociais, apresenta-se como "conservador e cristão". Na vida real, xinga quem não pensa como ele e se julga autorizado a resolver as diferenças na bala.

A solução pelas armas sempre esteve na base do discurso do capitão. Em 1999, ele disse que não era possível mudar o país "através do voto". "Só vai mudar quando partirmos para uma guerra civil aqui dentro, matando 30 mil", afirmou.

Na campanha ao Planalto, ele manteve a mesma retórica agressiva. Falou em "fuzilar a petralhada" e chamou os adversários de "marginais vermelhos". "Serão banidos da nossa pátria", prometeu.

Jair não está sozinho. Horas antes do assassinato no Paraná, Eduardo Bolsonaro participou de uma marcha pró-armas em Brasília. Aos palavrões, atacou entidades pacifistas como Sou da Paz e Viva Rio. "A gente não tem que respeitar esses caras, não", conclamou.

No dia seguinte, o deputado usou seu aniversário de 38 anos para fazer mais propaganda armamentista. O bolo foi decorado com a réplica de um revólver cercada por confeitos em forma de projéteis.

O discurso dos Bolsonaro é uma senha para produzir Guaranhos. A liberação indiscriminada das armas, transformada em política de governo, arrisca transformar o país num grande cenário de faroeste.

Alvo de uma facada na última eleição, Bolsonaro deveria desestimular a violência política. Em desvantagem nas pesquisas, prefere semear a barbárie e intimidar os adversários com ameaças de golpe.

Na segunda-feira, o capitão fingiu não ter responsabilidade pelo clima bélico da campanha. "O que eu tenho a ver com esse episódio?", questionou. O general Hamilton Mourão disse que o assassinato do petista Marcelo Arruda "não é preocupante": "Ocorre todo final de semana em todas as cidades do Brasil".

*

O pacifismo do general

17/07/2022

O general Paulo Sérgio Nogueira é incansável. A cada semana, inventa uma nova forma de questionar o sistema eleitoral. Na quinta-feira, ele surpreendeu pela ousadia. Propôs uma votação paralela, em cédulas de papel, a pretexto de testar a segurança da urna eletrônica.

O ministro da Defesa lançou o despautério em audiência pública no Senado. Pelas companhias, parecia se sentir em casa. A sessão foi presidida pelo bolsonarista Eduardo Girão, que se notabilizou por fazer propaganda da cloroquina na CPI da Covid. O plenário foi tomado por governistas associados à defesa do voto impresso.

Sem contraditório, o general falou o que quis. Definiu a própria atuação como "eminentemente técnica" e se declarou interessado em "fortalecer a democracia", apesar do endosso à pregação golpista do chefe. Ele também disse adotar um "espírito colaborativo" em relação ao TSE, a despeito das tentativas de enquadrar e constranger ministros da Corte.

A nova proposta de Nogueira é um convite ao tumulto. Basta que um eleitor minta, alegando que seu voto na urna não corresponde ao do papel, para que o "teste de integridade" vire uma alavanca do golpe. Encenada em três ou quatro seções eleitorais, a farsa se espalharia rapidamente pelas redes. Seria a senha para um levante bolsonarista contra o resultado da eleição – baderna que o capitão estimula desde que perdeu a liderança nas pesquisas.

Os discursos da audiência pública percorreram outros itens da cartilha golpista. Quatro parlamentares defenderam a destituição de ministros do Supremo. O senador Girão esbravejou contra uma suposta "ditadura da toga". O ministro, que se diz legalista, não deu uma só palavra em defesa do Judiciário. E chamou de "amigo" o deputado Filipe Barros, investigado no inquérito que apura vazamento de dados sigilosos sobre as urnas.

No mês passado, Nogueira afirmou que as Forças Armadas não se sentiam "devidamente prestigiadas" pelo TSE. Na quinta, disse estar "muito chateado" com quem compreende suas ações como ameaças à democracia. "O que a gente deseja neste momento é paz social", discursou. Em nome da paz, o general incita a tropa para a guerra.

*

Yes, nós temos bananas

20/07/2022

Um chefe de Estado convoca diplomatas de todo o mundo para enxovalhar a imagem do próprio país. Aconteceu no Brasil de Jair Bolsonaro, com a cumplicidade de generais e a conivência do Itamaraty.

Os embaixadores que foram ao Palácio da Alvorada assistiram a um espetáculo de autoavacalhação. Num longo monólogo, o presidente mentiu sobre a urna eletrônica, atacou ministros do Supremo e sugeriu ter apoio das Forças Armadas para melar a eleição. Reduziu o Brasil a uma república de bananas, onde o voto popular conta menos que a opinião dos quartéis.

Diante da plateia estrangeira, o capitão cometeu uma série de crimes de responsabilidade. Atentou contra o livre exercício do Poder Judiciário, ameaçou a execução da Lei Eleitoral, incitou militares à indisciplina. Todos os delitos estão tipificados na Lei do Impeachment, que virou letra morta nos últimos quatro anos.

Bolsonaro pisoteia a Constituição porque não tem medo de ser punido. Sabe que Augusto Aras e Arthur Lira estão de plantão para protegê-lo. O procurador-geral da República silenciou sobre as novas ameaças à democracia. O chefão da Câmara só apareceu nas redes para comentar a pré-campanha em Arapiraca.

O presidente atacou o sistema eleitoral na presença de seus generais de estimação. Estavam no Alvorada três ministros que integraram o Alto-Comando do Exército: Paulo Sérgio Nogueira, Augusto Heleno e Luiz Eduardo Ramos. Completava o quarteto o ex-ministro Braga Netto, candidato a vice-presidente na chapa governista.

O comício do Alvorada também marcou um novo episódio de aviltamento do Ministério das Relações Exteriores. Os embaixadores foram recebidos pelo chanceler Carlos Alberto França, que já havia participado de manifestações golpistas ao lado do chefe.

O ex-ministro Ernesto Araújo era transparente: queria transformar o Brasil em pária na comunidade internacional. Seu sucessor é menos caricato, mas está a serviço da mesma agenda de destruição do Itamaraty.

*

Utilidades do negacionismo

24/07/2022

A Terra é plana. A Amazônia não pega fogo. A covid é só uma gripezinha. A urna eletrônica foi programada para roubar votos dos patriotas.

Na era da comunicação instantânea, negar a realidade deixou de ser atestado de ignorância. Virou tática para fidelizar seguidores e se perpetuar no poder.

No comício do Alvorada, Jair Bolsonaro bombardeou os embaixadores com mentiras e teorias conspiratórias. Praticou "negacionismo eleitoral", na definição do ministro Edson Fachin. O presidente do TSE pediu um "basta" à desinformação e ao populismo autoritário. Se depender das convicções democráticas do capitão, é melhor esperar sentado.

Bolsonaro tem um plano. Quer permanecer no cargo a qualquer custo, seja no voto, seja na marra. O segundo cenário não depende mais de um golpe clássico, nos moldes de 1964. O capitão parece apostar numa versão tupiniquim da invasão do Capitólio, estimulada no ano passado por seu ídolo Donald Trump.

Um vídeo divulgado na quinta-feira trouxe revelações sobre a baderna nos Estados Unidos. No dia seguinte ao tumulto, Trump gravou um pronunciamento na Casa Branca. Ao ler o discurso, pulou a frase em que admitiria a derrota para Joe Biden. "Não quero dizer que a eleição acabou", explicou a assessores. A recusa a reconhecer o resultado ainda mantém parte de seus eleitores em negação.

Na sexta, uma repórter perguntou a Bolsonaro se ele entregará a faixa presidencial caso seja derrotado em outubro. "Você tá louca que eu fale 'não', né?", respondeu o capitão. Em seguida, ele voltou a defender uma apuração paralela comandada por militares. Tudo em nome da "estabilidade" e da "transparência", como disse aos diplomatas estrangeiros.

O negacionismo também pode ser útil para manter a tropa unida fora do poder. Cerca de 70% dos eleitores republicanos ainda acreditam que a vitória de Biden foi roubada, apesar da absoluta inexistência de provas. Ao insistir na mentira da fraude, Trump se mantém no páreo como alternativa para 2024. Se o projeto do golpe naufragar, Bolsonaro precisará de um discurso para não desmobilizar seus seguidores. É perda de tempo esperar que ele atenda ao apelo de Fachin.

*

A cartinha e o capitão

03/08/2022

Jair Bolsonaro está invocado. O capitão não gostou da nova *Carta aos brasileiros*, que condena o golpismo e defende o sistema eleitoral. "O pessoal que assina esse manifesto é cara de pau, sem caráter. Não vou falar outros adjetivos porque sou uma pessoa bastante educada", esbravejou ontem, em entrevista à *Rádio Guaíba*.

Nos últimos dias, o presidente passou vários recibos de sua irritação. "Não precisamos de nenhuma cartinha para dizer que defendemos a democracia", disse. Em outro momento, ele atacou os banqueiros que subscreveram o documento. Sugeriu que todos teriam perdido dinheiro com a criação do Pix. "Eu dei uma paulada neles", vangloriou-se.

Bolsonaro não se sensibilizou com mais de 670 mil mortes na pandemia. Seria ingenuidade imaginar que ele esteja preocupado com o número de assinaturas numa petição on-line. O motivo da ira presidencial é a adesão de porta-vozes da elite econômica e de entidades como Fiesp e Febraban, que lançarão um segundo manifesto na semana que vem. O capitão é tosco, mas sabe o que isso significa.

Em 2018, o *establishment* vibrou com sua chegada ao Planalto. O apoio foi renovado no início do governo, quando o Congresso aprovou a reforma da Previdência. Com o tempo, a farsa do liberalismo bolsonarista caiu em descrédito. A reunião com diplomatas estrangeiros, em que o presidente alardeou seu golpismo para o mundo, parece ter marcado um ponto de virada.

Pela primeira vez, Bolsonaro vê figurões do empresariado darem as costas ao seu projeto político. Isso indica um cansaço com a escalada autoritária, que afugenta investidores e injeta turbulência no ambiente de negócios. Como a Faria Lima não rasga dinheiro, o movimento sugere que a turma já começa a fazer cálculos para lidar com uma possível vitória de Lula.

Ao furar o teto de gastos e estourar o Orçamento pela reeleição, o capitão deixou claro que não está mais disposto a vestir a fantasia de liberal. O que lhe resta é sacudir o espantalho da ameaça comunista. Na entrevista de ontem, ele insistiu na velha conversa de que o PT vai abolir a propriedade privada. "Você que mora numa casa grande, que tem uma casa de praia... você quer dividir isso com terceiros?", discursou.

*

A parada do golpe

07/08/2022

Copacabana já viu quase tudo desde que o primeiro bonde atravessou o Túnel Velho, em 1892. O bairro assistiu à revolta dos Dezoito do

Forte, ao nascimento da Bossa Nova e ao maior show dos Rolling Stones. A depender do capitão, agora receberá um inédito desfile de tanques e baionetas.[41]

Jair Bolsonaro mandou o Exército transferir para a orla o cortejo oficial do Sete de Setembro. Quer transformar a comemoração do bicentenário da Independência numa parada golpista à beira-mar.

No ano passado, o presidente aproveitou a data cívica para atacar o Supremo Tribunal Federal e chamar as eleições de "farsa". Agora planeja usar o feriado para reforçar suas ameaças à democracia.

A ideia é promover uma demonstração de força a 25 dias do primeiro turno. A Avenida Atlântica já seria o destino da militância de extrema direita. Com a mudança do desfile, a turma ganhará a companhia de uma tropa uniformizada e armada.

Bolsonaro quer vender a ideia de que paisanos e militares estão unidos pelo mesmo propósito: assegurar sua permanência no poder, pelo voto ou pela ruptura institucional.

O objetivo é intimidar os outros candidatos, a Justiça Eleitoral e a sociedade civil. Incluindo as entidades empresariais, que despertaram do sono profundo e aderiram aos manifestos pró-democracia.

Daqui até a eleição, Bolsonaro fará o possível para radicalizar seus seguidores. Ele sabe que precisará de massa de manobra num eventual levante contra o resultado das urnas.

As viúvas da ditadura já estão habituadas a bater ponto na orla de Copacabana. Desde as passeatas contra Dilma Rousseff, desfilam de roupas camufladas, esbravejam contra o comunismo e urram por uma "intervenção militar".

Se o golpe não sair, essa turma pode ganhar um último presente do capitão: a chance de tirar selfies com tanques e soldados de verdade.

*

Antes tarde do que mais tarde

12/08/2022

A carta lida na Faculdade de Direito da USP afirma que o Brasil passa por um momento de "imenso perigo para a normalidade democrática".

---

[41] Sob críticas, o Exército cancelou a parada. Mas o ato de Copacabana seria reforçado por paraquedistas e aviões da Esquadrilha da Fumaça.

Os redatores foram otimistas. Os tempos de normalidade já ficaram para trás. O que se discute agora é se o país conseguirá frear a marcha para o abismo.

Nos últimos anos, o Brasil despencou em todos os rankings que medem a qualidade das democracias no mundo. A queda se intensificou a partir da eleição de Jair Bolsonaro.

"A polarização no Brasil começou a crescer em 2013 e atingiu níveis tóxicos com a eleição do presidente de extrema direita Jair Bolsonaro, em 2018", afirma o último relatório global do instituto V-Dem (Varieties of Democracy), sediado na Suécia. O documento cita o apoio do presidente a manifestações que pedem golpe militar e fechamento do Congresso e do Supremo. E alerta para os ataques reiterados ao sistema eleitoral, com o objetivo de minar a confiança popular no resultado das urnas.

A Freedom House tem feito as mesmas advertências. Fundada em 1941, a entidade americana lista o Brasil entre os países governados por líderes que se empenham em sabotar a democracia. "Enquanto o Brasil se prepara para as eleições de outubro, Bolsonaro ecoa Donald Trump ao alegar antecipadamente que a votação será fraudada", afirma. O relatório lembra que o capitão já fazia acusações sem provas antes de chegar à Presidência. "Hoje essas alegações foram naturalizadas", adverte.

As instituições brasileiras sempre naturalizaram as ameaças de Bolsonaro. O Superior Tribunal Militar não quis expulsá-lo do Exército após a descoberta do plano para explodir uma adutora do Guandu. A Câmara não quis cassá-lo por defender o fuzilamento do presidente Fernando Henrique Cardoso. Repetiu a dose quando ele exaltou um dos torturadores da presidente Dilma Rousseff.

O autoritarismo de Bolsonaro continuou a ser normalizado no Planalto. Isso permitiu que ele capturasse os órgãos de investigação e avançasse em seu projeto autocrático. Ontem um dos organizadores da carta, figura séria e respeitável, celebrou a aliança entre capital e trabalho em defesa da democracia.[42] Essa é uma visão idealizada, que omite a cumplicidade de grande parte do poder econômico com a extrema direita. Ainda assim, vale saudar o desembarque dos retardatários às vésperas da eleição. Antes tarde do que ainda mais tarde.

*

---

42 "É um momento grandioso em que capital e trabalho se juntam em defesa da democracia", discursou o ex-ministro José Carlos Dias.

O major e o capitão

19/08/2022

Morreu Sebastião Curió, um dos mais notórios carrascos da ditadura militar. Em 1973, ele foi destacado para reprimir a Guerrilha do Araguaia. Comandou o sequestro e o assassinato de dezenas de militantes na floresta.

A operação pode ser resumida como um massacre. A ordem do Exército era não fazer prisioneiros. Os guerrilheiros eram capturados, levados para centros de tortura e executados.

Documentos militares mostram que os superiores do major o elogiavam pela "coragem e arrojo" na "árdua tarefa de combate à subversão". Sem a proteção da ditadura, Curió não se mostrou tão destemido assim. Convocado pela Comissão da Verdade, apresentou três atestados médicos para não depor. Também se esquivou de ser ouvido em casa ou num hospital.

A rigor, seu depoimento nem seria necessário. Em 2009, Curió confirmou ao jornal *O Estado de S. Paulo* a execução de 41 militantes presos e desarmados. Com frieza, comparou o extermínio à limpeza de uma lavoura. "Quando se capina, não se corta a erva daninha só pelo caule. É preciso arrancá-la pela raiz", afirmou.

O Ministério Público Federal apresentou sete denúncias criminais contra Curió. Todas foram arquivadas sem julgamento. Se tivesse nascido na Argentina ou no Chile, o major teria terminado seus dias na cadeia. Como nasceu no Brasil, morreu impune, aos 87 anos. Foi beneficiado por uma interpretação controversa da Lei da Anistia, que blinda os militares que praticaram terrorismo de Estado.

Protegido da Justiça, Curió ainda se aventurou na política. Depois de chefiar o garimpo em Serra Pelada, elegeu-se deputado e prefeito. Em maio de 2020, foi recebido com honras por Jair Bolsonaro. Num ato de escárnio com as famílias dos desaparecidos, a Secretaria de Comunicação da Presidência o chamou de "herói do Brasil".

A relação entre o major e o capitão vinha de longe. Em 1986, Curió enviou uma carta a Bolsonaro, que ainda sonhava disputar sua primeira eleição para vereador. Em papel timbrado da Câmara, manifestou o desejo de "passar o bastão" ao "jovem companheiro".

O documento foi localizado no Arquivo Nacional pelo historiador Lucas Pedretti. No texto, Curió se revela um visionário: foi o primeiro a identificar Bolsonaro como o legítimo herdeiro dos porões.

*

Dom Pedro sobe a rampa

24/08/2022

A ideia foi bizarra até para os padrões do governo atual. A pretexto de festejar o bicentenário da Independência, Jair Bolsonaro mandou trazer de Portugal o coração de Dom Pedro I. O órgão desembarcou em Brasília na segunda-feira, mergulhado num pote de formol.

Pedro de Alcântara Francisco António João Carlos Xavier de Paula Miguel Rafael Joaquim José Gonzaga Pascoal Cipriano Serafim de Bragança e Bourbon morreu em 1834. Seu corpo foi enterrado no panteão real em Lisboa. O coração foi levado ao Porto, onde fica trancafiado numa igreja.

O órgão descansou em paz durante 188 anos. Agora saiu da urna de mogno para servir ao projeto político de Bolsonaro. À revelia, o imperador foi transformado em cabo eleitoral do capitão.

A víscera subiu a rampa do Planalto com honras de chefe de Estado. Aviões da Esquadrilha da Fumaça desenharam um coração no céu de Brasília. A artilharia de campanha disparou 21 tiros de canhão. Criancinhas cantaram o hino e agitaram bandeiras do Brasil.

Tudo seria apenas mórbido se não envolvesse o desperdício de dinheiro público. A Presidência e o Itamaraty ainda não divulgaram os custos da operação.

O monarquismo é a doença infantil do bolsonarismo. Nas manifestações da extrema direita, bandeiras do Império costumam dividir espaço com cartazes golpistas e camisetas da seleção. Em 2018, Bolsonaro quase escolheu como vice um descendente do imperador, que se apresenta como "príncipe". O cavalheiro se elegeu deputado e agora tenta o segundo mandato pelo PL.[43] Ontem desfilava sorridente pelo palácio presidencial.

Em discurso rápido, o capitão repetiu um lema de sua campanha à reeleição: "Deus, pátria, família". O slogan foi roubado de Mussolini, que também explorava símbolos da monarquia para conseguir apoio popular.

Ao importar o coração de Dom Pedro, Bolsonaro se inspirou em outro tirano. Em 1972, Emílio Garrastazu Médici mandou trazer os restos mortais do imperador para as comemorações do sesquicentenário da Independência. A ossada foi doada por Portugal, que também vivia sob uma ditadura.

[43] Luiz Philippe de Orleans e Bragança é pentaneto de Pedro I.

O general tinha mais prestígio do que o capitão. O coração embebido em formol foi apenas emprestado ao Brasil. Terá que ser devolvido no próximo dia 8, a três semanas da eleição.

*

O brado sequestrado

07/09/2022

Depois de sequestrar a bandeira do Brasil, a camisa da seleção e outros símbolos nacionais, o bolsonarismo se apropriou do Dia da Pátria. A captura será oficializada hoje, no bicentenário da Independência.

O capitão pôs o 7 de Setembro a serviço da campanha à reeleição. Submeteu a data cívica aos interesses do calendário eleitoral.

Por ordem de Bolsonaro, a comemoração foi deslocada do centro do Rio para a orla de Copacabana, ponto de encontro de seus apoiadores. O desfile no Rolls-Royce presidencial foi cancelado. Dará lugar a uma motociata à beira-mar.

Não será uma festa para todos. O clima de violência política recomenda que eleitores de outros candidatos evitem a Avenida Atlântica. De vermelho, só os salva-vidas da praia – e olhe lá.

Os militares vão participar alegremente do comício. Os canhões do Forte de Copacabana devem disparar de hora em hora. A Marinha promoverá uma parada naval, e a Aeronáutica fará uma exibição da Esquadrilha da Fumaça.

O Exército promete um espetáculo da brigada paraquedista. Espera-se que não repita o fiasco de ontem, quando três militares se feriram nos ensaios da patriotada. Numa cena patética, um soldado ficou pendurado nos galhos de uma árvore. Precisou ser resgatado com a ajuda de uma escada.

O Comando Militar do Leste culpou rajadas de vento pelos acidentes. Não poderá responsabilizar a natureza por novos estragos à imagem das Forças Armadas.

A cúpula militar ajudou a eleger Bolsonaro. Em troca do apoio em 2018, garantiu privilégios, abocanhou salários acima do teto e ocupou áreas centrais do governo. Essa sociedade foi renovada com a indicação do general Braga Netto como candidato a vice na chapa à reeleição.

Com o sequestro do Bicentenário, o país perde a chance de rediscutir o significado da Independência e as mistificações produzidas pela História oficial.

O capitão gostaria de ser Dom Pedro: um governante despótico, bruto com as mulheres e que outorgou sua própria Constituição. Que ninguém espere novidades do seu discurso de hoje. No lugar do brado retumbante, ele deve repetir velhas ameaças à democracia e ao sistema eleitoral.

*

A intolerância tem comando

11/09/2022

A intolerância política não dá em árvore. É fruto da pregação do ódio, da exaltação das armas, da retórica extremista que defende a eliminação de adversários.

No comício do 7 de Setembro, Jair Bolsonaro chamou seu principal oponente de "quadrilheiro de nove dedos". "Esse tipo de gente tem que ser extirpado da vida pública", vociferou.

Horas depois, a disputa presidencial produziu mais um cadáver. No interior de Mato Grosso, o lavrador Benedito Cardoso dos Santos, 42 anos, foi morto brutalmente por um colega de trabalho.

"O que levou ao crime foi a opinião política divergente. A vítima estava defendendo o Lula, e o autor, defendendo o Bolsonaro", contou ao G1 o delegado Victor Oliveira.

O assassino confesso é Rafael Silva de Oliveira, 25 anos. Ele confessou ter desferido 15 golpes de faca: no pescoço, nos olhos e na testa. Quando a vítima já agonizava, saiu para buscar um machado. Na volta, atingiu Benedito no pescoço, numa tentativa de decapitá-lo.

A barbárie se soma ao assassinato de Marcelo Arruda, dirigente petista em Foz do Iguaçu. Ele foi morto a tiros em julho, diante dos filhos, quando celebrava os 50 anos. O autor do crime foi o policial penal Jorge Guaranho. Bolsonarista de carteirinha, irritou-se com a decoração da festa: balões vermelhos, um cartaz de Lula e um bolo enfeitado com a estrela do PT.

Outros episódios ajudaram para elevar o clima de intimidação na campanha. Em Uberlândia, um drone despejou agrotóxico sobre eleitores lulistas que aguardavam um comício. No Rio, um bolsonarista detonou uma bomba de fezes ao lado do palanque do ex-presidente.

A intolerância tem comando. Bolsonaro sempre semeou o ódio para colher votos. Já defendeu fuzilamento de presidente e tortura de presos políticos. Festejou massacres em prisões e chacinas em favelas. Na campanha de 2018, ameaçou "fuzilar a petralhada" e mandar seus oponentes para a "ponta da praia". A expressão remete a um local de desova de cadáveres na ditadura militar.

O fato de ter sido vítima de um atentado, na reta final daquela eleição, não o convenceu a abandonar a retórica agressiva. Na Presidência, ele combinou palavras e ação. Desossou o Estatuto do Desarmamento e editou decretos e portarias para facilitar a circulação de armas.

Em outra frente, o capitão e seus aliados alimentam o fanatismo religioso. A primeira-dama já disse que o Planalto estava "consagrado a demônios". No 7 de Setembro, um pastor governista se referiu ao candidato do PT como filho do diabo. São amostras do que vem sendo repetido a milhões de fiéis, longe dos olhos da imprensa e da Justiça Eleitoral.

Na sexta-feira, Lula, Ciro Gomes e Simone Tebet lamentaram o assassinato em Mato Grosso e pediram paz na campanha. O capitão ignorou o crime e voltou ao ataque. Chamou o PT de "praga", tratou seus militantes como "desocupados" e ameaçou varrê-los para o "lixo da História".

Lá repousam figuras notórias da extrema direita, que hoje têm no Brasil um herdeiro em potencial.

*

Tempos perturbadores

14/09/2022

A síntese é da ministra Rosa Weber, nova presidente do Supremo Tribunal Federal. No discurso de posse, ela usou 12 palavras para definir o momento brasileiro. "Vivemos tempos particularmente difíceis da vida institucional do país. Tempos verdadeiramente perturbadores", afirmou.

Rosa disse que a prioridade de sua gestão será proteger a democracia e o Estado de Direito. O enunciado seria dispensável numa situação de normalidade. Não é o caso do Brasil de 2022.

A ministra registrou que o Supremo tem sido alvo de ataques "injustos e reiterados". Lembrou as investidas contra a separação de Poderes e o incentivo ao discurso de ódio. Prometeu vigilância permanente em defesa da Constituição.

A oradora não precisou nomear o líder da ofensiva autoritária. Falava de Jair Bolsonaro, que quebrou o protocolo e faltou à cerimônia, em nova demonstração de desprezo pelo Judiciário.

Desde que vestiu a faixa, o capitão conviveu com dois presidentes do Supremo preocupados em não o contrariar. Dias Toffoli o cortejou com visitas ao palácio e agrados aos militares. Luiz Fux pareceu mais interessado em garantir reajustes e penduricalhos para os juízes.

Com Rosa, a mudança começará pelo estilo. Ela é a única dos 11 que só fala nos autos. Não dá entrevistas, não vai a coquetéis, não faz palestras para banqueiros e investidores. Na segunda-feira, dispensou a festa que costuma acompanhar as posses supremas. Antes do falatório, mandou a PF analisar provas de crimes na gestão da pandemia. O material foi levantado pela CPI da Covid e é cozinhado há quase um ano pelo procurador Augusto Aras.

Nos últimos dias, o governismo vendeu a ideia de que Bolsonaro se moderou no 7 de Setembro. Afinal, ele não xingou juízes nem mandou tropas ocuparem o Supremo. No mundo real, o capitão começou o dia dizendo que o golpe de 1964 "pode se repetir". Depois usou as Forças Armadas e a TV pública para promover sua campanha com dinheiro público.

Rosa sabe o que diz quando frisa a urgência de conter o autoritarismo. Bolsonaro já avisou que, se reeleito, pretende enquadrar o Supremo e derrubar "em uma semana" a liminar que suspendeu seus decretos armamentistas.

No Congresso, governistas tentam ressuscitar uma proposta que muda a Constituição para ampliar o número de vagas na Corte. Isso já foi feito na ditadura. Permitiu que os generais subjugassem o Supremo sem a necessidade de fechá-lo.

*

A eleição do medo

18/09/2022

O bolsonarismo vai mal nas pesquisas, mas já garantiu uma vitória: transformou a eleição da fome na eleição do medo. O debate sobre a carestia perdeu espaço na corrida presidencial. Agora o país discute se o capitão aceitará uma possível derrota, se os militares apoiarão uma tentativa de golpe, se o eleitor poderá votar em paz e segurança.

Sete em cada dez brasileiros temem sofrer agressões por causa de sua opinião política. A informação é do Datafolha, em levantamento encomendado pelo Fórum Brasileiro de Segurança Pública e pela Rede de Ação Política pela Sustentabilidade.

O medo tem razão de ser. Em 60 dias, dois eleitores do PT foram assassinados por bolsonaristas – um a tiros, outro a facadas. Casos de intimidações e ameaças se acumulam pelo país. Jornalistas e funcionários de institutos de pesquisa são hostilizados no exercício de suas funções.

A violência é um velho expediente da extrema direita. Serve para acuar adversários, apavorar eleitores, garantir apoio popular a eventuais medidas de exceção.

Em outro levantamento recente, o Datafolha apurou que 40% dos brasileiros veem grande chance de atos violentos do dia da eleição. E 9% admitem não votar por medo de tumulto nas seções eleitorais. A abstenção tende a favorecer Bolsonaro, cujos eleitores não se acanham de sair com bandeiras e adesivos de campanha.

Enquanto o capitão semeia a insegurança, pastores oram pelo caos no dia da eleição. O governista Silas Malafaia já disse torcer por uma pane nas urnas eletrônicas. "Em nome de Jesus, esse sistema vai ser travado. Vai ficar travado por pelo menos oito horas e ninguém vai conseguir destravar. Aí vai ter que ter uma outra eleição", amaldiçoou, no início do mês.

Enquanto o pastor bolsonarista clama por intercessão divina, o clã presidencial apela ao uso da força. Em fala recente, o deputado Eduardo Bolsonaro convocou donos de armas e frequentadores de clubes de tiro a se tornarem "voluntários" do pai. Só a Procuradoria-Geral da República fingiu não entender o chamado.

O incentivo ao medo também serve como tática diversionista. Paralisada pelo temor da violência, a sociedade deixa de discutir problemas como o aumento da pobreza extrema, a precarização das relações de trabalho, os cortes em programas sociais.

O governo reduziu a um terço o orçamento da Farmácia Popular, que fornece remédios gratuitos aos mais pobres. Bolsonaro vetou reajuste na verba da merenda escolar, congelada há cinco anos. No entorno de Brasília, um colégio carimbou as mãos dos estudantes para impedi-los de repetir o prato. Sem dinheiro, escolas e creches tiram a carne das refeições.

No Brasil de 2022, a fome ronda uma em cada três famílias com crianças de até dez anos de idade. De acordo com o 2º Inquérito Nacional sobre Insegurança Alimentar, o percentual chega a 49% no Nordeste e 52% no Norte.

Este é o país que vai às urnas – e que os ocupantes do poder se esforçarão para assustar e distrair até o dia 2.

*

Brigando com as pesquisas

23/09/2022

Aconteceu em Ariranha, município de 9 mil habitantes no interior de São Paulo. Um pesquisador do Datafolha entrevistava um morador local quando foi abordado aos gritos pelo bolsonarista Rafael Bianchini: "Vagabundo!". "Só pega Lula!".

Não satisfeito com os insultos, o eleitor do capitão atacou o profissional a socos e pontapés. Ele ainda saiu para buscar um facão, mas foi contido pelo filho antes de usá-lo.

A agressão não foi caso isolado. Bolsonaristas têm assediado e hostilizado pesquisadores em diversas regiões do país. Na semana passada, o Datafolha chegou a registrar dez ocorrências num único dia.

Em meio à escalada da violência, o presidente e seus aliados incitam o ódio contra os institutos. Ontem o presidente da Câmara, Arthur Lira, fez uma ameaça velada a empresas que medem intenções de voto. "Urge estabelecer medidas legais que punam os institutos que erram demasiado ou intencionalmente para prejudicar qualquer candidatura", tuitou.

Na segunda-feira, o ministro Fábio Faria fez uma ameaça mais explícita ao Ipec. "No dia 2 de outubro a população vai cobrar o fechamento desse instituto", escreveu. Por descuido ou afobação, ele contestou a pesquisa 42 minutos antes de os números serem divulgados.

Os bolsonaristas não jogam palavras ao vento. As declarações fazem parte de uma campanha para minar a confiança nas pesquisas. A ofensiva é liderada pelo presidente-candidato, que alega ser vítima de um complô dos institutos e da mídia.

Os ataques obedecem a uma estratégia golpista. Bolsonaro contesta as enquetes para depois contestar o resultado das urnas. Ele precisa convencer sua tropa de que está ganhando – mesmo que os números indiquem o contrário desde o início da corrida presidencial.

Os institutos de pesquisa usam metodologias diferentes e não estão imunes a erros, como já se viu em outras eleições. Mas é possível dividi-los em duas categorias básicas: a dos sérios e a dos picaretas.

No segundo grupo, estão empresas que escondem seus financiadores ou que recebem dinheiro público em contratos sem transparência. Até aqui, essas são as únicas que mostram números positivos para o capitão.

*

Tiro no pé

25/09/2022

Não há vacina contra a burrice. Flávio Bolsonaro pediu à Justiça que retirasse do ar a reportagem do *UOL* sobre a evolução patrimonial da família.

A ação fez disparar o interesse pelo assunto, que já vinha sendo explorado pelos adversários do capitão.

Além de jogar luz sobre a multiplicação dos imóveis, Flávio minou um dos pilares do discurso de Jair: a acusação de que o PT quer controlar a imprensa. Na campanha de 2022, a censura partiu dos Bolsonaro.

*

O inimigo do Jair

28/09/2022

A proximidade das urnas está mexendo com os nervos do capitão. A cinco dias do primeiro turno, Jair Bolsonaro elevou o tom contra inimigos reais e imaginários. Xingou o ex-presidente Lula, atacou prefeitos e governadores e voltou a afrontar o ministro Alexandre de Moraes.

O presidente começou a terça-feira com um bate-volta no Nordeste. Participou de motociata, visitou um "bodódromo" e montou no lombo de um touro. Um adesivo com seu número foi colado nos chifres do pobre animal.

De manhã, o capitão se disse "mais nordestino que os nordestinos". Faltou combinar com os eleitores. De acordo com o Ipec, o pernambucano Lula lidera a disputa na região com 39 pontos de vantagem.

À noite, Bolsonaro foi às redes para atacar Moraes. Reclamou da quebra do sigilo do assessor que paga despesas da primeira-dama e fez um desafio público ao ministro: "Você um dia vai dar uma canetada e me prender?".

Ele ainda voltou a insinuar que existiria uma conspiração para tirá-lo do poder. O complô envolveria a atuação de estados e municípios na pandemia, a Justiça Eleitoral e as pesquisas de intenção de voto, nas quais o presidente finge não acreditar.

Quem lê os números constata que a reeleição de Bolsonaro está cada vez mais distante. Segundo o Ipec, 47% dos eleitores consideram seu governo ruim ou péssimo, e 51% dizem não votar nele de jeito nenhum. O índice é considerado proibitivo para qualquer político que dispute um segundo mandato.

A rejeição ao presidente chega a 55% entre as mulheres. É uma resposta direta ao desdém pelas vítimas da pandemia, à exaltação das armas e às declarações machistas repetidas desde o início do mandato. Ao insistir em se dizer "imbrochável", ele prova que é incapaz de entender o recado das eleitoras.

O capitão também tem fracassado em furar o bloqueio dos mais pobres. Na faixa de renda familiar de até um salário mínimo, sua rejeição atinge os 58%. O dado mostra que os eleitores não se deixam enganar por benefícios turbinados em véspera de eleição.

Ao esbravejar contra tudo e contra todos, Bolsonaro tenta apontar culpados para seus próprios defeitos. Mas o diagnóstico da pesquisa é claro: seu maior inimigo é ele mesmo.

*

Bolsonaro em modo 2018

30/09/2022

O medo da derrota fez Jair Bolsonaro apelar a um velho figurino: o do candidato antissistema que venceu a eleição de 2018.

Depois de quatro anos no poder, o capitão foi aconselhado a apostar numa campanha mais convencional. Filiou-se ao maior partido do centrão, planejou gastos milionários, profissionalizou a propaganda na TV e nas redes. Na nova versão, o candidato trocaria a fantasia de outsider pelo terno de presidente. Faltou conciliar o desejo dos marqueteiros com o espírito do Cavalão.

Pressionado, Bolsonaro apostou tudo na tentativa de voltar ao passado. Ontem ele resgatou até a estética das lives de 2018. Vestiu uma camisa da seleção e soltou o verbo em discurso para internet. O cenário foi decorado com uma bandeira torta na parede e uma mesa cuidadosamente desarrumada. Só faltaram os chinelos e o pão com leite condensado.

O falatório também pareceu ressurgir de uma máquina do tempo. O capitão repetiu mentiras sobre a urna eletrônica e tentou amedrontar eleitores religiosos com temas como comunismo e ideologia de gênero.

Para completar, chamou o presidente do Tribunal Superior Eleitoral de "patife", "moleque" e "cara de pau". "Deixa acabar as eleições", desafiou, dirigindo-se ao ministro Alexandre de Moraes. Não foi sua primeira insinuação golpista na semana do primeiro turno.

Na quarta-feira, o PL divulgou um relatório em papel timbrado com ataques ao sistema eleitoral. Sem apresentar provas, o partido alegou a existência de "vulnerabilidades relevantes" que poderiam causar "grave impacto nos resultados das eleições".

Foi uma jogada ensaiada e desleal. Horas antes da divulgação da nota, o chefão da sigla, Valdemar Costa Neto, visitou a sede do TSE e admitiu que a tal "sala secreta" não existe. O relatório foi mais um truque para tumultuar a votação de domingo.

Há poucas semanas, um aliado celebrava a suposta transformação do presidente. Depois de muita resistência, ele teria aceitado encarnar o "personagem de 2022", um estadista inventado por marqueteiros. Como todo mau ator, o capitão não conseguiu sustentar o novo papel. O candidato que vai às urnas é o velho deputado do baixo clero.

*

Plebiscito sobre a democracia

02/10/2022

O Tribunal Superior Eleitoral negou um pedido do PL para restringir a oferta de transporte público neste domingo. Na decisão de ontem, o ministro Benedito Gonçalves classificou a ideia como "absurda". O partido de Jair Bolsonaro queria usar o Judiciário para dificultar o caminho dos pobres até a urna.

O capitão é o quarto presidente brasileiro a disputar a reeleição. Nenhum outro usou a máquina pública de forma tão ostensiva. Nenhum outro cometeu tantos abusos para tentar se perpetuar no poder.

Eleito com discurso liberal na economia, Bolsonaro mudou a Constituição e implodiu o teto de gastos para injetar dinheiro na veia do eleitor. Em plena campanha, manipulou os preços dos combustíveis, distribuiu benesses a taxistas e turbinou o programa que substituiu o Bolsa Família – ao qual ele costumava se referir, num passado recente, como "esmola" e "farelo".

Nada disso funcionou, e o capitão continuou a enfrentar uma muralha de rejeição entre os mais pobres. Num ato de desespero, ele agora tentou cortar os ônibus para impedi-los de votar em seu oponente.

Bolsonaro pôs todo o aparato do Estado a serviço da reeleição. Transformou os palácios em estúdios de gravação, fez da TV pública um veículo de propaganda, recrutou os militares para animarem seus comícios no 7 de Setembro. A delinquência eleitoral transcendeu as fronteiras do país. Até o velório da rainha Elizabeth II, em Londres, virou palanque para o candidato da extrema direita.

Os crimes foram assistidos passivamente pela Procuradoria-Geral da República, rebaixada à condição de escudo da família presidencial. Além de sequestrar a PGR, o bolsonarismo se apropriou da Polícia Federal, da Receita Federal e da Abin. O Ministério da Cultura foi extinto. Órgãos como Ibama e Funai, encarregados de proteger o meio ambiente e os indígenas, sofreram um processo de desmonte.

O projeto de demolição não se esgota em quatro anos. O capitão já deixou claro que seu próximo objetivo, se reeleito, é domesticar o Supremo Tribunal Federal. Os governistas planejam ampliar o número de cadeiras na Corte, imitando uma manobra da ditadura militar. A consequência seria a criação de uma maioria instantânea a favor do Planalto.

A ameaça de captura do Supremo levou cinco ex-presidentes do tribunal a declararem voto útil contra Bolsonaro.[44] O ato é inédito desde a redemocratização, o que reforça a gravidade do momento brasileiro.

Em desvantagem nas pesquisas, o candidato a autocrata ameaça se insurgir contra uma possível derrota. Na reta final da campanha, ele investiu no golpismo e elevou os ataques ao TSE, que foi obrigado a restringir o porte de armas em seções eleitorais. Um eventual segundo turno premiaria o capitão com mais quatro semanas para apostar na conflagração do país.

A escalada autoritária transformou a eleição de 2022 num plebiscito sobre a Constituição de 1988, que faz aniversário na próxima quarta-feira. A Carta atravessou os últimos quatro anos aos trancos e barrancos. O que se define a partir de hoje, nas urnas, é a sua sobrevivência.

*

Quatro semanas de incerteza

03/10/2022

A onda do voto útil morreu na praia. Lula confirmou a liderança apontada nas pesquisas, mas não conseguiu o impulso final para vencer no primeiro turno. Agora enfrentará um adversário revigorado pelo desempenho nas urnas.

Jair Bolsonaro chegou a liderar a apuração até pouco depois das 20h. Faltava contar os votos do Nordeste, mas a imagem do capitão em primeiro lugar devolveu o ânimo à sua tropa.

O mesmo não se pode dizer dos aliados de Lula. No fim da noite, a presidente do PT, Gleisi Hoffmann, informou que seus correligionários não estavam "tristes" nem "abatidos". Pode ser, mas a decepção era visível no palanque do ex-presidente.

A análise fria dos números ainda sugere um favoritismo de Lula. Ele teve quase 6 milhões de votos a mais que Bolsonaro e ficou a 1,58 ponto percentual de alcançar a maioria absoluta.

---

44 Celso de Mello, Carlos Velloso, Nelson Jobim, Joaquim Barbosa e Carlos Ayres Britto declararam voto em Lula. Marco Aurélio Mello apoiou Bolsonaro.

Em seis corridas ao Planalto definidas no segundo turno, nunca houve uma virada na fase final. No entanto, a História recente do Brasil mostra que é temerário projetar o futuro com base no que já aconteceu.

Em 2018, Bolsonaro emergiu do baixo clero da Câmara para liderar um tsunami conservador que varreu as urnas. Quatro anos depois, a extrema direita mostrou que veio para ficar.

O bolsonarismo fincou raízes na sociedade e na política. A pastora Damares Alves, símbolo do fundamentalismo religioso, conquistou uma cadeira no Senado pelo Distrito Federal. Em São Paulo, os extremistas Carla Zambelli e Ricardo Salles se juntaram a Eduardo Bolsonaro na lista dos cinco deputados mais votados.

No Rio, o general Eduardo Pazuello foi premiado pela obediência ao chefe. Apesar da gestão calamitosa no Ministério da Saúde, ou talvez por causa dela, garantiu uma vaga na Câmara com mais de 200 mil votos.

O eixo Rio-São Paulo, que se imagina a vanguarda do país, foi quem garantiu a ida de Bolsonaro ao segundo turno. O capitão contrariou as pesquisas e venceu nos dois estados, abrindo uma frente de quase 3 milhões de votos sobre Lula. Só não fez a tríplice coroa no Sudeste porque Minas Gerais voltou a dar vantagem ao PT.

O tom da campanha nas últimas semanas indica que o presidente manterá a aposta na radicalização. Não há sinais de recuo em suas ameaças ao sistema eleitoral e à democracia.

No front petista, Lula precisará gerar fatos positivos para manter a militância acesa. Uma das primeiras tarefas é garantir o apoio de Simone Tebet, que já prometeu não ficar em cima do muro. A conversa com Ciro Gomes será mais difícil, mas o ex-presidente não está em condições de esnobar o ex-aliado.

O resultado do primeiro turno não permite mais ilusões. Só uma frente ampla de verdade será capaz de garantir a derrota da extrema direita. Lula terá quatro semanas para costurar novas alianças e construir um palanque tão plural quanto o da campanha das Diretas Já, que ajudou a livrar o Brasil da ditadura militar. E o eleitor terá até o dia 30 para decidir em que tipo de país quer viver.

*

O caminho da autocracia

09/10/2022

Bastaram cinco dias, a contar do primeiro turno, para o bolsonarismo voltar a mostrar as garras. Na sexta-feira, o general Hamilton Mourão expôs o plano da extrema direita para subjugar o Supremo.

O vice-presidente acusou a Corte de violar o processo legal e invadir competências do Executivo. A pretexto de restabelecer a harmonia entre os Poderes, defendeu mudanças que limitariam as atribuições e a autonomia do Judiciário.

O roteiro inclui aumentar o número de ministros, encurtar mandatos e restringir o alcance das decisões do Supremo. A cartilha já foi seguida na Hungria e na Polônia, onde aliados de Jair Bolsonaro governam com poderes imperiais.

Recém-eleito senador, Mourão indicou, em entrevista à GloboNews, que também defenderá a cassação de atuais ministros do Supremo. Expôs a ideia com seu novo sotaque gaúcho, ensaiado para pedir votos no Rio Grande do Sul.

Desde a posse do capitão, o Supremo tem atuado como um dique de contenção ao autoritarismo. Barrou tentativas de censura, suspendeu decretos inconstitucionais, defendeu a democracia dos ataques de extremistas.

Se conseguir a reeleição, Bolsonaro vai apertar o passo na marcha para a autocracia. Um segundo mandato lhe dará armas para liquidar a independência do Judiciário. É o que ainda falta ao capitão para enterrar investigações que o incomodam e exercer o poder sem limites. O novo Congresso não será obstáculo para seu projeto ditatorial.

Mourão não foi o único a ameaçar o Supremo na largada do segundo turno. Em entrevista à revista *Veja*, o próprio Bolsonaro confirmou as conversas para inflar o plenário da Corte. "Já chegou essa proposta para mim e eu falei que só discuto depois das eleições", despistou.

No ano passado, ele apresentou um primeiro pedido de impeachment contra o ministro Alexandre de Moraes. A ofensiva foi parada pelo presidente do Senado, Rodrigo Pacheco, que agora arrisca perder a cadeira para um bolsonarista raiz.

A rigor, Bolsonaro não precisaria se inspirar em Varsóvia ou Budapeste. Seu plano já foi executado em Brasília pela ditadura militar. Em 1965, o regime aumentou o número de ministros de 11 para 16. A manobra permitiu ao marechal Castello Branco "empacotar" a Corte, nomeando cinco aliados de uma vez.

Quatro anos depois, a ditadura cassou três ministros que não se curvavam ao Planalto: Victor Nunes Leal, Evandro Lins e Silva e Hermes Lima. Outros dois anteciparam a aposentadoria, e o Supremo voltou ao formato original.

O episódio mostra que é possível capturar o tribunal sem a necessidade de fechá-lo com um cadeado. O bolsonarismo não precisará do soldado e do cabo: reeleger o capitão pode ser suficiente.

*

O capitão ladra e o governo morde

14/10/2022

Após meses de ataques à Justiça Eleitoral, Jair Bolsonaro escolheu um novo alvo: os institutos de pesquisa. A realidade impôs a mudança de discurso. Afinal, ficaria difícil contestar as urnas que lhe deram 51 milhões de votos.

Na noite do primeiro turno, Bolsonaro começou a girar a metralhadora. Disse que os institutos estariam "desmoralizados" e previu o fechamento de empresas do setor. "Isso vai deixar de existir, até porque eu acho que não vão continuar fazendo pesquisa", provocou.

A declaração atiçou a tropa governista. O ministro Ciro Nogueira, campeão de previsões furadas sobre a corrida presidencial, acusou os institutos de errarem "criminosamente" contra o chefe. O ministro Fábio Faria incentivou os eleitores de direita a boicotarem os próximos levantamentos. "Deixem dar Lula cem a zero", ironizou.

No Congresso, o deputado Eduardo Bolsonaro começou a coletar assinaturas para abrir uma CPI contra os institutos. O líder do governo, Ricardo Barros, apresentou um projeto para punir com cadeia pesquisadores e estatísticos. O presidente da Câmara, Arthur Lira, manobrou para acelerar a votação do texto.

Enquanto o capitão ladra, a máquina do governo morde. A mando do ministro Anderson Torres, a Polícia Federal abriu inquérito para constranger e intimidar diretores de institutos. Ontem o Conselho Administrativo de Defesa Econômica instaurou outra investigação a pretexto de apurar se houve "conduta coordenada entre as empresas". O presidente do Cade foi indicado pelo ministro Nogueira, que costuma se referir a ele como "meu menino".

No fim da noite, o ministro Alexandre de Moraes suspendeu os dois inquéritos para interromper o abuso de poder político.

Bolsonaro só gosta de um tipo de levantamento: aquele que confirma seus desejos. Se dependesse dele, os eleitores só veriam os números do Paraná Pesquisas, que mantém contratos milionários com o governo federal e com o PL.

A cruzada contra os institutos une dois traços do bolsonarismo: a nostalgia da censura e a aposta na desinformação. O capitão gostaria de proibir a divulgação de toda pesquisa que apontasse a liderança do adversário. Enquanto ainda não consegue fazer isso, age para minar a credibilidade das empresas.

Os ataques não são casuais. Bolsonaro precisa convencer seus seguidores de que é vítima de um grande complô, que iria dos juízes em Brasília ao papa no Vaticano. Se a mentirada não garantir sua vitória no dia 30, ele voltará a contestar a urna eletrônica.

*

Disputa no lamaçal

21/10/2022

Lula quer fechar igrejas, adotar o comunismo e implantar banheiros unissex nas escolas. As acusações parecem absurdas – e são. Mesmo assim, jogaram a campanha petista na defensiva a poucos dias das urnas.

Na quarta-feira, o ex-presidente cedeu à pressão de aliados e divulgou uma carta aos evangélicos. Usou o documento para rebater fake news e reafirmar seu compromisso com a liberdade religiosa.

Depois de governar o país por oito anos, Lula julgava desnecessário dizer que não representa uma ameaça aos cristãos. Foi convencido do contrário por pesquisas que mostraram os danos causados pelo bombardeio bolsonarista.

De acordo com o Datafolha, Bolsonaro abriu 38 pontos de vantagem entre os eleitores evangélicos, mais sensíveis à sua retórica ultraconservadora. A diferença cresceu sete pontos desde o início do segundo turno, quando o capitão dobrou a aposta na tática da guerra santa.

O PT já conhecia a máquina bolsonarista das fake news. Ela operou a pleno vapor em 2018, na campanha que elegeu o atual presidente. Quatro anos depois, o partido se mostra atônito com a virulência dos novos ataques.

"A verdade é a seguinte: ninguém estava preparado para enfrentar a monstruosidade dessa rede mentirosa", disse Lula ontem, no Rio. O desabafo embute outra verdade incômoda para o PT: a sigla aprendeu pouco desde a última derrota eleitoral.

Aos 76 anos, Lula se diz um "cara analógico", que se orgulha de não ter telefone celular. Isso não seria grave se seu partido tivesse se preparado para defendê-lo na arena digital.

Sem artilharia própria, o PT se viu obrigado a pedir socorro a um novo aliado: o deputado André Janones, que se notabilizou pelo estilo histriônico nas redes sociais. Os métodos do parlamentar contradizem outra afirmação que Lula fez ontem, referindo-se a Bolsonaro: "Nós não vamos entrar no lamaçal em que ele quer nos jogar".

Os governistas não disfarçam a euforia com a degradação do debate eleitoral. Preferem combater na lama, onde o capitão chafurda com gosto desde que entrou na política. Em entrevista à *Folha de S.Paulo*, o ministro Ciro Nogueira comemorou que Lula teria "se rendido" ao que ele chama de "pauta da família". "O tema dessa campanha não é economia, são os temas propostos por Bolsonaro", congratulou-se.

*

O alerta do cardeal

23/10/2022

Bibo Nunes é um bolsonarista raiz. Despreza a ciência, dissemina notícias falsas, aposta no discurso de ódio para se promover. O deputado do PL gaúcho topa tudo por uma polêmica. Já foi capaz de interromper uma homenagem a Marielle Franco, vereadora assassinada a tiros, para bater boca com parlamentares de esquerda.

A exemplo do capitão, Bibo vê na atividade política um atalho para se dar bem. Já torrou verba de gabinete para comer churrasco e espalhar outdoors com a própria foto. "Deputado não é para fazer economia. Se é para fazer economia, eu fico dormindo em casa", justificou, numa entrevista à Zero Hora.

Em outro episódio, ele usou dinheiro público para alugar carros de luxo. "Sempre andei de Mercedes e BMW. Não vou abaixar meu estilo de vida só porque sou deputado", esnobou.

Há poucos dias, Bibo superou seus próprios padrões de indignidade. Declarou que estudantes da Universidade Federal de Santa Maria mereciam ser queimados vivos. O bolsonarista se irritou com um protesto contra os cortes na educação superior. "É isso o que esses estudantes alienados, filhos de papai, merecem", vociferou.

A cidade universitária foi palco de uma tragédia de repercussão mundial: o incêndio da boate Kiss, que matou 242 jovens em 2013. Dublê de radialista e palestrante, o deputado não pode ser acusado de ingenuidade com as palavras. Ele é autor do curso on-line "Sucesso na comunicação", em que promete ensinar os segredos da oratória por R$ 99,90.

Bibo pertence à tribo de políticos de extrema direita que ascenderam com Bolsonaro. Dizendo-se cristãos e patriotas, eles estimulam a intolerância e a barbárie para ganhar votos. Uma reeleição do presidente lhes daria ainda mais poder para pregar o ódio e perseguir adversários.

A fúria bolsonarista não poupa ninguém. Estudantes, cientistas, juízes, jornalistas e até religiosos podem entrar na mira a qualquer momento. No domingo passado, a horda escolheu como alvo o arcebispo de São Paulo, dom Odilo Scherer. Integrante da ala mais conservadora da Igreja Católica, ele foi xingado e ameaçado após fazer um apelo por paz nas eleições.

Chamado de "comunista", dom Odilo julgou necessário fazer um esclarecimento: os cardeais vestem vermelho em referência ao sangue de Cristo, não à bandeira do Partido dos Trabalhadores. "Tempos estranhos esses nossos. Conheço bastante a História. Às vezes, parece-me reviver os tempos da ascensão dos regimes totalitários, especialmente o fascismo", desabafou.

Não foi o primeiro a fazer o alerta.

*

Sinais opostos na reta final

26/10/2022

A convocação foi feita em tom solene, no fim da tarde de segunda-feira. Pelas redes sociais, o ministro Fábio Faria instou a imprensa a "acompanhar a exposição de um fato grave na frente do Palácio da Alvorada logo mais, às 19h30".

No horário marcado, o ministro apareceu diante das câmeras. Contou a seguinte história: rádios do Nordeste teriam deixado de veicular milhares de inserções de Jair Bolsonaro. Não apresentou detalhes ou provas do suposto boicote.

A seu lado, o publicitário Fabio Wajngarten aproveitou para fazer propaganda. Disse que o capitão foi "censurado" e, sem ser perguntado, informou que a campanha continuava "firme, forte e unida". "A gente está na frente das eleições. A gente virou a curva", acrescentou, na contramão de todos os institutos de pesquisa.

O factoide durou pouco. Ainda na noite de segunda, o TSE constatou que a denúncia se baseava em relatório apócrifo, sem datas ou horários das tais inserções. "Os fatos narrados não foram acompanhados de qualquer prova e/ou documento sério", resumiu o ministro Alexandre de Moraes.

Ele cobrou a apresentação de provas e ameaçou enquadrar a dupla por crime eleitoral "se constatada a motivação de tumultuar o pleito". Ontem o assunto só subsistiu nas redes bolsonaristas.

A bomba dos dois Fabios se revelou um traque. Mais ruidosas foram as granadas atiradas por Roberto Jefferson contra a Polícia Federal. No domingo, o ex-deputado reagiu com violência a uma ordem de prisão. Entrincheirou-se com armas e explosivos, em aparente tentativa de insuflar um levante bolsonarista.

O Capitólio de Levy Gasparian fracassou. Ao notar a repercussão negativa, o capitão abandonou o velho aliado, a quem chamou de "bandido". Jefferson terminou a noite sozinho e de volta ao xadrez.

Na reta final da eleição, as duas campanhas emitem sinais opostos. Os bolsonaristas transpiram nervosismo e estimulam a arruaça. Os petistas buscam vender otimismo e tratar do futuro, embora reconheçam que a disputa não está ganha.

Em ato festivo, Lula ostentou as aquisições mais recentes de sua frente ampla: a senadora Simone Tebet, o economista Persio Arida, os tucanos históricos José Gregori e José Aníbal. Para aguçar o apetite dos novos aliados, prometeu ceder espaços e montar um governo "além do PT". Horas depois, repetiu que, se eleito, será "presidente de um mandato só".

Bolsonaro disse o mesmo em 2018, mas esta já é outra história.

*

Pintou um clima

28/10/2022

Pintou um clima de derrota na campanha de Jair Bolsonaro.

Às vésperas do segundo turno, aliados do presidente passaram a pedir o adiamento da votação. Alegam que ele teria sido prejudicado na distribuição da propaganda eleitoral em rádios no Nordeste.

A queixa foi apresentada por Fábio Faria, dublê de ministro e animador de palanque. Anunciada em tom de escândalo, baseava-se num relatório vazio e apócrifo. Instado a dizer quem teria participado do boicote, o comitê bolsonarista listou apenas oito emissoras. A maioria de municípios diminutos, como Várzea da Roça e Santo Antônio de Jesus.

O factoide governista não sensibilizou o TSE. O ministro Alexandre de Moraes arquivou a reclamação por ausência de "qualquer indício mínimo de prova". Para completar, determinou que seus autores sejam investigados por tentativa de tumultuar o processo eleitoral.

Ainda que a história fosse verdadeira, não teria a menor influência numa disputa que envolve mais de 120 milhões de eleitores. Além disso, a responsabilidade de fiscalizar a veiculação de propaganda é dos partidos políticos, não do Judiciário.

Na noite de quarta, Bolsonaro cancelou uma viagem ao Rio e convocou uma "reunião de emergência" com os comandantes militares. Em seguida, chamou a imprensa para fazer novas insinuações golpistas. Atacou o presidente do TSE e prometeu ir até as "últimas consequências" no caso das rádios.

Bolsonaro falou como candidato, não como presidente. Mas fez questão de usar o Palácio da Alvorada e de aparecer escoltado pelos ministros Anderson Torres e Augusto Heleno, superiores hierárquicos da Polícia Federal e da Abin. A presença deles sugere que os dois órgãos podem ser usados para perturbar o ambiente político até domingo.

O capitão sempre jogou com a carta do tumulto. Antes o pretexto era o voto eletrônico. Agora, as inserções de rádio. Nada disso seria levado à mesa se ele não continuasse em desvantagem nas pesquisas.

Se a intenção de Bolsonaro era demonstrar força, o efeito prático foi o contrário. Seu esperneio valeu como um atestado de fraqueza. E de medo da possível derrota nas urnas.

*

Uma escolha existencial

30/10/2022

Jair Bolsonaro chega ao dia da eleição com os nervos à flor da pele. Até hoje, nenhum presidente brasileiro fracassou ao tentar o segundo mandato. Para quem diz não acreditar em pesquisas, ele parece atormentado com o risco de quebrar a escrita.

Na semana decisiva, a tensão presidencial só aumentou. Na quinta-feira, Bolsonaro se destemperou em comício na Zona Oeste do Rio. Aos gritos, chamou o prefeito Eduardo Paes, que apoia seu adversário, de "vagabundo" e "mal-agradecido". "Encheu os cofres da prefeitura com dinheiro nosso", vociferou.

Os insultos combinam desinformação, patrimonialismo e falta de autocrítica. O dinheiro da União não é do presidente. Pertence ao contribuinte, e deve ser repartido com estados e municípios por dever constitucional. Além disso, o capitão não é exatamente um aficionado por trabalho.

Seu expediente dura em média quatro horas por dia, interrompidas por uma soneca no gabinete.

Bolsonaro também exalou nervosismo no debate da TV Globo. Mais agressivo que o habitual, apelou a todos os itens da cartilha do antipetismo. Falou 16 vezes de Cuba. Citou o ex-ministro José Dirceu, o MST e até o esquecido José Rainha.

Num momento de deboche, Lula comentou que o rival parecia "descompensado" e ofereceu uma pausa para ele se acalmar. Depois se recusou a permanecer no centro do palco enquanto Bolsonaro falava. "Não quero ficar perto de você", disse. A frase resume o que milhões de brasileiros pretendem dizer ao presidente neste domingo.

Nas considerações finais, o capitão deu sua maior derrapada: pediu votos para deputado, não para presidente. O ato falho revelou um político assustado com a perspectiva de voltar à planície, longe dos privilégios e da blindagem do cargo.

Já era madrugada de sábado quando Bolsonaro se apresentou para a entrevista pós-debate. Diante da imprensa nacional e estrangeira, ofereceu um espetáculo de má educação. Na partida, engrossou com um jornalista português que citou seu isolamento internacional. Depois ameaçou ir embora ao ser chamado de "candidato".

Finalmente, perdeu a compostura quando o repórter Italo Nogueira questionou uma de suas fake news: a acusação de que Lula teria se reunido com chefes do tráfico em ato de campanha no Complexo do Alemão. Pego na mentira, o capitão se descontrolou e saiu sem responder.

A irritação dos últimos dias reforçou os sinais de que Bolsonaro não reagirá pacificamente em caso de derrota. Seria ingenuidade esperar que ele se comportasse como um político civilizado, telefonando para felicitar o vencedor. Aqui se trata de reconhecer o resultado e respeitar a vontade das urnas.

O capitão já investiu contra o voto eletrônico, atacou o TSE, estimulou o golpismo e a insubordinação militar. O alvo de sua cruzada não é Lula: é a democracia brasileira.

O autoritarismo da extrema direita transformou a eleição de hoje numa escolha existencial. Mais que o próximo presidente, o país decidirá o futuro da Constituição de 1988 e de tudo o que ela protege: a independência do Judiciário, o respeito às minorias, o direito de discordar do poder.

Derrota e conspiração

Nova chance para Lula e a democracia

31/10/2022

Antes de começar a leitura do discurso da vitória, Lula fez um breve comentário de improviso. Disse se considerar um cidadão que ressuscitou. "Tentaram me enterrar vivo e eu estou aqui", desabafou.

Sua eleição para o terceiro mandato, feito inédito na História do Brasil, representa mais uma volta por cima numa trajetória marcada por dramas e superação.

Lula deixou o Planalto com popularidade recorde. Era aprovado por nada menos que 87% da população. Emplacou a sucessora para mais dois mandatos. Seu lugar no Olimpo parecia garantido – até que veio a Operação Lava Jato.

A investigação desgastou o PT e abriu caminho para o impeachment de Dilma Rousseff, a herdeira ungida por Lula. Mas seu verdadeiro alvo era o ex-presidente, cuja caçada culminou na prisão em abril de 2018.

Acusado de corrupção, Lula passou 580 dias na cadeia. Teve os direitos políticos cassados. Foi submetido a um processo de linchamento moral. Perdeu a mulher, um irmão e um neto de sete anos.

As tragédias pessoais se somaram ao declínio de seu partido. O PT encolheu, teve dirigentes presos, perdeu quadros promissores. Em certa altura, chegou a ser descrito como uma sigla em extinção.

A maré começou a virar com o vazamento de mensagens que provavam os interesses políticos por trás da Lava Jato – que já eram evidentes para quem não quis tapar os olhos.

O Supremo concluiu que Sergio Moro foi um juiz parcial e anulou as condenações de Lula. O petista saiu da cadeia, juntou os cacos e subiu no palanque para organizar sua sexta campanha presidencial.

A vitória deste domingo dá uma nova chance ao retirante que sobreviveu à miséria e chegou à Presidência. A eleição também dá outra chance à democracia brasileira, alvo de ataque permanente desde que Jair Bolsonaro chegou ao poder.

Herdeiro dos porões da ditadura, o capitão se dedicou a minar, um por um, todos os pilares da Constituição de 1988. Tentou emparedar o Judiciário e o Legislativo. Capturou os órgãos de controle. Agiu para sufocar a oposição, as universidades e a imprensa.

As políticas públicas sofreram um processo deliberado de desmonte. O governo abandonou a Amazônia e se aliou às quadrilhas que lucram com a devastação da floresta. Desprezou a ciência, sabotou o sistema de saúde em meio a uma pandemia, transformou o país em pária internacional.

Nos últimos meses, Bolsonaro raspou os cofres públicos e pôs toda a máquina do Estado a serviço da reeleição. Só fracassou porque encontrou, do outro lado da disputa, o político mais popular desde a redemocratização do país.

Como reconheceu neste domingo, Lula não venceu sozinho. Usou sua experiência para costurar uma frente ampla com representantes de todo o espectro político, a começar por um vice de centro-direita. A vitória dessa frente é um triunfo da democracia sobre o autoritarismo.

Aos 77 anos, o petista subirá a rampa com desafios enormes à sua frente. Receberá um Brasil mais pobre e mais dividido do que aquele que herdou de Fernando Henrique Cardoso em 2003.

Terá que recuperar a imagem do país, isolar a extrema direita e reconstruir as instituições torpedeadas por Bolsonaro. Além de tudo isso, precisará arrumar as contas públicas para cumprir sua principal promessa: tirar o Brasil mais uma vez do Mapa da Fome.

*

Aposta na arruaça

02/11/2022

A História acontece como tragédia e se repete no Brasil como arruaça. O bloqueio de rodovias faz parte de um enredo premeditado por Jair Bolsonaro: a tentativa de melar, pela via do tumulto, o resultado da eleição presidencial.

O capitão sempre buscou imitar Donald Trump. No ano passado, o republicano incentivou seus apoiadores a invadirem o Capitólio. Queria barrar a posse de Joe Biden, eleito pela maioria dos americanos.

Na versão tupiniquim, a baderna foi menos organizada. Os bolsonaristas se limitaram a parar o trânsito, com a cumplicidade da cúpula da Polícia Rodoviária Federal. Outros grupos de extrema direita armaram piquetes em frente a quartéis, onde clamam por golpe e prisão de ministros do Supremo.

Bolsonaro está isolado. Seus aliados já começaram a reconhecer a vitória de Lula na noite de domingo. O discurso do presidente da Câmara, Arthur Lira, serviu como senha para o desembarque do centrão.

Enquanto o capitão esperneava, escudeiros mais antigos também começaram a pular do barco. Até a senadora eleita Damares Alves admitiu a derrota. Faltava a fala do chefe, que se escondeu no palácio após a apuração dos votos.

Depois de 45 horas em silêncio, Bolsonaro reapareceu ontem à tarde no Alvorada. Num pronunciamento de dois minutos, evitou assumir que perdeu e se negou a citar o nome do presidente eleito. Terceirizou a tarefa ao ministro Ciro Nogueira, encarregado de tocar a transição.

O capitão passou a mão na cabeça de seus radicais. Descreveu os atos golpistas como reações legítimas a um sentimento de "indignação" e "injustiça" diante do resultado das urnas. Só fez uma ressalva quanto à forma dos protestos. "Nossos métodos não podem ser os da esquerda", declarou.

Bolsonaro perdeu as condições objetivas para virar a mesa. Os governadores eleitos com seu apoio não estão interessados em confusão com o Judiciário. Os líderes de todos os países do G8 já cumprimentaram Lula pela vitória.

Ainda assim, o capitão evitou jogar claramente a toalha. Quer ganhar tempo e manter sua tropa mobilizada – seja para cultivar a imagem de "imbrochável", seja para negociar algum tipo de proteção a partir de 1º de janeiro.

*

Punição para Bolsonaro

06/11/2022

Faltam 56 dias para a posse do presidente Lula. Jair Bolsonaro pode fugir da cerimônia, mas não poderá levar a faixa para casa. Também terá que deixar para trás o palácio, as mordomias e a proteção do foro privilegiado.

A lei brasileira não oferece blindagem a ex-presidentes. De volta à planície, eles ficam ao alcance de procuradores e juízes de primeira instância. Nos últimos anos, isso abriu caminho para as prisões de Lula e Michel Temer. Em 2023, poderá chegar a vez de Bolsonaro.

No poder, o capitão fez de tudo para evitar o impeachment e fugir da polícia. No front político, comprou a cumplicidade do presidente da Câmara com os bilhões do orçamento secreto. No jurídico, nomeou um procurador-geral omisso e subserviente. Sem a proteção de Arthur Lira e Augusto Aras, ele terá que responder por seus atos. Não faltarão motivos para processá-lo e julgá-lo.

Só a CPI da Covid propôs o indiciamento de Bolsonaro por nove crimes. A lista vai de infração de medida sanitária a uso irregular de verba pública, passando por prevaricação e charlatanismo. Somadas, as acusações poderão resultar em penas de até 65 anos. Em janeiro, deverão ser remetidas à Justiça Federal de Brasília.

O capitão também poderá ser responsabilizado por crimes contra o Estado Democrático de Direito. No ano passado, ele sancionou a norma que substituiu a velha Lei de Segurança Nacional. Agora arrisca ser enquadrado no texto por sua pregação golpista contra as instituições e o sistema eleitoral.

Lula anunciou que governará sem revanchismo, o que significa que a nova gestão não se mexerá para punir Bolsonaro. Mas uma de suas promessas mais repetidas, a revogação dos sigilos de cem anos, deverá expor o adversário a problemas com a Justiça.

O futuro ex-presidente distorceu a Lei de Acesso à Informação para encobrir sua participação em escândalos. Num dos casos mais rumorosos, negou-se a informar quantas vezes os pastores Arilton Moura e Gilmar Santos o visitaram no Planalto. A liberação desses registros ajudará a esclarecer sua ligação com o balcão de propinas no MEC. O ex-ministro Milton Ribeiro já confirmou à polícia que recebia os dois trambiqueiros a pedido do chefe.

A remoção dos sigilos também fornecerá detalhes sobre a interferência de Bolsonaro em órgãos públicos para fins particulares. Ele avacalhou a Polícia Federal, a Receita e a Abin para salvar a pele do primeiro-filho. Depois emparedou o Exército para impedir que o general Eduardo Pazuello fosse punido por indisciplina.

O capitão ainda terá que responder pela enxurrada de crimes eleitorais que praticou na tentativa de se perpetuar no poder. A delinquência poderá torná-lo inelegível nos próximos pleitos, obrigando a direita a apostar em candidatos mais civilizados.

Por fim, Bolsonaro terá encontro marcado com duas ações penais que já tramitavam no Supremo antes de sua posse e foram suspensas graças à imunidade prevista na Constituição. O futuro ex-presidente é réu por injúria e incitação ao estupro. Ao fim do mandato, os processos serão remetidos à primeira instância.

Aliados do capitão já discutiram diferentes manobras para evitar que ele seja punido nos próximos anos. Temer chegou a propor uma "anistia do passado", a pretexto de pacificar o país. O perdão aos crimes da ditadura foi o que permitiu o retorno do golpismo fardado. Um perdão aos crimes de Bolsonaro não pacificaria nada – só serviria como prêmio e incentivo à reincidência.

*

Meia volta, volver

11/11/2022

A quarta-feira foi amarga para os patriotas que se aboletaram diante dos quartéis à espera de um novo golpe militar. Depois de meses de suspense, o Ministério da Defesa divulgou seu aguardado relatório sobre a urna eletrônica. O documento dizia o óbvio: as máquinas funcionam e não há qualquer indício de fraude na contagem dos votos.

"Tomamos chuva à toa?", questionou um bolsonarista desiludido no Twitter. As redes do ministério foram bombardeadas com outras mensagens de desgosto. O empresário que se pendurou no para-brisa de um caminhão, inconformado com a vitória de Lula, ainda não foi localizado para opinar.

O factoide da inspeção nas urnas expôs as Forças Armadas a mais um vexame. Para atender aos interesses de Jair Bolsonaro, elas gastaram tempo e dinheiro público numa auditoria inútil. Agora são cobradas por saudosistas da ditadura que sonham com uma quartelada em pleno século XXI.

Ninguém obrigou os generais a se engajarem no projeto do capitão. Eles mergulharam de cabeça porque viram em Bolsonaro um atalho para voltar ao poder. A aposta se mostrou lucrativa. Os militares abocanharam mais de 6 mil cargos civis, garantiram novos privilégios na Previdência e embolsaram salários e gratificações acima do teto.

Nos últimos meses, a cúpula militar endossou os ataques do presidente ao voto eletrônico. O ministro da Defesa, general Paulo Sérgio Nogueira, agiu abertamente para desacreditar o sistema e emparedar a Justiça Eleitoral. Depois da derrota, foi obrigado a reconhecer que não tinha provas a apresentar.

Ontem a pasta ensaiou um recuo para reanimar a militância bolsonarista. Em nota, alegou que a auditoria, "embora não tenha apontado, também não excluiu a possibilidade da existência de fraude ou inconsistência nas urnas". O contorcionismo virou piada nas redes e foi solenemente ignorado pelo ministro Alexandre de Moraes, que deu o assunto por encerrado.

O presidente eleito classificou todo o episódio como "humilhante" para as Forças Armadas. Ele tem razão, mas não precisará apenas de palavras para desmilitarizar o governo. Entre outras tarefas, terá que restabelecer o controle civil sobre o Ministério da Defesa e banir de vez as homenagens ao golpe de 1964. Além de convencer os oficiais a se afastarem da política e retornarem aos quartéis.

*

Toffoli viu o filme errado

16/11/2022

Depois de chamar o golpe de 1964 de "movimento", Dias Toffoli resolveu criticar a Argentina por julgar e punir os carrascos da ditadura militar. Na segunda-feira, o ministro do Supremo disse que o país vizinho "ficou preso no passado, na vingança, no ódio e olhando para trás, no retrovisor, sem conseguir se superar".

"Nós não podemos nos deixar levar pelo que aconteceu na Argentina", pontificou, em palestra a empresários brasileiros em Nova York. "Não vamos cair nessa situação em que infelizmente alguns vizinhos nossos caíram", prosseguiu.

Para além da ofensa aos argentinos, que já condenaram 1.088 responsáveis por crimes contra a humanidade, as declarações revelam desconhecimento sobre a História e o papel da justiça de transição.

"O passado não precisa ser superado. Precisa ser conhecido para que não se repita", ensina a procuradora Eugênia Gonzaga, ex-presidente da Comissão Especial sobre Mortos e Desaparecidos Políticos. Ela foi afastada no início do governo Jair Bolsonaro, quando Toffoli comandava o Supremo e se empenhava em agradar o capitão.

Indicado por Lula, o ministro começou a se aproximar do bolsonarismo na campanha de 2018. Antes de assumir a chefia da Corte, foi ao Quartel-General do Exército pedir a bênção do general Villas Bôas. Segundo a revista *piauí*, Toffoli prometeu que a Corte manteria o petista preso até a eleição. Ao questioná-lo sobre o episódio, as repórteres ouviram uma resposta lacônica: "Nunca tratei de pauta com ele, nem ele comigo".

Na mesma época, o ministro surpreendeu os colegas ao nomear dois generais como assessores: Fernando de Azevedo e Silva, que viraria ministro de Bolsonaro, e Ajax Pinheiro, que havia pedido votos para o capitão. A atitude foi interpretada como mais um gesto de subserviência aos militares.

Toffoli tinha um motivo adicional para não dizer o que disse. Ele é relator da ação que questiona a validade da Lei da Anistia para agentes que mataram e torturaram na ditadura. "A fala foi inadequada e extemporânea", resume o historiador Rogério Sottili, diretor do Instituto Vladimir Herzog.

Ao emitir o palpite infeliz, o ministro citou o thriller *O segredo dos seus olhos*, estrelado por Ricardo Darín. Na volta de Nova York, ele deveria assistir ao recém-lançado *Argentina, 1985*, com o mesmo ator. O filme conta a história de procuradores e juízes que não se acovardaram diante de criminosos que usavam farda.

*

As vivandeiras e o agrogolpismo

18/11/2022

Quando os bolsonaristas começaram a fechar rodovias, o procurador Mário Sarrubbo avisou que havia uma organização criminosa por trás dos protestos contra o resultado das urnas. Investigações da Polícia Federal mostram que o chefe do Ministério Público paulista tinha razão.

Em ofício enviado ao Supremo, a PF identificou dezenas de suspeitos de financiar os atos golpistas. Com base no relatório, o ministro Alexandre de Moraes mandou bloquear as contas bancárias de 43 pessoas físicas e jurídicas.

A lista é dominada por empresários e empresas agrícolas e de transporte de cargas. Uma delas tem nome sugestivo: Berrante de Ouro Transportes Ltda. Sua sede fica em Sorriso (MT), que reivindica o título de capital nacional do agronegócio.

Jair Bolsonaro se aliou aos setores mais atrasados do ruralismo, que se recusam a adotar práticas sustentáveis e respeitar a legislação ambiental. Em sintonia com a turma, desmantelou o Ibama, cancelou multas e encarregou um ministro de "passar a boiada".

A derrota do capitão criou um problema para esses empresários. Em vez de modernizar seus negócios, eles querem empastelar a democracia e impedir a posse do presidente eleito.

O dinheiro do agrogolpismo abastece as vivandeiras de quartel. Em Brasília, elas acampam diante do QG do Exército, conhecido como Forte Apache. No Rio, aboletam-se em frente ao Palácio Duque de Caxias, antiga sede do Ministério do Guerra. As aglomerações se arrastam há três semanas sem que os militares se mexam para dispersá-las.

Na terça-feira, o general Villas Bôas criticou a imprensa e saiu em defesa dos radicais. Classificou-os como pessoas "identificadas com o verde e amarelo" que estariam preocupadas com "ameaças à liberdade". De ameaças o general entende bem. Em 2018, ele pressionou o Supremo a manter o candidato do PT na cadeia, facilitando a vitória da extrema direita.

As cenas de bolsonaristas em transe, escalando caminhões ou cantando o Hino Nacional para um pneu, podem passar a ideia de que os atos golpistas são inofensivos. É um erro encará-los assim. Desrespeitar o resultado das urnas e pregar o rompimento da ordem constitucional é crime, lembra o ministro Moraes. As instituições precisam se defender de quem quer destruí-las.

*

Valdemar deveria ouvir Valdemar

23/11/2022

Em setembro de 2021, Valdemar Costa Neto gravou um depoimento em defesa da urna eletrônica. O poderoso chefão do PL garantiu que o sistema era confiável e criticou os bolsonaristas que se esgoelavam pelo retorno do voto impresso. "Não se trata de ser contra ou a favor do Bolsonaro. Se trata de defender os interesses do país", sentenciou.

Ontem o mesmo Valdemar convocou a imprensa para um pronunciamento em Brasília. Insinuou que a urna teria problemas e, sem apresentar provas, pediu a anulação de milhões de votos do segundo turno. Curiosamente, não pediu a anulação de nenhum voto do primeiro turno, quando o PL elegeu a maior bancada da Câmara e do Senado.

Valdemar é um profissional. Condenado e preso no mensalão, renunciou duas vezes para não perder os direitos políticos. Na cadeia, manteve a sigla sob rédea curta e apurou o faro para novos negócios. No fim do ano passado, articulou a filiação de Bolsonaro e sua trupe. Foi um investimento lucrativo. Até 2026, ele será recompensado com a maior fatia das verbas do fundo partidário.

A ação do PL seria cômica se não fosse perigosa. Na prática, o partido quer que o TSE jogue milhões de votos no lixo e proclame Bolsonaro como vencedor da eleição que perdeu. Isso não vai ocorrer, mas a mera apresentação do pedido já ajuda a manter acesa a chama do golpismo.

O ex-deputado não está sozinho no esforço para minar a democracia. No fim de semana, o ministro Augusto Nardes, do Tribunal de Contas da União, disparou um áudio para empresários do agronegócio. Em tom conspiratório, relatou um "movimento forte nas casernas" e envolveu os militares num suposto golpe em gestação. Quando a gravação veio à tona, acovardou-se e disse ter sido mal compreendido.

A Justiça precisa enquadrar os oportunistas que tentam incendiar o país para bajular o capitão. No caso de Valdemar, a melhor forma de desmontar a farsa é confrontá-lo com suas próprias palavras. No vídeo de 2021, o chefão do PL lembrou que Bolsonaro se elegeu presidente pelo mesmo sistema que passou a questionar. "Como reclamar da urna eletrônica? Não tem como reclamar", concluiu.

*

A polícia de Bolsonaro

27/11/2022

As instituições começaram a funcionar para Silvinei Vasques. O diretor-geral da Polícia Rodoviária Federal virou réu por improbidade administrativa. É acusado de usar a estrutura e a imagem do órgão para favorecer a candidatura derrotada de Jair Bolsonaro. Vasques chegou ao cargo graças à proximidade com o primeiro-filho Flávio Bolsonaro. Nos últimos anos, encarnou como ninguém o aparelhamento do Estado a serviço do clã presidencial.

Na ação, o Ministério Público Federal enumerou oito momentos em que o policial fez campanha pelo capitão – sempre de farda e ostentando o distintivo da PRF. Em entrevista a uma rádio governista, chamou o presidente de "mito". Em solenidade, entregou ao ministro da Justiça uma camisa com o número do candidato à reeleição. A série culminou num pedido explícito de voto. Na véspera do segundo turno, Silvinei publicou a foto de uma bandeira do Brasil. A legenda parecia uma ordem aos subordinados: "Vote 22 – Bolsonaro presidente".

A Constituição estabelece que os agentes públicos devem seguir os princípios da legalidade, da impessoalidade e da moralidade. A Lei de Improbidade Administrativa os proíbe de enaltecer políticos e personalizar atos, obras ou serviços. O estatuto dos policiais classifica como transgressão disciplinar "valer-se do cargo com o fim ostensivo ou velado de obter proveito de natureza político-partidária, para si ou terceiros". Vasques jogou todas as regras para o ar ao virar dublê de policial e cabo eleitoral.

Além de responder à ação de improbidade, o diretor da PRF é alvo de mais duas investigações conduzidas pela Polícia Federal. A primeira apura sua participação em blitze ilegais no domingo do segundo turno. Descumprindo decisão do TSE, a polícia montou centenas de barreiras para inspecionar documentos e procurar pneus carecas. O objetivo da manobra era tumultuar as estradas e aumentar a abstenção. As operações foram concentradas no Nordeste, onde a oposição liderava por ampla margem em todas as pesquisas.

O segundo inquérito trata da vista grossa da PRF aos bloqueios iniciados por extremistas após a derrota de Bolsonaro. Quando os piquetes se alastraram pelas rodovias do país, o ministro Alexandre de Moraes precisou ameaçar Vasques de afastamento e prisão em flagrante por desobediência para que a polícia começasse a se mexer.

O cerco ao chefe da PRF indica que há limites para a captura do Estado a serviço de um projeto político. É de se questionar se as instituições funcionariam da mesma forma se Bolsonaro tivesse sido reeleito. De qualquer forma, a provável punição de Vasques servirá de exemplo a outros policiais e servidores que se julgam acima da lei.

Mais que punir o diretor, será preciso desbolsonarizar a PRF. Nos últimos anos, a corporação deixou suas atribuições em segundo plano e foi estimulada a atuar fora das rodovias, a pretexto de colaborar "na prevenção e no enfrentamento ao crime". Uma dessas operações resultou numa chacina com 26 mortos em Minas Gerais. Os filhos do presidente festejaram o banho de sangue. "Fiquem tranquilos, só vagabundos reclamarão. #GrandeDia", tuitou o deputado Eduardo Bolsonaro.

*

As lágrimas do capitão

07/12/2022

Para quem gostava de se dizer "imbrochável", a cena não deixou de surpreender. Às vésperas do fim do mandato, Jair Bolsonaro perdeu a pose e chorou. O capitão estava no Clube Naval de Brasília, onde participou da confraternização anual das Forças Armadas.

A solenidade não tem mistérios. Acontece sempre em dezembro, o mês das inevitáveis reuniões natalinas. Pelo protocolo, o presidente é recebido pelos comandantes militares, faz um discurso e cumprimenta os oficiais-generais recém-promovidos. Depois todos se juntam para um almoço festivo.

O beija-mão de 2022 teve início pela Marinha. Ao lado da primeira-dama, Bolsonaro foi saudado por novos almirantes de esquadra, vice-almirantes e contra-almirantes. Quando o 13º se aproximou com sua mulher, o capitão começou a fraquejar. Na vez do 14º, debulhou-se em lágrimas diante das câmeras e da plateia fardada.

Em anos anteriores, os presidentes usaram a cerimônia para cortejar os militares e enaltecer os próprios feitos. Em 2010, Lula driblou o roteiro e arriscou uma piada. Disse ter descoberto que o jato presidencial, então chamado de Aerolula, não pertencia a ele. "Agora vai virar Aerodilma. Perdi meu avião", gracejou.

Em sua vez de se despedir, Bolsonaro não quis usar o microfone. Entrou mudo e saiu calado, como tem ocorrido em suas raras aparições desde a derrota nas urnas.

O choro presidencial não gerou muita comoção. Bolsonaro se notabilizou como um governante insensível. Não derramou uma lágrima pelos mais de 690 mil brasileiros que morreram na pandemia. Em março de 2021, ainda debochou da dor das famílias enlutadas. "Chega de frescura, de mimimi. Vão ficar chorando até quando?", perguntou.

O pranto de segunda-feira mostrou que o capitão também é capaz de se emocionar – desde que os problemas sejam dele, claro. Segundo aliados, Bolsonaro está abatido porque finalmente se deu conta de que não haverá golpe. A Constituição continua em vigor, e ele está prestes a perder o cargo e o foro privilegiado. Agora faltam 25 dias.

*

Últimas provocações

09/12/2022

O bolsonarismo guardou um factoide para a reta final do governo. Quer extinguir a Comissão Especial sobre Mortos e Desaparecidos Políticos, criada em 1995 pelo presidente Fernando Henrique Cardoso.

A ex-ministra Damares Alves entregou o órgão ao advogado Marco Vinicius Pereira de Carvalho, admirador do golpe e da ditadura militar. Ele convocou uma reunião para a próxima semana com o objetivo de decretar o fim do colegiado.

A notícia, revelada pelo jornal *O Estado de S. Paulo*, produziu as reações esperadas. A Comissão Arns recorreu ao Ministério Público Federal contra o que classificou como uma ameaça ilegal. A Procuradoria lembrou que o

Brasil ainda não cumpriu suas obrigações com a Corte Interamericana de Direitos Humanos, que determinou a busca e a identificação de ossadas dos mortos na Guerrilha do Araguaia.

Na prática, a canetada de Carvalho terá efeito limitado. Se for mesmo extinta, a comissão tende a ser recriada pelo novo governo no início de janeiro. A intenção do bolsonarismo é outra: chocar a opinião pública e provocar indignação na esquerda. O capitão vive disso desde 1991, quando debutou em Brasília como deputado do baixo clero.

No quarto mandato na Câmara, Jair Bolsonaro mandou imprimir um cartaz com a inscrição "Desaparecidos do Araguaia: Quem procura osso é cachorro". A peça foi pendurada na porta de seu gabinete. Rendeu fotos nos jornais e discursos inflamados na tribuna.

Há dois dias, o futuro ex-presidente usou o Diário Oficial com o mesmo objetivo. Nomeou André Porciuncula, capitão da PM baiana, como secretário especial da Cultura. O bolsonarista se notabilizou como um provocador de extrema direita. Em março, tentou direcionar verbas do audiovisual à produção de filmes e podcasts para incentivar a compra de armas.

Porciuncula foi o número dois do ex-secretário Mário Frias, ex-galã de *Malhação* que reapareceu como bobo da corte bolsonarista. O PM deixou o cargo para se candidatar a deputado, mas não conseguiu se eleger. Ao resgatá-lo no apagar das luzes do governo, Bolsonaro faz o deboche final com os artistas – e tenta atrair os últimos minutos de fúria e atenção.

*

Anatomia de um desastre

11/12/2022

Se o governo Bolsonaro fosse um avião, seu voo terminaria em pane seca, sem combustível para pousar. O sumiço do piloto, que largou o manche e abandonou os passageiros, seria apenas o epílogo do desastre.

Depois de quatro anos, o capitão deixa um cenário de terra arrasada. A máquina federal vive um colapso administrativo e financeiro. A manutenção de serviços básicos está ameaçada, e o Orçamento do próximo ano não para em pé.

O noticiário tem registrado os efeitos do apagão. Já faltou dinheiro para comprar remédios, encomendar livros didáticos, levar água potável ao semiárido. A Polícia Federal teve que suspender a emissão de passaportes.

Cerca de 200 mil estudantes de pós-graduação não receberam as bolsas de dezembro.

Depois de furar cinco vezes o teto de gastos, o presidente raspou o que sobrava no cofre para tentar se reeleger. Não conseguiu e deixará o governo em estado de calamidade.

Na quarta-feira, o senador Randolfe Rodrigues pediu ao Tribunal de Contas da União que tome medidas para responsabilizar Jair Bolsonaro. Ele ressalta que o caos não é fruto de "circunstâncias imprevisíveis", e sim da "subestimação dolosa das despesas obrigatórias, a fim de direcionar recursos para outras áreas de maior interesse do presidente".

A representação pede que o TCU rejeite as contas do último ano de governo. Se isso ocorrer, o capitão poderá ficar inelegível. Na esfera penal, poderá ser julgado por crime contra as finanças públicas.

O cenário de descalabro aumentou os desafios da transição. Mais que um diagnóstico, será preciso fazer uma autópsia do desastre bolsonarista. O trabalho deve começar a vir a público na terça-feira, dia seguinte à diplomação de Lula.

"Se não apresentarmos agora, seis meses depois estarão nas nossas costas os desmandos do atual governo", disse o presidente eleito. A advertência, feita durante o anúncio de novos ministros, mostra que o petista entendeu o tamanho da encrenca que o espera.

*

Capitólio candango

14/12/2022

Às 15h09 de segunda-feira, o ministro Alexandre de Moraes decretou a vitória da democracia sobre o autoritarismo e afirmou que os extremistas serão "integralmente responsabilizados" pelos ataques ao processo eleitoral.

Às 20h30, bolsonaristas interromperam o trânsito na W3, uma das principais avenidas de Brasília. Em ação coordenada, apedrejaram um ônibus com passageiros, incendiaram carros de passeio e tentaram invadir a sede da Polícia Federal.

Pouco mais de cinco horas separaram o discurso do presidente do TSE e a versão candanga do ataque ao Capitólio. O quebra-quebra sugere que o ministro se precipitou na comemoração. O golpismo ainda está vivo – e conta com a leniência de autoridades federais e distritais.

O pretexto da baderna foi a prisão de José Acácio Serere Xavante, dublê de cacique e pastor evangélico. O indígena vinha incitando a violência contra as instituições. Em vídeo recente, fez acusações falsas à Justiça Eleitoral, chamou Moraes de "bandido" e disse que Lula não subirá a rampa do Planalto.

Na verdade, o alvo dos extremistas foi a própria democracia. Eles escolheram o dia da diplomação do futuro presidente, eleito com mais de 60 milhões de votos, para barbarizar o centro da capital.

A desordem se estendeu até o fim da noite. Sem repressão à altura, os vândalos se sentiram à vontade para depredar uma delegacia. Em outra cena de audácia, tentaram empurrar um ônibus do alto de um viaduto. O veículo só não despencou porque ficou enganchado no meio-fio.

Curiosamente, ninguém foi preso em flagrante. O ministro da Justiça, Anderson Torres, esperou até as 23h para se manifestar sobre o espetáculo de violência política.

Bolsonaro não está sozinho no incentivo ao golpismo. Dizendo-se patriotas, os extremistas tiveram permissão para acampar em área militar, ao lado do Quartel-General do Exército. De lá partiu a marcha que tentou empastelar o prédio da PF. Ontem o capitão silenciou sobre os ataques, e os arruaceiros continuaram nos arredores do Forte Apache.

*

Radiografia do desmonte

23/12/2022

Lula errou ao divulgar o relatório final da transição no mesmo dia que anunciou os nomes de mais 16 ministros do novo governo. Como era de se esperar, escolhidos e preteridos monopolizaram as atenções. O diagnóstico da máquina federal acabou em segundo plano.

O texto fornece uma radiografia da gestão de Jair Bolsonaro. Registra o desmonte do Estado, o abandono de políticas públicas, os retrocessos na área social. "O governo federal andou para trás", resumiu o vice Geraldo Alckmin. Uma forma polida de descrever o que se passou nos últimos quatro anos.

No meio ambiente, a demolição foi calculada. O bolsonarismo desossou os órgãos de controle. O número de fiscais do Ibama, que já chegou a 1.800, despencou para cerca de 700. O Fundo Amazônia foi congelado com R$ 3,3 bilhões em caixa. Com as autoridades de braços cruzados, o desmatamento da floresta aumentou 60%. A maior alta num mandato presidencial desde o início das medições por satélite, em 1988.

Na saúde, a piora foi generalizada. Houve redução das taxas de cobertura vacinal, aumento das mortes maternas, retorno das internações por desnutrição infantil. Desde o ano da eleição de Bolsonaro, o SUS foi depenado. Perdeu quase R$ 60 bilhões, descontando os gastos extraordinários na pandemia.

No país do agronegócio, o governo esnobou a agricultura familiar e desmantelou os estoques reguladores. A queda no armazenamento de arroz chegou a 95%. Isso favoreceu a escalada da inflação de alimentos, colaborando com a volta do Brasil ao Mapa da Fome.

O cenário de terra arrasada se repete em quase todas as áreas. Na educação, a verba da merenda escolar estancou em 36 centavos por aluno. Na assistência social, a espera pelo Benefício de Prestação Continuada (BPC) saltou de 78 para 311 dias. Na habitação popular, a União zerou as contratações para famílias de baixa renda. No combate à seca, o programa que já levou 1 milhão de cisternas ao semiárido não entregará nem mil em 2022.

A sociedade precisa conhecer e discutir os dados colhidos pela transição. Isso não significa que eles devam ser usados como desculpa para erros do futuro governo. Lula foi eleito para enfrentar os problemas, não para reclamar deles.

*

Fuga para Orlando

01/01/2023

Ao requisitar um avião da FAB e abandonar o país a dois dias do fim do mandato, Jair Bolsonaro cometeu o último de muitos atos de indignidade na Presidência. Que aproveite as férias na terra do Pateta antes de voltar para acertar contas com a Justiça.

A revolução dos manés

Lula promete reconciliação sem anistia

02/01/2023

No dia em que voltou ao poder depois de 12 anos, Lula prometeu um governo de reconciliação nacional, mas deixou claro que não vai patrocinar nenhum tipo de anistia a Jair Bolsonaro e seus aliados.

O recado foi dado no Congresso, onde o petista assinou o termo de posse e fez o primeiro discurso como presidente.

Lula citou os crimes cometidos na gestão da pandemia e culpou o antecessor pelas mortes de quase 700 mil brasileiros. Sem citar o nome de Bolsonaro, classificou seu governo como "negacionista, obscurantista e insensível à vida". "As responsabilidades por este genocídio hão de ser apuradas e não devem ficar impunes", afirmou.

Em outra passagem, ele disse que volta sem "ânimo de revanche", porém decidido a garantir o "primado da lei". "Quem errou responderá por seus erros, com direito amplo de defesa", sentenciou.

O petista retomou o tema no parlatório do Planalto. Lá, disse que o país assistiu, nos últimos anos, à "lenta e progressiva construção de um genocídio". A multidão na Praça dos Três Poderes respondeu em coro: "Sem anistia! Sem anistia!".

As palavras de Lula sinalizam uma ruptura com a tradição brasileira de esquecer o passado em momentos de alternância de poder. Foi o que aconteceu no fim da ditadura militar, quando a Lei da Anistia perdoou opositores do regime e agentes da repressão.

O tom do discurso foi aprovado pelo filósofo Silvio Almeida, novo ministro dos Direitos Humanos. "Não podemos confundir justiça com vingança. O Brasil é um país que não elabora seus traumas e esquece o que não deveria esquecer", afirmou.

Apesar das críticas a Bolsonaro, Lula indicou que tentará se aproximar de parte dos eleitores do rival. Disse que é hora de reatar laços familiares rompidos pela polarização e pelo discurso de ódio. "Vou governar para os 215 milhões de brasileiros e brasileiras, e não apenas para quem votou em mim", prometeu.

O presidente aproveitou a ausência do antecessor, que abandonou o país antes do fim do mandato, para fazer desagravos a grupos e personagens hostilizados nos últimos quatro anos.

A ex-presidente Dilma Rousseff, que não pisava no Planalto desde o impeachment de 2016, foi festejada por autoridades e servidores. Lula repetiu que ela sofreu um golpe, embora tenha nomeado três ministros que votaram a favor de sua deposição.[45]

O presidente subiu a rampa de braços dados com o cacique Raoni Metuktire, que chegou a ser atacado por Bolsonaro na tribuna das Nações Unidas. O convite ao líder caiapó foi uma mensagem clara de que os povos indígenas e a Amazônia receberão outro tratamento no novo governo.

*

O impasse dos quartéis

04/01/2023

Lula subiu a rampa, Bolsonaro fugiu para a Disney e seus seguidores continuaram nas portas dos quartéis. A permanência dos extremistas criou um problema para o novo governo. Se não for resolvido logo, poderá ganhar contornos de crise institucional.

Ao assumir o Ministério da Justiça, Flávio Dino prometeu investigar os responsáveis por atos contra o resultado das urnas. "O extremismo não deve ter lugar neste país", afirmou. A 500 metros dali, o novo ministro da Defesa, José Múcio Monteiro, preferiu apostar na acomodação. Afagou os bolsonaristas e classificou os acampamentos pró-golpe como "manifestações da democracia".

Dino mandou a Polícia Federal apurar todas as tentativas de ruptura desde o segundo turno. Citou os bloqueios ilegais de rodovias e o quebra-quebra em Brasília no dia da diplomação do presidente. Acrescentou que praticar atos terroristas e incitar as Forças Armadas contra o poder civil são "crimes gravíssimos e imprescritíveis". "A democracia tem o dever se se defender daqueles que querem destruí-la", concluiu.

---

[45] Os ministros Simone Tebet (Planejamento), Juscelino Filho (Comunicações) e André de Paula (Pesca).

Nomeado com a bênção de generais, Múcio voltou a dizer o que a caserna quer ouvir. Falou em "espírito conciliador" e disse ter amigos e parentes acampados. Ao ser questionado sobre a permanência dos atos golpistas, opinou que "aquilo deve se esvair". Alguém precisa avisá-lo que sua autoridade pode se esvair antes.

Em conversas reservadas, Dino já demonstrou impaciência com a situação. Sugeriu que pode acionar a PF caso o Exército continue a se omitir nos próximos dias. A solução não é a ideal porque a maioria dos radicais está acampada em área militar.

Se o impasse evoluir para um conflito entre os ministros, o presidente poderá ser chamado a arbitrar. Nos discursos de posse, ele indicou pouca disposição para negociar com golpistas.

Múcio é um político jeitoso, acostumado a costurar acordos com sorrisos e tapinhas nas costas. A lábia pode funcionar com o centrão, mas a extrema direita fala outra língua. Há duas semanas, o Supremo permitiu que a bolsonarista Carla Zambelli entregasse livremente as armas que guardava em casa. Ontem a PF descobriu que ela tentou enganar a Corte, escondendo duas pistolas e um revólver.

*

Alvo não é Lula, é a democracia

09/01/2023

Pode-se dizer tudo sobre os atos terroristas deste domingo, menos que foram inesperados. Os bolsonaristas sempre avisaram que tentariam um golpe. A começar por seu líder supremo, que não reconheceu a derrota nas urnas e fugiu do país para boicotar a posse do sucessor.

Em janeiro de 2021, o ainda presidente Jair Bolsonaro festejou a invasão do Capitólio, orquestrada por seu aliado Donald Trump. Acrescentou que o Brasil poderia enfrentar "um problema maior que os Estados Unidos". Dois anos depois, o desejo do capitão foi atendido.

O Capitólio candango foi mais grave que o original. Em Washington, o ataque se limitou ao Legislativo. Em Brasília, atingiu as sedes dos três Poderes da República.

A depredação do plenário do Supremo mostra que o ódio da extrema direita vai muito além de Lula. Seu verdadeiro alvo é a democracia, que tem a Corte Constitucional como guardiã maior.

Se os ataques às instituições eram previsíveis, é preciso apurar as responsabilidades de quem deixou de agir para evitá-los.

O governador do Distrito Federal, Ibaneis Rocha, pediu "desculpas" pela destruição de prédios públicos. Aliado de Bolsonaro, ele entregou a Secretaria de Segurança Pública ao ex-ministro Anderson Torres, homem de confiança do ex-presidente.

Sob o comando da dupla, a polícia cruzou os braços diante dos atos terroristas. Isso não é caso de desculpas. É caso de renúncia ou impeachment do governador, sem prejuízo de uma investigação criminal.

O ministro da Defesa, José Múcio Monteiro, também tem explicações a dar. Nomeado para normalizar as relações entre os militares e o poder civil, ele apostou na tática da acomodação. Afagou os bolsonaristas e classificou os acampamentos pró-golpe como "manifestações da democracia".

Segundo Múcio, as concentrações em frente aos quartéis iriam "se esvair" naturalmente. Os atos deste domingo mostram que ele estava errado – e ainda pode ter induzido o chefe a erro.

Em dezembro, o ministro da Justiça, Flávio Dino, já avisava que os acampamentos eram "incubadoras de terroristas". Nos últimos dias, ele tentou convencer Lula a ordenar a desocupação imediata de áreas militares.

Aconselhado pelo titular da Defesa, o presidente preferiu adiar uma medida de força. A intervenção no Distrito Federal, decretada após o quebra-quebra, sugere que sua paciência finalmente acabou.

Além de investigar e punir os extremistas, as instituições precisam identificar seus financiadores ocultos. Não adianta prender indivíduos sem interromper o fluxo de dinheiro que movimenta a engrenagem do golpismo.

O mesmo vale para os líderes políticos que incentivaram a baderna. Incluindo os que se escondem nas redes sociais ou na terra do Pateta.

*

A revolução dos manés

11/01/2023

Camisa da seleção, bandeira verde e amarela, boné com o nome de Bolsonaro. O mato-grossense Fabrizio Cisneros vestiu uniforme completo para participar dos atos golpistas em Brasília. De celular em punho, ele usou as redes sociais para festejar a depredação das sedes dos três Poderes.

"Tomamos o poder! Estamos aqui em cima do Planalto!", comemorou o extremista, em transmissão ao vivo. As imagens mostram que ele estava em cima da marquise do Congresso, mas a confusão geográfica foi seu menor erro no domingo.

Cisneros tentou entrar na política pela via eleitoral. Candidato a vereador em Cáceres, na fronteira com a Bolívia, recebeu apenas 14 votos. Frustrado com as urnas, o protético aderiu ao golpismo. Passou a se alimentar de fake news, acampou em porta de quartel e participou do maior ataque à democracia brasileira desde o fim da ditadura.

O extremista sabia bem aonde os baderneiros queriam chegar. "É para os militares vir e tomar conta", afirmou. Dizendo-se "patriota", ele convidou outros bolsonaristas a se juntarem ao quebra-quebra. "Traz uma excursão, faz uma caravana, pede ajuda do empresariado da sua cidade", incentivou. Ao celebrar a destruição do plenário do Supremo, proclamou, orgulhoso: "É a revolução dos manés".[46]

Os bolsonaristas se dizem conservadores, mas são herdeiros do fascismo. Em vez de conservar, querem destruir as instituições simbolizadas pelos palácios de Brasília. Em seu projeto autoritário, não há espaço para a divergência. Quem discorda da extrema direita deve ser calado e varrido da esfera pública.

Por trás dos manés que se julgam revolucionários, há uma teia de comunicadores, empresários e políticos que articularam e financiaram o golpismo nos últimos quatro anos. Não adianta prender o protético sem responsabilizar os personagens que o incentivaram a cometer crimes.

Uma investigação séria também precisa identificar e punir as autoridades que patrocinaram ou foram coniventes com o quebra-quebra. Ao ordenar a prisão de Anderson Torres, ex-secretário de Segurança do Distrito Federal, o ministro Alexandre de Moraes deu o primeiro passo nessa direção.

Ex-ministro de Bolsonaro, Torres desmontou a cúpula da secretaria e viajou às vésperas dos atos golpistas. Com a capital em ruínas, foi às redes e fingiu indignação. "Criminosos não sairão impunes", tuitou.

Que seu desejo seja realizado.

*

[46] Em novembro de 2022, o ministro Luís Roberto Barroso respondeu a provocações de um bolsonarista com a frase "Perdeu, mané, não amola". A palavra seria adotada por parte dos apoiadores do ex-presidente.

Golpismo com recibo

13/01/2023

O ministro da Justiça de Jair Bolsonaro guardava em casa uma minuta de decreto para golpear a democracia e anular a eleição presidencial. Anderson Torres é alvo de ordem de prisão desde o último domingo, mas ainda não se entregou. Está em Orlando, cidade em que o chefe se refugiou para não passar a faixa.

Pelas redes sociais, o delegado disse que o rascunho estava numa "pilha de documentos para descarte". "Tudo seria levado para ser triturado oportunamente", tuitou. A explicação é intrigante. Para melar os resultados da urna eletrônica, Torres estudou um golpe impresso. Depois resolveu destruir o plano, mas não teve tempo de picotá-lo.

O ex-ministro não é o único a apostar na credulidade alheia. O governador do Distrito Federal, que entregou o comando da polícia a um bolsonarista, agora diz que foi vítima de sabotagem. A conversa de Ibaneis Rocha não convenceu o Supremo. Dos 11 ministros, só dois votaram contra seu afastamento do cargo. Coincidentemente, os dois que foram nomeados por Bolsonaro.

O capitão também deixou as digitais na tentativa de golpe promovida por seus seguidores. Enquanto esteve no poder, ele aviltou a democracia, mentiu sobre o sistema eleitoral e incitou o ódio contra os tribunais superiores. Seu discurso mobilizou os bárbaros que vandalizaram e destruíram patrimônio público em Brasília.

Como se não bastasse tudo o que já havia dito, Bolsonaro ainda fez questão de passar recibo. Nesta terça, dois dias depois do quebra-quebra, ele voltou a questionar o resultado da eleição e compartilhou um vídeo com mentiras sobre as urnas. Na gravação, um homem diz que Lula "não foi eleito pelo povo": teria sido "escolhido" por ministros do Supremo.

Oito dezenas de procuradores traduziram a postagem como incitação ao crime. "Uma forma grave de incitação, dirigida a todos seus apoiadores, a crimes de dano, de tentativa de homicídio, e de tentativa violenta de abolição do Estado de Direito", escreveram, em representação entregue a Augusto Aras.

Rascunhar golpes por escrito pode parecer insólito, mas não é novidade no universo bolsonarista. Em 1987, a revista *Veja* revelou que o capitão havia desenhado um plano para explodir bombas em quartéis do Rio. Um laudo da PF confirmou que ele era o autor do croqui, mas o Superior

Tribunal Militar preferiu absolvê-lo da primeira acusação de terrorismo. Ali começava sua longa marcha até o Planalto.

*

Intervenção pelo zap

15/01/2023

No meio da tarde do último domingo, quando bolsonaristas dominavam todos os prédios da Praça dos Três Poderes, o governo chegou a considerar que a extrema direita havia conseguido dar um golpe de Estado.

"O golpe se consumou? Tecnicamente, sim", admite o ministro da Justiça, Flávio Dino. "Um golpe se consuma quando os conspiradores tomam os palácios. Pela primeira vez na História, eles ocuparam as sedes dos três Poderes", explica.

Às 15h40, o prédio do Supremo Tribunal Federal foi invadido por hordas que destruíram o plenário e saquearam até o brasão da República. Àquela altura, os salões do Congresso e do Palácio do Planalto já haviam sido depredados.

O presidente Lula estava em Araraquara, onde vistoriava estragos feitos pela chuva. Avisado do quebra-quebra, suspendeu a agenda e improvisou um gabinete de crise na sala do prefeito.

Em Brasília, Dino cobrava as autoridades locais, exasperava-se com a inação da polícia e assistia pela janela ao avanço dos extremistas. Quando ficou claro que o governo do Distrito Federal estava à deriva, recorreu ao presidente.

"Liguei e mencionei as alternativas jurídicas possíveis. Ele optou pela intervenção federal", conta o ministro. A distância criou um problema inusitado. "Flávio, como eu assino?", perguntou Lula. Sem tempo para esperar um portador, o ministro orientou o chefe a imprimir o documento, autografá-lo à mão e enviar uma foto pelo celular.

"Fizemos uma intervenção federal pelo WhatsApp. Era o único meio possível", afirma Dino. Às 17h55, Lula anunciou a decisão. Com o decreto no aplicativo de mensagens, o ministro passou a distribuir ordens. Seu braço-direito, Ricardo Cappelli, desceu até a Esplanada e assumiu o comando da tropa.

Em cinco minutos, a polícia fez as primeiras prisões e começou a esvaziar o Planalto e o Supremo. A desocupação do Congresso ainda exigiria reforços da cavalaria e de helicópteros da PM.

O interventor penou para impor sua autoridade. Enquanto extremistas vandalizavam o Planalto, o comandante do Batalhão da Guarda

Presidencial bateu boca com policiais da tropa de choque. Queria evitar a prisão de quem atacava o prédio que ele deveria proteger.

No fim da noite, Dino e Cappelli enfrentariam mais um obstáculo fardado. O Exército montou uma barricada para impedir que a PM entrasse no acampamento golpista ao lado do Quartel-General. As barracas só seriam desmontadas na manhã seguinte, quando muitos criminosos já haviam fugido do local.

Quem acompanhou as horas de tensão no Ministério da Justiça viu Dino travar diálogos ásperos com o chefe do Gabinete de Segurança Institucional, general Gonçalves Dias, e com o chefe da Casa Civil do DF, Gustavo do Vale Rocha.

A 785 km de Brasília, Lula farejou a sabotagem por trás da intentona fascista. Às 18h em ponto, o presidente constatou: "Houve incompetência, má vontade ou má-fé das pessoas que cuidam da segurança pública do Distrito Federal".

*

Etchegoyen quer outra anistia

20/01/2023

O general Sérgio Etchegoyen está enfezado. Acha que os golpistas do 8 de janeiro viraram vítimas de injustiça. Em entrevista à TV Pampa, o ex-ministro esbravejou contra os tribunais, o governo e a imprensa. Ao comentar os ataques à democracia, usou eufemismos como "acidente" e "triste episódio".

O militar chefiou o Gabinete de Segurança Institucional no governo Temer. De volta à planície, foi contratado por uma agência de comunicação corporativa. Pendurou a farda, mas continuou a ser lido e requisitado como porta-voz da caserna.

A exemplo de Bolsonaro e seus apaniguados, o general nutre pouco apreço pelo Judiciário. Considera que o STF e o TSE "carecem de credibilidade". Para ele, os juízes são "apaixonados por microfones" e gostam de "falar mal do país lá fora". "Isso é inaceitável", condenou. Sobre os extremistas que atacam o sistema eleitoral, emitiu opiniões mais amenas. "É legítimo duvidar do resultado", disse.

Etchegoyen está invocado com Lula. Nos últimos dias, o presidente criticou a segurança do Planalto e afirmou que "perdeu a confiança" em parte dos militares. Para o ex-ministro, a frase revelou "profunda covardia". De Lula, não dos militares que permitiram a invasão. "É a velha técnica de procurar culpados", protestou. "Como é que se pacifica o país a partir daí? Como é que pacifica as Forças Armadas?".

A imprensa, sempre ela, também entrou na mira do general. Ele acusou a mídia de perseguir Bolsonaro, ultrapassando "todos os limites da razoabilidade". Numa declaração curiosa, reclamou de excesso de jornalismo na cobertura do quebra-quebra. "Esse episódio merece uma abordagem mais objetiva e menos panfletária. Menos jornalística, sem ofensa", palpitou. A despeito das críticas, o ex-ministro confidenciou que se informa cada vez menos por veículos tradicionais. "Abandonei muito o noticiário", admitiu.

Os Etchegoyen têm um longo histórico de envolvimento em golpes e conspirações. O avô do general, que alcançou a mesma patente, tentou impedir a posse de três presidentes. Um de seus alvos foi Juscelino Kubitschek, inventor da cidade que os bolsonaristas tentaram destruir.

Em 2014, quando ainda estava na ativa, o general de Temer se projetou ao atacar a Comissão Nacional da Verdade, que investigou crimes da ditadura militar. Não era só reacionarismo, era defesa do clã. Seu pai e seu tio foram apontados como responsáveis por graves violações aos direitos humanos. Os dois nunca foram julgados graças à Lei da Anistia.

Nove anos depois, o oficial sugere um novo perdão, desta vez em favor dos extremistas de Brasília. "Espero profundamente que os responsáveis pelos nossos destinos façam uma reflexão e tenham a grandeza de buscar a pacificação", discursou.

Ao pregar a impunidade de colegas de farda, Etchegoyen disse defender a "tranquilidade" e o "bom senso". Acrescentou que o governo precisa "harmonizar a sociedade" para "poder andar". "Por enquanto, os sinais que está dando é que não consegue andar. E possivelmente tenha acabado no dia 8 de janeiro", opinou. Sobre o futuro do presidente, o general soltou uma frase enigmática: "É muito difícil prever o que vai acontecer".

As ameaças veladas de Etchegoyen animaram o apresentador da TV Pampa, que chamou o golpe de 1964 de "revolução" e manifestou saudades da "velha Arena". Num momento de descontração, o general contou que torce pelo Grêmio, celebrou a contratação de Suárez[47] e elogiou o livro *As 44 regras do poder*. Ao que tudo indica, referia-se a *As 48 leis do poder*, um best-seller de autoajuda empresarial.

---

[47] Luis Suárez, atacante que disputou quatro Copas do Mundo pelo Uruguai.

Na contracapa, o leitor encontra dicas para "conquistar o que deseja": "esperar o momento certo para atacar", "criar uma aura de mistério para confundir os inimigos", "encobrir todos os atos em cortinas de fumaça".

*

A conversa da pacificação

22/01/2023

O ministro da Defesa apresentou uma fórmula para evitar novos atos golpistas. Quer presentear os militares com mais tanques, aviões e submarinos. Na sexta-feira, José Múcio Monteiro levou os três comandantes ao Planalto. Na saída, prometeu abrir os cofres para Exército, Marinha e Aeronáutica.

"Lula foi o presidente da República que mais investiu nas Forças Armadas", discursou o ministro. Pode ser, mas a crise que ameaça a democracia não tem nada a ver com a lista de compras da caserna.

Há duas semanas, extremistas invadiram as sedes dos três Poderes e tentaram usar a força para reverter o resultado da eleição. O quebra-quebra contou com a omissão e a atuação de militares de diversas patentes. Após a depredação do patrimônio público, os bolsonaristas se refugiaram ao lado do Quartel-General. À noite, a polícia tentou prender os criminosos em flagrante. A ação esbarrou na resistência do Exército, que chegou a enviar blindados para proteger o acampamento.

A investigação dos ataques mal começou, mas o ministro da Defesa já tem um veredicto. "Entendo que não houve envolvimento direto das Forças Armadas", sentenciou. "Se algum elemento individualmente teve sua participação, ele vai responder como cidadão", prosseguiu.

Múcio não incitou os atos golpistas, mas deixou de agir com firmeza para impedi-los. Ao tomar posse, ele classificou as ameaças dos extremistas como "manifestações da democracia". Acrescentou que tinha amigos e parentes entre os bolsonaristas que pediam golpe e ditadura.

No dia 6, o ministro disse ao chefe que a situação estava sob controle e que os acampamentos tinham se esvaziado. Dois dias depois, Brasília viveu uma tarde de terror com transmissão ao vivo na TV. Enquanto os bárbaros invadiam os palácios, Múcio tentou convencer Lula a autorizar uma operação de garantia da lei e da ordem. O presidente farejou a armadilha e rechaçou a ideia, que daria ainda mais poder aos generais.

Depois de tantos erros, o ministro ainda insiste na via da acomodação. Na sexta, ele disse que os ataques são "página virada". "A gente tem que pensar no 'para frente'. A gente tem que pacificar este país", afirmou, ecoando vozes da caserna que pedem impunidade para os golpistas.

O 8 de janeiro não foi um raio em céu azul. Refletiu a radicalização de setores da sociedade e das Forças Armadas, que viram no projeto autoritário de Bolsonaro um atalho para voltar ao poder. A ameaça extremista não será resolvida com a compra de equipamentos de guerra. É preciso investigar e punir todos os criminosos, sem distinção entre militares e civis. Não se trata de vingança, e sim de aplicar a lei para que a barbárie não se repita.

A demissão do comandante do Exército, general Júlio César de Arruda, pode ser um primeiro passo para desbolsonarizar os quartéis. Ao indicá-lo, Múcio admitiu que não o conhecia. "Fui na internet e vi quem era o mais antigo", contou.

Na decisão em que mandou prender os extremistas, o ministro Alexandre de Moraes citou a Europa de 1938, quando autoridades subestimavam a ameaça da extrema direita. "A democracia brasileira não irá mais suportar a ignóbil política de apaziguamento, cujo fracasso foi amplamente demonstrado na tentativa de acordo do então primeiro-ministro inglês Neville Chamberlain com Adolf Hitler", escreveu.

No Brasil de 2023, a política de apaziguamento ganhou outro nome. Virou defesa da "pacificação".

*

A vingança de Bolsonaro

25/01/2023

Jair Bolsonaro vivia seu primeiro ano em Brasília quando o governo Fernando Collor demarcou a terra ianomâmi. Três dias depois, o jovem deputado subiu à tribuna para protestar. "Essa área é a mais rica do país. Por que instituir uma reserva indígena lá?", reclamou.

Em tom conspiratório, ele sustentou que os ianomâmis seriam uma ameaça à segurança nacional. Da noite para o dia, poderiam iniciar um movimento separatista. "A curto prazo, essa área poderá tornar-se independente, e a perderemos definitivamente", fantasiou. Começava ali, em novembro de 1991, sua cruzada contra a maior terra indígena da Amazônia.

Bolsonaro tentou convencer o Supremo Tribunal Federal a derrubar a demarcação. Sem sucesso na Corte, apresentou um projeto para anular o ato no Congresso. "Amanhã se dirá aí que estamos massacrando os ianomâmis.

Em nome dos direitos humanos, quem garante que tropas estrangeiras não vão ocupar a Amazônia?", discursou, em 1992.

Em meio ao palavrório, o deputado deixou escapar seu real objetivo: liberar a exploração predatória da floresta. "Como o homem perdeu o paraíso através de uma maçã, os brasileiros vão perder o paraíso que é esse atual território. Não através de uma maçã, é lógico, mas através do nióbio, da cassiterita, do diamante", disse.

A Câmara arquivou a proposta, mas Bolsonaro insistiu em perseguir os ianomâmis. Ao longo de sete mandatos, ele testou diferentes argumentos para depreciar os indígenas. No governo Fernando Henrique, alegou que eles seriam fantoches de ONGs controladas pela Casa Branca.

Na era Lula, trocou de inimigo imaginário e passou a atacar a China. A potência asiática estaria interessada em colonizar "grandes espaços vazios" nos confins da Amazônia. "Vão lotar seus cargueiros e despejar esse excesso populacional", delirou.

Em 1998, o deputado chamou o Exército de "incompetente" por não ter aniquilado os povos originários. "Competente, sim, foi a cavalaria norte-americana, que dizimou seus índios no passado e hoje em dia não tem esse problema em seu país", disse.

O plano de extermínio não prosperou, mas o capitão nunca se deu por vencido. Eleito presidente, ele desmontou a Funai, incentivou o garimpo ilegal e deixou os indígenas morrerem de fome. Bolsonaro se vingou dos ianomâmis.[48]

*

Blindagem antigolpe

15/02/2023

Um golpista nunca admite que deseja o golpe. Sempre tenta camuflar seu plano com um verniz de legalidade. Os extremistas do 8 de janeiro não confessavam desprezar a democracia. Fingiam defendê-la, pregando uma "intervenção militar constitucional".

Quando Jair Bolsonaro perdeu a eleição, sua tropa de choque resgatou a tese de que o artigo 142 da Constituição autorizaria as Forças Armadas a

[48] Em janeiro de 2023, fotos de crianças e idosos ianomâmis desnutridos causaram comoção internacional. O novo governo decretou emergência em saúde na região.

arbitrarem conflitos entre os Poderes. De tanto repetir a mentira, o capitão pareceu acreditar nela. Seus aliados, também. Políticos, militares e advogados de extrema direita passaram a martelar a farsa.

"É necessário que o presidente Bolsonaro, com o apoio do povo brasileiro, invoque o artigo 142", bradou o deputado Filipe Barros. "O senhor tem o poder de convocar as Forças Armadas para botar ordem na bagunça", endossou o pastor Silas Malafaia. O discurso podia variar, mas o objetivo era sempre o mesmo: melar a eleição e recorrer aos militares para barrar a posse do presidente eleito.

Em 2020, o ministro Luís Roberto Barroso definiu a tese como "terraplanismo constitucional". "Em nenhuma hipótese, a Constituição submete o poder civil ao poder militar", escreveu. Em outra decisão, o ministro Luiz Fux esclareceu que as Forças Armadas não podem ser usadas para promover "indevidas intromissões" nos Poderes da República.

Nenhum jurista sério concorda com a leitura bolsonarista. Ainda assim, a intentona de janeiro mostrou a necessidade de livrar a Constituição de qualquer pretexto para tentativas de golpe.

Na segunda-feira, o PSOL pediu que o Supremo Tribunal Federal declare que a interpretação deturpada do artigo 142 configura crime contra o Estado de Direito. Em outra frente, deputados do PT começaram a recolher assinaturas para enxugar o texto. Querem deixar claro que a missão dos militares se limita a "assegurar a independência e a soberania do país e a integridade do seu território".

É um erro ver a reforma do artigo 142 como uma causa de esquerda. A bandeira deveria ser empunhada pelo centro e pela direita civilizada, que também sofreriam as consequências de um golpe.

Ontem o ministro Gilmar Mendes contou à GloboNews que o general Eduardo Villas Bôas o procurou para perguntar se era "correta" a interpretação bolsonarista do artigo 142. Na época, ele comandava o Exército e era apresentado como um militar legalista.

*

Militares no banco dos réus

01/03/2023

O ministro Alexandre de Moraes decidiu que os militares envolvidos no 8 de janeiro responderão por seus atos na Justiça comum. A Polícia Federal identificou dezenas de fardados entre os criminosos que depredaram ou deixaram depredar as sedes dos três Poderes. Depois de atentar contra a democracia, eles reivindicavam o privilégio de serem julgados por seus pares.

Questionado pela PF, o ministro do Supremo esclareceu que a Justiça Militar julga "crimes militares", e não "crimes de militares". Como as acusações não dizem respeito a assuntos internos da caserna, oficiais e praças terão que se acomodar no banco dos réus ao lado de paisanos. Parece óbvio, mas a distinção já foi mais clara na legislação brasileira.

Em 2017, o então presidente Michel Temer sancionou uma lei que ampliou o alcance da Justiça castrense. O texto ressuscitou uma blindagem criada na ditadura para proteger militares acusados de atentar contra a vida de civis. A mudança foi festejada pelas Forças Armadas, que haviam pressionado o Congresso a aprová-la.

A impunidade tem sido regra em processos contra militares envolvidos em violações de direitos humanos. Os casos se avolumaram com o aumento das operações de GLO (garantia da lei e da ordem), em que soldados assumem funções de polícia sem treinamento para atuar fora dos quartéis.

Desde 2013, a Procuradoria-Geral da República pede que o Supremo restrinja o alcance da Justiça Militar em crimes contra a vida de civis. O tribunal cozinha o caso há quase uma década. Voltou a suspender o julgamento há duas semanas, após pedido de vista do ministro Ricardo Lewandowski.

Os militares nunca fizeram questão de disfarçar os motivos do lobby pelo foro especial. Em 2017, o general Eduardo Villas Bôas deixou claro que a ideia era blindar os soldados do alcance da Justiça. "Como comandante, tenho o dever de protegê-los. A legislação precisa ser revista", disse, em tom imperativo, enquanto o Congresso ainda debatia a mudança na lei.

No 8 de janeiro, seu sucessor no Forte Apache radicalizaria a defesa do corporativismo. Horas depois dos ataques, o general Júlio Cesar de Arruda ordenou que tanques bloqueassem as entradas do acampamento bolsonarista. O objetivo era impedir a polícia de prender criminosos em flagrante.

*

A volta do que não foi

29/03/2023

Depois de três meses de férias na Flórida, Jair Bolsonaro promete voltar amanhã ao Brasil. O capitão planeja uma chegada festiva. Bem diferente da partida, quando despistou aliados e embarcou às pressas, sem esperar o fim do mandato.

Grupos de extrema direita têm convocado militantes para receber o ex-presidente. A ideia é imitar a campanha de 2018, quando ele lotava saguões de aeroportos e se deixava carregar nos ombros de eleitores. Na nova temporada, Bolsonaro ressurgiria no figurino de líder da oposição.

O presidente Lula acaba de viver sua pior semana desde a posse. Tropeçou na própria língua, ficou doente e precisou suspender a viagem à China. O novo marco fiscal empacou, o Banco Central manteve os juros nas alturas e Arthur Lira continuou sentado sobre a pauta do Congresso.

O momento tinha tudo para favorecer a reaparição do arquirrival do petismo. Para azar de Bolsonaro, o escândalo das joias voltou a assombrá-lo às vésperas do desembarque.

Depois da PF, do Ministério Público Federal e do Tribunal de Contas da União, a Comissão de Ética Pública abriu investigação sobre o caso. Ontem o jornal *O Estado de S. Paulo* revelou a existência de um terceiro conjunto de "presentes" da realeza saudita. O estojo continha peças em ouro branco e diamantes, avaliadas em mais de R$ 500 mil.

Na primeira candidatura, Bolsonaro vendia a imagem de um homem simples. Comia em biroscas, usava relógio de camelô e fazia lives em cenários cuidadosamente desarrumados. Eleito, ele assinou o termo de posse com uma Compactor Economic, que custava a bagatela de R$ 0,55.

Agora ficará difícil encarnar o mesmo personagem. Só na última leva de mimos, o capitão ganhou uma caneta Chopard cravejada de brilhantes e um Rolex à venda na internet por R$ 364 mil. Contrariando as normas do TCU, carregou tudo para casa ao deixar o governo.

Bolsonaro não voltará para a Barra da Tijuca. Vai morar numa mansão em Brasília e receberá quase R$ 100 mil por mês, acumulando o "salário" do PL e as aposentadorias de militar e ex-deputado. Ainda assim, o senador Ciro Nogueira tentou emplacar a conversa de que ele retardou a volta para comprar uma passagem na promoção.

*

A hora da conta

05/04/2023

Durante quatro anos, Jair Bolsonaro mentiu sobre a urna eletrônica e sugeriu que seria vítima de um complô. Enquanto isso, seus aliados usavam a máquina do governo para tentar roubar a reeleição.

A conspiração contra a democracia chegou ao ápice em 30 de outubro de 2022. Era o dia do segundo turno, e a Polícia Rodoviária Federal montou barreiras ilegais para dificultar a circulação de eleitores.

Os bloqueios tinham um alvo: as regiões onde Lula havia recebido mais votos no primeiro turno. Novos indícios complicaram a situação de Anderson Torres, mas nem o patriota mais delirante acreditaria que ele agiu por iniciativa própria.

O ex-ministro da Justiça era um bolsonarista obediente. Estava ao lado do chefe quando ele convocou embaixadores ao Palácio da Alvorada para atacar o sistema eleitoral. Depois da eleição, cruzou os braços quando a extrema direita queimou ônibus e tentou depredar o edifício da Polícia Federal.

Lula subiu a rampa, e Torres reapareceu na cena de outro crime: os atos golpistas de 8 de janeiro. Desta vez, como chefe da polícia que permitiu a invasão das sedes dos três Poderes.

O delegado está preso há quase três meses, e seu novo advogado diz que ele só comentará as suspeitas nos autos. Seu silêncio ajuda o capitão, mas não significa que ele será o único a pagar pela trama contra a democracia.

Hoje Bolsonaro prestará o primeiro depoimento à polícia desde a derrota nas urnas. Será ouvido sobre outro escândalo, o das joias sauditas, e deve sair indiciado por peculato. Se os investigadores não acreditarem em sua versão sobre os "presentes" de R$ 18 milhões, também poderá ser enquadrado por corrupção passiva.

Em mais de três décadas na política, o capitão sempre agiu como se nunca tivesse que responder por seus atos. Parecia se julgar inimputável. Agora ele experimenta uma situação inédita. Pela primeira vez desde 1989, não tem mandato nem foro privilegiado para protegê-lo. Demorou, mas a conta começou a chegar.

*

Inelegibilidade é pouco

16/04/2023

Até a tropa do PL já admite: Jair Bolsonaro deve ser condenado no processo que apura seus ataques ao sistema eleitoral. Se a previsão se confirmar, o TSE impedirá o ex-presidente de disputar eleições por oito anos. É muito pouco para a coleção de crimes que ele cometeu.

A Procuradoria pediu que Bolsonaro seja punido por abuso de autoridade e de poder político, desvio de finalidade e uso indevido dos meios de comunicação. O processo trata da reunião com embaixadores em julho de 2022, a menos de três meses do primeiro turno.

O capitão convocou o corpo diplomático para mentir sobre a urna eletrônica e atacar o candidato da oposição. O discurso foi transmitido na TV Brasil e nas redes do governo, inflamando extremistas que já ensaiavam um levante contra a democracia.

Se for declarado inelegível, Bolsonaro prolongará as férias até 2031. Ganhará mais tempo para curtir o ócio com os amigos endinheirados. No último feriadão, ele usou o jatinho de Nelson Piquet para passear em Angra dos Reis.

Como nem tudo é festa, o capitão ainda deve ser obrigado a lidar com alguns contratempos. No início do mês, ele precisou se explicar à Polícia Federal sobre o escândalo das joias. Nos próximos dias, será ouvido sobre os atos golpistas de 8 de janeiro.

O inquérito sobre o quebra-quebra contém uma novidade. O procurador Augusto Aras, que prestou longos serviços a Bolsonaro, parece ter perdido o interesse em protegê-lo. Foi o Ministério Público Federal quem pediu, ainda em janeiro, que o ex-presidente fosse incluído entre os investigados. Ele produziu prova contra si mesmo na madrugada do dia 11, quando divulgou novas mentiras contra o voto eletrônico.

Para a Procuradoria, a publicação configurou uma "forma grave de incitação" a "crimes de dano, de tentativa de homicídio e de tentativa violenta de abolição do Estado de Direito". O ex-presidente estava na Flórida, mas continuava a comandar seus radicais à distância.

No depoimento sobre os diamantes, Bolsonaro contou uma história da carochinha. Disse que só ficou sabendo do "presente" no fim do mandato e alegou não se lembrar de quem o avisou. A conversa é duplamente inverossímil. As tentativas de desembaraçar as pedras começaram em 2021, e ninguém se esqueceria do portador de uma notícia tão valiosa.

Se a polícia ligar os pontos e a Justiça cumprir seu papel, Bolsonaro pode pegar uma cana muito mais longa que os oito anos de inelegibilidade. E isso sem incluir um só dia de cadeia pela gestão criminosa da pandemia, que matou mais de 700 mil brasileiros.

*

O chefe do golpe

23/04/2023

Jair Bolsonaro tem novo encontro marcado com a Polícia Federal. Vai depor na quarta-feira sobre os atos golpistas de 8 de janeiro. O ex-presidente já deu versões bem distintas para a intentona. Na noite após os ataques, disse condenar "depredações e invasões de prédios públicos". "A gente lamenta o que aconteceu no dia 8, uma coisa inacreditável", reforçou na semana seguinte.

Depois da comoção inicial, ele mudou o tom e saiu em defesa dos extremistas. Acusou a PF de prender "chefes de família, senhoras, mães e avós", que estariam sendo "tratadas como terroristas". "No Brasil, tudo passou a ser fake news, atentado contra o Estado Democrático de Direito", reclamou.

No mês passado, o capitão adotou mais um discurso diferente. Em entrevista à rede americana NBC, esqueceu os aliados na cadeia e descreveu os atos como uma "armadilha feita pela esquerda". "Jamais o nosso pessoal faria o que foi feito", disse. A conversa não tem base factual, mas foi disseminada nas redes da extrema direita. Agora será amplificada por deputados e senadores bolsonaristas numa CPI inventada para confundir, trocando os papéis de vítimas e algozes.

Em tempos de pós-verdade, há quem julgue ser possível culpar as árvores pelo incêndio na floresta. Mas as teorias conspiratórias dificilmente convencerão os investigadores e o Supremo Tribunal Federal. Nos últimos dias, a Corte formou maioria para mandar os primeiros cem golpistas ao banco dos réus. Todos têm histórico longo e documentado de militância a favor do ex-presidente.

O 8 de janeiro não surgiu como um raio em céu azul. Foi o ápice de um longo processo de ataque à democracia. O movimento era organizado e controlado a partir do Planalto. Tinha conexões nas polícias, nos quartéis e em setores do empresariado.

Bolsonaro dedicou sete mandatos parlamentares à defesa da ditadura. Ao se eleger presidente, tentou impor um novo regime autoritário, que permitiria sua perpetuação no poder. Com cinco meses de governo, o capitão e seus filhos já estimulavam manifestações antidemocráticas. Os primeiros atos foram promovidos em maio de 2019. Pediam a prisão do presidente da Câmara e a cassação de ministros do Supremo.

A marcha golpista se acelerou em 2020, quando Bolsonaro discursou numa manifestação que defendia a volta do AI-5 em frente ao QG do Exército. Depois viriam a guerra contra as vacinas e as ameaças cada vez mais agressivas ao Judiciário, à oposição e à imprensa.

Ao pressentir que não seria reeleito, o capitão voltou sua artilharia contra a urna eletrônica. Liderou uma campanha de desinformação para vender a tese de que só perderia se houvesse fraude. Derrotado no voto, trancou-se no palácio e passou a conspirar contra a posse do sucessor.

A articulação deixou rastros, como a minuta de golpe encontrada na casa do ex-ministro Anderson Torres.

Enquanto Bolsonaro se fingia de morto, sua tropa começou a agir. O badernaço após a diplomação de Lula e o plano de explodir um caminhão-tanque no aeroporto de Brasília foram atos preparatórios para o 8 de janeiro. Ao mandar a PF ouvir o ex-presidente, o ministro Alexandre de Moraes anotou que é preciso responsabilizar os "autores intelectuais" do ataque à democracia. E os investigadores já sabem que o golpe tinha chefe.

*

Na cena do crime

07/05/2023

A cena marcou os debates da eleição presidencial. Nos intervalos de cada rinha televisiva, um militar subia ao palco para cochichar com Jair Bolsonaro. Era o tenente-coronel Mauro Cid, preso na quarta-feira pela Polícia Federal.

Nos estúdios de TV, o oficial fardado se destacava entre os civis de terno e gravata. Sua presença tinha duplo significado. Simbolizava o uso da máquina na campanha à reeleição e o apoio dos quartéis ao candidato da extrema direita.

Cid foi a sombra de Bolsonaro no poder. Tenente-coronel do Exército, não se limitava às atribuições de um ajudante de ordens, como carregar papéis e atender telefonemas. Também aconselhava o chefe em assuntos políticos e eleitorais.

O militar entrou na mira da PF em 2021, ao organizar live em que o presidente fez ataques à urna eletrônica. O caso o levou a ser indiciado por vazamento de dados confidenciais. A Justiça ordenou a quebra de seu sigilo telefônico, o que daria origem a uma série de novas investigações.

A polícia descobriu que o faz-tudo de Bolsonaro trocava mensagens com extremistas que tramavam um golpe de Estado. Ele também foi indiciado por produzir desinformação sobre a vacina contra a covid.

Mais tarde, a PF passou a investigá-lo sob suspeita de operar um esquema de caixa dois no Planalto. O dinheiro seria usado para pagar despesas pessoais do presidente e da primeira-dama.

O tenente-coronel ainda se envolveu na tentativa de liberar joias apreendidas pela Receita Federal em Guarulhos. As peças foram trazidas ilegalmente para o país e engordariam o patrimônio da família Bolsonaro. Já no governo Lula, Cid foi o pivô da crise que derrubou o comandante do Exército. Apesar da sua folha corrida, o general Júlio Cesar de Arruda insistia em nomeá-lo para comandar um batalhão em Goiás.

No caso que o levou à cadeia, Cid não agiu apenas a serviço do capitão. Também adulterou dados do SUS para a mulher e as filhas. Em mensagem interceptada pela PF, ele se gabou do próprio negacionismo. "Não vou tomar vacina mesmo. Eu e ninguém aqui em casa", disse. Mesmo assim, mandou emitir carteirinhas falsas para que a família pudesse entrar nos Estados Unidos.

A prisão do faz-tudo criou novos riscos para o bolsonarismo. Curiosamente, o advogado escalado para defendê-lo se mostrou mais preocupado em defender o ex-presidente. A julgar por suas entrevistas, Cid seria o primeiro ajudante de ordens que, em vez de cumprir ordens, agia à revelia do chefe.

O cenário está armado para que o tenente-coronel pague a conta em nome do capitão. Cid é um arquivo vivo. Viu tudo, ouviu tudo e sempre esteve na cena do crime. A ver se aceitará o papel de bode expiatório.

*

Diário de um detento

07/05/2023

A defesa de Anderson Torres diz que o ex-ministro chora todos os dias e precisa sair da cadeia. Mas não quer que ele seja transferido para um hospital penitenciário, como facultou o ministro Alexandre de Moraes.

Então ficamos combinados assim: Torres está doente demais para ficar preso e doente de menos para ser internado.

*

Golpismo em família

18/06/2023

A Polícia Federal começou a puxar mais um fio da máquina do golpe: a participação da chamada família militar nos ataques à democracia.

Os investigadores examinaram mensagens armazenadas no celular de Gabriela Cid. Ela é casada com o tenente-coronel Mauro Cid, ex-ajudante de ordens de Jair Bolsonaro.

O material ajuda a entender o papel de parentes de oficiais no processo que desembocou na depredação das sedes dos três Poderes. E ainda dá novas pistas sobre o plano do capitão para impedir a posse do sucessor eleito.

Investigada pela falsificação de cartões de vacina, Gabriela Cid também ajudou a organizar o acampamento bolsonarista ao lado do Quartel-General do Exército. O local serviu como base para os atos de 8 de janeiro.

Numa das mensagens interceptadas pela PF, ela pede doações para os acampados. Em outras, tenta recrutar extremistas para "invadir Brasília", o que levaria o então presidente a "agir". "Convoca pelo amor de Deus as pessoas p Bsb", escreveu Gabriela a uma amiga, 12 dias após a eleição do presidente Lula. "Temos que mudar o Brasil e as Forças Armadas estão ao nosso lado. Quem não puder vir p Bsb tem que ir p a frente dos quartéis", acrescentou.

Em novembro de 2022, a mulher de Mauro Cid expôs sua receita para o golpe: cassar o presidente do Tribunal Superior Eleitoral, Alexandre de Moraes, e exigir "novas eleições com voto impresso". "Estamos diante de um momento tenso onde temos que pressionar o Congresso", escreveu.

Sua interlocutora era Ticiana Villas Bôas, filha do general tuiteiro Eduardo Villas Bôas. Em 2018, o então comandante do Exército usou as redes sociais para pressionar o Supremo a negar um habeas corpus a Lula. Meses depois, recebeu homenagens de Bolsonaro. "O senhor é um dos responsáveis por eu estar aqui", disse o capitão.

A chamada família militar une ativos, inativos, pensionistas e dependentes. São quase dois milhões de pessoas que frequentam os mesmos clubes, vão às mesmas formaturas e votam nos mesmos candidatos ligados à caserna. Nos últimos anos, grande parte desse contingente passou a engrossar atos que pediam golpe e ditadura.

Até o 8 de janeiro, a presença de mulheres e filhas de oficiais serviu de pretexto para impedir a remoção dos acampamentos golpistas. As mensagens interceptadas pela PF evidenciam o erro dessa blindagem. Enquanto as autoridades faziam vista grossa, parentes de militares incitavam e cometiam crimes sem ser incomodados.

Mais grave que a ação das vivandeiras foi a participação de oficiais da ativa na engrenagem golpista. O celular de Mauro Cid fornece provas contra outros personagens que desonraram a farda, como o major Fabiano da Silva Carvalho e o tenente-coronel Marcelino Haddad.

Numa das mensagens mais reveladoras, o coronel Jean Lawand Junior deixa claro que o golpismo não se nutria apenas do desprezo pela democracia. Também era visto como saída para livrar Bolsonaro de responder por seus desmandos na Presidência. "Ele não tem nada a perder. Ele vai ser preso. O presidente vai ser preso. E pior: na Papuda", anotou o militar.

*

O coronel e o capitão

28/06/2023

O coronel Jean Lawand Junior é um bolsonarista típico. Fala grosso na internet, mas afina na hora de assumir seus atos. Depois da derrota do capitão, o oficial se esgoelou no WhatsApp em defesa do golpe. Ontem ele tentou se fazer de inocente na CPI.

O militar passou ao menos um mês incentivando uma quartelada. Em mensagens enviadas ao tenente-coronel Mauro Cid, pregou uma ação militar para subverter o resultado das urnas. Queria que Jair Bolsonaro desse "a ordem" para botar os tanques na rua.

"Ele tem que dar a ordem, irmão. Não tem como não ser cumprida", suplicou. Em outro diálogo, o coronel disse que o presidente precisava escolher entre a ruptura institucional e a cadeia. "Ele não pode recuar agora. Ele não tem nada a perder. Ele vai ser preso", insistiu.

A conspiração está documentada em relatório enviado pela Polícia Federal ao Supremo. Mesmo assim, Lawand resolveu contar uma história da carochinha à CPI. Sem corar, ele alegou que "a ordem" não passaria de um chamado à pacificação nacional. "Minha intenção não era o golpe. Era realmente apaziguar o país", disse.

A conversa não satisfez nem a tropa oposicionista. "Mais inteligente seria ter usado o direito de permanecer em silêncio", lamentou o senador Marcos Rogério. "Eu também não estou convencido das suas explicações, com todo o respeito", escusou-se o ex-juiz Sergio Moro.

A relatora Eliziane Gama afirmou que o depoente tratou os parlamentares como crianças. Apesar do desrespeito à CPI, ninguém ousou dar voz de prisão ao oficial. O coronel foi salvo pela farda – mesmo tendo ido ao Congresso em trajes civis.

A covardia de Lawand combina com o novo tom de Bolsonaro. Ameaçado de perder os direitos políticos, o ex-presidente voltou a se fingir de democrata. Em entrevista à *Folha de S.Paulo*, ele jurou que nunca quis usar a força para se perpetuar no poder. E disse que o 8 de janeiro teria sido coisa de "senhorinhas com a Bíblia embaixo do braço" e "senhorzinhos com a bandeira do Brasil".

O discurso do capitão é tão mentiroso quanto o do coronel. Mas o TSE não deve amarelar como a CPI.

*

Consciência de perverter

02/07/2023

No voto que selou a inelegibilidade de Jair Bolsonaro, a ministra Cármen Lúcia afirmou que os atos do capitão expuseram uma "consciência de perverter". A expressão foi cunhada pelo jurista italiano Francesco Carnelutti (1879–1965). Define a conduta de quem sabe não ter razão, mas age como se a tivesse.

Bolsonaro sabia que as urnas eletrônicas eram confiáveis e podiam ser auditadas. Sabia que seu código-fonte estava aberto a partidos e entidades fiscalizadoras. Sabia que a Justiça Eleitoral não tinha lado – e jamais se prestaria a participar de um complô para prejudicá-lo.

Apesar de saber disso tudo, o capitão tentou convencer os eleitores do contrário. De forma consciente, usou a estrutura da Presidência para propagar mentiras e teorias conspiratórias.

As urnas não foram o único alvo das fake news bolsonaristas. Enquanto esteve no poder, o ex-presidente recorreu ao mesmo expediente para fustigar as universidades, desacreditar a imprensa, acuar os defensores dos direitos humanos e do meio ambiente. A cada passo, buscou fabricar um novo inimigo. Assim manteve viva a aura de político antissistema, mesmo depois de subir a rampa e se instalar no centro do poder.

Foi na pandemia que a consciência de perverter produziu seus danos mais nocivos. Na contramão da ciência, o capitão sabotou as medidas de distanciamento, boicotou o uso de máscaras e liderou uma campanha de desinformação contra as vacinas.

Sua irresponsabilidade favoreceu o vírus e produziu milhares de mortes evitáveis. Esses crimes permanecem impunes graças à inércia da Procuradoria-Geral da República, que engavetou provas e se negou a denunciá-lo.

Ao condenar Bolsonaro, o TSE passou a mensagem de que todo poder tem limites. Um presidente que concorre à reeleição larga em vantagem, mas não pode ignorar a lei e achincalhar as instituições para se perpetuar na cadeira. O mandato não é salvo-conduto para desrespeitar as regras do jogo e conspirar contra a democracia.

A inelegibilidade é um castigo modesto para o conjunto da obra de Bolsonaro. Após o julgamento, o ex-presidente anunciou que seguirá na política como "cabo eleitoral de luxo". Faltou lembrar que ele ainda responde a uma série de investigações criminais. O desfecho dos casos mostrará se o ministro Alexandre de Moraes estava certo quando disse que a Justiça pode ser cega, mas não é tola.

*

A República dos Patetas

09/08/2023

Anderson Torres disse à CPI que a minuta do golpe era "imprestável" e seria jogada no lixo. Então por que o documento estava guardado no armário de seu quarto? "Por mero descuido", respondeu o ex-ministro de Jair Bolsonaro.

Em depoimento nesta terça, o delegado abusou das histórias da carochinha. Sem corar, repetiu a conversa de que não entregou o celular à polícia porque teria perdido o aparelho na Flórida. O bolsonarista deveria cuidar da segurança de Brasília, mas voou para a Disney às vésperas dos atos golpistas.

"O senhor deve estar achando que aqui nesta CPI tem algum Pateta", protestou o deputado Duarte Jr. A indignação é justa, mas as lorotas de Torres combinam com o governo que ele integrou.

Nos últimos dias, o noticiário expôs novas trapalhadas da turma. O tenente-coronel Mauro Cid, ajudante de ordens de Bolsonaro, tentou vender um relógio que o chefe recebeu em viagem oficial. Festejado como primeiro de turma na Academia Militar, foi flagrado atuando como um camelô de farda.

Na segunda-feira, soube-se que assessores do capitão tentaram apagar 17 mil e-mails antes de deixar o Planalto. Os oficiais chegaram a excluir as mensagens, mas se esqueceram de apagá-las da lixeira. Numa delas, ficou documentada a tentativa de contrabando do Rolex.

Ao investigar a depredação do Congresso em 8 de janeiro, a Polícia Legislativa fez outra descoberta intrigante. Invasores produziram provas contra si mesmos ao cadastrar seus nomes e CPFs na rede wi-fi da Câmara. Foram traídos pelo desejo de postar *selfies* e vídeos na cena do crime.

Os seguidores do Mito não perdem uma chance de mostrar sua perspicácia. Segundo dados do Coaf, eles doaram R$ 17 milhões para o ex-presidente via Pix. Bolsonaro pediu ajuda para pagar multas e transferiu R$ 14 mil para a lotérica do irmão. Questionado sobre os repasses, disse que torrou tudo em apostas na Mega-Sena.

É desalentador pensar que o país passou quatro anos nas mãos desses personagens. Se serve de consolo, o amadorismo dos patetas pode encurtar seu caminho para a cadeia.

*

O último voo do Muambão

13/08/2023

Os relógios marcavam 14h02 quando o avião presidencial decolou da Base Aérea de Brasília. A dois dias do fim do mandato, Jair Bolsonaro deixava o país rumo a Orlando, nos Estados Unidos. Era seu último ato como chefe do Executivo.

O capitão não deu satisfações sobre o abandono do cargo. Aliados disseram que ele simplesmente não queria entregar a faixa ao sucessor. Parecia uma explicação incompleta, apesar do seu conhecido desprezo pela democracia.

O general João Figueiredo, o último dos ditadores, também fez birra ao deixar o poder. Para boicotar a posse de José Sarney, não precisou botar o pé no jato. Bastou sair do palácio por uma porta lateral.

Adversários arriscaram outra tese para o voo de 30 de dezembro de 2022. Bolsonaro teria se mandado para evitar uma prisão iminente. Sem foro privilegiado, ele ficaria mais próximo de acertar contas com a Justiça. Ainda assim, não haveria motivo para uma fuga tão apressada.

Na sexta-feira, a Polícia Federal deu novas pistas para esclarecer o enigma. O avião não decolou apenas com Bolsonaro, a primeira-dama e um punhado de assessores. Também transportava joias desviadas do acervo da Presidência.

As investigações apontam a existência de um esquema para desviar presentes recebidos em viagens oficiais, com o objetivo de "posterior venda e enriquecimento ilícito do ex-presidente". Em relatório, a PF enumera peças "evadidas do Brasil" no avião da FAB. A lista inclui duas esculturas douradas e um conjunto de joias em ouro rosé, com caneta, anel, abotoaduras, rosário árabe e relógio.

O kit foi entregue ao almirante Bento Albuquerque, ex-ministro de Minas e Energia, em visita à Arábia Saudita. Deveria ser incorporado ao patrimônio da União, mas acabou numa mala a caminho da Flórida.

O contrabando era operado pelo tenente-coronel Mauro Cid, dublê de ajudante de ordens e camelô de farda. Numa das negociações descobertas pela PF, ele recebeu quase R$ 350 mil ao vender dois relógios de luxo: um Rolex recebido da ditadura saudita e um Patek Philippe presenteado pelo rei do Bahrein.

Agora se sabe que ele não agia sozinho. Segundo a polícia, o segundo-tenente Osmar Crivelatti e o general da reserva Mauro Lourena Cid, pai do ajudante de ordens, também atuaram no esquema.

De acordo com as investigações, o general chegou a armazenar US$ 25 mil em espécie. A quantia, hoje equivalente a R$ 122 mil, seria entregue em mãos ao ex-presidente. "Quanto menos movimentação em conta, melhor", anotou Mauro Cid, o filho. A tática costuma ser usada para ocultar a origem de dinheiro ilegal.

No passado, os presidentes brasileiros usavam um avião conhecido como Sucatão. Depois de Bolsonaro, o Airbus da FAB poderia ser chamado de Muambão. O voo de 30 de dezembro não era só birra. Era viagem de negócios.

*

As joias da Coroa

13/08/2023

O roubo de joias por governantes em fuga não é inédito na História brasileira. Em 26 de abril de 1821, Dom João VI deixou o país para assumir o trono de Portugal. Antes de embarcar, ordenou a retirada de ouro e diamantes guardados nos cofres do Banco do Brasil. Nas ruas do Rio, o povo reagiu ao saque com uma quadrinha irônica: "Olho vivo / e pé ligeiro / vamos a bordo / buscar o dinheiro".

*

Blindagem verde-oliva

20/08/2023

A CPI do Golpe ainda não chegou à metade, mas a relatora parece já ter um veredito: o capitão é culpado, e os generais são inocentes. Na quarta-feira, a senadora Eliziane Gama confirmou que pedirá o indiciamento de Jair Bolsonaro. Mas indicou que poupará os militares de alta patente que conspiraram contra a democracia. "A instituição Forças Armadas impediu um golpe no país", afirmou, em entrevista ao jornal *O Estado de S. Paulo*.

A declaração envelheceu rápido. No dia seguinte, Walter Delgatti Neto contou à CPI que ajudou o Ministério da Defesa a redigir um relatório para minar a confiabilidade da urna eletrônica. O hacker disse ter colaborado com dois ex-comandantes do Exército. Um deles, o general Paulo Sérgio Nogueira, foi titular da Defesa no último ano do governo Bolsonaro.

A relatora da CPI integra a bancada governista e pertence ao grupo político do ministro Flávio Dino. Sua complacência com os militares não é pessoal. Obedece a uma diretriz do governo Lula, que orientou os aliados a evitar atritos com a caserna.

No discurso oficial, o Planalto se opôs à criação da CPI, alegando não querer tumultuar a agenda de votações no Congresso. Na verdade, a preocupação era outra. O governo sabia que uma investigação para valer chegaria à cúpula das Forças Armadas.

É falso dizer que militares de alta patente não se engajaram no movimento golpista. Cinco generais participaram da reunião em que Bolsonaro atacou o sistema eleitoral diante de embaixadores estrangeiros. O encontro levaria o ex-presidente a ser declarado inelegível pelo TSE.

Depois da derrota do capitão, o comando do Exército autorizou a concentração de golpistas diante dos quartéis. Do acampamento de Brasília, que contou com apoio e proteção verde-oliva, saíram as hordas que invadiram as sedes dos três Poderes.

Na noite de 8 de janeiro, o então comandante do Exército, general Júlio Cesar de Arruda, usou tanques para impedir a prisão dos criminosos. Ele foi demitido duas semanas depois, mas permanece blindado na CPI.

Até aqui, a comissão passou longe de apurar as responsabilidades da cúpula militar pelos ataques à democracia. Os parlamentares chegaram a aprovar a convocação do general Gustavo Henrique Dutra, ex-comandante militar do Planalto, mas o depoimento nunca foi marcado. O general Gonçalves Dias, que chefiou o GSI no início deste ano, vive a mesma situação.

Em julho, o tenente-coronel Mauro Cid compareceu à CPI de farda, em estratégia combinada com o comando do Exército. Se a ideia era impor respeito, o efeito foi o contrário. A cada revelação sobre o escândalo das joias, os militares ficam mais associados ao contrabando.

O depoimento de Delgatti torna obrigatória a convocação do general Paulo Sérgio Nogueira. O atual ministro da Defesa, José Múcio Monteiro, já confirmou que o hacker foi recebido na pasta. Se é assim, o ex-ministro precisa ser chamado a dar explicações, sob pena de desmoralização da CPI.

O general gostava de aparecer e fazer ameaças quando estava no cargo, mas anda sumido desde a derrota do chefe.

*

Os juízes do Jair

17/09/2023

Jair Bolsonaro passou, mas seus ministros de estimação continuam. O julgamento dos primeiros réus do 8 de janeiro expôs o legado do capitão no Supremo Tribunal Federal. Ele teve a chance de indicar dois juízes e escolheu Kassio Nunes Marques e André Mendonça.

Desde que vestiram a toga, ambos se esmeram em defender os interesses do ex-presidente. Foi o que voltaram a fazer nos processos contra bolsonaristas que invadiram e depredaram as sedes dos três Poderes.

Na quarta-feira, Kassio propôs que o primeiro réu fosse absolvido dos crimes contra a democracia. Justificou-se com uma tese esdrúxula: como o golpe fracassou, os golpistas só poderiam ser punidos por delitos menores, como sujar tapetes e quebrar vidraças.

O ministro chegou a tratar os criminosos como inofensivos “manifestantes”. A conversa irritou Gilmar Mendes, que relembrou o ataque violento à sede do tribunal. “A cadeira em que o senhor está sentado estava lá na rua”, indignou-se o decano.

Ao descrever a ação da turba, Kassio tentou pintá-la como um grupo “difuso e descoordenado”, composto de “aposentados e donas de casa”. A escolha de palavras foi estratégica. Se o crime não teve coordenação, não haveria motivo, mais à frente, para identificar e punir seu mandante.

O malabarismo para blindar Bolsonaro também marcou o voto de Mendonça. Sem corar, o ministro “terrivelmente evangélico” sugeriu que o atual governo teria facilitado a invasão e a depredação dos prédios públicos.

O relator Alexandre de Moraes se irritou com a tese, que classificou como “absurda”. “Vossa excelência vem ao plenário do STF, que foi destruído, falar que houve uma conspiração do governo contra o próprio governo? Tenha dó!”, protestou.

O discurso de Mendonça combinou com a performance dos advogados dos golpistas. Nos dois dias de julgamento, eles chamaram a atenção pelo despreparo e pelo atrevimento. O ex-desembargador Sebastião Coelho, que já havia pregado a prisão de Moraes, disse que os integrantes do Supremo seriam "pessoas odiadas". "Numa ditadura, isso não seria permitido", rebateu a ministra Cármen Lúcia.

Num lance de humor involuntário, o advogado Hery Kattwinkel confundiu *O príncipe*, de Maquiavel, com *O pequeno príncipe*, de Antoine de Saint-Exupéry. Seria mais engraçado se ele não tivesse usado o resto do tempo para ofender e propagar fake news contra ministros do tribunal.

Bolsonaro está inelegível, foi delatado e parece cada vez mais próximo da cadeia. A democracia sobreviveu a seu projeto de demolição, mas ainda levará tempo para se recuperar de todos os estragos recentes. No caso do Supremo, a tarefa será demorada.

Nomeados aos 48 anos de idade, Kassio e Mendonça ainda terão mais de duas décadas até a aposentadoria compulsória. Pelas regras atuais, os juízes do Jair ficarão na Corte até 2047.

*

Aras já vai tarde

22/09/2023

Ao se despedir do plenário do Supremo, Augusto Aras disse ter oferecido "sangue, suor e lágrimas" como procurador-geral da República. A expressão foi surrupiada de Winston Churchill, líder da resistência britânica ao nazismo. Seria mais sincero se comparar a Neville Chamberlain, o primeiro-ministro que fraquejou diante da ameaça totalitária.

Nomeado por Jair Bolsonaro, Aras lavou as mãos enquanto o capitão sabotava as instituições e conspirava contra a democracia. Mais que um engavetador, foi um acobertador-geral de crimes presidenciais.

O procurador usou o cargo para proteger Bolsonaro do alcance da lei. Em sua gestão, o Ministério Público se tornou um peso morto em Brasília. Não fiscalizou, não questionou, não denunciou os donos do poder.

Ao tomar posse, Aras fez um discurso sob medida para agradar o presidente. Também bajulou os militares com loas ao "espírito iluminado e pacificador de Caxias". Sensibilizado, o capitão definiu a relação com o procurador como "amor à primeira vista".

O sentimento foi correspondido. Aras se omitiu quando Bolsonaro incitou sua tropa contra a Justiça Eleitoral. Fez vista grossa quando o governo fichou acadêmicos e usou uma lei da ditadura para perseguir opositores. Barrou a abertura de inquéritos por improbidade e suspeita de corrupção.

Na pandemia, sua inação foi ainda mais gritante. Ele silenciou diante de ataques à vacina, à máscara e ao distanciamento social. Fechou os olhos enquanto o governo torrava dinheiro em cloroquina e deixava faltar oxigênio em hospitais. Por fim, sentou-se sobre o relatório da CPI da Covid, que empilhou provas contra o presidente.

A inércia deixou o Ministério Público à beira de um motim. Depois da eleição de 2022, duas centenas de procuradores cobraram medidas contra o bloqueio ilegal de rodovias. Se a PGR tivesse agido à altura, o país poderia ter freado o golpismo que culminou na intentona de 8 de janeiro.

No discurso de ontem, Aras foi só elogios a si mesmo. Disse que cumpriu seu "dever institucional e cívico" e que sempre atuou "em prol de um Brasil melhor". Num ato falho, afirmou que "as pessoas ficam e as instituições passam". Para sorte da Procuradoria, ele deve passar primeiro. Seu mandato termina na terça-feira.

*

A fantasia de Heleno

27/09/2023

O general Augusto Heleno dispensou a farda, mas foi à CPI do Golpe armado de um habeas corpus. Invocou o direito a ficar calado para não se autoincriminar.

O ex-ministro do GSI chegou ao Congresso na defensiva. Um deputado quis saber se ele estava presente quando Jair Bolsonaro orientou um hacker a invadir as urnas eletrônicas. Heleno respondeu que permaneceria em silêncio.

Outro parlamentar perguntou se ele estava no encontro em que os comandantes militares foram instados a rasgar a Constituição. O general olhou para seu advogado e continuou de bico fechado.

Quando aceitou falar, o ex-ministro se esforçou para enrolar a plateia. Disse que o acampamento diante do Quartel-General do Exército era "ordeiro" e "pacífico". Alegou que os conspiradores só iam ao seu gabinete para "tirar foto".

O general tentou desqualificar a delação do tenente-coronel Mauro Cid, que apontou o dedo para o capitão. Disse que suas acusações eram "fantasia" e que as mensagens que ele trocava com outros militares eram pura "bobagem".

Num momento de descuido, garantiu que o faz-tudo de Bolsonaro não participava de reuniões com comandantes das Forças Armadas. Foi desmentido no ato, com uma foto divulgada pelo governo do capitão.

Depois de quatro anos à frente dos serviços de inteligência, Heleno tentou se passar por um desavisado que se informava pela TV. A conversa colou tanto quanto a sua fantasia de moderado.

No poder, o general se notabilizou pelo estilo truculento. Deu murros na mesa, radicalizou com o Congresso, fez ameaças ao Judiciário. Na CPI, o militar brucutu tentou se disfarçar de diplomata.

Num surto de humildade, disse ter sido "infeliz" quando afirmou ter tomado "Lexotan na veia" para não levar Bolsonaro a "tomar uma atitude mais drástica" contra o Supremo.

A encenação durou pouco. Numa pausa do depoimento, o general mostrou que continuava a ser o Heleno de sempre. Perdeu a compostura e reclamou da relatora da CPI aos palavrões. Para seu azar, o chilique foi captado pelo microfone.

*

A CPI do zero a zero

04/10/2023

A CPI do Golpe antecipou o fim dos trabalhos. Vai terminar um mês antes do prazo, esvaziada pela oposição e pelo governo. "Na próxima semana, não haverá mais nada", informou o presidente Arthur Maia. Ele descartou novas votações até a leitura do relatório, prevista para o dia 17.

Um acordão cancelou o depoimento de Braga Netto, que estava marcado para amanhã. Ninguém protestou. Os bolsonaristas queriam blindar o general, e os lulistas não estavam interessados em novos atritos com a caserna.

O comandante do Exército, general Tomás Paiva, atuou pessoalmente para esfriar a CPI. Ele procurou parlamentares e alegou que era preciso preservar a imagem das Forças Armadas. É impossível entender a tentativa de golpe sem apurar a participação de militares, mas o discurso convenceu quem já estava convencido a blindar a farda.

Em agosto, a relatora Eliziane Gama afirmou que "a instituição Forças Armadas impediu um golpe no país". Ela disse ter se expressado mal, mas a declaração expôs a estratégia do governo: culpar o capitão e inocentar os generais.

O relatório da senadora deve apontar Jair Bolsonaro como chefe da trama golpista. Apesar disso, o Planalto não moveu uma palha para convocá-lo. "Bolsonaro está inelegível. Tudo o que ele quer é ficar em evidência", justifica o deputado Rubens Pereira Júnior. Faz sentido, mas é raro ver uma CPI abrir mão de ouvir seu principal alvo.

Um senador próximo ao presidente Lula admite que a ordem era jogar pelo empate. Ele sustenta que a investigação que importa é a da Polícia Federal. Por essa lógica, o zero a zero na CPI seria um bom resultado para o governo.

A sessão de ontem deu outros argumentos a quem quer acabar logo com a comissão. Enquanto o depoente se recusava a falar, um deputado e uma senadora trocaram provocações sobre botox e desenho de sobrancelhas.

Diante desse espetáculo, fica difícil reclamar das interferências do Supremo na CPI. O ministro Kassio Nunes Marques acaba de aprontar mais uma. Anulou a quebra dos sigilos de Silvinei Vasques, o bolsonarista que mandou a Polícia Rodoviária Federal bloquear as estradas para tumultuar a eleição.

*

O dia que não terminou

18/10/2023

O relatório final da CPI do Golpe pediu o indiciamento de Jair Bolsonaro pela prática de quatro crimes. O ex-presidente foi acusado de chefiar um complô contra a democracia. Derrotado nas urnas, tentou rasgar a Constituição e virar a mesa para se perpetuar no poder.

O texto da senadora Eliziane Gama lembra que o capitão atacou as instituições desde o primeiro dia de governo. Seu projeto sempre foi autoritário. Não tolerava a existência de Judiciário livre, oposição ativa ou imprensa independente.

Em busca do poder absoluto, Bolsonaro fomentou o ódio e a radicalização política. A aposta culminou na intentona de 8 de janeiro, que empurrou o país até a beira do precipício.

O relatório mostra que os atos golpistas não foram espontâneos nem desorganizados, como sustentava o ex-presidente. "Foi uma mobilização idealizada, planejada e preparada com antecedência", anotou Eliziane. A senadora enumerou provas de que houve método nos ataques. Os extremistas se deslocaram em caravanas, receberam apoio logístico e sabiam o que estavam fazendo.

Apesar de ter maioria na CPI, o governo não quis convocar Bolsonaro. Escolheu guardar munição para o relatório, a pretexto de não oferecer palanque ao rival. O Planalto também optou por amaciar com os militares. Eliziane pediu o indiciamento de nove oficiais-generais, mas encontrou espaço para elogiar a "postura constitucional das Forças Armadas". O equilibrismo atesta que a pressão dos quartéis surtiu efeito.

A CPI teve a chance de propor ações concretas para barrar a interferência dos quartéis na política, como a mudança do artigo 142 da Constituição. Preferiu sugerir medidas inócuas, como o incentivo à "educação cidadã e midiática" e a criação de um Dia Nacional de Defesa da Democracia.

Quem não enfrenta os fantasmas está condenado a conviver com eles. No início do relatório, Eliziane admite que "a máquina de ódio continua em operação" e "o 8 de janeiro ainda não terminou". Neste ponto, é difícil discordar da senadora. A extrema direita se mantém ativa; as redes sociais ainda são território livre para a desinformação; e as forças de segurança não fizeram nada, ou quase nada, para conter o radicalismo em suas fileiras.

*

No bunker do Alvorada

01/11/2023

Ao projetar o Palácio da Alvorada, Oscar Niemeyer imaginou uma estrutura leve e elegante, com colunas que parecessem pousar sobre o solo. "Procuramos adotar os princípios de simplicidade e pureza", explicou, antes da inauguração de Brasília.

Desde 1960, a residência oficial recebeu diversos tipos de inquilinos: de general a ex-guerrilheira, de sociólogo a metalúrgico. No ano passado, quase se transformou em esconderijo para criminosos em fuga.

Às vésperas do fim do governo, Jair Bolsonaro quis usar o Alvorada para abrigar aliados na mira da polícia. O plano foi revelado pelo tenente-coronel Mauro Cid, segundo reportagem do *UOL*.

Em delação premiada, o militar contou que o chefe queria malocar o blogueiro Oswaldo Eustáquio e o youtuber Bismark Fugazza. Os dois tiveram prisão decretada por ataques à democracia. Não se hospedaram no palácio, mas conseguiram fugir do país. Um foi capturado no Paraguai, e o outro continua na lista da Interpol.

O plano de esconder foragidos foi ousado, mas não chega a surpreender. Bolsonaro sempre tratou o Alvorada como um território fora do alcance da lei. "Enquanto eu for presidente, lá é a minha casa", desafiou, ao anunciar que não cumpriria uma decisão do TSE.

Em maio de 2020, quando as mortes por covid disparavam, ele avisou que faria um churrasco na residência oficial. A ideia contrariava as recomendações do Ministério da Saúde para conter a transmissão do vírus. "Estou cometendo um crime", debochou o capitão. Ao longo da pandemia, o palácio virou palanque para ataques diários à ciência. Nem as emas foram poupadas da propaganda da cloroquina.

Depois da crise sanitária, Bolsonaro passou a usar a residência para infringir a lei eleitoral. Fez propaganda irregular e convocou embaixadores para um comício contra o voto eletrônico. O encontro deu origem ao processo que o tornaria inelegível.

Derrotado nas urnas, o capitão transformou o Alvorada no bunker do golpe. Fez reuniões clandestinas, conspirou contra a Constituição e tentou convencer os comandantes militares a impedirem a posse do presidente eleito.

Ao fugir do país antes do fim do mandato, Bolsonaro deixou para trás um palácio malcuidado, com janelas quebradas e infiltrações nas paredes. Nada mais distante da pureza sonhada pelo arquiteto.

*

Em nome do papai

31/01/2024

Depois de se eleger presidente, Jair Bolsonaro informou que presentearia o filho Carlos com a Secretaria de Comunicação Social. "O cara é uma fera nas mídias sociais. Tem tudo para dar certo", justificou. A ideia pegou mal, e o capitão desistiu do ato de nepotismo explícito. O Zero Dois não virou ministro, mas se tornaria uma eminência parda do governo.

Carluxo fabricou crises, derrubou ministros e comandou o famigerado gabinete do ódio. Sem cargo formal em Brasília, ganhou o apelido de vereador federal. O pai preferia chamá-lo de "meu pit bull". Um cão feroz, sempre a postos para morder a canela dos adversários.

Em março de 2020, o ex-ministro Gustavo Bebianno disse que o Zero Dois queria criar uma "Abin paralela". Um sistema de informações clandestino, que não deixaria rastros de suas atividades. Agora a Polícia Federal acredita que essa ideia também ficou pelo caminho. Os Bolsonaro acharam mais útil capturar a Abin oficial.

Na decisão que autorizou as buscas desta segunda-feira, o ministro Alexandre de Moraes enumerou provas do "desvirtuamento" da agência no governo passado. Em vez de produzir inteligência para o Estado, a Abin fez arapongagem para o clã. Ajudou a bisbilhotar opositores e obstruir investigações que ameaçavam os filhos do presidente.

A espionagem usou um programa israelense que descobre a localização de pessoas pelo sinal do celular. A ferramenta foi acionada ilegalmente contra congressistas, uma promotora do caso Marielle e ao menos dois ministros do Supremo. A Abin era comandada por Alexandre Ramagem, hoje deputado e pré-candidato a prefeito do Rio. Acima dele estava o general Augusto Heleno, que será ouvido na semana que vem.

Para a PF, Carluxo integrava o "núcleo político" da quadrilha. Como ele nunca fez nada para si mesmo, é provável que os investigadores ainda batam na porta do ex-presidente, que agora se diz vítima de "perseguição implacável".

No primeiro discurso como vereador, o Zero Dois avisou que não devia obediência à legenda pela qual se elegeu: "Falo não em nome do Partido Progressista, mas em nome do Partido do Papai Bolsonaro". Vinte e quatro anos depois, só mudou a sigla de fachada.

*

Os generais da banda

09/02/2024

Demorou, mas enfim chegou a vez dos generais. A Polícia Federal fez ontem a primeira operação contra militares de alta patente envolvidos na tentativa de golpe. De acordo com as investigações, eles estavam no topo da conspiração de Jair Bolsonaro contra a democracia.

A PF fez buscas nas casas de cinco generais e um almirante que serviram ao projeto do capitão. Três chefiaram ministérios, três comandaram tropas. Todos participaram do plano para rasgar a Constituição e subverter o resultado das urnas.

O mais influente do grupo era o general Walter Braga Netto, ex-chefe da Casa Civil e candidato a vice-presidente na chapa derrotada de Bolsonaro. Descrito como um estadista durante a intervenção na segurança no Rio, ele emerge do inquérito como um radical de estilo miliciano.

Além de conspirar contra a democracia, tramou contra colegas de farda que hesitavam em aderir ao estado-maior do golpe. Propôs "oferecer a cabeça" do comandante do Exército e incitar a turba contra o comandante da Aeronáutica. "Inferniza a vida dele e da família", ordenou.

Em reunião com o presidente, o general Augusto Heleno disse que era preciso "virar a mesa" antes das eleições. O general Paulo Sérgio Nogueira descreveu o Tribunal Superior Eleitoral como um inimigo a ser aniquilado.

"Vou romper aqui e iniciar minha operação", informou, após liderar uma campanha de desinformação contra a urna eletrônica.

As descobertas da PF enfraquecem versões fabricadas para atenuar o papel dos militares na tentativa de golpe. De acordo com as investigações, o complô não atraiu apenas oficiais da reserva. O comandante da Marinha se envolveu até o pescoço. O chefe de operações especiais do Exército informou ao capitão que sua tropa estava pronta para agir.

Se não marchou na linha de frente, o comandante da Força terrestre também não se levantou publicamente em defesa da legalidade. Após a derrota de Bolsonaro, Freire Gomes assinou uma nota que ajudou a manter os extremistas diante dos quartéis. Ao mesmo tempo, protegeu o acampamento ilegal que serviria de incubadora para os atos de 8 de janeiro.

Fã da ditadura de 1964, Bolsonaro encorajou os militares a retomarem uma velha tradição de golpes e quarteladas contra o poder civil. Ao longo da História, os conspiradores sempre conseguiram barganhar anistias e escapar da Justiça. Ao ordenar a apreensão de passaportes e proibir os generais de deixarem o país, o STF abre caminho para romper essa sina.

*

O bloco dos trapalhões

11/02/2024

O comandante do 1º Batalhão de Operações Psicológicas do Exército abriu a porta, viu um agente da Polícia Federal e desmaiou. Parece piada, mas aconteceu na manhã de quinta-feira, em Goiânia.

O tenente-coronel Guilherme Marques de Almeida foi treinado para desestabilizar o inimigo, manipulando corações e mentes com técnicas de guerra híbrida. Ao se ver na mira da PF, ficou pálido, tremeu nas bases e perdeu os sentidos.

O oficial desfalecido foi um dos alvos da Operação Tempus Veritatis, destinada a investigar a tentativa de golpe. A ação foi estrelada por outros personagens inusitados, como um político flagrado com ouro de contrabando e um chefe de espionagem repreendido por falar demais.

Augusto Heleno comandou o Gabinete de Segurança Institucional. Dava ordens ao diretor da Abin e era responsável pelo aparato de inteligência do governo de Jair Bolsonaro.

Em reunião com mais de 30 participantes, o general contou que estava pronto para infiltrar arapongas nas campanhas dos candidatos da oposição. Num surto de lucidez, o capitão pediu que ele interrompesse o sincericídio. "A gente conversa em particular, na nossa sala, sobre esse assunto", suplicou.

Valdemar Costa Neto é o dono do PL. Em 2002, alugou a legenda ao petismo e apoiou a primeira eleição de Lula. Vinte anos depois, fez negócio com Bolsonaro. Vestiu a camisa amarela e se converteu ao extremismo de resultados.

Escolado na matéria, o ex-deputado não se assustou com a chegada da PF, mas foi surpreendido ao saber que iria em cana de novo. Ao vasculhar sua casa, a PF encontrou uma arma com registro vencido e uma pepita de ouro desviada de garimpo.

Não há dúvida de que os bolsonaristas conspiravam contra a democracia. Desde a operação de quinta, o enigma é outro: entender por que o ex-presidente permitiu que uma reunião para tramar um golpe fosse gravada em vídeo.

Aliados dizem que seu escudeiro Mauro Cid tinha o hábito de filmar todas as atividades para alimentar as redes sociais. O tenente-coronel, que já havia sido flagrado contrabandeando joias e falsificando cartão de vacina, guardou a prova do crime no computador pessoal. Uma ajuda inestimável aos policiais e procuradores que atuam no caso.

Em tempo de carnaval, os golpistas que ainda não foram presos poderiam formar o Bloco dos Trapalhões. Seria engraçado se a turma não tivesse chegado tão perto de jogar o país num estado de exceção.

*

O papel dos empresários

18/02/2024

Em gravação encontrada pela Polícia Federal, o tenente-coronel Mauro Cid afirma que empresários encorajaram Jair Bolsonaro a "virar o jogo" depois da derrota nas urnas.

A mensagem trata de uma reunião em novembro de 2022, quando Lula já havia vencido a eleição presidencial. Bolsonaro seguia encastelado no Alvorada, conspirando para dar um golpe e continuar no poder.

Cid cita os donos de três marcas famosas: Luciano Hang, da Havan; Meyer Nigri, da Tecnisa; e Afrânio Barreira, do Coco Bambu. O militar também menciona "aquele cara da Centauro" – para a PF, uma provável referência a Sebastião Bomfim.

Em notas à imprensa, os quatro contestaram o relato e negaram ter participado da trama golpista. Agora a polícia terá que descobrir quem está mentindo.

Bolsonaro vende a fábula de que chegou ao poder sem ajuda do sistema, graças à genialidade do filho e às redes sociais. No mundo real, foi o candidato ungido pelo poder econômico para derrotar o PT em 2018.

Antes da campanha, o capitão já era conhecido pelo extremismo. Exaltava a ditadura, defendia a tortura e pregava o fuzilamento de adversários políticos. Nada disso impediu que os donos do PIB aderissem a seu projeto.

Em 2022, parte do empresariado resolveu se descolar do presidente que atacava as instituições e ameaçava desrespeitar o resultado das urnas. Bolsonaristas de carteirinha, Hang, Nigri, Bomfim e Barreira ficaram a seu lado até o fim.

O quarteto não estava só. Ex-presidente da Fiesp e eterno candidato ao governo paulista, Paulo Skaf prometeu "não faltar" ao aliado. "Ele pode falar o que não deve, mas ele faz o que deve ser feito", disse, dias antes do segundo turno. A frase é um lembrete de que o encantamento com Bolsonaro não se deveu a seus olhos azuis.

O capitão sempre viveu às custas do poder público, mas se embrulhou na bandeira do fundamentalismo de mercado. "É horrível ser patrão no Brasil", declarou.

Eleito, empenhou-se no desmonte do Estado e da legislação trabalhista e ambiental. Seu governo defendeu um capitalismo selvagem, em que tudo seria permitido em nome do lucro: do garimpo em terras indígenas ao trabalho infantil, que voltou a crescer após anos de queda.

"Tive uma reunião *face to face* com Bolsonaro e vi um cara com posições fantásticas", derramou-se o dono da Centauro, ao declarar seu voto em 2018. O empresário dizia ter "confiança cega" em Paulo Guedes, liberal de estimação do capitão.

Tempos depois, o ministro da Economia participaria da reunião em que Bolsonaro falou abertamente num golpe para melar a eleição. Ouviu tudo e permaneceu calado, mexendo despreocupadamente com seus papéis.

*

Silêncio estratégico

23/02/2024

A defesa de Jair Bolsonaro orientou o capitão a ficar em silêncio na Polícia Federal. Os advogados apresentaram três recursos para tentar adiar o interrogatório de ontem. Como não colou, a saída foi manter o cliente de bico fechado.

Todo investigado tem direito a permanecer calado. No caso de Bolsonaro, exercer o direito era uma necessidade. Ele seria pego na mentira se buscasse negar a tentativa de golpe para se perpetuar no poder.

Na prática, o ex-presidente teria pouco a acrescentar à investigação. A PF já reuniu uma pilha de provas de que ele idealizou e comandou a trama contra a democracia, da qual seria o principal beneficiário.

A polícia encontrou uma minuta de golpe em suas gavetas. Seu ajudante de ordens relatou em detalhes o planejamento de medidas de exceção. Em reunião gravada, generais falaram em "virar a mesa" e admitiram que o questionamento à urna eletrônica era uma farsa.

O resto do enredo já era público. A campanha de Bolsonaro para desacreditar a Justiça e o sistema eleitoral. A tentativa de empastelar a diplomação de Lula. O plano para explodir um caminhão-bomba no aeroporto de Brasília. O ataque aos prédios públicos em 8 de janeiro de 2023.

O capitão sempre elogiou a ditadura, mas nunca admitiu que tentou ressuscitá-la. Dizia atuar "dentro das quatro linhas da Constituição", embora seu objetivo fosse rasgá-la para impor um regime autocrático.

Ontem o advogado Paulo Cunha Bueno declarou que "o presidente Bolsonaro nunca foi simpático a qualquer tipo de movimento golpista". O doutor foi contratado para defender seu cliente, mas não precisava ofender a inteligência alheia.

O silêncio do capitão teve uma segunda finalidade: deslegitimar o inquérito em curso no Supremo. Bolsonaro se diz perseguido pela PF e pelo ministro Alexandre de Moraes. Ao se recusar a depor, ele sugere a seus seguidores que a investigação não merece ser levada a sério.

No domingo, o ex-presidente voltará ao palanque para falar à sua claque. A ideia é mostrar que ainda tem força política, apesar dos múltiplos rolos com a polícia. Mas o comício não deve influenciar os ministros que vão julgá-lo.

*

Borracha no passado

28/02/2024

Jair Bolsonaro convocou sua tropa para mostrar força e tentar barganhar uma anistia. Três dias depois de silenciar na Polícia Federal, o capitão abriu o bico na Avenida Paulista.

Seu apelo foi explícito: "O que eu busco é a pacificação. É passar uma borracha no passado. É buscar maneiras de nós vivermos em paz. É não continuarmos sobressaltados".

De volta ao palanque, o ex-presidente falou em "conciliação" e "anistia para aqueles pobres coitados que estão presos". Na prática, quer um acordão para proteger aliados e salvar a própria pele.

O comício de domingo provou que Bolsonaro ainda tem capacidade de mobilização. Derrotado nas urnas e declarado inelegível, ele mantém a condição de líder inconteste da direita.

Isso explica a presença dos governadores de São Paulo, Minas e Goiás, todos interessados em herdar seus votos em 2026. O governador do Rio, mais preocupado em fugir da polícia, escapuliu para Portugal.

O capitão conseguiu a foto que buscava. Para seu azar, a imagem não deve comover os ministros do Supremo. Na tentativa de se defender, ele ainda se complicou ao citar a minuta de golpe que escondia na gaveta.

Alegou que o estado de sítio está previsto na Constituição, o que é uma meia-verdade. A Carta só autoriza a medida em casos extremos: declaração de guerra, agressão armada estrangeira ou "comoção grave de repercussão nacional". O presidente não pode fechar o regime porque o povo resolveu votar em outro candidato.

Ao clamar por anistia, Bolsonaro deixou claro que não tem muita esperança de ser absolvido. Quer que a Justiça ignore os autos e esqueça o que ele fez. "Nós já anistiamos no passado quem fez barbaridade no Brasil", afirmou.

Desde a Proclamação da República, o país se especializou em perdoar militares que se envolveram em quarteladas. O professor Paulo Ribeiro da Cunha contabilizou 48 anistias a partir de 1895, quando o presidente Prudente de Morais indultou os rebeldes da Revolução Federalista.

Em nome da conciliação, estimulou-se a permanência do golpismo na caserna. Ao pregar a "borracha no passado", o capitão tenta restaurar essa cultura de impunidade fardada. Em causa própria.

*

A cruzada de Michelle

03/03/2024

Enquanto o marido clamava por anistia aos golpistas, Michelle Bolsonaro usou o comício da Avenida Paulista para promover outra causa: a supressão do Estado laico.

A ex-primeira-dama abriu o ato do último domingo, organizado pelo notório pastor Silas Malafaia. Do alto do trio elétrico, ela citou trechos da Bíblia, distribuiu aleluias e anunciou um projeto de dominação pela fé.

"Por um bom tempo, fomos negligentes a ponto de dizer que não poderiam misturar política com religião. E o mal ocupou o espaço. Chegou o momento, agora, da libertação", conclamou. "Nós te amamos, Pai. Nós te amamos e te pedimos que o Senhor estabeleça o seu reino no Brasil", prosseguiu.

Em tom messiânico, Michelle descreveu os seguidores de Bolsonaro como um "exército de Deus". "Somos um povo de bem, que defende valores e princípios cristãos", discursou. Em 15 minutos, ela citou Deus 38 vezes – sem contar 30 menções ao Senhor, quatro ao Pai e três a Jesus Cristo.

"Nós abençoamos o Brasil. Nós abençoamos Israel. Em nome de Jesus, amém!", exaltou, como se comandasse num culto evangélico. "Glória a Deus! Aleluias! Deus é bom! Deus é maravilhoso!", empolgou-se, dando pulinhos no palanque.

A ex-primeira-dama usava camiseta verde-amarela com o desenho da bandeira. No lugar do lema "Ordem e progresso", lia-se a convocação "Ore pelo Brasil". Não é preciso ter PhD em semiótica para captar a mensagem.

A julgar pela pregação de Michelle, Deus tomou partido na polarização brasileira. "Meu marido foi escolhido", garantiu a senhora. Ela descreveu a eleição de Bolsonaro como uma providência divina para salvar o país. "Aprouve Deus nos colocar na Presidência", discursou.

O Brasil separou Igreja e Estado ao proclamar a República, em 1889. Passados 135 anos, a ex-primeira-dama lança as bases de uma teocracia tropical. O ex-presidente já havia usado o nome de Deus ao registrar a coligação no TSE. Agora sua mulher investe abertamente contra a laicidade estatal.

A cruzada de Michelle tem um propósito claro: aumentar a adesão do eleitorado religioso ao projeto político da família. Com o capitão inelegível, ela também aproveita para se insinuar como opção para 2026.

*

Golpe à moda antiga

17/03/2024

O avanço das investigações da Polícia Federal mostra que Jair Bolsonaro planejou um golpe à moda antiga. Queria usar tanques, caças e fragatas para se manter no poder pela força.

O capitão conspirou com ex-colegas de farda para invalidar o resultado da eleição e impedir a posse de Lula. No caminho, fecharia o TSE, prenderia a cúpula do Judiciário e suspenderia as liberdades civis.

A natureza do golpe era militar. Seu estado-maior reunia três generais da reserva: Braga Netto, vice na chapa derrotada; Augusto Heleno, chefe do Gabinete de Segurança Institucional; e Paulo Sérgio Nogueira, ministro da Defesa.

A trinca dava ordens a outros generais e coronéis. No front civil, o ministro Anderson Torres e o assessor Filipe Martins preparavam minutas de decreto para dar verniz de legalidade à quartelada.

À PF, os ex-comandantes do Exército, general Freire Gomes, e da Aeronáutica, brigadeiro Baptista Júnior, apontaram Bolsonaro como o chefe da trama contra a democracia.

Ambos disseram ter se recusado a embarcar no golpe. O comandante da Marinha, Almir Garnier, teria colocado "tropas à disposição". Dos três chefes militares, o almirante foi o único que se recusou a responder às perguntas da polícia.

Os depoimentos ajudam a entender a ligação da engrenagem golpista com o gabinete do ódio, que perseguia adversários de Bolsonaro. Ao divergirem do chefe, Freire Gomes e Baptista Júnior viraram alvos da milícia digital. Passaram a ser chamados de "traidores" e "melancias",[49] queixou-se o ex-chefe da FAB.

Os ex-comandantes deram informações úteis, mas é ingenuidade tratá-los como heróis da pátria ou bastiões do legalismo. O general permitiu a instalação de acampamentos golpistas nas portas dos quartéis. O brigadeiro ficou conhecido pela militância de ultradireita nas redes.

Ambos sabiam quem era Bolsonaro, conheciam suas ambições autoritárias e assinaram notas que o ajudaram a manter a democracia sob ameaça. Resta saber por que hesitaram na hora de apertar o botão do golpe.

Os depoimentos deixam claro que o país esteve muito perto de uma ruptura institucional em dezembro de 2022, quando o capitão se manteve entrincheirado no Alvorada. Não explicam, porém, o que impediu que o plano fosse levado a cabo.

Há muitas hipóteses para isso, da falta de apoio internacional ao desembarque de setores do *establishment* que haviam apoiado a eleição de Bolsonaro em 2018.

Também falta descobrir quais seriam os passos seguintes ao golpe. Já se sabe que a turma queria enjaular ministros do Supremo, mas é improvável que o arbítrio parasse por aí. Para impor um regime de força, seria preciso amordaçar o Congresso, a imprensa e as universidades.

---

[49] Termo usado na caserna para designar militares simpatizantes da esquerda, que seriam "verdes por fora e vermelhos por dentro".

Decretado o estado de sítio, Bolsonaro teria carta-branca para avançar sobre a sociedade civil. O instrumento permitiria suspender a liberdade de reunião, invadir domicílios, intervir em emissoras de TV e requisitar bens particulares. Seria o início de uma nova ditadura – e o retorno a um passado que o capitão sempre sonhou restaurar.

*

Operação Budapeste

29/03/2024

Em agosto de 2023, Jair Bolsonaro foi a Goiânia receber um título de cidadão honorário. A homenagem havia sido proposta pelo sargento Novandir, dublê de vereador e policial militar. O capitão estava em apuros. Preso desde maio, seu ex-ajudante de ordens negociava uma delação.

Mesmo cercado por sua claque, Bolsonaro parecia tenso. Na tribuna, lembrou sua escapada para Orlando na véspera do fim do mandato. "Estive três meses nos Estados Unidos, no estado da Flórida. Realmente, um estado fantástico", elogiou. "Apesar de ter sido acolhido muito bem, não existe terra igual à nossa. Sei dos riscos que corro em solo brasileiro, mas não podemos ceder", prosseguiu.

O ex-presidente não se aprofundou sobre os tais riscos. Nem precisava. Naquela altura, a Polícia Federal já tinha provas de que ele havia desviado joias recebidas como presentes oficiais. O que não se sabia, ainda, era que Cid entregaria outros rolos do chefe.

No início de fevereiro, a PF fez buscas nas casas de Bolsonaro e seus comparsas na tentativa de golpe. O capitão teve o passaporte apreendido para não fugir do país. Quatro dias depois, entrou secretamente na embaixada da Hungria em Brasília. Lá permaneceria incógnito por duas noites, em pleno feriado de carnaval.

A defesa do ex-presidente deu uma desculpa curiosa para a estadia. Disse que Bolsonaro só queria "manter contatos" e "atualizar os cenários políticos das duas nações". "Quaisquer outras interpretações se constituem em evidente obra ficcional, sem relação com a realidade dos fatos", arrematou. Ninguém espera que advogados incriminem seus clientes, mas os doutores poderiam ter sido mais criativos.

A Operação Budapeste tinha objetivo claro. Como a embaixada é inviolável, o capitão passou dois dias fora do alcance da polícia. No caso de uma ordem de prisão, ele poderia pedir asilo ao premiê Viktor Orbán, seu aliado na liga da extrema direita. Falta entender por que Bolsonaro resolveu voltar para casa na Quarta-Feira de Cinzas.

Em ofício ao Supremo, a defesa afirmou ser "ilógico" sugerir que o carnaval na embaixada tenha sido uma tentativa de fuga ou uma negociação de asilo. Se não teme ser preso, quais seriam os riscos que o capitão disse correr no Brasil? Na dúvida, ele já pediu a devolução do passaporte.

*

O passado que não passa

03/04/2024

O Supremo Tribunal Federal adverte: a Constituição não autoriza militar a dar golpe de Estado.

A Corte formou maioria para dizer o óbvio. As Forças Armadas não podem romper a legalidade a pretexto de defender a ordem ou arbitrar disputas entre os Poderes.

A discussão parece bizantina. E é. Mesmo assim, foi levantada por uma leitura distorcida do artigo 142. O texto tem sido usado, nos últimos anos, para defender um golpe camuflado de "intervenção militar".

O ministro Luís Roberto Barroso definiu a tese como "terraplanismo constitucional". "Em nenhuma hipótese, a Constituição submete o poder civil ao poder militar", escreveu, em decisão de 2020.

Sete ministros já votaram no julgamento em curso. Todos rechaçaram a tentativa de espremer a Carta para arrancar o que ela não diz. Nem André Mendonça, nomeado por Jair Bolsonaro, ousou endossar o golpismo.

"A hermenêutica da baioneta não cabe na Constituição", resumiu o ministro Gilmar Mendes. Ele alertou que a distorção do artigo 142 não surgiu no vácuo. É parte de uma ofensiva das cúpulas militares em busca de protagonismo político.

O ministro Flávio Dino definiu o debate como eco de um "passado que teima em não passar". Acrescentou que soaria "exótico" em qualquer país democrático. "Não existe, no nosso regime constitucional, um 'poder militar'. O poder é apenas civil", anotou.

Ele sugeriu que a decisão da Corte seja enviada a quartéis e academias militares para "expungir desinformações". É pouco. A mensagem também deveria chegar às escolas, às igrejas e aos bolsões de extrema direita que ainda sonham com uma quartelada.

O Supremo tinha meios para isso, mas preferiu julgar a ação no plenário virtual, longe dos olhos do público e das câmeras da TV Justiça.

Segundo integrantes da Corte, o objetivo foi evitar atrito com as Forças Armadas. Na prática, reduziu-se a visibilidade do julgamento que poderia sepultar, enfim, a farsa de um "poder moderador" na caserna.

Ao se submeter a esse tipo de cálculo, que já havia levado o presidente Lula a proibir atos sobre o golpe de 1964, o Supremo mostra que a tutela militar continua presente. É parte do passado que teima em não passar.

*

O sonho de Jair

08/11/2024

Jair Bolsonaro tem um sonho. Quer usar a vitória de Donald Trump nos Estados Unidos como trampolim para voltar ao poder no Brasil. O capitão está eufórico com o triunfo da extrema direita americana. "Quase tudo o que acontece lá acontece aqui", proclamou.

Em entrevista à *Folha de S.Paulo*, Bolsonaro definiu a conquista do republicano como um "passo importantíssimo" para recuperar seus direitos políticos. "Acredito que o Trump gostaria que eu fosse elegível", justificou.

À espera de um afago, o capitão abanou o rabo e estendeu a pata para o presidente eleito dos EUA. "Ele gosta de mim", disse. "É como você se apaixonar por alguém de graça, né? Essa paixão veio da forma como eu tratava ele", prosseguiu.

Empenhado em demonstrar fidelidade, Bolsonaro se gabou de ter sido "o último chefe de Estado" a reconhecer a vitória de Joe Biden em 2020. "Ele não esquece isso", emendou, referindo-se a Trump. A bajulação fez lembrar sua política externa rastejante, ancorada numa relação de vassalagem com a Casa Branca.

Com o passaporte apreendido, o ex-presidente enviou uma caravana de aliados para a Flórida. Até Gilson Machado, o sanfoneiro do Alvorada, pegou carona no voo da alegria. Depois de levar uma surra na eleição do Recife, o ex-ministro reapareceu como papagaio de pirata na festa trumpista em Palm Beach.

Apesar da torcida do capitão, nada indica que o resultado da eleição americana vá ajudá-lo a limpar sua ficha no Brasil. Ele já foi condenado a oito anos de inelegibilidade por espalhar mentiras sobre a urna eletrônica e transformar o bicentenário da Independência num ato de campanha.

Ainda será julgado por crimes mais graves, como o desvio de joias da Presidência e a tentativa de golpe para se perpetuar no poder.

Numa passagem curiosa da entrevista, Bolsonaro disse que Michel Temer poderia ser seu companheiro de chapa numa candidatura imaginária em 2026. "Ele é garantista, é um ex-presidente", elogiou. O capitão tem muitos defeitos, mas não pode ser chamado de medroso. Depois do que aconteceu com Dilma Rousseff, pensar em Temer como vice é uma prova de coragem.

*

Pacifismo de ocasião

15/11/2024

A polícia ainda vasculhava os arredores do Supremo em busca de explosivos quando Jair Bolsonaro, logo ele, fez um apelo à "pacificação nacional". "Já passou da hora de o Brasil voltar a cultivar um ambiente adequado para que as diferentes ideias possam se confrontar pacificamente", escreveu.

O capitão classificou o atentado de quarta-feira como um "fato isolado", executado por alguém com "perturbações na saúde mental". "Isso tem de ser tratado como o que foi: um ato de loucura de uma pessoa", reforçou seu escudeiro Ciro Nogueira.

As investigações dirão se o chaveiro Francisco Wanderley Luiz agiu mesmo sozinho ao levar bombas para a Praça dos Três Poderes.[50] O ato pode ter sido solitário, mas não foi isolado. Está ligado à espiral de violência política que começou com faixas pedindo um novo AI-5 e culminou na intentona golpista do 8 de janeiro.

O catarinense frequentava fóruns de extrema direita na internet. Gostava de se exibir de verde e amarelo e de publicar ameaças a políticos e juízes. Era um fanático a serviço do ódio, como os que explodiram torres de energia e depredaram prédios públicos após a derrota do Mito na última eleição presidencial.

O homem-bomba chegou a se candidatar a vereador pelo PL. Depois do fiasco nas urnas, passou a clamar por golpe e ditadura em portas de quartéis. Segundo a ex-mulher, ele acalentava o plano de matar o ministro Alexandre de Moraes. Acabou tirando a própria vida para não ser preso.

---

[50] O chaveiro foi filmado lançando explosivos na direção do STF. Abordado por seguranças, deitou-se sobre uma bomba e se matou. Em 2020, ele havia se candidatado a vereador em Rio do Sul (SC) pelo PL.

As explosões devem dinamitar as chances de uma anistia aos golpistas. Prestes a ser indiciado pela PF, Bolsonaro tentava costurar um acordão para escapar da Justiça. Ontem seus aliados admitiam que a articulação foi pelos ares com o ato terrorista.

O capitão semeou extremismo para colher apoio a seu projeto autoritário. Eleito presidente, usou os poderes do cargo para incitar a tropa contra a imprensa, o Congresso e o Supremo. Agora posa de pacifista para se descolar dos seguidores que ficaram pelo caminho, como o chaveiro que morreu fantasiado de Charada.

*

O golpe dos patriotas

22/11/2024

Em julho de 2022, Jair Bolsonaro convocou sua tropa para uma reunião no Planalto. Queria discutir o que fazer em caso de derrota nas urnas. "Nós vamos ter que agir. Agir contra determinadas instituições e contra determinadas pessoas", defendeu o general Augusto Heleno.

O militar tinha papel central na engrenagem do golpe. Estava escalado para comandar um "gabinete de crise", que teria poderes para anular a eleição e prorrogar ilegalmente o mandato do chefe.

Entre a vitória e a posse de Lula, o país esteve à beira de uma ruptura institucional. Bolsonaro conspirou contra a democracia para se manter no poder sem votos. "Estivemos próximos do inimaginável", resumiu o presidente do Supremo, ministro Luís Roberto Barroso. Referia-se a fatos que vieram à tona nesta semana, ao fim de uma longa investigação da Polícia Federal.

Os golpistas planejaram sequestrar e matar o presidente e o vice-presidente eleitos. Também tramaram a execução do ministro Alexandre de Moraes, visto como obstáculo ao projeto autoritário do capitão.

O plano terrorista foi batizado de Punhal Verde e Amarelo. De acordo com a PF, seu idealizador foi o general Mario Fernandes, ex-comandante da tropa de elite do Exército. O oficial estava na reunião em que Heleno estimulou Bolsonaro a agir depressa para "virar a mesa". Foi preso na terça-feira, acusado de integrar uma organização criminosa.

Dos 37 indiciados pela PF no inquérito que apurou a tentativa de golpe, 25 são militares. A lista inclui sete generais e um almirante, além de coronéis, majores e capitães. Dizendo-se patriotas, eles se apropriaram dos símbolos e das cores nacionais para conspirar contra a Constituição.

Foram derrotados, mas deixaram um legado de radicalização política na sociedade e nos quartéis.

Se tivesse funcionado, o golpe de Bolsonaro teria sido ainda mais sangrento que o de 1964, que instalou a última ditadura brasileira. Há seis décadas, outra geração de militares tomou o poder à força e despachou o presidente João Goulart para o exílio. Em 2022, o plano era mandar Lula e Geraldo Alckmin para o cemitério.

*

A omelete do general

24/11/2024

Em 15 de julho de 2019, o Congresso viveu um dia de quartel. Militares de verde-oliva ocuparam os lugares dos deputados no plenário da Câmara. Foram escalados para assistir a uma sessão solene em homenagem ao Comando de Operações Especiais do Exército.

O então presidente Jair Bolsonaro participou da cerimônia. "O Brasil precisa de uma quimioterapia para que não pereça. Alguns poucos, pouquíssimos, ainda reagem. Mas serão convencidos pelo povo", discursou. Ele exaltou os "ensinamentos da caserna" e se definiu como "terrivelmente patriota". "Eu deixei o Exército em 1988, mas o Exército não me deixou", disse.

O capitão estava enfezado com a imprensa, que reagia à sua intenção de nomear o filho Zero Três como embaixador nos Estados Unidos. "Um filho meu, tão criticado pela mídia... se está sendo criticado, é sinal que é a pessoa adequada", esbravejou.

Depois de cumprimentar ministros e ex-colegas de farda, Bolsonaro apontou um militar que não conhecia. "É da brigada PQD?", perguntou. Fora do microfone, o oficial explicou que comandava as Operações Especiais. Era o general Mario Fernandes, que ficaria famoso na última terça ao ser preso pela Polícia Federal.

O "*kid* preto"[51] passou à reserva em 2020. Trocou o 1º Batalhão de Ações de Comandos pelo Palácio do Planalto. Virou o número dois da Secretaria-Geral da Presidência. Em pouco tempo, o general que Bolsonaro não conhecia se tornou seu homem de confiança. Mais tarde, ele se envolveria até o pescoço na tentativa de golpe.

---

[51] Apelido dado no Exército a militares das forças especiais.

O inquérito da PF descreve o general como um dos integrantes mais radicais da organização criminosa que tentou solapar a democracia brasileira. Ele é apontado como autor de um "detalhado planejamento operacional" para matar o presidente eleito, o vice e o presidente do Tribunal Superior Eleitoral. Os assassinatos abririam caminho para o grupo do capitão se perpetuar no poder.

De acordo com as investigações, Fernandes imprimiu o plano em seu gabinete no Planalto. Em seguida, levou o documento ao Palácio da Alvorada, onde Bolsonaro ficou entrincheirado após a derrota nas urnas.

Depois de matar os vencedores da eleição, os golpistas criariam um Gabinete Institucional de Gestão de Crise. Na hierarquia do órgão, Fernandes só ficaria abaixo dos generais Augusto Heleno e Braga Netto. Curiosamente, o nome de Bolsonaro não aparece no organograma.

As mensagens apreendidas pela PF mostram que o "*kid* preto" tinha pressa. "O senhor tem que dar uma forçada de barra com o Alto Comando", escreveu ao general Luiz Eduardo Ramos, ministro da Secretaria-Geral, em 4 de novembro de 2022. "Não dá mais pra gente aguentar esta porra, tá foda. Tá foda", reforçou.

Quatro dias depois, ele contou ao coronel Marcelo Câmara que estava pressionando o comandante do Exército, general Freire Gomes, para aderir ao golpe. "Eu tô aloprando por aqui", disse. "Qualquer solução, Caveira, tu sabe que ela não vai acontecer sem quebrar ovos, né?"

A omelete do general Fernandes previa o uso de armas de guerra, como fuzis, metralhadoras e lançadores de granadas. Desviadas do arsenal do Exército, as munições seriam capazes de perfurar veículos blindados e estruturas fortificadas.

Os documentos mostram que os golpistas podiam ser aloprados, mas não estavam de brincadeira. "No tabuleiro das intenções antidemocráticas, vidas humanas eram descartáveis, inclusive de eventuais militares envolvidos na ação", anotaram os delegados da PF.

*

A última covardia

27/11/2024

Foram 44 dias de silêncio. Depois de perder o segundo turno da eleição, Jair Bolsonaro recolheu a língua e saiu de cena. Sem admitir a derrota, o capitão abandonou o Planalto à deriva. Entrincheirou-se no Palácio da Alvorada, onde maquinou um golpe para permanecer no poder.

Em 9 de dezembro de 2022, o ainda presidente interrompeu a clausura. Cercado por seguranças, caminhou até o espelho d'água da residência oficial, onde era aguardado por uma claque em verde e amarelo.

"Hoje vivemos um momento crucial. Uma encruzilhada. Um destino que o povo tem que tomar", discursou, como se a eleição não tivesse acabado. "Quem decide o meu futuro, para onde eu vou, são vocês. Quem decide para onde vão as Forças Armadas são vocês", prosseguiu.

O capitão insinuou que a virada de mesa era iminente. "Peço que não critiquem sem saber o que está acontecendo", disse, em tom de mistério. "Vamos vencer", prometeu. "Nada está perdido. O final, somente com a morte", arrematou, para delírio dos seguidores.

O comício do Alvorada é citado no relatório da Polícia Federal sobre a tentativa de golpe. O documento empilha provas de que Bolsonaro planejou e comandou o complô contra a democracia. A fala do dia 9 é descrita como uma senha para manter a tropa nas ruas à espera da quartelada.

Entre outras lorotas, Bolsonaro disse aos seguidores que daria a vida pela pátria. Na verdade, só estava disposto a derramar sangue alheio. Um ano antes de perder a eleição, ele já tinha um plano para convulsionar o país e se mandar para o exterior. A operação seria executada mais tarde, no penúltimo dia de seu mandato.

Antes de embarcar para a Flórida, o capitão disse a aliados que não queria entregar a faixa ao sucessor. Para a PF, o motivo da viagem foi outro. Sem força para impedir a posse de Lula, Bolsonaro saiu do Brasil para "evitar uma possível prisão e aguardar o desfecho dos atos golpistas", escreveram os investigadores.

O capitão acendeu o pavio do 8 de janeiro, mas preferiu assistir à intentona de longe. A fuga no avião presidencial foi seu último ato de covardia.

*

Golpismo quatro estrelas

15/12/2024

Em agosto de 2021, o general Braga Netto foi convocado a dar explicações ao Congresso. Havia ameaçado a cúpula da CPI da Covid, que investigava o envolvimento de militares em falcatruas na compra de vacinas. Considerado o braço direito de Jair Bolsonaro, o então ministro da Defesa não se intimidou. Ao contrário: sentiu-se à vontade para mentir sobre o presente e o passado do país.

"Não considero que tenha havido uma ditadura", disse, sobre o regime instaurado em 1964. "Se houvesse ditadura, talvez muitas pessoas não estariam aqui", provocou, dirigindo-se a deputados de esquerda.

Braga Netto gosta de se apresentar como um militar linha-dura. O fiasco da intervenção na segurança pública do Rio, marcada pelo assassinato da vereadora Marielle Franco, não interrompeu sua escalada. Ele foi alçado ao Estado-Maior do Exército, à chefia da Casa Civil e ao Ministério da Defesa. Depois ganhou a vaga de vice na chapa de Bolsonaro à reeleição.

Às vésperas de deixar o governo, o general enviou aos quartéis uma mensagem que falsificava a História para exaltar a ditadura. Enquanto debochava das vítimas da repressão, tramava um novo golpe para manter a extrema direita no poder em caso de derrota nas urnas.

As investigações da Polícia Federal descrevem Braga Netto como figura central na conspiração contra a democracia brasileira. Ele coordenou ataques ao sistema eleitoral e recrutou extremistas para impedir a posse do presidente eleito. Segundo o tenente-coronel Mauro Cid, o general ainda entregou dinheiro vivo, numa sacola de vinho, para financiar as ações criminosas.

Além de insuflar a radicalização da caserna, Braga Netto apunhalou pelas costas os colegas de farda que se recusavam a embarcar na aventura autoritária. Em diálogo obtido pela PF, o general ordenou ataques aos comandantes do Exército e da Aeronáutica. "Vamos oferecer a cabeça dele aos leões", disse, sobre o general Freire Gomes. "Inferniza a vida dele e da família", incentivou, referindo-se ao brigadeiro Baptista Júnior.

Ao pedir sua prisão preventiva, a Procuradoria-Geral da República afirmou ter provas suficientes de que Braga Netto tentou obstruir as investigações para escapar da polícia. O ministro Alexandre de Moraes o descreveu como uma figura de "extrema periculosidade". Agora falta punir o capitão, que chefiou a trama e ainda sonha em voltar ao poder.

Braga Netto é o primeiro general de quatro estrelas a ser preso por tentativa de golpe em mais de um século. Sua responsabilização fura a blindagem que sempre protegeu oficiais de alta patente do alcance da lei. Ao mesmo tempo, o fato de o general ter chegado tão longe mostra que o país falhou na transição para a democracia. A ditadura acabou, mas a cultura autoritária ainda persiste nas academias e na rotina dos quartéis.

Já passou da hora de remover o mofo dos currículos militares e investir numa formação democrática, que abandone o ideário embolorado da Guerra Fria. Em vez de ouvir loas a torturadores, os novos cadetes precisam aprender que o golpismo não compensa.

*

A ditadura de Mourão

18/12/2024

O general Hamilton Mourão resolveu apontar sua garrucha contra o Supremo. Da tribuna do Senado, ele acusou a Corte de perseguir "quem se atreve a ser de direita". "No Brasil, o Estado de Direito se tornou um Estado de juristas ou até mesmo uma ditadura da toga", discursou.

De ditadura, Mourão entende. Sempre defendeu a de 1964, a ponto de chamar de herói o notório torturador Carlos Alberto Brilhante Ustra. A novidade é o sotaque gaúcho que ele adotou recentemente para caçar votos no Rio Grande do Sul.

No discurso de ontem, o senador disse que o Estado Democrático de Direito estaria em "franca degeneração". A culpa, claro, seria dos ministros do Supremo. "Os próprios guardiões da Carta Magna não a respeitam", trombeteou o general. Deve preferir a Justiça Militar, conhecida por aliviar com acusados de farda.

Mourão encontrou um novo herói: o general Braga Netto, preso no último sábado pela Polícia Federal. Definiu o colega em apuros como "um velho soldado encanecido a serviço da pátria". "Está afastado do convívio familiar, como se fosse um perigoso meliante capaz de atentar contra a ordem pública", dramatizou.

O general instou o Senado a "levantar-se em uníssono" na defesa de Braga Netto. O apelo não comoveu nem os bolsonaristas mais dedicados. Damares Alves preferiu discursar sobre a guerra na Ucrânia. Magno Malta encontrou tempo para comentar a despedida do ex-jogador Adriano.

Mourão falou sozinho, mas não gastou saliva à toa. Com Jair Bolsonaro inelegível, o general busca se reposicionar para disputar o espólio da extrema direita. Para isso, precisa endossar a pregação contra o Supremo e a conversa fiada da "ditadura da toga".

Não há inocentes num plano para solapar a democracia e matar o presidente eleito. O senador sabe disso, mas adotou a tática de desqualificar as investigações e tratar a trama criminosa como uma "conspiração tabajara".

Empenhado no novo papel, Mourão finge não se lembrar das humilhações que sofria de Bolsonaro quando era vice-presidente. O senador Pinheiro Machado, um gaúcho de sotaque legítimo, dizia que a política é a arte de engolir sapos. O general parece ter aprendido rápido.

No banco dos réus

Mais perto do xadrez

19/02/2025

Paulo Gonet demorou, mas enfim denunciou Jair Bolsonaro ao Supremo. O capitão foi acusado de articular um golpe de Estado em causa própria. Segundo o procurador-geral, ele transformou o governo numa organização criminosa para tentar se manter no poder sem votos.

As conclusões do Ministério Público não são novas. Já estavam no relatório em que a Polícia Federal indiciou Bolsonaro e seus asseclas, em novembro passado. Isso não tira a relevância histórica da denúncia. No momento em que o país celebra 40 anos de democracia, um ex-presidente deve ser enviado ao banco dos réus por conspirar contra a Constituição.

A expectativa no Supremo é de que o julgamento ocorra até o fim do segundo semestre. Neste caso, o ano eleitoral de 2026 poderá começar com Bolsonaro na cadeia, o que muda a dinâmica da sucessão presidencial.

O capitão já estava inelegível, mas continuava a se apresentar como o único candidato viável da direita. Seus aliados tramavam uma manobra para sepultar a Lei da Ficha Limpa, o que abriria caminho para recolocá-lo no páreo. As chances de a operação dar certo eram remotas, mas o ex-presidente poderia se manter em evidência até indicar o substituto. Preso, ele terá dificuldade para impor suas vontades a todo o campo antipetista.

Até aqui, o governador Ronaldo Caiado foi o único a confessar o desejo de concorrer com ou sem apoio do capitão. Agora outros aspirantes ao Planalto devem se sentir à vontade para pleitear a candidatura. Isso inclui o governador Tarcísio de Freitas, que desponta como o favorito do *establishment* para enfrentar Lula nas urnas.

Com a popularidade em queda, o presidente amargava o pior momento desde que voltou ao poder. Agora tende a ganhar um refresco com a nova carga contra Bolsonaro.

Ontem o capitão tentou fazer pouco caso da situação. “Eu não tenho nenhuma preocupação com as acusações. Zero”, desdenhou. Apesar do esforço para encenar tranquilidade, ele sabe que acaba de ficar mais longe das urnas – e mais perto do xadrez.

*

As lágrimas do coronel

21/02/2025

A cena veio à tona ontem, dois dias depois da denúncia contra Jair Bolsonaro e seus comparsas. Em depoimento ao Supremo, o tenente-coronel Mauro Cid se desesperou e chorou. “Parece que a imprensa não me larga. Parece que qualquer coisinha minha eles querem vazar”, lamuriou-se.

O militar reclamava da revelação, pela revista *Veja*, de áudio em que investia contra os investigadores e o ministro Alexandre de Moraes. “Não sou só eu que estou sofrendo com isso. É eu e toda a minha família”, queixou-se. Ele tentou reduzir seus ataques à Justiça a um “desabafo num momento ruim”. “É um desserviço que essa porcaria da imprensa faz”, protestou.

Esse não foi o único choro de Cid. Em outra sequência de imagens liberada pelo Supremo, o oficial aparece atônito, leva as mãos à cabeça e se debulha em lágrimas ao saber que seria preso novamente. Ele desmaiou em seguida, mas a gravação já havia sido encerrada.

Treinado nas Forças Especiais do Exército, o militar foi preparado para saltar de paraquedas, enfrentar terroristas e combater na selva. É espantoso que não tenha conseguido se controlar num ambiente refrigerado, onde foi tratado com respeito e contou com a presença de seu advogado.

Durante quatro anos, Cid foi a sombra de Bolsonaro. Não desgrudou do presidente nem nas motociatas da campanha à reeleição. A simbiose transformou o militar num Forrest Gump de escândalos. Ele já confessou ter participado de múltiplos crimes, incluindo o contrabando de joias, a falsificação de certificados de vacina e o complô para solapar a democracia.

Além disso tudo, Cid confidenciou que também atuou como dublê de psicólogo. Quando o capitão se sentia abalado, ele deixava a família em casa para dormir no Palácio da Alvorada.

Com tanta intimidade, o “*kid* preto” não foi capaz de prever que seria abandonado quando delatasse o chefe. “O presidente Bolsonaro ganhou

Pix, aquele negócio todo", disse. "No meu caso, não. Eu perdi tudo. Estou vendo minha carreira desabar", choramingou.

*

Defesa no ataque

09/03/2025

Em entrevista recente, Jair Bolsonaro admitiu que deve ser condenado, disse que teme morrer na cadeia e comparou a Primeira Turma do Supremo a uma "câmara de gás". O desespero ajuda a entender as cambalhotas de sua defesa na Corte.

Antes de se manifestar sobre a denúncia da Procuradoria-Geral da República, o capitão apresentou uma extensa lista de pedidos. Queria anular a delação de seu ajudante de ordens e afastar três dos cinco ministros que devem julgá-lo.

O advogado de Bolsonaro sustentou que Alexandre de Moraes, Flávio Dino e Cristiano Zanin deveriam ser declarados impedidos. Na véspera do carnaval, o ministro Luís Roberto Barroso frustrou a manobra por falta de amparo na lei.

Nesta quinta, Bolsonaro apresentou a resposta preliminar à denúncia da PGR. O texto mostra que sua defesa optou pelo ataque. Em 129 páginas, dispara contra a Polícia Federal, o Ministério Público e o tenente-coronel Mauro Cid.

O documento acusa a PF de promover "pescaria probatória" contra o ex-presidente. Classifica a denúncia da PGR como uma "peça de ficção". Chama Cid, que Bolsonaro dizia tratar como um filho, de mentiroso e "duvidoso delator".

Num surto de lucidez, o capitão substituiu o espalhafatoso Frederick Wassef por uma tropa de medalhões da advocacia, chefiada pelo criminalista Celso Vilardi. A troca elevou o nível da conversa, mas produziu situações curiosas.

Para cortejar o Supremo, a defesa elogiou um voto "impecável" de Edson Fachin e exaltou uma "inesquecível lição" de Celso de Mello. Bolsonaro já abriu fogo contra os dois ministros. Ameaçou descumprir decisões do ex-decano e acusou Fachin de favorecer "o narcotráfico e a bandidagem".

Em outro trecho, os advogados descrevem o capitão como um democrata que respeita a lei e as instituições. Acrescentam que ele "aceitou sua derrota eleitoral" e "conclamou seus apoiadores a aceitar a transição para o novo governo de forma pacífica".

As palavras soam bonito, mas não correspondem aos fatos. Na vida real, Bolsonaro questionou o resultado das urnas, tentou deflagrar um golpe de Estado e abandonou o país antes do fim do mandato para não entregar a faixa ao sucessor.

*

Comício fora de época

16/03/2025

Às vésperas de virar réu, Jair Bolsonaro tenta mostrar que ainda está vivo. O capitão convocou a tropa para um comício fora de época. Quer exibir força para a classe política e para os ministros que vão julgá-lo no Supremo Tribunal Federal.

O ex-presidente está inelegível, mas insiste em repetir que será candidato ao Planalto. A estratégia cumpre dois objetivos: manter sua ascendência no campo da direita e impor condições a quem buscar seu apoio.

Em 2018, Bolsonaro martelava que Fernando Haddad era candidato com a missão de tirar Lula da cadeia. Em 2026, só pedirá votos a quem prometer recompensá-lo com um indulto.

O discurso pela anistia para os fanáticos do 8 de janeiro é conversa fiada. O capitão nunca ligou para os seguidores que cantavam o hino para pneu e tomavam chuva na porta dos quartéis. A única bandeira capaz de mobilizá-lo é a própria impunidade. Como o Supremo não parece disposto a salvá-lo, resta apostar na caneta do próximo presidente.

Bolsonaro sabe que a elite econômica já tem outro favorito para enfrentar Lula. Por isso se esforça para mantê-lo no cabresto. "Nós dois seremos candidatos. Ele vai para a reeleição e eu para presidente", declarou na terça-feira, em entrevista ao lado de Tarcísio de Freitas.

O governador de São Paulo se empenha para não contrariar o padrinho. Depois de hospedá-lo mais uma vez no Palácio dos Bandeirantes, deve dar outra prova de obediência neste domingo, ao subir no palanque montado na Praia de Copacabana.

No início da semana, Bolsonaro anunciou que reuniria um milhão de apoiadores na Avenida Atlântica. Dois dias depois, reduziu a expectativa pela metade e disse esperar "pelo menos 500 mil pessoas". Ainda que o público de verde e amarelo não chegue nem perto disso, o ex-presidente tem grandes chances de conseguir a foto que deseja.

"Chega de órfãos de pais vivos no Brasil", bradou, em vídeo para divulgar a manifestação em causa própria. Deve ter pensado no Zero Um, no Zero Dois e no Zero Três.

*

Bananinha no exílio

19/03/2025

Eduardo Bolsonaro trocou o trabalho em Brasília por uma temporada de férias nos Estados Unidos. O Zero Três informou que pediu licença da Câmara. Partiu sem marcar data para voltar ao batente.

O anúncio causou surpresa até no PL. O deputado estava em campanha para presidir a Comissão de Relações Exteriores. Queria usá-la como tribuna para defender o pai, prestes a virar réu por tentativa de golpe.

Há três semanas, deputados do PT pediram a apreensão do passaporte de Eduardo. Alegaram que ele tentava usar seus contatos nos EUA para obstruir investigações e interferir em instituições brasileiras.

No vídeo divulgado ontem, o Zero Três indicou que os adversários tinham razão. Ele voltou a atacar a Polícia Federal, chamou integrantes do Supremo de "psicopatas" e avisou que sua nova "meta de vida" é retaliar o ministro Alexandre de Moraes. Mais tarde, escancarou suas intenções ao dizer que "a solução vai vir aqui dos EUA para resgatar nossas liberdades no Brasil".

O filho de Jair Bolsonaro sempre tentou ser notado pela extrema direita americana. Quando o pai estava no poder, fez lobby para virar embaixador em Washington. A nomeação não saiu, mas ele conseguiu se aproximar de figuras como o ideólogo Steve Bannon.

Desde o início do ano, Eduardo viajou quatro vezes para os EUA. Descolou um convite para a posse de Trump e um comunicado do Departamento de Estado com críticas a decisões do Supremo que impuseram multas e bloqueios à rede X, de Elon Musk.

O comício do último domingo mostrou que a família Bolsonaro perdeu capacidade de mobilização. O ex-presidente havia prometido reunir 1 milhão de seguidores em Copacabana. Só juntou 18 mil, segundo medição de pesquisadores da USP. O fiasco complicou o plano de emparedar o Congresso para aprovar uma anistia aos golpistas. Isso ajuda a entender o factoide do exílio voluntário nos EUA.

Quando o clã estava por cima, o Bananinha ameaçava chamar um soldado e um cabo para fechar o Supremo. Agora que o pai se vê em apuros, ele tenta posar de perseguido político.

*

Bolsonaro esperneia

27/03/2025

Pouco mais de uma hora depois de virar réu por tentativa de golpe, Jair Bolsonaro convocou a imprensa para um pronunciamento. Falou por 49 minutos ininterruptos, com transmissão ao vivo na TV.

O ex-presidente começou em tom humilde. Agradeceu a presença dos jornalistas e disse estar "muito feliz" ao reencontrar os microfones. Em seguida, voltou a encenar o papel de vítima.

"Ontem eu fui ao Supremo. Hoje resolvi não ir. Obviamente eu sabia o que ia acontecer", disse, antes de chamar o julgamento de "teatro processual". "Eu espero hoje botar um ponto final nisso aí. Parece ser algo pessoal contra mim. A acusação é muito grave. E são infundadas", prosseguiu.

Com papéis na mão, Bolsonaro prometeu revelar "muitas novidades" sobre o caso. Mas repetiu versões conhecidas para a minuta do golpe, os atos antidemocráticos e o assédio aos comandantes militares. "Estou sendo acusado de tentativa de golpe. Da forma incisiva como o ministro Alexandre de Moraes se conduz, tem algo esquisito por aí. O que ele quer esconder?", insinuou.

Exaltado, o capitão voltou a atacar as urnas eletrônicas e o Tribunal Superior Eleitoral. Sem apresentar provas, sugeriu que houve fraude nas últimas três eleições presidenciais. "O TSE influenciou, jogou pesado, contra eu e a favor do candidato Lula", disse, sobre a disputa de 2022. "Eu que sou golpista? Eu que sou golpista?", perguntou a si mesmo.

Em tom conspiratório, Bolsonaro repetiu a versão de que o 8 de janeiro, liderado por seus apoiadores, teria sido uma "artimanha" de esquerdistas infiltrados. "O nosso pessoal não faz baderna", justificou, na contramão das investigações que identificaram e levaram à punição de militantes bolsonaristas.

Na primeira fala pública após virar réu no Supremo, o ex-presidente exerceu o que juristas chamam de *jus sperniandi*. A brincadeira usa uma falsa expressão em latim para descrever o "direito de espernear". É o que cabe aos acusados que não encontram mais álibis para se defender.

O ex-presidente se recusou a responder às perguntas dos repórteres. Na parte final do monólogo, pareceu reviver os tempos de cercadinho. Reeditou a retórica anticomunista e atacou o governo Lula, a Venezuela, a China e a imprensa. "O Lula quer botar o Brasil no colo da China", esbravejou, antes de elogiar a própria gestão e os ministros que nomeou.

Numa tirada de humor duvidoso, Bolsonaro citou a medalha de "imbrochável", que oferece a aliados, e arriscou uma piada com o implante de testosterona que diz usar. "Agora em todo lugar que eu vou, [gritam] 'Chip! Chip! Chip!' Qual é o problema?", perguntou, enquanto o advogado Paulo Cunha Bueno sorria amarelo a seu lado.

Antes de se despedir, o ex-presidente retomou a pregação por uma anistia em causa própria. "Anistia é perdão, é passar a borracha. É fazer o Brasil voltar à normalidade", discursou.

O apelo não deve convencer os ministros do Supremo, que decidiram abrir a ação penal por cinco votos a zero. Mas abasteceu a militância de extrema direita com novos cortes para as redes sociais.

*

O futuro do Messias

28/03/2025

Jair Bolsonaro virou réu e, pelo que se viu e ouviu no Supremo, caminha para ser condenado nos próximos meses. O capitão já estava inelegível pelos ataques à urna eletrônica. Agora deve receber uma pena dura pela tentativa de golpe.

Na quarta-feira, uma jornalista quis saber quem ele apoiará em 2026. O ex-presidente se invocou com a pergunta, engrossou com a repórter e arriscou uma piada: "Se não for o Jair, vai ser o Messias. Quer um terceiro nome? O Bolsonaro".

O capitão não quer largar o osso tão cedo. Enquanto estiver solto, deve sustentar a ficção de que será candidato. A insistência serve a dois objetivos: evitar a desmobilização da tropa e elevar o preço de um endosso eleitoral no ano que vem.

Acostumado a fazer política em família, o ex-presidente estimulava o deputado Eduardo Bolsonaro a se apresentar como "plano B". Com a fuga do filho para os Estados Unidos, ele será pressionado a escolher outro herdeiro que prometa indultá-lo.

Não faltam candidatos a esse tipo de acordo. Primeiro da fila, Tarcísio de Freitas se apressou para bater continência e jurar fidelidade ao padrinho.

"Bolsonaro é a principal liderança política do Brasil e assim seguirá", derramou-se, ao fim do julgamento.

Se o governador ainda disfarça a aspiração presidencial, seus aliados já rasgaram a fantasia. Em dois dias, três deles se ofereceram abertamente para concorrer ao Palácio dos Bandeirantes: o prefeito Ricardo Nunes, o secretário Gilberto Kassab e o deputado André do Prado.

Quando o Supremo estiver próximo de bater o martelo, restarão a Bolsonaro duas opções: esperar o veredito ou fugir do país para escapar da cadeia. Isso não significa que o bolsonarismo sairá de cena.

Comandada pelo capitão, a extrema direita fincou raízes, cresceu e se tornou hegemônica no campo conservador. É dessa linhagem autoritária, não de um centro imaginário, que deverá emergir o adversário do PT em 2026.

A História do Brasil também sugere que é arriscado descartar a hipótese de um retorno do Messias. De Getúlio a Lula, o país já teve outros presidentes que perderam o poder e chegaram a ser dados como mortos para a política. Até ressuscitarem.

*

Réu no palanque

11/06/2025

Sem esperanças de escapar da condenação pela trama golpista, Jair Bolsonaro tentou usar o banco dos réus como palanque. Convocado a se defender no Supremo, o capitão engrenou um discurso de candidato. Exaltou o próprio governo, criticou o sucessor e se apresentou como opção para 2026.

O interrogatório começou em clima de horário eleitoral. Bolsonaro disse ter montado um ministério "excepcional", afirmou que levou água ao Nordeste e citou o asfaltamento de uma estrada no Paraná. Num lapso de sinceridade, admitiu que sua ascensão foi uma trapaça da História: "Nem eu esperava ser eleito presidente, tendo em vista quem eu era".

Alexandre de Moraes optou por não interromper o monólogo. À vontade, o capitão divulgou sua agenda de viagens e brincou que escalaria o ministro como vice em sua chapa imaginária – ele finge não se lembrar, mas está inelegível até 2030.

O falatório acrescentou pouco ao que Bolsonaro costuma dizer em lives e entrevistas. Questionado sobre a denúncia da Procuradoria-Geral da República, ele insistiu na ladainha de que nunca saiu das "quatro linhas" da Constituição e tentou reduzir seus ataques ao voto eletrônico a meros arroubos de retórica. Chegou a pedir desculpas por insinuar que ministros do TSE teriam recebido propina para prejudicá-lo.

A investigação mostrou que nada disso foi casual. Os ataques fizeram parte de uma campanha para desacreditar a Justiça Eleitoral e radicalizar ainda mais sua base de extrema direita. O objetivo era garantir apoio a uma virada de mesa em caso de derrota nas urnas.

Bolsonaro negou ter tramado uma ruptura institucional, mas admitiu que convocou comandantes militares para discutir "possibilidades" de contestar o resultado da eleição. Em seguida, sugeriu que um golpe seria inviável por razões alheias à sua vontade. "Não tinha clima, não tinha oportunidade e não tinha uma base minimamente sólida para fazer qualquer coisa", afirmou.

Acostumado a jogar aliados ao mar, o ex-presidente chamou de "malucos" os seguidores que acreditaram em suas mentiras e pediram AI-5 e "intervenção militar" para mantê-lo no poder sem votos. Ele ainda tentou se descolar dos bolsonaristas que foram em cana pelos atos golpistas do 8 de janeiro. "Não teve estímulo da minha parte a fazer nada de errado", desconversou.

*

Presente de gringo

09/07/2025

Desde que Donald Trump se elegeu, Jair Bolsonaro estava ansioso. O capitão sempre acreditou que só poderia escapar da cadeia com ajuda dos Estados Unidos. Em apuros no Brasil, clamava por uma boia lançada pela Casa Branca.

Depois de meses de expectativa, o republicano finalmente falou – ou melhor, tuitou. Trump descreveu Bolsonaro como vítima inocente de uma "caça às bruxas". Acrescentou que ele não seria culpado de nada, exceto de ter "lutado pelo povo".

O capitão ficou eufórico, mas alguém precisa avisá-lo que a declaração não deve surtir muito efeito fora da bolha da extrema direita. Bolsonaro é réu por tentativa de golpe e se complicou ainda mais ao ser interrogado no Supremo. Os ministros não varrerão as provas para debaixo do tapete para agradar Trump.

Nas urnas, o efeito pode ser o contrário do que o bolsonarismo espera. Ao tentar ditar regras ao Brasil, o republicano deu um presente para Lula: o discurso de defesa da soberania nacional. No encerramento da cúpula do Brics, o petista disse que o Brasil não aceita interferência ou tutela estrangeira. Abraçou uma bandeira poderosa, com potencial para ajudá-lo a recuperar a popularidade perdida.

Trump é um cabo eleitoral às avessas. Em abril, suas ameaças ao Canadá prejudicaram a direita local, que liderava as pesquisas com mais de 20 pontos de vantagem. O Partido Liberal caminhava para a derrota, mas surfou a onda nacionalista e conseguiu virar o jogo.

O discurso de Lula esbarra na incoerência. Ele já palpitou sobre a política interna de outros países e acaba de sair em defesa de Cristina Kirchner, presa por ordem da Suprema Corte da Argentina. Mas é exagero equiparar sua visita à peronista à pressão do homem mais poderoso do mundo sobre as instituições brasileiras.

Em maio, o secretário de Estado americano, Marco Rubio, ameaçou impor sanções a Alexandre de Moraes caso Bolsonaro seja condenado. A ação movida pela Trump Media contra o ministro indica que a ofensiva não deve ficar só na retórica.

*

Chantagem e sabujice

11/07/2025

O tarifaço de Donald Trump contra o Brasil é um ato de chantagem em favor da impunidade de Jair Bolsonaro. Em carta enviada a Lula, o presidente dos Estados Unidos anunciou uma sobretaxa de 50% sobre produtos brasileiros. Ao justificar a medida, cobrou o fim "imediato" do processo contra o aliado no Supremo Tribunal Federal.

Bolsonaro é réu por tentativa de golpe. Arquivar a ação sem julgá-lo não é uma alternativa. Ao exigir que o Judiciário se dobre à sua vontade, Trump agride as instituições brasileiras e trata o maior país da América Latina como uma república de bananas.

A carta também acusa o Brasil de "ataques insidiosos" contra as eleições livres. A expressão ecoa as mentiras da extrema direita contra a Justiça Eleitoral. Quem atentou contra o pleito de 2022 foi Bolsonaro, que moveu uma campanha de desinformação contra a urna eletrônica e disse que só perderia em caso de fraude. No segundo turno, seus aliados bloquearam estradas para tentar impedir pobres de votar.

Ao felicitar Lula pela vitória, o governo americano atestou que a eleição brasileira foi "livre, justa e crível". O fato de o atual inquilino da Casa Branca preferir o candidato derrotado não apaga nem reescreve a História.

As reações ao tarifaço americano escancaram o falso patriotismo dos Bolsonaro. O capitão e os filhos usam o mote "Brasil acima de tudo", mas festejaram uma medida que prejudicará empresários e trabalhadores brasileiros. Diante da repercussão negativa, tentaram mudar o discurso e empurrar a culpa para o Brics. Conversa fiada, porque a carta de Trump não cita o bloco e não impõe taxas a seus outros dez integrantes.

No dia em que o republicano atentou contra a soberania brasileira, Tarcísio de Freitas voltou a se ajoelhar diante de Bolsonaro e disse que Lula seria o responsável pela agressão ao país. Pré-candidato ao Planalto, o governador já havia vestido o boné vermelho de Trump. Ontem pegou um avião para almoçar com o padrinho inelegível.

*

Patriotas contra a pátria

13/07/2025

Na quarta-feira, Donald Trump anunciou uma sobretaxa de 50% sobre produtos do Brasil. Em nota lida nas redes sociais, Eduardo Bolsonaro agradeceu e comemorou. "A carta do presidente dos Estados Unidos apenas confirma o sucesso na transmissão daquilo que viemos apresentando", gabou-se.

Eleito por brasileiros, o deputado reivindicou participação numa medida que causará prejuízo e desemprego no país. "Thank you, president Trump", tuitou, no idioma do Pateta. O Zero Três já havia provado não ter medo do ridículo. No governo do pai, tentou atropelar a diplomacia profissional para ser embaixador em Washington. Questionado sobre as credenciais para o cargo, disse que fez intercâmbio e fritou hambúrgueres "no frio do Maine".

Eduardo circula pela Flórida ao lado de Paulo Figueiredo, youtuber de extrema direita foragido nos EUA para não responder na Justiça por envolvimento na tentativa de golpe. Neto do último ditador brasileiro,[52] o amigo do Bananinha gravou um vídeo em que festeja o tarifaço. "É daqui para baixo. Eu avisei que haveria choro e ranger de dentes", celebrou.

Dirigindo-se aos congressistas brasileiros, o herdeiro do general endossou a chantagem de Trump e condicionou a retirada das tarifas à aprovação de uma anistia aos crimes de Jair Bolsonaro. "Não há outra saída para o Brasil", sentenciou. "Caso os senhores não aceitem essa proposta, está no colo de vocês."

---

[52] O general João Baptista Figueiredo, presidente de 1979 a 1985.

Primogênito do capitão, Flávio Bolsonaro condecorou um conhecido chefe de milícia, que empregou a mãe e a mulher em seu gabinete. Em entrevista à CNN, o senador se mostrou à vontade com a extorsão em escala internacional. "Não estamos em condições de exigir nada do Trump. Ele vai fazer o que quiser, independente da nossa vontade".

O Zero Um comparou o tarifaço articulado por seu irmão a uma bomba atômica lançada sobre o Brasil. Ao defender a rendição do país, deixou claro que escolheu o lado do agressor estrangeiro.

"Deixo claro meu respeito e admiração pelo governo dos EUA", afirmou Jair Bolsonaro, em nota divulgada na quinta-feira. Um dia depois do ataque à economia brasileira, o capitão elogiou a "firmeza" e a "coragem" de Trump. Ele já disse bancar o filho que abandonou o mandato para bajular o presidente americano. "Botei R$ 2 milhões na conta dele. Lá fora tudo é mais caro", justificou.

Tarcísio de Freitas é governador de São Paulo, estado mais prejudicado pelo tarifaço. Na quarta, tentou culpar o presidente Lula pela chantagem em favor da impunidade de Bolsonaro. Depois procurou ministros do Supremo com uma proposta exótica: autorizar o ex-presidente a viajar para os EUA, a pretexto de negociar com Trump.

Os magistrados consideraram a ideia "esdrúxula" e "fora de propósito", informou a colunista Mônica Bergamo. Bolsonaro está com o passaporte retido para não fugir do país antes do julgamento. Tarcísio se acostumou a lidar com gente que acredita no patriotismo do capitão, mas os ministros não nasceram ontem.

*

Marcha para o xadrez

16/07/2025

Se a chantagem de Donald Trump era a última aposta de Jair Bolsonaro para escapar da cadeia, o capitão já pode tirar as medidas do uniforme. A Procuradoria-Geral da República apresentou suas conclusões sobre o processo do golpe. Pediu que o ex-presidente seja condenado por cinco crimes, cujas penas podem somar 43 anos de prisão.

Em 517 páginas, o procurador Paulo Gonet descreve Bolsonaro como chefe da organização criminosa que tentou impor um novo regime autoritário. Afirma que ele foi "principal articulador", "maior beneficiário" e "autor dos mais graves atos" da conspiração contra a democracia.

O calhamaço desmonta as teses de defesa do capitão e de seus comparsas. Os ataques ao voto eletrônico não eram arroubos de retórica. Faziam parte de uma campanha para minar a confiança no sistema eleitoral e incitar uma rebelião contra o resultado das urnas. O silêncio após a derrota não foi por abatimento. Tinha o objetivo de radicalizar a tropa e "instaurar o caos social".

A Procuradoria também mostra que a intentona de 8 de janeiro foi tudo menos um levante popular espontâneo. Seus líderes tinham treinamento militar e dominavam técnicas de guerrilha. Transformaram grades de segurança em escadas para invadir o Congresso e usaram mangueiras de incêndio para dissipar nuvens de gás lacrimogêneo.

No documento entregue ao Supremo Tribunal Federal, Gonet parece surpreso com a desfaçatez dos golpistas. Certos de que ficariam impunes, eles não se preocuparam em produzir álibis ou destruir provas. "A organização criminosa documentou a quase totalidade das ações narradas na denúncia", anota o procurador, antes de listar gravações, manuscritos, arquivos digitais, planilhas e trocas de mensagens eletrônicas.

O chefe do Ministério Público Federal não mencionou as ameaças de Trump, mas deixou claro que a pressão externa não vai alterar os rumos do processo judicial. Com ou sem tarifaço, o capitão e seus generais devem continuar em marcha acelerada para o xadrez.

*

Ascensor para o cadafalso

20/07/2025

Pouco depois de calçar a tornozeleira eletrônica, Jair Bolsonaro disse estar certo de que será preso. "Estou no cadafalso. Na hora que o soberano Alexandre de Moraes achar que tem que chutar o banquinho, ele chuta", afirmou.

O capitão sabe que está prestes a ser condenado. Como não consegue rebater as acusações, tenta se vitimizar. Apela ao discurso da perseguição política e se refere ao ministro do Supremo como seu algoz.

Bolsonaro já estava encrencado desde fevereiro, quando a Procuradoria-Geral da República o denunciou por tentativa de golpe de Estado. Depois disso, criou novos problemas ao despachar o filho Eduardo para os Estados Unidos.

O Zero Três articulou o ataque de Donald Trump ao Brasil para chantagear o país e tentar livrar o pai da cadeia. Jair pôs as digitais na operação ao admitir que repassou R$ 2 milhões para bancar o herdeiro no exterior.

Para a Procuradoria, o capitão cometeu mais três crimes nas últimas semanas: coação no curso do processo, obstrução de Justiça e atentado à soberania. Os investigadores também apontaram "concreta possibilidade" de fuga.

Nesta sexta, Bolsonaro reforçou a suspeita ao informar que tinha encontro marcado com "alguns embaixadores". Ele já havia passado duas noites escondido na Embaixada da Hungria após ter o passaporte apreendido por ordem judicial, em fevereiro de 2024.

Ao referendar as medidas impostas por Moraes, o ministro Flávio Dino comparou a ofensiva americana a um sequestro. Para libertar a economia brasileira da ameaça do tarifaço, Trump cobra um resgate inaceitável: a impunidade dos golpistas.

O capitão não erra ao dizer que está no cadafalso. Mas omite o fato de que foi ele quem subiu no banquinho.

*

Intolerável quadrúpede

20/07/2025

Na decisão em que ordenou novas buscas na casa de Bolsonaro, o ministro Alexandre de Moraes citou Machado de Assis: "A soberania nacional é a coisa mais bela do mundo, com a condição de ser soberania e de ser nacional".

A frase foi pinçada do sétimo número da revista *Illustração Brasileira*, de outubro de 1876. Machado publicava crônicas na seção "História de 15 Dias", sob o pseudônimo Manassés.

Com a pena da galhofa, escrevia sobre tudo: do declínio do Império Otomano ao calçamento da Rua das Laranjeiras. Em agosto de 1876, expôs suas restrições ao cavalo, "o mais intolerável dos quadrúpedes". Não confundir com Cavalão, apelido de Jair na caserna.

"É um fátuo, é um pérfido, é um animal corruto", anotou o fundador da Academia Brasileira de Letras. "Ele olha para nós com desprezo, relincha, prega-nos sustos", prosseguiu.

Em outra crônica, Machado deixou um conselho que poderia ter servido ao capitão: "Oh! se tu tens algum filho, leitor amigo, não o faças político".

*

In Fux they trust

20/07/2025

Ao revogar os vistos dos ministros do Supremo, o governo Trump abriu três exceções: para Kassio Nunes Marques e André Mendonça, escolhidos por Bolsonaro, e Luiz Fux, indicado por Dilma Rousseff. Por amaciar com o capitão, Fux já havia recebido elogios de Michelle Bolsonaro. Agora ganha o reconhecimento do Departamento de Estado dos EUA.

*

O espetáculo da tornozeleira

23/07/2025

Na sexta-feira, Jair Bolsonaro acordou com a Polícia Federal na porta de casa. Ainda não era a hora da tranca. Os agentes tinham ordens para fazer buscas e liberá-lo após a instalação de uma tornozeleira eletrônica.

Cumprido o mandado judicial, o capitão passou a conceder uma série de entrevistas. Em todas elas, recusou pedidos para mostrar o aparelho recém-acoplado. "É humilhante, degradante. Eu tenho vergonha de falar que estou com uma tornozeleira", justificou.

Três dias depois, o mesmo Bolsonaro se postou no alto de uma escadaria diante de fotógrafos e cinegrafistas. Num gesto teatral, puxou a barra da calça e ergueu a perna esquerda para exibir a geringonça. "Isso aqui é o símbolo da máxima humilhação de uma pessoa inocente", bradou. De dedo em riste, o ex-presidente saía da defensiva e voltava ao palco no papel de vítima.

Bolsonaro é profissional. Sabe pautar o debate e transformar imagem em notícia. Ao mostrar a tornozeleira, ele produziu um novo espetáculo para inflamar seguidores contra o tribunal que vai julgá-lo por tentativa de golpe. "Nós vamos enfrentar a tudo e a todos. O que vale para mim é a lei de Deus", desafiou. Em menos de 72 horas, o aparelho que era humilhante virou bandeira de luta e ativo eleitoral.

No mundo do capitão, coerência é para os fracos. Bolsonaro passou décadas louvando a ditadura e atacando o jornalismo profissional. Ontem apresentou-se como vítima de censura por estar impedido de usar as redes sociais. Aliados mais criativos alegaram violação dos direitos humanos, como se ele estivesse submetido aos métodos que sempre exaltou.

Se o veto ao uso das próprias redes é justificável, seria exagero proibir o ex-presidente de dar entrevistas. Neste ponto, a decisão do ministro

Alexandre de Moraes é confusa e precisa ser explicada pelo Supremo. O tribunal já errou ao impedir Lula de falar em 2018, em ataque à liberdade de imprensa. Não deveria repetir o erro contra seu maior antagonista.

*

Bananinha contra o Brasil

30/07/2025

Eduardo Bolsonaro se apresenta como deputado em exílio. No mundo real, é um deputado em fuga. O Zero Três fugiu do país para escapar da polícia e insuflar o governo Trump a atacar o Brasil. Agora tenta sabotar todos os esforços contra o tarifaço.

No fim de semana, oito senadores brasileiros chegaram a Washington em missão diplomática. "Eu trabalho para que eles não encontrem diálogo", reagiu Eduardo. Nem os cinco bolsonaristas que integram a comitiva escaparam ao boicote do Bananinha. Obcecado em livrar o pai da cadeia, ele trata os aliados da família como patetas.

O Zero Três já havia torpedeado os governadores Tarcísio de Freitas e Ratinho Júnior, que sonham em herdar os votos do clã. Na segunda-feira, passou a incitar a tropa contra o deputado Nikolas Ferreira, menino prodígio da extrema direita.

Os ataques empolgam os radicais, mas podem agravar o isolamento político do capitão. "A culpa do Bolsonaro estar de tornozeleira é desse moleque", desabafou a senadora Margareth Buzetti, que apoiou o ex-presidente em 2022.

Eduardo abandonou o trabalho sem avisar à Câmara. Depois pediu uma licença de 120 dias, que terminou na semana passada. Ele sabe que será preso se voltar ao país. Sua atividade em solo americano está tipificada no Código Penal como coação no curso do processo e obstrução da Justiça. A lei também prevê prisão preventiva para investigados que atentem contra a ordem econômica. É preciso reconhecer que nunca ninguém fez isso tão bem quanto o terceiro filho de Jair.

Alheio à chantagem comercial, o Supremo continua a ouvir os réus da trama golpista. Nos últimos dias, dois oficiais confessaram crimes graves contra a democracia. O general Mário Fernandes admitiu a autoria do plano Punhal Verde Amarelo, que previa matar o presidente Lula, o vice-presidente Geraldo Alckmin e o ministro Alexandre de Moraes.

O coronel Hélio Ferreira Lima confirmou ter arquitetado a prisão de ministros da Corte. Ele atuava na divisão de inteligência do Exército, que sempre nega ter dado apoio institucional à trama golpista.

A cada interrogatório, o capitão fica mais encrencado. Mas o Zero Três acha que pode salvá-lo se Trump aumentar as taxas sobre o café e o suco de laranja.

*

Bolsonaro em casa

06/08/2025

"Um dos melhores lugares para viver na capital federal." Assim se apresenta o condomínio Solar de Brasília, endereço de Jair Bolsonaro desde 2023. O capitão mora numa casa de cerca de 400 metros quadrados, com piscina e área gourmet. Agora terá mais tempo para desfrutá-la: está em prisão domiciliar.

O ex-presidente plantou o que colheu. No domingo, afrontou o Supremo ao participar, à distância, de duas manifestações contra o tribunal. No ato do Rio, discursou por viva-voz pelo celular do filho Zero Um. No de São Paulo, fez chamada de vídeo com o aliado Nikolas Ferreira, que usou a ligação para inflamar o público contra o Judiciário.

O deputado tiktoker foi autor do discurso mais agressivo da tarde. Do alto do trio elétrico, atacou o Supremo e pregou a prisão do ministro Alexandre de Moraes. "Tenho um recado para te dar, ministro. Você, sem a toga, não sobra nada", provocou.

Bolsonaro já havia sido advertido por descumprir as cautelares impostas em julho, quando foi obrigado a calçar a tornozeleira eletrônica. Ao reincidir na prática, assumiu o risco da prisão. O ex-presidente sabe que não escapa da condenação pela tentativa de golpe. Sem saída, tenta radicalizar os seguidores, na esperança de melar o julgamento e transformar juízes em réus.

A campanha contra Alexandre de Moraes faz parte dessa estratégia, que não é nova. Enquanto esteve no poder, Bolsonaro usou a máquina para ameaçar o tribunal e incitar o ódio contra seus ministros. A ofensiva culminou na intentona de 8 de janeiro, quando o edifício da Corte foi o mais depredado pelos golpistas.

Ontem os bolsonaristas organizaram um piquete para impedir o funcionamento do Congresso. Dos Estados Unidos, Eduardo Bolsonaro avisou que os presidentes do Senado e da Câmara podem ser os próximos alvos de sanções americanas se não atenderem às exigências da extrema direita. A ver se os dois aceitarão se dobrar à chantagem.

Nas redes sociais, o deputado em fuga se declarou indignado com Moraes. O discurso não combina com o que ele postava anos atrás. "Dá para levar a sério um país onde existe prisão domiciliar? O condenado é carcereiro dele mesmo!", tuitou o Zero Três, em 2018. A julgar pelo que ele dizia, o castigo ao pai saiu barato.

*

O sequestro do Congresso

08/08/2025

Os bolsonaristas realizaram por 30 horas o sonho de fechar o Congresso. Na manhã de terça, parlamentares de extrema direita se entrincheiraram nos plenários da Câmara e do Senado. Foi um motim contra a prisão domiciliar de Jair Bolsonaro, decretada na véspera pelo ministro Alexandre de Moraes.

A rebelião evoluiu para um sequestro do Parlamento. Os amotinados avisaram que só permitiriam a retomada dos trabalhos mediante três exigências: anistia aos golpistas, fim do foro especial e impeachment do ministro Moraes.

Porta-voz dos sequestradores, Flávio Bolsonaro apresentou a pauta como "pacote da paz". Na verdade, o senador quer empurrar o Legislativo para uma guerra contra o Judiciário. Tudo em nome da impunidade do pai.

O pacote dos bolsonaristas é triplamente enganoso. O objetivo da anistia não é salvar os autoproclamados "manés" do 8 de janeiro, que invadiram e depredaram prédios públicos. A ideia é melar o julgamento do ex-presidente, chefe e beneficiário da trama golpista.

A proposta de acabar com o foro privilegiado não tem nada de moralizante. O que a extrema direita quer é livrar o capitão e seus generais do alcance do Supremo. Enviada à primeira instância, a investigação teria que voltar à estaca zero. Isso também ocorreria com dezenas de inquéritos que apuram desvios em emendas parlamentares.

A ideia do impeachment de Moraes não passa de uma agenda de vingança. Os bolsonaristas pregam a cassação do ministro para retaliá-lo por decisões e votos no Supremo. Aberto o precedente, ele seria apenas o primeiro na lista de expurgos.

O motim terminou na noite de quarta, após um acordo cujos termos só devem ser conhecidos nas próximas semanas. Da arruaça, ficarão as imagens de senadores enrolados em correntes e deputados de esparadrapo na boca, como se estivessem proibidos de falar. Dizendo-se censurados, eles cassaram a palavra de colegas que pretendiam usar a tribuna para comentar o fato da semana: a prisão de Bolsonaro.

*

Não era birra, era golpe

15/08/2025

Às vésperas de ser julgado pela tentativa de golpe, Jair Bolsonaro se diz vítima de um "massacre". O capitão se queixa da Polícia Federal, da Procuradoria-Geral da República e da imprensa. Só poupa o ministro Alexandre de Moraes, a quem costumava se referir com palavrões.

Nas alegações finais ao Supremo, os advogados do ex-presidente insistem na tática de desqualificar os investigadores e atacar o acusador. Descrevem Mauro Cid, ex-sombra de Bolsonaro, como "delator sem credibilidade". O vaivém de versões conta a favor do réu, mas a denúncia empilha muitas provas além da palavra do militar.

Segundo a defesa, o ex-presidente nunca atentou contra a democracia. Ao contrário: ele emerge dos papéis como um estadista que reconheceu o resultado das urnas, ordenou o início da transição e "evitou o caos" no país.

O discurso não combina com os fatos. Depois de mover uma campanha para desacreditar a Justiça Eleitoral, o capitão se recusou a admitir a derrota e estimulou a permanência de acampamentos golpistas em frente aos quartéis do Exército.

Enquanto a tropa radicalizava nas ruas, Bolsonaro se mantinha trancado no Palácio da Alvorada, onde recebia militares e assessores para debater medidas de exceção. Um dos visitantes ilustres foi o general Mário Fernandes, autor de um plano para matar o presidente Lula, o vice Geraldo Alckmin e o ministro Moraes.

A defesa quer fazer crer que a temporada de conspiração não passou de um retiro espiritual. De acordo com o papelório, o capitão estava "doente", "isolado" e "abatido". Sua recusa a entregar a faixa é descrita como uma birra inocente, não como parte da trama golpista que culminaria nos ataques de 8 de janeiro.

Em busca de argumentos para salvar Bolsonaro, os advogados apelam até à Convenção Americana sobre Direitos Humanos. A opção é curiosa, já que o ex-presidente sempre demonizou o tema. Numa de suas fotos mais famosas, ele exibe uma camiseta com a inscrição "Direitos humanos: esterco da vagabundagem".

As alegações finais de Bolsonaro têm 197 páginas e um silêncio eloquente. Principal aposta do clã para acuar o Supremo e tentar melar o julgamento, o aliado Donald Trump não é citado nenhuma vez.

*

Quadrilha

22/08/2025

Na "Quadrilha" de Drummond, João amava Teresa, que amava Raimundo, que amava Maria. Na quadrilha de Bolsonaro, Malafaia xingava Eduardo, que xingava Jair, que xingava os ministros do Supremo...

A investigação da Polícia Federal expôs as entranhas do clã às vésperas do julgamento pela tentativa de golpe. Além da baixaria e dos palavrões, o que emerge do inquérito é uma família em desespero, disposta a sabotar o país e os próprios aliados para tentar escapar da cadeia.

O protagonista do relatório da PF é Eduardo Bolsonaro, que abandonou o mandato na Câmara para tramar contra o Brasil nos Estados Unidos. O deputado insulta o pai após se irritar com uma fala em defesa de Tarcísio de Freitas. "VTNC seu ingrato do c...", escreve, com uma palavra chula no lugar das reticências.

As mensagens escancaram a disputa entre o Zero Três e o governador de São Paulo pelo espólio de votos do capitão. "Tarcísio nunca te ajudou em nada no STF. Sempre esteve de braço cruzado vendo você se f... e se aquecendo para 2026", instiga Eduardo.

Em outro diálogo, Bolsonaro chama o filho de "Vagão", corruptela de vagabundo. A conversa deixa claro que o objetivo das chantagens é salvar Jair, e não os seguidores que cometeram crimes em seu nome. "Se a anistia light passar, a última ajuda vinda dos EUA terá sido o post do Trump", sentencia o Bananinha.

Além de apreenderem um plano de fuga do ex-presidente para a Argentina, os investigadores confiscaram o celular e o passaporte de Silas Malafaia. Enquanto o clã se digladiava, o pastor buscava jogar o capitão contra o Zero Três. "Esse seu filho Eduardo é um babaca", escreveu.

O inquérito mostra como Malafaia atuava como coach de Bolsonaro, sugerindo táticas para driblar as acusações e acuar o Supremo. Numa das mensagens, ele disse ter orientado o marqueteiro do PL a bolar palavras de ordem contra a Corte.

A operação desta quarta furou a blindagem que protegia o pastor boca-suja do alcance da Justiça. Porta-voz do bolsonarismo, ele usava a condição de líder religioso para fazer coisas que levariam qualquer político a ser preso.

O televangelista sempre se escudou na igreja para radicalizar. Em 2021, quando o aliado ainda estava no poder, ele garantiu que nunca seria responsabilizado pelas ameaças a Moraes. "Queria ver ele me prender!", desafiou.

*

Anistia é golpe

03/09/2025

No início do julgamento de Jair Bolsonaro, o ministro Alexandre de Moraes lembrou que anistiar golpistas não costuma ser boa ideia. Os inimigos da democracia barganham o perdão, voltam a conspirar e esperam a chance de atacar novamente.

"A História nos ensina que a impunidade, a omissão e a covardia não são opções para a pacificação", disse Moraes. "A pacificação do país depende do respeito à Constituição, da aplicação das leis e do fortalecimento das instituições", acrescentou.

O Brasil tem uma longa lista de golpes e quarteladas. Quando dão certo, os vitoriosos repartem os cargos e se proclamam revolucionários. Quando fracassam, os derrotados negociam um acordão e voltam para casa sem ser incomodados.

Juscelino Kubitschek perdoou os militares que sequestraram um avião da FAB com armas e explosivos para tentar impedir sua posse. Em 1964, os revoltosos conseguiram chegar ao poder. O ex-presidente teve os direitos políticos cassados e foi despachado para o exílio.

A impunidade dos torturadores da ditadura abriu caminho à ascensão de Bolsonaro. Herdeiro dos porões, ele tentou desmontar a democracia que o elegeu. Agora seus aliados usam a velha conversa da pacificação para tentar livrá-lo da cadeia.

A articulação ganhou força nos últimos dias. Na sexta-feira, Tarcísio de Freitas disse que o perdão a Bolsonaro seria seu "primeiro ato" se eleito presidente. Ontem ele desembarcou em Brasília para convencer o Congresso a fazer o serviço em seu lugar.

O Centrão parece ter abraçado a ideia. O deputado Arthur Lira, que ainda dá as cartas na Câmara, foi visitar Bolsonaro na prisão domiciliar. Seu afilhado Hugo Motta avisou que deve pautar o tema assim que o Supremo bater o martelo. Na prática, isso significaria jogar no lixo a decisão a ser tomada pela Corte.

O bolsonarismo sempre tratou o tribunal como inimigo. Na campanha, ameaçou fechá-lo com "um soldado e um cabo". No governo, hostilizou ministros que não colaboraram com seu projeto autoritário. A campanha de ódio culminaria na invasão violenta de 8 de janeiro de 2023.

Agora a tática mudou: a turma quer subjugar o Supremo com um golpe de terno e gravata.

*

A hora do Jair

05/09/2025

A primeira semana de julgamento no Supremo trouxe más notícias para Jair Bolsonaro. Na terça-feira, o ministro Alexandre de Moraes indicou que vai pesar a mão nas condenações pela trama golpista. Na quarta, os advogados de dois generais jogaram o capitão ao mar.

Moraes abriu os trabalhos com a leitura do relatório. O ministro resumiu as principais teses da acusação e das defesas. Antes, ressaltou a dimensão histórica do processo, que atrai os olhos do mundo para o Brasil.

"O país e a Suprema Corte só têm a lamentar que na História republicana brasileira se tenha novamente tentado um golpe de Estado, atentando-se contra as instituições e a própria democracia, pretendendo-se a instalação de um estado de exceção e uma verdadeira ditadura", afirmou.

A frase mostra que Moraes não tem dúvidas sobre o que se tramou entre a derrota de Bolsonaro nas urnas e o ataque coordenado às sedes dos três Poderes. Antes que alguém o acuse de fazer pré-julgamento, o ministro citou a fonte. Quem atestou que houve tentativa de golpe foi o próprio Supremo, que já condenou 683 participantes da intentona de 8 de janeiro de 2023.

Depois do relator, falou o procurador-geral da República. Paulo Gonet acusou o ex-presidente de comandar um "plano progressivo e sistemático de ataque às instituições democráticas". Listou manuscritos, gravações e mensagens que provam a conspiração para impedir a alternância de poder.

Por último, o tribunal passou a ouvir os advogados dos oito réus. No esforço para salvar os clientes, dois deles complicaram o ex-presidente.

Matheus Milanez, defensor de Augusto Heleno, alegou que o general seria inocente por ter se distanciado de Bolsonaro no fim do governo. Portanto, ele estaria longe da trama contra a sucessão.

Andrew Fernandes Farias, advogado de Paulo Sérgio Nogueira, foi ainda mais contundente. Disse que o general teria tentado "demover" o chefe de adotar "qualquer medida de exceção" para se perpetuar no poder.

O julgamento será retomado na próxima terça com o voto de Moraes. Pelo desespero para aprovar uma anistia a toque de caixa, o bolsonarismo já entendeu que está na hora do Jair.

*

Encruzilhada histórica

07/09/2025

Num 7 de Setembro como hoje, o presidente da República chamou as eleições de "farsa", anunciou que não cumpriria mais ordens da Justiça e disse que só sairia do poder "preso ou morto". Aconteceu em 2021, quando Jair Bolsonaro usou a data cívica para atacar a democracia e o Supremo Tribunal Federal.

Quatro anos depois, o país se vê diante de uma encruzilhada histórica. Ou aplica a lei e pune os extremistas, em julgamento que será retomado na terça-feira, ou aceita ficar preso a um passado de golpes, autoritarismo e tutela militar.

Em 2021, Bolsonaro amargava uma queda na popularidade, agravada pela gestão caótica da pandemia e pelo aumento da inflação e do desemprego. Em vez de enfrentar os problemas, o chefe do governo escolheu afrontar a Constituição.

No primeiro discurso do dia, em Brasília, anunciou um "ultimato para todos que estão na Praça dos Três Poderes". Seu alvo era o ministro Alexandre de Moraes, que havia decretado a prisão de radicais de direita por ameaças ao Judiciário.

"Esse ministro do Supremo perdeu as condições mínimas de continuar dentro daquele tribunal", vociferou o então presidente. "Ou o chefe desse Poder enquadra o seu ou esse Poder pode sofrer aquilo que nós não queremos", acrescentou.

Ele ainda anunciou que convocaria o Conselho da República, colegiado que pode recomendar a decretação de estado de sítio, suspendendo liberdades e garantias individuais.

À tarde, em São Paulo, Bolsonaro chamou Moraes de "canalha" e exigiu o arquivamento de investigações sobre aliados. "Dizer a esse ministro que ele tem tempo ainda para se redimir. Tem tempo ainda de arquivar seus inquéritos. Ou melhor, acabou o tempo dele", sentenciou.

O capitão também atacou o ministro Luís Roberto Barroso, que comandava o Tribunal Superior Eleitoral. Após incitar os seguidores contra as urnas eletrônicas, deu a entender que boicotaria as eleições do ano seguinte. "Não posso participar de uma farsa como essa patrocinada pelo presidente do TSE", justificou.

No comício da Avenida Paulista, Bolsonaro deixou claro que não pretendia sair da cadeira presidencial em caso de derrota nas urnas. "Só Deus me tira de lá", avisou, a um ano e quatro meses do fim do mandato. "Nós temos três alternativas, em especial para mim: preso, morto ou com vitória. Dizer aos canalhas que nunca serei preso", arrematou.

Na denúncia que mandou o ex-presidente para o banco dos réus, a Procuradoria-Geral da República mostra que as declarações de setembro de 2021 eram apenas a parte mais visível de uma trama golpista em curso. "As investigações da Polícia Federal revelaram que o pronunciamento não era mero arroubo impensado e inconsequente", afirma.

Naquela época, Bolsonaro já tinha um plano de fuga do país a ser usado "se porventura lhe faltasse o apoio armado com que contava". A escalada autoritária ainda se agravaria até a tentativa de golpe e a invasão das sedes dos três Poderes em 8 de janeiro de 2023. Agora a democracia tem a chance de responsabilizar quem tentou destruí-la.

*

De Jair a Tarcísio

10/09/2025

Ao votar pela condenação de Jair Bolsonaro, o ministro Alexandre de Moraes afirmou que o Brasil quase mergulhou numa nova ditadura porque o ex-presidente não soube perder. A frase ajuda a explicar a escalada do golpismo após a derrota do capitão nas urnas. Mas omite o fato de que seu ataque à democracia começou muito antes da tentativa frustrada de reeleição.

Bolsonaro nunca escondeu as intenções autoritárias. Desde a campanha de 2018, deixou claro que buscaria sufocar a oposição, calar a imprensa e emparedar o Judiciário. Seu projeto era desmontar o sistema de freios e contrapesos que protege o país de aspirantes a ditador.

O capitão ainda era candidato quando ameaçou "fuzilar a petralhada" e banir os "marginais vermelhos". Na mesma época, seu filho Eduardo disse que só precisaria de "um soldado e um cabo" para fechar o Supremo Tribunal Federal.

O então candidato propôs outra ideia para subjugar a Corte: inflar o número de ministros de 11 para 21, o que produziria uma maioria instantânea a seu favor. O truque não seria novo. Já havia sido usado pela ditadura militar em 1965.

Bolsonaro fez carreira como porta-voz da extrema direita. Sempre defendeu a tortura e o extermínio de opositores. Em sete mandatos como deputado, especializou-se em ofender vítimas da repressão, incluindo viúvas e órfãos de desaparecidos. Quando não exaltava o arbítrio, ocupava-se em insultar minorias, condecorar milicianos e glorificar a violência policial.

Essa ficha não impediu que a elite econômica embarcasse em peso na sua candidatura. Valia tudo para promover reformas privatistas e remover a esquerda do poder.

Sete anos e uma intentona depois, outro presidenciável se insinua com discurso radical e apoio entusiasmado dos donos do PIB. Para se firmar como herdeiro do voto bolsonarista, Tarcísio de Freitas ataca as instituições e incita a tropa contra o Supremo. No intervalo de uma semana, o governador de São Paulo disse que não confia na Justiça, chamou o ministro Moraes de tirano e prometeu tirar golpistas da cadeia.

Já vimos esse filme — e a democracia quase morreu no final.

*

A guinada de Fux

11/09/2025

Se dependesse de Luiz Fux, Jair Bolsonaro sairia do julgamento pela tentativa de golpe com um atestado de bom comportamento.

Num voto que chocou colegas, o ministro absolveu o ex-presidente dos cinco crimes dos quais é acusado. Para isso, desprezou provas, ignorou a jurisprudência do Supremo e entrou em contradição com suas próprias palavras.

Fux já abriu a sessão de quarta com um presente para Bolsonaro: insinuou que o relator Alexandre de Moraes atuaria como "juiz inquisidor".

Na contramão de decisões passadas, o ministro alegou que a Corte não teria competência para julgar o ex-presidente. Ele defendeu a anulação total do processo, o que faria a investigação da trama golpista voltar à estaca zero.

Em março, Fux parecia convicto ao opinar pela abertura da ação penal contra Bolsonaro e os outros sete acusados. "Não se pode ficar indiferente à ameaça à democracia e fingir que nada aconteceu", discursou.

Seis meses depois, o ministro renegou sua fala e adotou uma retórica condescendente com o golpismo. Descreveu ameaças às instituições como meras "bravatas" e ataques à Justiça Eleitoral como "choro de perdedor".

Para relativizar a campanha de desinformação contra a urna eletrônica, Fux chegou a dizer que que Bolsonaro só buscava a "verdade dos fatos". Nem os advogados mais otimistas poderiam esperar tanta generosidade com o ex-presidente.

O bolsonarismo já festejava a guinada de Fux quando o ministro passou a provocar a esquerda com uma oratória de palanque. Ele desenterrou o escândalo dos aloprados, fez seguidas referências ao mensalão e comparou a selvageria do 8 de janeiro a uma ocupação do MST.

O ministro quase completou bingo da cartilha bolsonarista ao lembrar a facada sofrida pelo capitão em 2018. Só faltou citar o nióbio e o grafeno.

Se o voto de Fux fosse um filme de terror, terminaria com o velho truque de empurrar a culpa para o mordomo. No caso, o tenente-coronel Mauro Cid. No afã de salvar o ex-presidente, o ministro viu golpismo no ajudante de ordens, mas não em quem lhe dava as ordens. Condenou o delator e absolveu o delatado.

O malabarismo não será suficiente para livrar Bolsonaro da cadeia. Nesta quinta, os ministros Cármen Lúcia e Cristiano Zanin tendem a acompanhar o relator, selando a condenação histórica do ex-presidente por 4 a 1.

Mesmo assim, Fux deu uma ajuda inestimável ao capitão. Antes de a sessão de quarta acabar, a extrema direita já usava suas falas para pedir anistia e atacar o Supremo.

*

O 11 de setembro de Jair Bolsonaro

12/09/2025

Em 1999, um repórter quis saber o que Jair Bolsonaro faria se chegasse à Presidência. "Daria golpe no mesmo dia. Não funciona", respondeu o capitão.

Naquela época, ninguém imaginava que o deputado extremista fosse capaz de vencer uma eleição majoritária. O Brasil mudou, mas ele permaneceu o mesmo. Ao vestir a faixa, passou a conspirar contra a democracia que o alçou ao poder.

Bolsonaro tentou destruir o sistema de freios e contrapesos estabelecido pela Constituição de 1988. Seu objetivo era instaurar um novo Estado autoritário, nos moldes da ditadura que sempre exaltou.

No início, o capitão seguiu a cartilha dos autocratas modernos. Militarizou o governo, tentou sufocar a oposição, investiu contra a imprensa, as universidades e os mecanismos de participação social.

Então vieram a pandemia, o tombo na popularidade e as ameaças de impeachment. Acuado, Bolsonaro pôs a máquina do golpe em marcha. Radicalizou os ataques ao Judiciário, mandou tanques para a porta do Congresso, avisou que só terminaria "preso, morto ou com vitória".

Ex-oficial de artilharia, mirou na terceira coluna e acertou na primeira. Ontem tornou-se o primeiro ex-presidente condenado por tentativa de golpe em 135 anos de República.

No voto que selou o destino do capitão, a ministra Cármen Lúcia definiu o julgamento como um encontro do Brasil "com seu passado, seu presente e seu futuro". Ela ressaltou o caráter histórico do processo, que também mandará para a cadeia três generais e um almirante que desonraram a farda.

O ministro Flávio Dino enfatizou que as Forças Armadas devem obediência ao poder civil. Lembrança oportuna num país que precisa espantar de vez o fantasma das quarteladas e da tutela militar.

O ponto baixo do julgamento foi o voto de Luiz Fux, que desprezou provas e renegou as próprias palavras ao tentar livrar o ex-presidente e seus comparsas da cadeia. O malabarismo jurídico fará mais mal à biografia do ministro do que à imagem do Supremo.

Alvo de uma campanha de ódio agora reforçada por sanções do governo americano, o tribunal não se curvou e sai fortalecido como guardião da Constituição. Que o 11 de setembro de 2025 seja a resposta definitiva a quem tentou rasgá-la.

FSC
www.fsc.org
MISTO
Papel | Apoiando uma gestão florestal responsável
FSC® C092828

2023
CARBON NEUTRAL
SAVE cerrado

Este livro foi composto com tipografia Adobe Garamond Pro
e impresso em papel Off-White 70 g/m² na Formato Artes Gráficas.